本論叢承

行政院大陸委員會

中華發展基金會管理委員會

補助出版

第二屆國際暨第四屆全國訓詁學
學術研討會論文集

訓詁論叢

陳 新 雄 署

第四輯

第四屆全國訓詁學
學術研討會編委會 主編

文史哲出版社印行

訓詁論叢第四輯 / 第四屆全國訓詁學學術
研討會編委會主編.--初版.--臺北市：文史哲,
民 105.1 印刷, 面；公分
含參考書目
ISBN 978-957-547-237-3（平裝）

1.訓詁 – 論文, 講詞等

802.107   88012788

訓 詁 論 叢 第四輯

主 編 者：第四屆全國訓詁學學術研討會編委會
出 版 者：中 國 訓 詁 學 會
　　　　　http://www.lapen.com.tw
　　　　　e-mail：lapen@ms74.hinet.net
　　　　　lapentw@gmail..com
登記證字號：行政院新聞局版臺業字五三三七號
發 行 人：彭　　　　正　　　　雄
發 行 所：文 史 哲 出 版 社
印 刷 者：文 史 哲 出 版 社
　　　　　臺北市羅斯福路一段七十二巷四號
　　　　　郵政劃撥帳號：一六一八〇一七五
　　　　　電話886-2-23511028 · 傳真886-2-23965656
定價新臺幣六〇〇元
一九九九年（民八十八）九 月 初 版
二〇一六年（民一〇五）元月(BOD)初刷

ISBN 978-957-547-237-3   07066

訓詁論叢第四輯弁言

　　中國訓詁學會自民國八十二年十二月成立以來，迄今已經歷五年有餘。在前任理事長陳新雄教授慘淡經營與卓越領導之下，本會會務蒸蒸日上，會員與日俱增。陳前理事長曾於《訓詁論叢》第一輯弁言中揭示本會成立之二項任務：其一爲綜合研究文字之形、音、義，使三者合而爲一體；其二爲增進兩岸訓詁學人之學術交流。爲達成此二項任務，本會議定每二年定期舉辦大規模學術研討會，由國內各大學輪流協同辦理。如此可將學術活動帶進大學，使學術研究在校園紮根。再者，會聚專家學者於一堂，砌磋琢磨，以文會友。本會成立至今，已先後於輔仁大學、臺南師院、中山大學舉辦三屆全國性會議，其在中山大學舉辦者，更擴大爲國際性學術研討會，邀請國內及大陸、美國、日本、韓國、香港、新加坡等地五十位學者參與會議、發表論文，亦云盛矣。

　　本會爲使會務之推展及研究之成果能爲學界所共知，並使研討活動得以緜延久遠，承續不斷，本會又決定將每次會議發表之論文，彙集成冊，予以出版。由前任理事長陳新雄教授、祕書長李添富教授全力籌備此事，刊行之論文集命名曰「訓詁論叢」，至今已出版三輯，頗受學術界之重視與好評。本會爲使會議之研討熱烈，論文內容維持一定水準，每次研討會皆採行邀稿、徵稿並行方式。其邀稿部分，於理監事會議中議決推薦專家學者就其學之所長撰稿；其徵稿部分，由本會發函全體會員及國內各大學中文系所，就會議主題公開徵稿。徵稿經過理監事會議初審後安排於會議中宣讀。會後復經理監事會議複審後乃刊載於《訓詁論叢》，公諸於世。

　　本次會議承國立臺灣師範大學國文系主任蔡宗陽教授熱心支持，復得國文系全體師生全力協助，於八十七年十二月五、六日在臺灣師大綜合大樓國際會議廳順利舉行，謹代表本會致最大之謝意。

　　本次會議參與者在二百人以上，會中發表論文者，計有臺灣學者陳新雄等二十一篇，大陸學者郭錫良等八篇，韓國學者金鐘讚一篇，共三十篇。或探討訓詁理論，或從事字詞章句之訓詁實務，皆學有專精之作，業經本會理監事會議複審通過，將予刊行。茲於《訓詁論叢・第四輯》出刊之時，謹述本會之宗旨與夫會議之緣起，所以明本會努力學術之用心也。

中華民國八十八年五月十二日

許錟輝謹撰

訓詁論叢第四輯目錄

弁言 ……………………………………………………………許錟輝… 1
一・ 漢語的同源詞和構詞法……………………………………郭錫良… 001
二・ 黃侃〈求本字捷術〉之推闡…………………………………陳新雄… 009
三・ 齊"六字刀"銘文釋讀及相關問題…………………………黃錫全… 017
四・ 秦漢簡帛文字詞語雜釋………………………………………李家浩… 031
五・ 論詞典對否定語料的編輯觀念……………………………曾榮汾… 045
六・ 契生昭明辨……………………………………………………蔡哲茂… 067
七・ 漢代的辭書訓詁………………………………………………李建國… 077
八・ 《爾雅》的體例類型…………………………………………遠藤光曉… 089
九・ 論訓釋古文字的方法…………………………………………朱歧祥… 101
十・ 論佛經哀字的詞義……………………………………………竺家寧… 115
十一・ 說金文中的「在」字……………………………………季旭昇… 131
十二・ 生、姓二字關係探論……………………………………方炫琛… 143
十三・ "士曰既且"、"洵美且仁"新解……………………劉玉國… 159
十四・ 通、同訓詁用語之別……………………………………周 何… 169
十五・ 漢魏六朝詩歌詞語探源…………………………………王云路… 173
十六・ 說文訓詁條例之二－補述例釋…………………………許錟輝… 185
十七・ 「鄭聲淫」之商兌………………………………………蔡信發… 203
十八・ 潑皮與光棍－談近世語彙中以「皮」與「棍」
　　　為中心語的詞群兼論「潑」「賴」與「潑辣」……陳昭容… 217
十九・ 「從容」辭義探析………………………………………李解民… 235
二十・ 漢漫考－閩南語聯綿詞例………………………………甘漢銓… 249
二十一・ 焦循手批《爾雅注疏》鈔釋…………………………賴貴三… 267
二十二・ 同義詞源與詞義變遷－以《左傳》同義並
　　　　列複合詞為例……………………………………………盧鳴東… 303
二十三・ 說「迵」…………………………………………………何樹環… 323
二十四・ 從《果贏轉語記》談漢語語源研究的幾個重
　　　　要課題……………………………………………………王松木… 343
二十五・ 《訓世評話》所見的若干方言詞彙…………………元鍾敏… 369
二十六・ 《荀子》重言連語及相關問題初探…………………周玟慧… 389
二十七・ 《康熙字典》「按語」釋例………………………李淑萍… 399
二十八・ 瞿部蒙眜蒙佌而次說之商榷………………………金鐘讚… 433
二十九・ 語文教學如何充分發揮訓詁學的應用性優勢……孫雍長… 445
三十・ 文字的視覺意象與訓詁的另類思考…………………沈寶長… 455
三十一・ 漢語方言同源詞構擬法初探…………………………姚榮松… 467

第二屆國際暨第四屆全國訓詁學學術研討會
臺北・臺灣師範大學國文學系　1998.12.5-6

漢語的同源詞和構詞法

北京大學
郭錫良

　　同源詞顧名思義是有共同語源的詞。它屬於詞源學的範疇。關於詞的來源問題早在公元前就被中外的哲人所議論和探討，但是西方現代詞源學卻到十八、九世紀才隨著歷史比較語言學的產生而產生，是歷史比較語言學的分支。它的基本方法是通過親屬語言的比較，構擬出詞的最古的音義結合形式。它的同源詞一般是指不同語言中來源相同的詞。另外，在同一語言中由詞根相同而派生出來的詞，一般叫做同根詞，也有稱作同源詞的。漢語詞源的探討早在先秦就已萌芽，《荀子》的"約定俗成"說是最著名的論點。漢代劉熙的《釋名》用聲訓來推求詞義的由來，也就是探討詞源，儘管具體論說大多是不成功的，但是仍不失為一部探討詞源的專著。以後的右文說和"因聲求義"說直到章太炎的《文始》、王力先生的《同源字典》都是在探討漢字的字源，也就是漢語的詞源。漢語的同源詞是指有共同語源、音義都有一定聯繫的詞；它的產生同漢語的構詞法有密切的聯繫。它同西方語言學中不同語言中的同源詞不是一回事，而是相當於西方一個語言中由相同詞根派生出來的詞。

一、詞義構詞法形成同音的同源詞

　　漢語的同源詞可以分為音同和音近兩類，同音的同源詞是由詞義引申形成的。詞義引申產生新義，近引申義是屬於一詞多義現象，遠引申義就分化為同源詞。例如"道"：

　　　　（1）路，道路。《論語・泰伯》："任重而道遠。"

（2）　水流通行的途徑。《左傳》昭公十三年：“晉侯會吳子於良，水道不可。”

（3）　道理，規律。《論語・里仁》：“朝聞道，夕死可矣。”

（4）　述說。《孟子・梁惠王上》：仲尼之徒，無道桓文之事者。”

一義和二義是近引申，應該算一詞多義；三義、四義是遠引申，是由引申分化出來的兩個同源詞。這是字形不變的同音同源詞。字形不**變**，一詞多義和同源詞的界限不易分清。因此在文字的使用過程中，有的就會產生分化字。例如“尊”：

（1）　盛酒的器具。《禮記・鄉飲酒義》：“尊有玄酒，貴其質也。”

《左傳》襄公二十三年：“新樽潔之。”

《晏子春秋・內篇雜上》：“酌寡人之罇，進之于客。”

（2）　尊崇，高貴。《易經・繫辭上》：“天尊地卑，乾坤定矣。”

（3）　尊重，敬重。《孟子・公孫丑上》：“尊賢使能，俊傑在位。”

《說文・酋部》：“尊，酒器也。”二義、三義是由一義引申出來的，使用既久，加上社會生活的變化，人們對一義和二、三義之間的關係，已經不甚了了，於是為本義造了分化字的產生標誌著不同意義之間，已分化為同源詞。二、三兩義字形未變，義亦相近，但詞性不同，也以看作同源詞為妥。再如“右”：

（1）　右手。《左傳》成公二年：　“左并轡，右援枹而鼓。”

（2）　右邊。《孟子・梁惠王下》：“王顧左右而言他。”

（3）　幫助。《左傳》襄公十年：“王右伯輿。”杜預注：“右，助。”

（4）　保佑。《漢書・翟義傳》：“是天反復右我漢國也。”顏師古注：“右讀曰祐。”

一義本作“又”，《說文》：“又，手也。象形。”二義是一義的近

引申，三、四義是由一義分化出來的同源詞。在甲骨文中有二、四兩義，都寫作"又"。"右"本是爲三義所造的分化字，《說文》"右，手口相助也。從又，從口。""又"字借作表重複的副詞以後，於是用"右"表示這幾個意義。三義又有後起字"佑"。四義又有後起字"祐"。可見古人已經認識到一、二義與三、四義有了較大的距離，也就是說，已經把它們看成不同的詞。"右"字在中古有上、去兩讀，一、二義讀上聲，三、四義讀去聲。去聲後起，"佑""祐"很可能是聲音分化後才產生的分化字；在上古四個義項應該都是上聲，是詞義構詞現象。另外有一種情況是幾個同音字，似乎沒有關係，其實也是音同義近的同源詞。例如"才"、"材"、"財"：

  （1）　既竭吾才。（《論語·子罕》）

  （2）　人見其濯濯也，以爲未嘗有材焉。（《孟子·告子上》）

  （3）　暮而果大亡其財。（《韓非子·說難》）

先看三個字的訓釋：例（1）皇疏："才，才力也。"《說文·木部》："材，木梃也。"段玉裁注："材謂可用也。"又《貝部》："財，人所寶也。"三個字的訓釋差異相當大，其實是音同字異的同源詞。人有用叫做"才"，木有用叫做"材"，物有用叫做"財"。它們的共同義素是"有用"。人才的"才"也常寫作"材"。再如"狩"、"獸"：

  （1）　不狩不獵，胡瞻爾庭有懸特兮？（《詩·魏風·伐檀》）

  （2）　困獸猶鬥，況國相乎？（《左傳》宣公十二年）

《說文·犬部》："狩，犬田也。"田獵爲"狩"，"獸"是"狩"的對象，二者是動詞和名詞的區別。甲骨文中祇有"狩"字，後世產生"獸"字，本指獵獲物，轉指"四足而毛"的動物。"才"、"材"和"財"，"狩"和"獸"，它們是異形的同音同源詞。

二、音變構詞法形成音近同源字

  音近同源詞是由音變構詞法形成的。在單音的格局中，要創造新詞，除了通過引申分化出新詞外，還可以通過音節中的音素變化構造意義有聯繫的新詞，也就是音近同源詞。例如：

（1）渴[*khat] ：竭[*giat] ：歇[*xiat]（溪群曉旁紐，月部疊
　　　韻）

　　　君子于役，苟無饑渴。（《詩‧小雅‧采薇》）

　　　昔伊洛竭而夏亡。（《國語‧周語上》）

　　　得臣猶在，憂未歇也。（《左傳》宣公十二年）

人缺水欲飲爲渴，江河缺水爲竭、爲歇。水竭則盡，水歇則止，用於
抽象事物爲盡、爲止。

（2） 創[*tsiang] ：傷[*sjang]（初審鄰紐，陽部疊韻）

　　　創巨者其日久。（《荀子‧禮論》

　　　匠石運斤成風，聽而斫之，盡堊而鼻不傷。（《莊子‧徐
　　　无鬼》）

《說文》：“創(刃)，傷也。”又：“傷，創也。”

（3） 斯[*sie] ：析[*syek]（心母雙聲，支錫對轉）

　　　墓門有棘，斧以斯之。（《詩經‧陳風‧墓門》）

　　　析薪如之何，匪斧不克。（《詩經‧齊風‧南山》）

《說文》：“斯，析也。”又：“析，破木也。”

（4） 象[*ziang] ：豫[*jia]（邪喻鄰紐，陽魚對轉）

　　　象有齒以焚其身。（《左傳》襄公二十四年）

　　　豫焉若多涉川。（《老子》十五章）

《說文》：“豫，象之大者。”

　　以上一、二兩例，韻母同部，聲母相近，例一同是喉牙音，例二
同是舌齒音。例三聲母相同，韻母也相近，是陰入對轉，區別在有無
韻尾。例四韻部是陰陽對轉，也是有無韻尾的區別，聲母也相近。一
般來說，音變構詞必需是韻相同，聲母也要相近；聲相同，韻也要相
近；或者聲韻俱近。因此同源詞的考察，也必需聲韻兼顧；聲同韻遠，
或者韻同聲遠，是不能隨意定爲同源詞的。例如：

（1）屏[*byeng]：藩[*biuan]（聲母同爲並母，耕元韻遠）

　　　價人維藩，大師維垣。（《詩‧大雅‧板》）毛傳：“藩，

屏也。”

君子樂胥，萬邦之屏。（《詩·小雅·桑扈》）

（2）間[*kean]：隔[*kek]（聲母同爲見母，元錫韻遠）

彼節者有間，而刀刃者無厚。（《莊子·養生主》）

秦無韓魏之隔，禍中於趙矣。（《戰國策·趙策二》）

（3）欺[*khiee]：譎[*kiuet]（溪見旁紐，之質韻遠）

吾誰欺？欺天乎？（《論語·子罕》）

晉文公譎而不正，齊桓公正而不譎。（《論語·憲問》）鄭玄注：“譎者，詐也。”

“屏”和“藩”、“間”和“隔”、“欺”和“譎”意義相通，從意義方面來看，可以構成同源關係，這是沒有問題的。從語音方面看，“屏”和“藩”、“間”和“隔”聲母相同，“欺”和“譎”同屬牙音，是相近的旁紐聲母，聲母也都具備了構成同源詞的條件。但是三對字不但韻尾不同，主要元音也有別，韻部相差太遠；這只能是同義詞，不能定爲同源詞。因爲作爲音變構詞，沒有必要變化如此巨大，更重要的是變化過大，音變就失去了可循的規律。如果把語音轉化的條件放得過寬，什麼情況都可以是旁轉、旁對轉，那將必然是無所不轉。只要義相關，不管音的遠近，都把它視作同源詞，這正是討論同源詞的論著中的一種不足取的傾向。

在討論同源詞的文章中，還有一種說法，是所謂的聲韻各有不同來源的“聲韻同源”詞。例如：

（1）莫[* mak] ←莽[*mang]＋夕[*zyak]

（2）涖[*liet] ←臨[*lieem]＋位[*hiueet]

按這種說法，“莫（暮）”是由“莽”“夕”拼切而成的單音節複合詞。“莽”是“莫”的聲母同源詞，“夕”是“莫”的韻母同源詞。“涖”是由“臨”“位”拼切而成的，“臨”是“涖”的聲母同源詞，“位”是“涖”的韻母同源詞。這當然是經不起推敲的新奇說法，別的先不說，只從同源詞的語音條件來看，“莫”和“夕”韻同聲遠，“涖”和“臨”聲同韻遠，“涖”和“位”韻同聲遠，都不符

合音近的標準，也就是不符合音變構詞的規律。至於所謂拼切而成的單音節複合詞，恐怕更衹能是想當然了。古人能將音節切分成兩部分，決不會早於漢代反切產生之前。文獻中記載六朝許多文化修養很高的人還弄不清反切爲何物，今人要把一個音節切分成兩部分，也需要經過語音訓練。居然在先秦就能利用聲韻拼切來構造新詞，這當然難以令人信服。可是卻有人找出個別例證，說明這種說法的合理，贊譽作者"見解新鮮"，"是有理有據的一家之言"。我們認爲這只能是同有所好，是喜新而不求真的學風表現，對讀者恐怕是沒有好處的。

三、由結構構詞形成的是同素詞

漢語詞匯由單音走向複音，構詞方式也由單音構詞向複音詞轉變，這是公認的事實。西周已經開始向複音化過度，春秋戰國是漢語複音化迅速發展的第一個時期。但是詞義構詞和單音節的音變構詞始終是先秦重要的構詞方式，同源詞也大都產生在這個時期。漢代以後單音構詞方式明顯衰落，結構構詞法逐漸成爲造詞法的主流，新的同源詞日益稀少。

結構構詞法造出的都是複合詞，複合詞總是由兩個語素構成的。它衹存在共語素的同素詞，不形成傳統意義的同源詞。例如：

學生　"（光和元年）始置鴻都門學生。"（《後漢書・靈帝紀》

學究　"衣冠薛學究，毛骨病維摩。"（陸游《自詠》詩）

學舍　"學舍穨敝，鞠爲園蔬。"（《後漢書・儒林傳・序》）

學校　"建立學校，導之經義。"（《三國志・吳書・薛綜傳》）

學問　"南人學問清通簡要。"（《世說新語・文學》）

後生　"後生可畏，焉知來者之不如今也。"（《論語・子罕》）

浮生　"浮生若夢，爲歡幾何？"（李白《春夜宴桃李園序》）

蒼生　"然誤天下蒼生者，未必非此人也。"（《晉書・王

　　衍傳》)

儒生　"叔孫通之降漢，從儒生弟子百餘人。"（《史記·
　　劉敬叔孫通列傳》)

　　前面五個詞有共同語素"學"，後面四個詞和"學生"有共同語素"生"。它們沒有任何一對詞可以構成音義都有一定聯繫的同源詞。即使像"學舍"和"學校"、"學生"和"儒生"兩對詞，意義方面有某些近似，但是不能說它們是音同或音近。也就是說，它們不具備構成同源詞的語音條件。

----

i 爲了排印方便，擬音采王力先生《同源字典》的辦法，聲母以羅馬字代號代替國際音標。

ii 參看拙作《先秦漢語構詞法的發展》（見《漢語史論集》，商務印書館 1997年）

iii 例如馨[*sieng]←罄[*tsieng]+香[*siang]。「馨、罄」韻同聲近，「馨、香」聲同韻近，都具備構成同源關係的語音條件，似乎真是聲韻各有不同來源的「聲韻同源詞」。其實恐怕是在音變構造「香」的同源詞「馨」時，偶然聯係到「罄」而變韻，使它與「罄」也音近吧了。這種巧合的個例，不能與通則混爲一談。

第二屆國際暨第四屆全國訓詁學學術研討會
臺北・臺灣師範大學國文學系 1998.12.5-6

黃侃〈求本字捷術〉之推闡

臺灣師範大學教授
陳新雄

蘄春黃季剛先生有〈求本字之捷術〉一文，言推求本字之方術，條理密察，極有層次。茲錄於下：

昔人求本字者，有音同、音近、音轉三例，至為閎通；然亦非渾于淆亂者所可藉口。茲抽其緒條，以告同道。

音同有今音相同、古音相同二例：今音相同者，謂於《唐韻》、《切韻》中為同音，此例最易了。古音相同者，必須明於十九紐之變，又須略曉古本音，譬如涂之與除，今音兩紐，然古音無澄紐，是除亦讀涂也；又如罹之與羅，今音異韻，然古音無支韻，是罹亦讀羅也。

音轉者，謂雙聲正例。一字之音本在此部，而假借用彼部字；然此部字與彼部字，雖非同韻，的係同聲，是以得相通轉。

音近者，謂同為一類之音，如見、溪與群、疑音近；影、喻與曉、匣音近；古者謂之旁紐雙聲。

然求音近之假借，非可意為指斥，須將一字所衍之聲，通為計較，視其所衍之聲，分隸幾紐，然後由其紐以求其字，雖喉音可假借舌音也；雖齒音可假借脣音也。若不先為計較，率爾指同，均為假借，則其用過宏。朱駿聲于此不甚明瞭，猶不若王筠之慎也。

大抵見一字，而不了本義，須先就《切韻》同音字求之；不得，則就古韻同音字求之，不得蓋已鮮。如更不能得，更就異韻同聲之字求之；更不能得，更就同韻、同類或異韻、同類之字求

之；終不能得，乃計較此字母音所衍之字，衍為幾聲，如有轉入
他類之音，可就同韻異類之字求之。若乃異韻異類，非有至切至
明之證據，不可率爾妄說。此言雖簡，實為據借字以求本字之不
易定法，王懷祖、郝恂九諸君罔不如此，勿以其簡徑而忽之。

黃君此言，細加分析，其求本字之捷術，可分為好幾層層次，亦即判
斷此字是否假借字，當從下列次序與步驟以觀察之。

【一】《切韻》中是否同音。此例最易明瞭，只要在《切韻》或《廣韻》中查索，在同一韻中之同一切語，即為同音。王引之《經義述聞・五》：

〈終南篇〉：「終南何有？有紀有堂。」《毛傳》曰：「紀、基也；堂、畢道平如堂也。」引之謹案：「終南何有？」設問山所有之物耳，山基與畢道仍是山，非山之所有也。今以全詩之例考之，如「山有榛」、「山有扶蘇」、「山有樞」、「山有包櫟」、「山有嘉卉，侯栗侯梅」、「山有蕨薇」、「南山有臺，北山有萊」。凡云山有某物者，皆指山中之草木而言。又如「丘中有麻」、「丘中有麥」、「丘中有李」、「山有扶蘇，隰有荷華」、「山有喬松，隰有游龍」、「園有桃」、「園有棘」、「山有樞，隰有榆」、「山有栲，隰有杻」、「山有漆，隰有栗」、「阪有漆，隰有栗」、「阪有桑，隰有楊」、「山有苞櫟，隰有六駁」、「山有苞棣，隰有樹檖」、「墓門有棘」、「墓門有梅」、「南山有臺，北山有萊」、「南山有桑，北山有楊」、「南山有杞，北山有李」、「南山有栲，北山有杻」、「南山有枸，北山有楰」。凡首章言草木者，二章、三章、四章、五章亦皆言草木，此不易之例也。今首章言木，而二章乃言山，則既與貌章不合，又與全詩之例不符矣。

今案：紀讀為杞，堂讀為棠，條、梅、杞、棠皆木名也，紀、堂假借字耳。《左氏春秋》桓二年：「杞侯來朝。」《公羊》、《穀梁》並作「紀侯」。三年：「公會杞侯于郕。」《公羊》作「紀侯」。《廣韻》「堂」字注引《風俗通》曰：「堂、楚邑大夫伍尚為之宰，其后氏焉。」即昭二十年「棠君尚也。」「棠」字注曰：「吳王闔閭弟夫漑奔楚，為棠谿氏。」定四年《左傳》作「堂溪」。《史記・齊世家》索隱引《管子》「棠巫」，今《管子・

小稱篇》作「堂巫」。是「杞」、「紀」;「棠」、「堂」古字並通也。

考《白帖》「終南山類」引《詩》正作「有杞有棠」,唐時齊、魯詩皆亡,唯韓詩尚存則所引蓋韓詩也。柳宗元〈終南山祠堂碑〉曰:「其物產之厚,器用之出,則璆琳琅玕,〈夏書〉載焉;紀堂條梅,〈秦風〉詠焉。宗元以「紀」、「堂」爲終南之物產,則是讀「紀」爲「杞」,讀「堂」爲棠,蓋亦本韓詩也。且首章言「有條有梅」,二章言「有紀有堂」,首章言「錦衣狐裘」,二章言「黻衣繡裳」。「條」、「梅」、「杞」、「棠」之皆爲木,亦猶「錦衣」、「黻衣」之皆爲衣也。自毛公誤釋「紀」、「堂」爲山,而崔靈恩本「紀」遂作「屺」,此真所謂說誤于前,文變于后矣。

按:堂、棠二字,王仁昫刊謬補缺《切韻》平聲卅八唐韻與唐同音「徒郎切」,《廣韻》下平聲十一唐韻亦與唐同音「徒郎切」。此即所謂於《唐韻》、《切韻》中爲同音,此例最易了者也。

【二】若《切韻》非屬同音,則觀其上古韻部是否同音,上古韻部同音之條件,可以稍爲放寬,只要聲母相同,主要元音以下相同,即可視爲同音,其介音部分,可容許有洪、細、開、合之差異。《經義述聞·三》:

家大人曰:《爾雅》:「孟、勉也。」孟與明古同聲而通用。(《大戴禮·誥志篇》曰:「明、孟也;幽、幼也。」明孟同聲,幽幼同聲。〈豳風·譜〉正義引鄭注書傳略說曰:「孟、迎也。」《北堂書鈔》引《春秋考異郵》曰:「明庶風至。」明庶者,迎眾也。〈禹貢〉「孟豬」,《史記·夏本紀》作「明都」。)故勉謂之孟,亦謂之明。〈盤庚〉曰:「明聽朕言,無荒失朕命。」言當勉從朕言無荒失也。〈顧命〉曰:「爾尚明時朕言。」言當勉承朕言也。(時與承同義,說見前「百揆時敘」下。)〈洛誥〉曰:「明作有功。」言勉作事也。又曰:「公明保予沖子。」言公當勉保予沖子也。〈多方〉曰:「爾邑克明,爾惟克勤乃事。」言爾邑中能勉行之,爾則惟能勤乃事也。《韓子·六反篇》曰:「使士民明焉,盡力致死,則功伐可立,而爵祿可致。」言勉焉盡力致死也。重言之則曰明明。《爾雅》:「亹亹、勉也。」鄭注〈禮器〉曰:「亹

亹猶勉勉也。」亹亹、勉勉、明明一聲之轉。〈大雅・江漢篇〉曰：「明明天子，令聞不已。」猶言「亹亹文王，令聞不已」也。〈魯頌・有駜篇〉曰：「夙夜在公，在公明明。」言在公勉勉也。(並見後「明明天子」、「在公明明」下。)明字古讀若芒，與〈洛誥〉「乃是不蘉」之蘉同音，故蘉亦訓爲勉，蘉明孟古並同聲，後人咸知蘉孟之爲勉，而不知明之爲勉，故解經多失其義。

按：孟古音陽部開口二等字，上古音爲＊mraR；明爲陽部開口三等字，上古音爲＊mjaR。二字上古音雖爲同音，但介音有仍有 - r - 與 - j - 之不同。凡是聲母及主要元音以下相同者，在黃先生皆認爲古音同音，此爲其假借之第二層次。

【三】若古音非屬同音，則視其古聲是否同聲，若上古聲母同一聲紐，而其韻部又有對轉、旁轉之關係者，亦可以具備假借之條件。

《禮記・學記》：「不學博依，不能安詩。」

關於這兩句，我想提出兩個問題：一、甚麼是「博依」？二、爲什麼不學博依，就不能安詩？鄭注：「博依、廣譬喻也。」博釋爲廣，自無疑義。依釋作譬喻，根據甚麼？考《說文》依訓倚。於是《疏》就疏釋成「依謂依倚也，謂依附譬喻也，先依倚廣博譬喻。」鄭注只釋依爲譬喻，孔疏把依釋作依附，則譬喻二字無所著落，好像是憑空掉下來似的。《集說》云：「詩人比興之辭，多依託於物理。」也是把依釋作依託，能進一步說到「詩人比興之辭」，尚不無發明。至於《集解》把「博依」說成「雜曲可歌詠者也。」並說「博依，非詩之正也，然不學乎此，則於節奏不嫻熟，而不能以安於詩矣。」簡直就是跑野馬，毫未熟思，「不學博依，不能安詩」的文理，而竟把「博依」說成「非詩之正也」，豈不可笑！鄭注釋「依」爲「譬喻」是對的，只是沒有說出「依」何以可釋作「譬喻」的所以來。清焦循《禮記補疏》所說，我認爲很可以補鄭注的不足。焦氏云：

　　　循案：《說文》：「衣、依也。」《白虎通》云：「衣者、隱也。」《漢書・藝文志》詩賦家有隱書十八篇。師古引劉向《別錄》云：「隱書者，疑其言以相問對者，以慮思之，可以無不諭。」

《韓非子・難篇》云：「人有設桓公隱者云：一難二難三難。」《呂氏春秋・重言》篇云：「荊莊王立三年，不聽而好讔。」高誘注云：「讔、謬言。」下載成公賈之讔云：「『有鳥止于南方之阜，三年不動不飛不鳴，是何鳥也？』王曰：『其三年不動，將以定志意也；不飛，將以長羽翼也；不鳴，將以覽民則也。是鳥雖無飛，飛將沖天，雖無鳴，鳴將駭人，賈出矣，不穀知之矣。』明日朝，所進者五人，退者十人，群臣大悅。」《史記・楚世家》亦載此事，爲伍舉曰：「願有進隱。」裴駰《集解》：「隱謂隱藏其意。」時楚莊王拒諫，故不直諫，而以鳥爲譬喻，使其君相悅以受，與詩人比興正同，故學詩必先學隱也。其後淳于髡、鍾離春、東方朔皆善隱。司馬遷以爲滑稽，蓋未識古人之學也。

焦循以「依」釋作「譬喻」乃「讔」之假借，其說極是。考《說文》無「讔」字，俗只作「隱」。《集韻》上聲十九隱：「讔、廋語。倚謹切。」《康熙字典・言部》：「讔、廋語也。」並引劉向《新序》：「齊宣王發隱書而讀之。」謂隱即讔字，考《說文》：「隱、蔽也。從𨸏、㥯聲。」「㥯、謹也。從心、㥯聲。」「㥯、有所依也。從受工。」段玉裁注：「依 雙聲，又合韻最近，此與𨸏部隱，音同誼近，隱行而 廢矣。」《文心雕龍・諧隱篇》云：「讔者、隱也，遯辭以隱意，譎譬以指事也。」從上所述，讔就是廋語，就是譬喻。其字作讔，亦通作隱。《史記・滑稽列傳》云：

> 淳于髡者，齊之贅婿也。長不滿七尺，滑稽多辯，數使諸侯，未嘗屈辱。齊威王之時喜隱，好爲淫樂長夜之飲，沈湎不治，委政卿大夫，百官荒亂，諸侯並侵，國且危亡，在於旦暮，左右莫敢諫，淳于髡說之以隱曰：「國中有大鳥，止王之庭，三年不蜚又不鳴，王知此鳥何也？」王曰：「此鳥不飛則已，一飛沖天；不鳴則已，一鳴驚人。」

淳于髡說之以隱，不就是以一種譬喻來勸說齊威王嗎？

按鄭注博依之依，或作衣，依衣與殷隱聲多相通，《禮記・中庸》：「武王纘大王王季之緒，壹戎衣而有天下。」鄭注：「戎、兵也。衣讀如殷，聲之誤也。齊人言殷聲如衣，壹戎殷者，壹用兵伐殷。」〈中庸〉的「壹戎衣」，就是《書・康誥》的「殪戎殷」。可見衣殷古字通。按衣上古音爲影紐，微部三等開口字，音讀爲*ʔj+i；隱與讔上古音皆影紐，諄部三等開口字，音讀爲*ʔj+n。這二字上古音同爲影

紐正紐雙聲，而韻部又正是陰陽對轉。此屬於第層次之假借。

【四】若上古韻部各不相干，而僅是聲紐爲雙聲，則爲正紐雙聲之假借。章炳麟《小學答問》：

問曰：「《說文》：『浪、滄浪水也。』今言波浪，本字云何？」

黃侃答曰：「以雙聲借爲瀾。《說文》：『大波爲瀾。』」

按浪古音來紐陽部一等開口字，讀音爲*laR；瀾爲來紐元部一等口字，讀音*lan。浪瀾二字只是雙聲關係，其他並無糾葛。所以假借之第四層次，其條件即爲正紐雙聲。

【五】同韻同類，爲其第五層次。所謂同韻同類者，乃指古韻部相同，而古聲母非同一聲紐，但卻爲同一發音部位之旁紐雙聲。

《經義述聞・三》：湯湯洪水方割　小民方興　方興沈酗于酒　方行天下　方告無辜于上

「**湯湯洪水方割。**」〈傳〉曰：「言大水方方爲害。」〈微子〉：「**小民方興，相爲敵讎。**」〈傳〉曰：「小人各起一方，共爲敵讎。」「**方興沈酗于酒。**」〈傳〉曰：「四方化紂沈湎。」〈立政〉：「**方行天下，至于海表，罔有不服。**」〈傳〉曰：「方、四方也。」〈呂刑〉：「**方告無辜于上。**」〈傳〉曰：「眾被戮者，方方各告無罪于天。」家大人曰：方皆讀爲旁，旁之言溥也，**徧也。**《說文》曰：「**旁、溥也。**」旁與方古字通。（〈堯典〉：「共工方鳩僝功。」《史記・五帝紀》：作「旁」。〈皋陶謨〉：「方施象刑惟明。」《新序・節士篇》作「旁士」，〈喪禮〉：「牢中旁寸。」鄭注：「今文旁爲方。」）〈商頌・玄鳥篇〉：「**方命厥后。**」鄭箋曰：「謂徧告諸侯。」是方爲徧也。《正義》謂方方命其諸侯之君。失之。**湯湯洪水方割。**言洪水徧害下民也。**小民方興，相爲敵讎。**言小民徧起相爲敵讎也。《史記・宋世家》「方」作「並」。並亦徧也。（說見前「並受其福」下。）**方興沈酗于酒。**言殷民徧起沈酗于酒也。**方行天下，至于海表，罔有不服。**言徧行天下，至于海表也。〈齊語〉曰：「君有此土也，三萬人以方行天下。」《漢書・地理志》曰：「昔在黃帝，作舟車以濟不通，旁行天下。」其義一也。**方告無辜于上。**言徧告無辜于天也。《論衡・變動篇》引此方作旁，旁亦徧也。（說見前「旁行而不流」下。）〈傳〉說皆失之。

按：方上古音爲幫紐陽部三等合口字，音讀爲*pjuaR；旁上古音爲並紐陽部一等開口字，音讀爲*b'aR。古韻部相同，聲母爲旁紐雙聲，

故屬於假借之第五層次。

　　【六】異韻同類，爲其第六層次。所謂異韻同類者，乃指二字之間，上古韻部既不同部，而聲母只爲旁紐雙聲。[1]

《經義述聞・二》：旁行而不流　　旁通情也

（〈繫辭傳〉）：「**旁行而不流。**」(旁古通作方。《淮南・主術篇》曰：「方行而不流。」)引之謹案：旁之言溥也，徧也。《說文》：「**旁、溥也。**」(《廣雅》：「旁、廣也，大也。」義與溥亦相近，故《爾雅》曰：「溥、大也。」〈大雅・公劉〉箋曰：「溥、廣也。」旁行者，變動不居，周流六虛之謂也。韓伯曰：「應變旁通而不流淫。」失之。〈乾・文言〉曰：「**六爻發揮，旁通也。**」旁亦溥也。《廣雅》曰：「揮、動也。」言六爻發動，溥通乎萬物之情也。陸績曰：「乾六爻發揮變動，旁通於坤，以成六十四卦。」亦失之。旁溥一聲之轉，《周官・男巫》曰：「旁招以茅。」謂徧招於四方也。(杜子春注：「招四方之所望祭者。」)〈月令〉曰：「命有司大難旁磔。」亦謂徧磔於四方也。(鄭注：「旁磔於四方之門。」)〈聘義〉曰：「孚尹旁達。」謂玉之彩色徧達於外也。(《正義》曰：「旁者四面之謂。」)〈晉語〉曰：「乃使旁告於諸侯。」謂徧告於諸侯也。〈楚語〉曰：「武丁使以夢象旁求四方之賢。」謂徧求四方之賢也。(旁通作方，《逸周書・皇門篇》曰：「乃方求論擇元聖武夫，羞于王所。」)《逸周書・大匡篇》曰：「旁匡於眾，無敢有違。」謂徧匡於眾也。〈秦之峄刻石文〉曰：「威燀旁達，莫不賓服。」謂威燀徧達也。《史記・五帝紀》曰：「旁羅日月星辰。」謂徧羅日月星辰也。(《正義》曰：「旁羅猶徧布也。」)旁古通作方，〈堯典〉曰：「湯湯洪水方割。」〈微子〉曰：「小民方興，相爲敵讎。」〈立政〉曰：「方行天下。」〈呂刑〉曰：「方告無辜于上。」皆溥遍之義也。

按：旁上古音聲母爲並紐、韻部爲陽部開口一等字，音讀爲 $^*b'aR$；溥上古聲母爲滂紐、韻部爲魚部開口一等字，音讀爲 $^*p'a$。陽魚爲對轉之韻部，聲紐滂、並爲雙脣旁紐雙聲。故爲假借之第六等層次。

　　【七】若只有古韻同部之關係，而其聲母並無關連。[2]應視其諧

---

[1] 關於此點，我個人想爲黃季剛先生作解說，如果聲母爲旁紐雙聲，而上古韻部不同部，古韻雖不同部，但必須具有對轉與旁轉之關係，方有假借之可能。

[2] 關於此點，我亦願爲黃君作一解釋，因爲黃君之時代，古聲母之研究尚未臻於成熟，以其當時上古音之知識，方有此種情形出現。例如：余、《廣韻》喻母字，從其得聲者，有涂定母，有除澄母，有徐邪母，有蜍禪母。以上諸字，雖同屬古

聲偏旁所衍之聲來決定。

　　【八】若此二字之間爲異韻異類，則根本不具備假借之條件，自應排除於假借之例。所以黃君云：「不可率爾妄說也。」

新雄按：黃君求本字論假借之八層層次，其七、八二層次根本就不存在，實際上只有六層次。此吾人論假借之條件，實不可不知也。因不揣固陋，聊爲闡述，尚祈海內外方家學者，不吝賜教焉。

　　——一九九八年十月五日夏曆戊寅中秋陳新雄脫稿於臺北市和平東路鍥不舍齋。

韻魚部，在上古確屬同部，然其聲母，據黃君所考，則有影母、定母、心母之殊。於上古又確有假借現象，故黃君云：「須將一字所衍之聲通爲計較，視其所衍之聲，分隸幾紐，然後由其紐以求其字。雖喉音可以假借舌音也。」因其影爲喉音，定爲舌音也。但如照後人古聲之研究，曾運乾謂喻紐古歸定，錢玄同謂邪紐古歸定，則此類假借之條件，實與第二層次之古音相同一類，或第五層次同韻同類一類，並無差異，是則所謂同韻異類之假借，根本不存在者也。

第二屆國際暨第四屆全國訓詁學學術研討會
臺北・臺灣師範大學國文學系 1998.12.5-6

齊 "六字刀" 銘文釋讀及相關問題

中國錢幣博物館副館長

黃錫全

　　齊國貨幣，自發現以來，許多學者作過不少有益的探索和研究，尤其是山東的學者，如王獻唐、朱活先生等，[1]為齊國貨幣史的建立作出了不可磨滅的貢獻，近出山東省錢幣學會編《齊幣圖釋》就是一部總結性的代表作[2]，這是首先應該予以充分肯定的。隨著出土文物的不斷豐富及對有關問題的逐漸深入，齊幣中還有不少問題還值得再行研究，懸而未決或分歧意見較大的關鍵問題還需不斷的探討。如齊國刀幣的年代就是至今尚未達成共識的棘手問題，其中很重要的關鍵，就是 "六字刀" 銘文如何釋讀及其年代如何確定。

　　所謂 "六字刀"，就是齊國大刀中面文作 "齊遷邦張夻外" 六字者。銘文除齊、邦、張三字釋讀目前已基本達成共識外，其餘三字，仍釋讀不一。

　　刀銘末尾二字，過去有釋寶化、圓化、大化、去化、大刀等者，目前主要只有 "去（法）化（貨）"、 "夻（大）阺（刀）" 兩說[3]，文義均

---

[1] 王獻唐《中國古代貨幣通考》，齊魯書社，1979年。朱活《古錢新探》，齊魯書社，1984年。

[2] 山東省錢幣學會編《齊幣圖釋》，齊魯書社，1996年。

[3] 以前釋讀見丁福保《古錢大辭典》下編51-61頁。釋 "大刀" 者，見王毓銓《中國古代貨幣的起源與發展》附 "裘錫圭先生來函"，中國社會科學出版社，1990年，又見裘錫圭《古文字論集》中〈戰國貨幣考〉所附 "編校追記"，中華書局，1992年。吳振武〈戰國貨幣銘文中的刀〉，《古文字研究》第十輯，中華書局，1983年。

較通順，但從文字學的角度考慮，以後說更趨合理。夻字又見於即墨二種刀，齊之大刀背文"大昌"；所以"大"形，又見於"即墨之大刀"背文"大行"。其形如下：

齊之大刀背文　即墨之大刀背文　即墨大刀背文　即墨之大刀背文　各種大刀面文

顯然，上列背文釋"大昌"要比釋"去（法）昌"合理。

　　"斻"字從刀；乇聲，當是刀所加之音符。或疑為"乇刀"合文，讀為"度刀"，即合乎法度之刀[4]。不論怎麼理解，刀尾兩字釋讀為"大刀"也比較合理。下面，我們重點討論關鍵的第二字。

　　刀銘第二字，過去有釋通、徙、趏、進、途、遲、建、造、返、近[5]等者，有的因與字形相差太遠，今已無人堅持，目前主要有建邦、造邦、返邦三說，學術界各執一端，尤其是後一說，因與字形較近，近期似有一邊倒之趨勢。如釋為"返"，理解為齊襄王復國時紀念幣，則牽涉到整個齊大刀的年問題，非同小可。這個關鍵的字究竟應該如何釋讀，齊大刀是否多均為齊襄王時期所鑄，筆者近期在研究先秦刀幣時專門注意到這一問題，有一些傾向性意見，在此寫出來，聊供學術界討論。

　　要討論這個字，我們以為首先要弄清其基本形體和少數變體或省體的區別，尤其要以實物拓本和照片為主要依據。有的摹本材料因原拓或實物不清而有漏筆、漏筆者，則不能作為討論的根據。現以能夠見到圖

---

[4] 何琳儀《古幣叢考》21頁，台灣文史哲出版社，1996年。

[5] 見丁福保《古錢大辭典》下編51–61頁。釋返一說，初見《臨淄縣志》中《金石志》上76–77頁，又見何琳儀《返邦刀幣考》、《中國錢幣》1986年二期。裘錫圭先生曾云："遟斷非造字。斥《說文》作疨，古文字學家一般認為遟是近字，似可信。柝櫻字通，橐從石聲，則近似可讀為開拓之拓。"見王毓銓《中國古代貨幣的起源與發展》附"裘錫圭先生來函"。

片並爲可信的《大系》[6]和《齊幣圖釋》兩部著作爲例，這個字只有下列諸形：

因此，分析這個字，應以遲和遲形爲主要根據，其餘幾形均爲此形稍變之形。

古文字中的"建"，《金文編》列有下列三形：

郤建鼎　　　　　蔡侯龖鐘　　　　　中山侯鉞

六字刀第二字與上列諸"建"明顯不同，釋建一說缺乏字形依據，完全可以否定。

甲骨、金文中的告或造字的確有從屮、丱或從冂之邁、籀者，但"告"形絕不省去"口"。齊公孫造壺的"造"與齊陶文中的"造"也不省口作[7]。其形如下：

甲骨文告　　　　　　　金文告造

---

[6] 《大系》指馬飛海總主編，汪慶正主編《歷代貨幣大系·先秦貨幣》，上海人民出版社，1984年。下面簡稱《大系》。

[7] 見《甲骨文編》、《金文編》及高明、葛英會《古陶文字徵》，中華書局，1991年。

齊公孫造壺　　　　　齊陶文　　　　　高密戈

遺憾的是刀銘沒有一件是從"口"的。因此，逗不可能是"造"字。

古文字中的"反"或從反之字有下列諸形[8]：

甲骨文

金文

陶文　　（蒲反）

古幣文

楚簡

"反"形雖與刀銘所從近似，但區別也甚為明顯。"反"字的特點是"ㄟ"形豎筆多向右斜，古幣文的"反"多有向左撇出一飾筆。其它反字的厂形上或下每有一飾筆。然古文字中至今尚未見到一例"反"字作、、或形者。六字刀也未見反形從、、形者。因此，將刀銘釋為"返"，儘管形體接近，但疑問不少。

古文字中的"逆"從倒人，或人中加一飾筆，作如下形[9]：

甲骨文　　　金文　　　盟書　　中山壺　　行氣玉銘

---

[8] 見上注7及張頷《古幣文編》，中華書局，1986年。湖北省荊沙鐵路考古隊《包山楚簡》，文物出版社，1991年。

[9] 同注 11 。

也有人中的豎筆衝出作下列形而似從 "牛" 者[10]：

甲骨文　　　　　金　文　　　　陶　文

人形中筆可以衝出者，還如下列 "大" 和 "文" 字[11]：

貨幣 "大陰"之大　　　金　文

　　大徐本《說文》訴（謔）字正篆作 𧩙，小徐本作 𧩙，所從的 屮、
屮，實際就是上列倒人形，均有所本。《汗簡》斥字作 𢆶，所從並非 "
干"，也是倒人 "屮"[12]。研究《說文》者每每在斥、屰之形上存有歧
義，其實，均為一字的兩種寫法。《說文》屰字正篆作 𧩙，所從之 "屮
" 同大徐本訴，為倒人形。
　　由此，我們認為刀銘所從的 屰、屰，應該就是 屰，只是因倒人
中間豎筆可以衝出變作 屮、屮（如上舉 "逆" 字），遂使人困惑不解。
此字應該釋為逜即近。近字不見於字書，考慮到古文字中辵與走旁義近
可以互作（如遣、迂等或從走），近應為《說文》趚字異體。前引主張
釋為趚、近的意見當屬正確。如此，刀銘可以釋讀 "齊逜（趚）邦𢓊大

---

[10] 同注 11 。

[11] 見上注7，8及《侯馬盟書》，文物出版社，1976年。張守中《中山王𩰫器文字編》
，中華書局，1981年5月。

[12] 黃錫全《〈汗簡〉注釋》129頁，武漢大學出版社，1990年。金文之 𢆶，實從干，與
屰無涉，過去或以為從斥（屰），誤。郭沫若等已駁之。詳見周法高《金文詁林》卷六
"柝" 字下引諸家說。

刀"。

《說文》趄："距也。從走，庶省聲。漢令曰：'趄張百人'。"桂馥《說文義證》："距當為拒，本書拒，超距。僖二十八年《左傳》'距躍三百'，注云：'距躍，超越也。'……漢令曰'趄張百人'者，如淳《漢書注》：漢令有'蹶張士百人'。蹶，跳也，與趄義同。"段玉裁注："史、漢《申屠嘉傳》'材官蹶張'。如淳曰：材官之多力能腳蹋強弩張之，故曰蹶張。律有蹶張士，孟康曰主張強弩。……考許書趣、趄二字並出。趣云'蹶也'。趄云'距也'，引漢令'趄張百人'，與如、孟引作'蹶張'不合。今尋繹字義，趣者，跳起也。趄者，拓也。"是趣、趄二字義近字別，過去或以為趄（趣）乃趣之省形是錯的，因所從之厥、庶不是一字。漢令作"蹶"、《說文》引作"趄"者，是二者義近借字。

趄不僅段注所云字義為"拓也"（拓有托舉、張舉義），而且二字音近，典籍也有從斥（庶）、從石互作之例。如《說文》柝（梆）下引《易》曰"重門擊梆"而欜下引《易》曰"重門擊欜"。是柝、欜二字音義相同。欜從石聲。因此，刀銘'近（趄）邦'可讀作"拓邦"，即開拓封疆，如同"即墨之大刀"背文"辟封"及中山王大鼎"辟啟封疆"等。

萇即長，曶羌鐘"長城"之長作"萇"可證。過去多主張刀銘之"長"指君長，似可從。但也可指"長遠"之義。不論怎麼理解，齊拓邦之君是誰，齊拓邦長遠又是什麼時候，還要結合齊刀文字形制及齊國的歷史綜合考察。

六字刀的"長"從"立"，見於曶羌鐘、中山王鼎和古璽等，是典型的戰國文字，春秋時期未見，其形如下：

| 曶羌鐘 | 中山王鼎壺 | 行氣玉銘 | 古璽 | 刀銘 |

萇字所從的立作✦，其中多一橫者，見於齊國田氏璽印和陶文。如

《古璽匯編》0301："陳窒立事歲安邑亳釜"。《古陶文匯編》："陳補立事☑□"、"陳㝵立事歲"、"陳向立事歲𦉶之王釜"、"王孫陳棱立事歲左里敀亳區"，等等。齊之陳氏即田氏。周天子正式承認田氏代齊在西元前386年。屬羌鐘銘"唯廿又再祀，屬羌乍厥辟韓宗敐，率征秦迮齊入㠱（長）城，先會於平陰"。此所伐之長城即齊長城。《水經·汶水注》引《竹書紀年》云："晉烈公十二年，王命韓景子、趙烈子翟員伐齊，入長城。"鐘銘"廿又再祀"，即周威烈王二十二年（西元前404年），當晉烈公十二年[13]。中山王鼎"唯十四年，當在西元前309或308年。戰國行氣玉銘爲戰國後期作品[14]。

因此，根據刀銘"㠱"字出現的時間及刀銘所從立旁同於田氏璽印、陶文等，只能將六字刀的時代推定在戰國中期或者田氏代齊之後。

從齊國歷史上看，田氏齊國頗有作爲的君主并傳齊國最爲輝煌、鼎盛者要數齊威王和齊湣王。齊威王（西元前356－前321）時的"桂陵之戰"和"馬陵之戰"兩次大戰的勝利，使齊國聲威大震，取代魏國霸主地位，成爲東方最強之國。齊湣王（西元前301－前284）時聯合韓、魏大舉攻楚，在沘水與楚相持六月後終於打敗楚軍，迫使楚國求和；西元前296年齊約韓魏攻秦，直達函谷關，經過三年苦戰，終於迫使秦國割地求和，以至秦自稱西帝，而尊齊湣王爲東帝。西元前286年，齊湣王一舉滅掉宋國，"齊南割楚之淮北，西侵三晉，欲以并周室，爲天子。泗上諸侯鄒魯之君皆稱臣，諸侯恐懼"。疆域國勢達到頂峰。因此，周圍諸國及秦國不安，秦乘機約合各國攻齊，終於導致燕下齊七十餘城，形勢急轉直下，雖經田單反攻燕軍，迎接齊襄王復國，然齊由此一蹶不振，直至被秦所滅[15]。

因此，從歷史上看，齊開拓封疆之君或者開拓封疆長遠時期，在田氏齊國非齊威王或齊湣王時莫屬，'六字刀"所記當與二君主有關，而很有可能與西元前286年滅宋有關，以歌頌或紀念齊湣王將齊國推向鼎盛時期的功績。因此，這種刀鑄行量不大，出土很少。

---

[13] 此紀年有異，可參考方詩銘、王修齡《古本竹書紀年輯證》94頁，上海古籍出版社，1981年。劉翔、劉蜀永《屬羌鐘銘》，《考古與文物》1982年二期。

[14] 陳邦懷《戰國行氣玉銘考釋》，《古文字研究》第七輯.

[15] 見《史記·田敬仲完世家》、《戰國策·齊策》、《史記·孫子吳起列傳》、《史記·田單傳》等.

　　如將"六字刀"定在齊湣王時，其它刀幣亦可由此推求。

　　目前發現的齊國大刀上銘文不同者共有下列七種：

　　1．齊之大刀

　　2．節（即）墨之大刀

　　3．安陽之大刀

　　4．䣅大刀

　　5．節（即）墨大刀

　　6．齊大刀

　　7．齊近邦𣵠大刀

除少數學者過去曾有不同看法外，學術界多將上列刀分爲前後兩大段，即有"之大刀"者爲一段，有"大刀"而少一"之"字者爲一段，并多認爲前者要早於後者。根據刀幣的形制、風格及特點，這種劃分顯然是比較合理的。但在前者早到什麼時候、各種刀出現的先後方面又存在不同看法。歸納起來，大致有下列幾種：

　　1．以王獻唐、王毓銓先生之說爲代表，即主張即墨、安陽五字刀早於"齊之大刀"和"齊大刀"說，但二說也有區別。王獻唐先生將六字刀釋爲"齊造邦墓法化"，以爲是"齊屬造邦之墓地所造"，將"造邦"理解爲地名，"墓"又屬於"造邦"。認爲安陽、即墨五字刀爲二地所造（全按：二地入齊後鑄還是入齊前鑄，王文中并未說明），齊四字刀、三字刀爲齊國都所造。安陽、即墨、造邦刀皆署邑名，制度在前，早於專署國名的齊四字刀、三字刀。認爲"即墨小刀，制作極晚，或出樂毅破齊，即墨未下時也"。王毓銓將六字刀釋爲"齊造邦長杏化"，認爲"造邦"是"開邦建國的意思"，"齊造邦之日，不能晚至齊桓公"。又認爲即墨、安陽五字刀屬於二地未入齊前之地方鑄幣，早於"齊之大刀"，小型即墨刀是即墨古刀發展的第二個階段，制作粗惡，銅質低劣，是晚出的證明[16]。

　　2．以鄭家相、朱活先生爲代表。鄭氏主張齊國鑄行刀幣始於桓公，

---

[16] 同注1.3王獻唐、王毓銓文．

初鑄於齊都臨淄，安陽、即墨五字刀爲齊并二地後所鑄，小型即墨刀鑄於春秋時期，"以邊緣斷作隆起，制較精者，屬呂齊。邊緣不斷作隆起，制較率者，屬田齊。"鄭將六字刀釋爲"齊造邦䰔㤱化"，"屬田太公建國時初鑄"，嗣後繼鑄"齊大刀"，終齊之世[17]。朱活先生的觀點與鄭氏基本相同，即主張齊國刀幣可能始鑄於齊桓公時期，即墨、安陽五字刀銘於齊有二地之後。朱活說："齊國刀化的鑄行大致可以分爲前後兩個階段，其中齊之法化，即鄳之法化，譚邦之法化（全按：即'鄺大刀'），安陽之法化基本上是春秋時期姜姓齊國國都及各大城邑的鑄幣，它鑄行的下限也可能延到戰國中期。……而齊建邦䰔法化，齊法化基本上是田姓齊國在戰國時期的鑄幣，齊國正式開始以齊法化來統一各種刀化的時間，我們認爲最可能是在齊威王到宣王時代，即西元前378－324年之間，因這個時期，齊國進行了不少的政治改革。當然這兩階段不易截然劃開，應當有一段交錯并行的鑄行時期，這可能是戰國初年到戰國中期以前[18]。

　　3．以汪慶正先生爲代表，主張齊國諸種大刀爲戰國時期所鑄，汪先生認爲"六字刀"應釋"齊造邦大化"，是田齊開國的紀念幣，當在西元前378年。齊之大刀，安陽之大刀，即墨之大刀與六字刀及三字刀，雖小有出入，但基本是一致的，時代上不可能有太大的差距，只是"齊之大刀"在齊都臨淄大量鑄造，使用時間更長而已。"齊之大刀"亦應鑄於臨淄，或稍早於田齊開國前。認爲"即墨之大刀"上有三種背文不見於他刀，即辟封、安邦、大行，結合齊威王封即墨大夫的史實，此種刀應爲齊威王九年（西元前348年）後所鑄。認爲"即墨大刀"可能鑄於燕軍圍困即墨時（西元前284－前279年）所鑄，"安陽之大刀"最早不能超過西元前412年，即齊宣公四十四年齊伐魯、莒及安陽之時[19]。如按汪先生的推斷，其早晚順序爲：

　　　　安陽之大化　　　　前412年後鑄
　　　　齊之大化　　　　　稍早於六字刀
　　　　齊造邦大化　　　　前378年田齊開國紀念幣

[17] 鄭家相《中國古代貨幣發展史》，三聯書店，1958年．
[18] 同注 1 朱活文．
[19] 見注6《序》28頁．

即墨之大化	前348年後鑄
齊大化	大量鑄於臨淄，鑄行晚
即墨大化	燕圍即墨時（前284－前279年）

另外，楊寬、李學勤等先生亦將大刀列入戰國[20]。

　　4．以何琳儀先生為代表。何將"六字刀"釋為"齊返邦跟大刀"，認為"返邦"即典籍之"反國"，"返邦長"為復國之君齊襄王，并根據燕攻齊時下七十餘城"惟獨莒、即墨不下"，認為即墨刀，莒邦刀（全按：即齏大刀）與返邦刀等，均為齊襄王在位18年（前283－前265年）內所鑄造，因此，出土量不如"齊大刀"多。換言之，何氏認為除"齊大刀"三字刀外，其餘均為齊襄王在位時鑄。

　　上列諸說，對齊國刀幣的始鑄時間計有齊桓公以前、齊桓公時、戰國時期、齊襄王前後等說。其中不難發現最主要的一點，就是對"六字刀"的釋讀注解不一，其意見分歧計有：

　　1．姜齊開國紀念幣　　不能晚於齊桓公
　　2．田齊開國紀念幣　　不能晚於西元前378年
　　3．齊襄王復國紀念幣　齊襄王在位期間（前283年／前265年）

　　根據我們在前面的分析，所謂"建邦"、"造邦"、"返邦"之釋，於字形多無法得到可靠的證據，因此上列之釋或由此得出的結論自然就難以信從，或者說，所謂"開國"、"復國"紀念幣之說，實際是不存在的。

　　我們主張將六字刀釋為"齊遯（近）邦跟大刀"，解釋為齊國開拓封疆之君或齊開拓封疆長遠，推定在齊湣王滅宋時，同時基本主張有"之大刀"者屬姜齊、無"之"字者"齏大刀""即墨大刀"為姜齊至田齊時的過渡期，"齊大刀"為田氏代齊後統一的鑄幣，很可能在國力較強

---

[20] 楊寬《戰國史》111頁，上海人民出版社，1991年版．李學勤《東周與秦代文明》317，321頁，文物出版社，1984年．

的齊威王時期。理由如下：

　　1・"齊大刀"出土數量最多，據對1954年以來已公開發表及有關文博單位收藏齊國大刀的粗略統計，只有100餘批的8741枚，其中（能夠確定者）"齊大刀"2386枚，"安陽之大刀"158枚，"齊之大刀"298枚，"即墨之大刀"199枚，"齊近邦長大刀"30枚，"節墨大刀"8枚。這個數字表明，"齊大刀"是整個齊國大刀中鑄行量最大者，因此，出土量最多。出"齊大刀"時常伴有齊"賹刀"圜錢，齊圜錢爲戰國晚期貨幣，上引諸家也多主張"齊大刀"爲田齊貨幣，其刀面外緣與刀柄外緣相連不斷與"六字刀"相同，而與"之大刀"有別，因此，"齊大刀"爲田齊時國家之統一鑄幣無疑。田氏代齊後至齊威王前，國力還較弱小，經濟狀況不是特別發展，除西元前385年曾一度攻破魯都外，卻屢屢受到魏、趙、韓甚至魯、衛的攻擊，因此，似乎不大可能具備全國統一鑄行"齊大刀"的條件。至齊威王時就不同了，由於任用鄒忌爲相，勵精圖治，政治、軍事、經濟形勢頗爲輝煌。鑄行全國統一的"齊大刀"條件成熟。因此我們主張將"齊大刀"推定在齊威王時期，比較合適。

　　2・"安陽之大刀"應該是"安陽"入齊之後所鑄。其地所指有三：一見《史記・六國年表》齊宣公四十四年（西元前412年），齊"伐魯、莒及安陽"，此安陽隨即入齊，或主張其地在今山東曹縣東。二見《春秋》成公二年（西元前589年）六月癸酉，魯、晉、曹、衛諸大夫"及齊侯戰於鞌，齊師敗績"。杜注："鞌，齊地。"其地在今濟南市西偏。或以爲"安陽"即"鞌陽"。三見《後漢書・趙彥傳》："莒有五陽之地。"李賢等注："謂城陽、南武陽、開陽、陽都、安陽，並近莒。"或主張安陽指此，地在莒縣與濟南之間，今已不可確指。《春秋》襄公二十四年（西元前549年）齊伐莒，取介根，莒南遷莒縣後其地大部入齊。莒後爲楚滅（西元前431年），不久歸齊。魯邑曹縣東之安陽離齊中心太遠，自行鑄幣可能性不大，至今在該地尚未發現"安陽之大刀"。上舉《六國年表》"伐魯、莒及安陽"之安陽，並非一定是魯之安陽，也可能是近莒"五陽"中的安陽。所謂"鞌"也非"安陽"。因此，"安陽"大刀之安陽當接近莒"五陽"之安陽，其地入齊當在西元1549年齊伐莒後。安陽刀當鑄於此年之後。

　　3・"節墨之大刀"之"節墨"就是"即墨"。墨字從"Ｄ"，或主張是所加之聲符刀。春秋前期即墨爲萊之棠，齊靈公十五年（西元前

567）滅萊，地入齊。《史記・田敬仲完世家》：齊"威王召即墨大夫而語之。"《正義》："萊州膠水縣南六十里即墨故城是也。"《元和郡縣志》："城臨墨水，故曰即墨。"其地在今山東平度東南。從形制特點分析，即墨之大刀不會晚於安陽之大刀。如安陽刀推定在齊伐莒、取介根後（前549），則即墨之大刀當與安陽刀同時或稍早。因此，以定在齊靈公十五年（西元前567年）滅萊後鑄行比較合適，當晚不到齊威王召問即墨大夫之時。"即墨之大刀"背文辟封、安邦、大昌等，當是紀念齊有萊地的吉語，以慶齊國辟封彊，安定邦國，國力昌盛等。

　　將"即墨之大刀"、"安陽之大刀"定在春秋晚期，亦可從該刀背得到證實。節墨之大刀，齊之大刀背文有"大昌"和"上"字，安陽之大刀背文也有"上"字。昌字作"　"，上字作"上"這種寫法，金文中始見於春秋晚的蔡昭侯申盤銘。蔡昭侯在位時間爲西元前518－前491年，與即墨入齊相距不到50年，與安陽入齊相距只有30來年，同屬春秋晚期。

　　4・"齊之大刀"應是姜齊國幣，鑄於臨淄，按注應該早於"即墨之大刀"和"安陽之大刀"。即墨之大刀略顯厚重、精致，當是即墨地方的特色，似不能據此推斷其必早於"齊之大刀"。"齊之大刀"應與即墨、安陽二地所鑄同處於一個大的時期應無疑問。由此，我們以爲"齊之大刀"當鑄於齊有即墨以前，而很可始鑄於齊桓公後期，與齊桓公任用管仲爲相、改革政治、經濟制度有關。《管子》一書雖有爭論，但與管仲思想必有關係。該書是先秦諸子中唯一把貨幣單獨作爲一個問題提出求論述的。《輕重》16篇（應爲19篇，失傳3傳），除最後一篇《輕重己》外，專論商品貨幣關系，當或多或少反映了管仲所在齊國的有關情況。

　　5・"𨟍大刀"之𨟍，從且得聲，與日本銀行所藏一枚博山刀上的"𨟍"字類同，但略有區別。或將齊刀中所見從"且"的幾個字認作同一地名，以爲有三種可能性：一是釋讀爲柤，見《左傳》襄公十年《經》"會吳於柤"。其地在今江蘇邳縣西北之泇口，戰國時在齊、楚交會地，一度屬齊。二是釋讀爲柞，見《左傳》昭公七年："辭以無山、與之萊、柞。"杜注："萊、柞，二山。"在今山東萊蕪縣，戰國屬齊。三是釋讀爲柜，即《漢書・地理志》琅邪屬縣，在今山東膠南縣北。柞爲山名，柤太偏遠，最有可能是柜。"𨟍大刀"之𨟍是否就是博山刀之𨟍，還可研究。今暫從一地說。

　　"鄑大刀"與"即墨大刀"形制類同。其共同特點是：刀面外緣斷於與柄相交處，與即墨、安陽五字刀、"齊之大刀"相同，而面文"地名十大刀"格式同於"齊大刀"和六字刀。因此，從器物類型學方面考慮，其鑄行年代當介於前後二者之間，很可能在姜齊向田齊過渡時期所鑄，估計在姜齊康公（西元前404）至田齊桓公（西元前375－前357）前後，不大可能晚至齊襄王時期。

　　這樣，齊國大刀始鑄年代即可推定如下：

齊國大刀幣始鑄年代推定表

名稱 / 年代	時　期	年　　代
齊之大刀	春秋中晚期	齊靈公以前，極可能在齊桓公後期
節墨之大刀	春秋晚期	齊靈公15年（西元前567年）後
安陽之大刀		齊莊公5年（西元前549年）後
鄑大刀	戰國早、中期	約姜齊康公（西元前404年）——田齊桓公（西元前375－前357年）前後
節墨大刀		
齊大刀	戰國中、晚期	田齊威王（西元前356年——前321年）時期
齊返（近）邦張大刀		田齊湣王（西元前301——前284年）時期，很可能在齊滅宋時（西元前286年）

秦漢簡帛文字詞語雜釋

李 家 浩
（北京大學中文系）

一・拓 席

睡虎地秦墓竹簡《日書》甲種〈詰咎〉篇四六背貳說：

鬼恆從人游，不可以辭，取女筆以拓之，則不來矣。[1]

這則文字不長，但是「取女筆以拓之」句卻比較難懂，所以，人們
對這一句的解釋有分歧。

睡虎地秦墓竹簡整理小組注說：「女筆，不詳。拓，有推、舉
之義。」[2]

鄭剛說，「女筆」應該讀爲「女篋」，指女人用的篋子。劉樂
賢從之。[3]

劉釗說，「『女筆』之『筆』應該讀作本字，即『刀筆』之『筆』。
『女筆』即女人所用之筆。」並且還指出，古人有髮冠上簪筆和用
筆驅鬼避邪的習俗。「拓」應該讀爲「撂」，訓爲「擊」。[4]

蔣英炬說，「『女筆』二字不應該作一個物名，而應該分開讀，

---

[1] 《睡虎地秦墓竹簡》圖版 106 頁，釋文注釋 214 頁，文物出版社，1990 年。

[2] 《睡虎地秦墓竹簡》釋文注釋 218 頁注釋〔四〕。

[3] 劉樂賢：〈睡虎地秦簡日書《詰咎篇》研究〉，《考古學報》1993 年 4 期 441
頁補注與疏證〔三〇〕。

[4] 劉釗：〈說秦簡中「女筆」之筆〉，《中國文物報》1994 年 11 月 20 日第 4
版。

拙意認為『女』字就是個人稱代詞，……古文中女、汝二字相通」。
5

　　討論至此，「女筆」的含義總算解決了。「女筆」應該讀為「汝
筆」。〈詰咎〉篇所說的治鬼怪工具，有在其前冠以代詞的，例如：

　　　雷攻人，以其木擊之，則已矣。　　　四三背參

　　　人臥而鬼夜屈其頭，以若便(鞭)擊之，則已矣。　　四八背參

　　　鳥獸虫(蟲)多甚眾，獨入一人室，以若便(鞭)擊之，則止矣。
　　　　　　　　　　　　　　　　　　　　四九背參

「汝筆」猶此「其木」、「若鞭」。6

　　在對「拓」的兩種解釋中，劉釗的說法要比竹簡整理小組的說
法於文義貼切。劉氏原文是這樣說的：

　　　句中拓字應讀作「摕」。摕為拓字古文，《集韻》入聲十一
　　　沒韻：「摕，擊也」。

從表面上看，劉氏的解釋是沒有問題的，不僅把「拓」解釋為「擊」
於文義貼切，而且還有「摕」為「拓」字古文的根據。大概是由於
這兩個方面的原因，所以到目前為止，在學術界尚無人提出異議。
仔細分析，劉氏的說法實際上是有問題的。

　　先看「摕」為「拓」字古文到底是怎麼一回事。《集韻》入聲
二十二昔韻之石切隻小韻：

　　　拓、摭、摕，《說文》：「拾也。陳宋語。」或從「庶」，
　　　古作「摕」。

　　按《集韻》說「拓」古作「摕」，當是本於《儀禮・有司》鄭

5 蔣英炬：〈讀《說秦簡中「女筆」之「筆」的一點意見〉，《中國文物報》1994
年 12 月 25 日第 4 版。
6 「若便」，睡虎地秦墓竹簡整理小組注讀為「箸鞭」；鄭剛讀作本字，解釋為
「若，你也。便，糞也」。此處「若」從鄭剛說。鄭說見《考古學報》1993 年 4
期 443 頁劉樂賢文補注與疏證〔四九〕引。

玄注。《儀禮・有司》說：

乃摡于魚腊俎，俎釋三个……

鄭玄注：

古文「摡」爲「摕」。

陸德明《釋文》：

摕，之石反，劉音與「摡」同。

《說文》手部有「摕」字：

摕，撮取也。從手，帶聲。讀若《詩》「蝃蝀在東」(都計切)。

音之石切的「摕」與音都計切的「摕」，聲、韻都相隔甚遠，當非
一字。關於這一點，可以從武威漢簡本《儀禮》得到證明。

上引《儀禮・有司》語見於武威漢簡本《儀禮》，「摡」作「摕」。
「摕」字還見於簡本〈泰射〉「乃摕工于西上」，[7]今本「摕」作「席」。
陳夢家於〈有司〉的「摕」字出校記說：

摕，今本作摡，字經削改，鄭注：「古文摡爲摕」，簡似作
「摕」，〈泰射〉第三十五簡席作摕。[8]

沈文倬對陳氏的校記提出了批評，他說：

陳說雖含糊，其意蓋斷摕爲席字。然席于魚腊俎成何文義，
萬不可通。鄭注：「古文摡作『摕』。」……簡文經削改，字形
雖與摕相似，實是摕之誤寫。蓋原依今文作「摡」，後改用古文
作「摕」，故左旁上似廿，下似巾也。字書無「摕」字，作「席」
更無義，即〈泰射〉之「摕工于西皆上」，亦不過爲席之誤加形

_____

[7] 甘肅省博物館、中國科學院考古研究所：《武威漢簡》113 頁六十二背文，123
頁三十五，摹本一〇．十一、一五．三十五，圖版拾．62，拾伍．35，文物出版
社，1964 年。

[8] 《武威漢簡》174 頁。

旁字，詳彼篇……[9]

　　按沈氏對陳氏的批評是很不公允的，因為「摭」字不見於字書，陳氏不認識，他在校記裏客觀的反映了簡本與今本的文字異同，並非像沈氏所說的那樣，「其意蓋斷摭為席」。沈氏自己提出的見解亦有可商。沈氏於〈有司〉的「摭」說是「撍」之誤寫，而於〈泰射〉的「摭」說是「席」之誤加形旁字，同一個字前後說法不同，很難使人信服。其實這兩個「摭」都是「摭」字的古文，簡本〈有司〉的「摭」既不是「撍」之誤寫，〈泰射〉的「摭」也不是「席」之誤加形旁字。

　　「摭」是《說文》「拓」的重文。「拓」從「石」聲，「摭」從「庶」聲，「摭」從「席」聲。《說文》說「席」從「庶」省聲。據古文字字形，「庶」、「席」二字實際上都從「石」聲，[10]可以通用。例如《儀禮·燕禮》「受賜爵者以爵就席坐」，武威漢簡本《儀禮》「席」作「庶」。[11]所以，從「石」聲的「拓」，其異體既可以從「庶」聲作「摭」，又可以從「席」聲作「摭」。眾所周知，漢魏六朝以來的俗體字往往把「席」寫作「廗」，[12]這就是顏之推《顏氏家訓·書證》所說的「席下加『帶』」，陸德明《經典釋文·序錄·條例》和張守節《史記正義·論字例》所說的「席下為『帶』」。「席」字俗體「廗」作為偏旁，有時省作「帶」。《古文四聲韻》去聲四十禡韻「褅」字引《籀韻》作「褅」。此字原文位於「下」與「夜」之間。按《廣韻》去聲四十禡韻在「下」與「夜」之間有「褋」字，「褋」字的位置與之相同，「褅」無疑是「褋」字的俗

<hr>

9　沈文倬：〈禮漢簡異文釋(三)〉，《文史》第三十五輯 59 頁，中華書局，1992年。

10　參看周法高《金文詁林》第十冊 5729 頁引林義光說，香港中文大學，1975 年；唐蘭〈弓形器(銅弓柲)用途考〉，《考古》1973 年 3 期 180 頁；湖北省文物考古研究所、北京大學中文系《望山楚簡》122 頁考釋〔六九〕，中華書局，1995年。

11　《武威漢簡》119 頁四十二，摹本一三．四十二，圖版拾三．42。

12　參看秦公《碑別字新編》119 頁，文物出版社，1985 年。

體，[13]「襻」即其省寫。據此，我們認爲「摭」之古文本應該作武威漢簡的「摤」，其俗體當有作「擴」的，音之石切的「撕」即「擴」之省寫，跟音都計切的「撕」字形相同，但並非一字。這與「席」之俗體「蓆」，跟讀爲當蓋切、義爲屋邪的「蓆」字形相同，但並非一字的情況類似。因爲「摭」從「席」得聲，所以〈泰射〉假借爲「席」。

再看訓爲「擊」的「撕」是否是「拓」字古文。訓爲「擊」的「撕」見於《集韻》入聲十一沒韻阤沒切挨小韻。這一訓釋和讀音都不見於《集韻》以前的其他字書，它與讀爲都計切、訓爲「撮取」的「撕」是否一字，目前還說不清楚，但是有一點是可以肯定的，此字從「帶」得聲，與「摭」的古文「撕」結構不同。據上文所說，「摭」的古文「撕」是「摭」之俗體「擴」的省寫。二字的讀音也不相同，它們顯然不是同一個字。既然音阤沒切的「撕」與音之石切的「撕」不是同一個字，就不能把訓釋音阤沒切的「撕」的「擊」移來訓釋「拓」。

總之，「拓(摭)」字古文「撕」與訓爲「擊」的「撕」並非一字，不能把「拓」訓爲「擊」。因此，對於秦簡「拓」的釋讀，應該重新考慮。

古代「石」字有投擲義。《廣雅·釋詁》：

投、敜、石、搥、挃，擿也。

王念孫對「石」字的這一意義作了詳細的疏證。王氏在《廣雅疏證》中說：

石者，《新書·連語篇》云：「提石之者，猶未肯止。」是「石」爲擿也。「搥」音都回反。《法言·問道篇》「搥提仁義」，《音義》云：「搥，擲也」。《邶風·北門篇》「王事敦我」，鄭箋云：「敦，猶投擲也。」「敦」與「搥」同，「擲」

---

[13] 《龍龕手鏡》衣部去聲所收「襻」字俗體，與此字寫法略有不同。參看《中華字海》1154 頁注。

與「擿」同。《釋言篇》云:「禰、泧,碗也。」碹、擿,泧、石,碗、搯,聲、義並相近。

王氏又在《補正》中說:

> 注「石者」下,乙「新書」二字,補:《史記‧王翦傳》云:「方投石超距。」《漢書‧甘延壽傳》云:「投石拔距,絕於等倫。」「石」者,擿也。「投石」猶言投擿。「距」如「距躍三百」之「距」。應劭以「拔距」為「超逾」,司馬貞以「超距」為「跳躍」,皆是也。「投石超距」、「投石拔距」,皆四字平列,「石」亦投也。應劭云:「投石,以石投人也。」劉逵注《吳都賦》云:「拔距,謂兩人以手相案,能拔引之也。」皆非是。[14]

當作投擲講的「石」,除見於王氏所引的漢代文獻外,還見於唐代文獻。敦煌卷子《大目乾連冥間救母變文》:

> 東西鐵鑽讒(劖)凶(胸)舫(肋),[15]左右銅鉸石眼精。[16]

「石」在這裏是動詞,項楚認為當作「射」。[17]段觀宋不同意項氏的意見,他說:

> 「石」字不當改。「石」可作動詞,為投擿義,與文義正相合。《廣雅‧釋詁四》:「石,擿也。」又:「擿,投也。」《全唐詩外編》載李郢〈試日上主司侍郎〉詩:「線不因針何處入,水難投石古來知。」「投石」即投擿,「石」與「投」同義連文。《賈子‧連語篇》:「提石之者,猶未肯止。」「提」也是擿義,《集韻》去聲十二霽韻:「提,擿也。」「石」與

---

[14] 王念孫:《廣雅疏證》109、425 頁,江蘇古籍出版社,1984 年。

[15] 此三字的釋讀,從徐震堮說。見〈「敦煌變文集」校記再補〉,《華東師大學報(人文科學)》1958 年 2 期 123 頁。

[16] 《敦煌變文集》下集 731 頁,人民文學出版社,1984 年。

[17] 項楚:《敦煌文學叢考》125、353 頁,上海古籍出版社,1991 年。

「提」亦同義連文。[18]

按段說可從。

　　我們認爲秦簡「取女(汝)筆以拓之」之「拓」，即動詞「石」，應該訓爲擲。「拓」從「手」從「石」聲，跟動詞「石」不僅在字音上有聯繫，而且在字義上也有聯繫，簡文「拓」即使不是爲具有擲這一意義的「石」造的專字，也應該是一個形借字。[19]「取汝筆以石之」即「取汝筆而擲之」的意思。[20]

　　筆的長度是有限的。就拿跟秦簡《日書》同出的三支筆來說吧，其中兩支筆杆分別長 21.5、20.9 厘米。[21]「鬼恆從人游」。在人與鬼之間應該有一定的距離，人持 21 厘米左右長的筆來擊鬼，顯然是擊不到的，只有用它來投擲，才能打中鬼。從這一點來說，把「拓」讀爲「石」，訓爲擲，也是合理的。

　　前面說過，「席」跟「拓」一樣，也從「石」聲，所以馬王堆漢墓帛書或借「席」來表示投擲義。

　　馬王堆漢墓帛書《養生方》一九一行說：

　　東鄉(向)呼：「敢告東君明星，□來敢到畫所者，席彼裂瓦，何人？」有(又)即周中。[22]

　　此則文字是講外出旅行，遇到鬼怪時所採用的一種巫術。據此則上文「以產荊長二寸周畫中」語，「畫所」指用荊條畫的圓圈。人站在圓圈中，如果鬼怪膽敢到圓圈，就用「席彼裂瓦」的辦法來對付。有人對「席彼裂瓦」句解釋說：

---

[18] 段觀宋：〈《敦煌變文集校議》議〉，《文獻》1992 年 4 期 16 頁。

[19] 關於「形借」的問題，參看裘錫圭《文字學概要》215、216 頁，商務印書館，1988 年。

[20] 「以」訓爲「而」，見王引之《經傳釋詞》(卷一)8、7 頁，岳麓書社，1984 年。

[21] 《雲夢睡虎地秦墓》26 頁，27 頁圖一八、一九，文物出版社，1981 年。

[22] 《馬王堆漢墓帛書〔肆〕》圖版六六頁，釋文注釋 116 頁，文物出版社，1985 年。

此句意為有侵入所畫圓周中者,將被席卷,被裂碎。古代方術家用語中,瓦有破裂之意,見《雞肋篇》卷上:「瓦言其破。」[23]

按「裂瓦」指破瓦,直到宋人的詩中還有這種說法。例如宇文虛中〈四序回文十二首〉之十一:「裂瓦寒霜重,鋪窗月影清。」[24]僅從這一點來說,上引語把「席彼裂瓦」解釋為「將被席卷,被裂碎」,顯然是錯誤。在《詩經》裏,常常會看到如下的句式:

稱彼兕觥 《豳風·七月》
取彼譖人 《小雅·巷伯》
截彼淮浦 《大雅·常武》
撻彼殷武 《商頌·殷武》

其特點是,指示代詞「彼」位於名詞之前,動詞之後。帛書「席彼裂瓦」與此句式相同,指示代詞「彼」也位於名詞之前,那麼其前的「席」也應該是動詞,疑應該讀作訓為擲的「石」。「石彼裂瓦」即「擲那破瓦」的意思。

睡虎地秦墓竹簡「以汝筆拓之」之「拓」與馬王堆漢墓帛書「席彼裂瓦」之「席」,不僅用法相同,而且都從「石」聲,把它們讀為動詞「石」,訓為擲,可以互證。

關於睡虎地秦墓竹簡《日書》甲種〈詰咎〉篇四六背貳的「拓」和馬王堆漢墓帛書《養生方》一九一行的「席」就討論到這裏,最後順便談一下〈詰咎〉篇四六背貳的「辭」。

像〈詰咎〉篇四六背貳「不可以辭」用法的「辭」,還見於下錄〈詰咎〉篇兩條簡文:

鬼恆責人,不可辭,是暴鬼,以牡棘之劍〔刺〕之,則不來矣。

四二背貳、四三背貳

---

[23] 魏啟鵬、胡翔驊:《馬王堆漢墓醫書校釋(貳)》55 頁,成都出版社,1992 年。

[24] 《全宋詩》第二十五冊 16503 頁,北京大學出版社,1995 年。

鬼恆胃(謂)人：「鼠(予)我而女。」不可辭，是上神下取(娶)妻，擊以葦，則死矣。弗御(禦)，五來，女子死矣。

三九背參、四〇背參

「不可辭」與〈詰咎〉篇中的「不可去」、「不可止」、「不可禦」等文例相同，[25]「辭」的意思當與「去」、「止」、「禦」類似，疑應該訓為遣。《左傳》襄公二十二年「遠子馮……辭八人者，而後王安之」，杜預注：「辭，遣之。」《呂氏春秋·士容》「客有見田駢者……田駢聽之畢而辭之」，高誘注：「辭，遣也。」

二·紉

張家山漢墓竹簡《奏讞書》的「黥城旦講乞鞫」，在記重審樂人講的冤獄，檢驗講、毛二人身上被笞打的傷痕時說：

診講北(背)治(笞)紉大如指者十三所，小紉瘢相質五也，道肩下到要(腰)，稠不可數。

診毛北(背)笞紉瘢相質五也，道肩下到要(腰)，稠不可數，其殿(臀)瘢大如指四所，其兩股瘢大如指。[26]

李學勤先生對此文字曾作過解釋，他說：

「紉」，《廣雅·釋詁》：「繫也」，《釋器》：「索也。」「所」意為處。「質」讀為「秩」，意為積；「五」讀為「午」，意為交。「道」意為由。文書是說，講背部笞打和捆綁的傷痕大如手指的共十三處，小的繩瘢互相交疊，由肩下到腰，密不可數；毛背部笞打的和捆綁的瘢痕互相交疊，由肩下到腰，密

25 〈詰咎〉篇四九背貳，二七背參，四一背參。
26 江陵張家山漢簡整理小組：〈江陵張家山漢簡《奏讞書》釋文〉，《文物》1995年3期31、32頁。

不能數，同時臀部、兩股也有大如手指的瘢痕。[27]

張建國指出，李先生對「笞絼」和「小絼瘢」等的解釋與「簡文的原意似不合」，「案中說的那些瘢痕是打出來的，是笞打這一個原因而不是笞打和捆綁這兩個原因造成的」。張氏同時還提出了自己的解釋，他說：

> 我覺得，「絼」似乎是指像繩那樣的條索狀痕跡，詳細說「笞絼」或「笞絼瘢」就是：因為笞打使皮膚破損，傷口愈合後留下的長條形繩子那樣的一道道瘢痕，即這些凹凸不規則的瘢痕結締組織被稱作「笞絼」。原文可解釋為「在講的北部，笞痕(受笞留下的條索形瘢痕)粗大如手指的有十三處，小的笞痕(亦笞打出來的條索形瘢痕)相交叉，由肩下直到腰部，密不可數」。[28]

張氏對「絼」的解釋顯然牽強。從字義來說，「絼」並無瘢痕之義；從情理來說，笞打的瘢痕不會像繩索形狀。

　　總之，把簡文「絼」按照字面理解為繩索，無論如何解釋，都是無法講通的，這就說明簡文「絼」有可能是一個假借字。是什麼字的假借呢?需要研究。

　　我們認為要確定簡文「絼」是什麼字的假借，先要了解「絼」與其有關文字之間的結構。把「笞絼大如指者十三所，小絼瘢相質五也」和「笞絼瘢相質五也」相互比較，不難看出「笞絼」、「笞絼瘢」和「小絼瘢」都是偏正結構。「絼」在「笞絼」裏單言，在「笞絼瘢」裏與「瘢」連言。於此可見，「絼」與「瘢」的意思應該相近。根據這一認識，我們認為「絼」應該讀為「朡」。「絼」、「朡」二字都從「引」得聲，故可通假。「朡」指用杖之類的工具打擊的腫痕。《廣韻》上聲十六軫韻：「朡，杖痕腫處。」簡文「絼(朡)」

[27] 李學勤：〈《奏讞書》解說(下)〉，《文物》1995年3期38頁。

[28] 張建國：〈關於漢簡〈奏讞書〉的幾點研究及其他〉，《國學研究》第四卷529、530頁，北京大學出版社，1997年。

用的正是此義，指笞打的腫痕。「瘢」指傷痕，[29]「胐」與之義近，所以《說文》訓「胐」爲「瘢也」。正因爲如此，簡文的「紉」既可以單言，又可以與「瘢」連言。

　　根據以上所說，上錄簡文的意思是說：察看講的背部笞打的腫痕大如手指有十三處，小的腫痕互相交錯，由肩下到腰部，密不可數。察看毛的背部笞打的腫痕互相交錯，由肩下到腰部，密不可數，同時臀部、兩股也有傷痕大如手指的。

三・酋　　㦸

馬王堆漢墓帛書《養生方》八五行至八七行說：

　　□□蛇床泰半參、藗 (蓀)本二斗半、潘(礬)石三指最(撮)一、桂尺者五廷(梃)□□□□□之菩半□□者一扐(𣏟)，以三〔月〕酋瀻(㦸)□孰(熟)煮，令沸，而以布曼(幔)其□□□汁。
[30]

此是壯陽藥巾方，我們要討論的是此方中的「酋㦸」。

　　馬興祖《馬王堆古醫書考釋》把「以三〔月〕酋瀻□孰煮」釋讀作「以三月皀，㦸×，熟煮」，並加以考釋說：

　　皀，原作酋，乃蕭字之省。蕭與皀上古音均幽部韻。故蕭假爲皀……本條的「三月皀」，應即在三月時採的皀角。[31]

　　張顯成指出此說是有問題的。張氏說：

　　一是皀角陽曆五月(夏曆三至四月)開花，秋季十月(夏曆九月)

---

[29]　《說文》疒部：「瘢，痍也。」段玉裁注：「按古義傷處曰瘢。」

[30]　《馬王堆漢墓帛書〔肆〕》圖版六一頁，釋文注釋 107 頁。

[31]　馬興祖：《馬王堆古醫書考釋》697、699 頁，湖南科學技術出版社，1992 年。

成熟，三月皂角大都未開花，哪有皂角可採呢?若以周曆(建於
之月爲歲首)爲計，則更是不可能。二是爲何一定要用「三月」
的醋呢?三月的醋與非三月的醋難道有什麼不同嗎?所以，看來
馬氏此訓是走不通的……。

張氏的批評是很有道理的。張氏既不同意馬氏的說法，就另外
提出了一種新的解釋。張氏主張「茜㰱」連讀，他解釋說:

「茜」的本義爲用酒灌注茅以祭神，故引伸爲泛指以茅濾酒
去渣。……《周禮·天官·甸師》:「祭祀，共蕭茅。」鄭玄
注:「蕭字或爲茜，茜讀爲縮。束茅立之祭前，沃酒其上，酒
滲下去，若神飲之，故謂之縮。縮，浚也。故齊桓公責楚不貢
苞茅，王祭不共，無以縮酒。」……「茜」(酒)即「縮」(酒)，
前者爲古字。本方「茜酒」[32]意即:用茅濾㰱酒以去渣。「以三
月茜㰱」意即:「用三月的茅濾㰱酒以去渣。」……[33]

張氏把「茜㰱」連讀是正確，但是，按照張氏的說法，「茜㰱」
是用茅濾㰱酒去滓的一種方法，與本方的「茜㰱」意思不合。細繹
上下文義，本方的「茜㰱」是一種㰱酒，所以張氏的說法也是有問
題的。

「茜㰱」之「㰱」，應該讀爲「㰱」，這是沒有問題的。但問
題的關鍵是「茜㰱」之「茜」，究竟應該怎麼個讀法。

「茜」字除了見於本方外，還見於《五十二病方》的「癃方」，
原文爲「茜莢」，帛書整理小組注說:

茜，蕰(糟)字之省。蕰莢，當即皂莢，見《神農本草經》。[34]

上引馬興祖先生語也認爲「茜」是「蕰」之省。按此說是十分正確
的，不過「茜」不一定是省寫。第一，從字形來說，古文字「酒」

[32] 此「酒」字，似是「㰱」字的筆誤。
[33] 張顯成:〈馬王堆醫書釋讀札記〉，《簡帛研究》第二輯165、166頁，法律
出版社，1996年。
[34] 《馬王堆漢墓帛書〔肆〕》釋文注釋47頁。

皆以「酉」爲之，[35]直到秦漢簡帛文字裏，仍然有以「酉」爲「酒」的情況。例如睡虎地秦墓竹簡〈田律〉「百姓居田舍者毋敢酤酉(酒)」；[36]馬王堆漢墓帛書《五十二病方》「以醯、酉(酒)三乃(汋)煮黍稷而飲其汁」。[37]所以帛書的「酋」當是「蓲」字，與「蓲(縮)酒」之「蓲」似非一字。第二，從字音來說，上古音「酋」屬心母覺部，「蓲」、「皂」屬精母幽部，「皂」與「酋」聲韻有別，而與「蓲」聲韻相同。帛書以「酋莢」爲「皂莢」，是把「酋」作爲跟「皂」聲韻相同的「蓲」來用的。

　　關於古文字中的「酋」即「蓲」字，還可以從下錄文字得到進一步證明：

　　　　(1) 二年，寺工師初，丞拑，廩人莽。三斗。北寢。酋府。　　　　銅
　　　　　　壺

　　　　(2) 雍工敀，三斗。北寢。酋府。　　　銅壺

　　　　(3) 一斗二升，麗山酋府。　　　陶盤[38]

　　　　(4) 平宮右酋。　　　耳杯[39]

　　　　(5) 酋漿瓶　　　漢簡[40]

(1)、(2)、(3)、(5)的「酋」，黃盛璋先生已指出即「蓲(糟)」字，[41]此不贅言。我們要說的是(4)的「酋」。漢代右糟鍾銘文有機構名「右糟」：

---

[35] 參看《金文編》1001 頁，中華書局，1985 年；《楚系簡帛文字編》1097、1098頁，湖北教育出版社，1995 年。

[36] 《睡虎地秦墓竹簡》釋文注釋 22 頁。

[37] 《馬王堆漢墓帛書〔肆〕》釋文注釋 48 頁。

[38] (1)至(3)見王輝《秦銅器銘文編年集釋》圖版圖五十二、五十三，三秦出版社，1990 年。

[39] 《文物》1996 年 6 期 20 頁圖一七．1。

[40] 《文物》1976 年 6 期圖版玖．43。

[41] 黃盛璋：〈試論戰國秦漢銘刻中從「酉」諸奇字及其相關問題〉，《古文字研究》第十輯 233-335 頁，中華書局，1983 年。

十五年，大官，容八斗，重一鈞，第五百四二，右糟。

今元年，右糟，第三百一十，重一鈞，容八斗。[42]

此是兩次刻銘，大概分別屬於漢文帝前元十五年(公元前 165 年)和後元元年(公元前 163 年)。(4)的「右酋」顯然是此鍾銘文的「右糟」。古代糟是一種帶滓的酒。「右糟」和「糟府」就是釀造這種帶滓的酒的機構。於此可見，「酋」確實是「蒩」字。

弄清了「酋」是「蒩」字，那麼「酋蕺」是什麼，就可以迎刃而解了。《漢書·食貨志下》魯匡建議實行酒專賣說：

> 令官作酒，以二千五百石爲一均，率開一盧以賣，讎五十釀爲準。一釀用粗米二斛，麴一斛，得成酒六斛六斗。各以其市月朔米麴三斛，并計其賈而參分之，以其一爲酒一斛之平。除米麴本賈，計其利而什分之，以其七入官，其三及醩蕺、灰炭，給工器薪樵之費。

魯匡以酒利的十分之三和「醩蕺、灰炭」作爲造酒的費用。「醩」是「糟」的異體。《王仁昫刊謬補缺切韻》上平豪韻說「糟」「亦作醩、蒩，通俗作糟」。[43]「醩蕺」之「蕺」，顏師古注說是「酢漿也」。《周禮·天官·酒正》「辨四飲之物……三曰漿」，鄭玄注：「漿，今之蕺漿也。」賈公彥疏：「此漿亦是酒類……蕺之言載，米汁相載，漢時名爲蕺漿。」孫詒讓疏：「漿、蕺同物，累言之則曰蕺漿，蓋亦釀糟爲之，但味微酢也。」[44]據此，「醩蕺」當是指釀酒時提取清酒後剩下的帶酸味的有滓的淡酒。[45]帛書壯陽藥巾方的「酋蕺」，顯然就是《食貨志》所說的「醩蕺」。「以三〔月〕糟蕺□熟煮，令沸，而以布巾幔其□□□汁」，意思是說：將三月釀的帶酸味的有滓的淡酒煮沸，然後把布巾幔在上面漬其汁。

－九九八年九月六日

[42] 《秦漢金文匯編》134．184，上海書店出版社，1997 年。
[43] 周祖謨：《唐五代韻書集成》上冊 267、371 頁，中華書局，1983 年。原文「作」誤作「左」。
[44] 孫詒讓：《周禮正義》第二冊 352 頁，中華書局，1987 年。
[45] 參看張顯成〈馬王堆醫書釋讀札記〉，《簡帛研究》第二輯 160-164 頁。

第二屆國際暨第四屆全國訓詁學學術研討會
臺北‧臺灣師範大學國文學系 1998.12.5-6

論詞典對否定語料的編輯觀念

曾榮汾

中央警察大學資訊系

tzeng@bach.im.cpu.edu.tw

綱要
一、前言
二、漢語否定語料分布情形
三、否定語料的語法定義
四、詞典對否定語料的處理觀念
五、結語

一、前言

　　民國七十六年筆者參與進行《重編國語辭典修訂本》編輯時，對於由「不」這個否定詞所結合的語料當如何適切處理已感困擾，而後繼續編輯《國語辭典簡編本》時，因為採用了先作字詞頻統計的方法，更是發現如「不」、「無」、「沒」等否定詞在現代漢語的普遍存在。這類語料在漢語使用環境中不容忽視。

　　編輯詞典一方面要守著語法規則，一方面要反映語言使用的實況，筆者對於這類否定語料的處理，也試著從這兩個角度衡量。過

去語法學者中對否定詞的看法，如高名凱，他從「否定命題」著眼，認爲如「不」之使用，是用來表示「整個句子的反面」，因此「否定實在是整個命題的否定的說法」[1]；如王力，他認爲「現代中國國語裡是沒有否定性的觀念單位的，一切否定的觀念必須建築在肯定性的觀念之上」[2]。若依這兩家的說法，似乎在現代漢語中當無獨立的否定單位，也就是詞典是不當收入這些語料。因爲依高氏說法，好像只有否定句，無否定詞組的問題，否定詞的運用是針對整句命題而來。如依王氏說法，這些表示否定的語料，都是肯定單位附加否定成分而成，所傳達的語言功能，都可以從相對的肯定方面獲得了解。在這種語法觀念指引下，詞典編輯是該放棄如「不是」、「不多」「不好」、「不美」等詞。但問題是，並無詞典完全捨棄。論其收錄的原因，未必是因爲編者不知語法，而是在語言運用實況中，俯拾皆否定時，編者如何能置之不理？此即爲詞典不得不承擔的語言記錄功能。因此，這個問題確有值得深究之處。下文即試著從編輯實務經驗提出一點淺見，供大家參考。爲易於說明，本文主以「不」字所引領的語料，作爲論述之例。

二、漢語否定語料分布情形

---

[1] 《漢語語法論》，p431。
[2] 《王力文集第一卷‧中國語法理論》，p166。

　　此處所指的否定語料是指結合否定詞所構成的語言成分，本文
試從大量語言樣本中去觀察這類語料分布的情形。在拙作《字頻統
計法與學術利用》一文中[3]，曾作過如下之統計：

統計樣本選擇如下：

　　　　1 詩文名句淺釋（木鐸出版社　69.12）

　　　　2 唐詩三百首新注（長安出版社　72.10）

　　　　3 新編唐詩三百首（復文書局）

　　　　4 宋詩選註（木鐸出版社　73.9）

　　　　5 唐宋詞簡釋（木鐸出版社　71.3）

　　　　6 全元散曲（臺灣中華書局 60.4）

　　　　7 古文觀止新編（成偉出版社）

　　　　8 學生多用成語詞典（天津教育出版社 1987）

　　第一部書的選擇是爲了了解一般常見詩文名句的用字，第二部
與第七部書則是爲了解這兩部最通行的古詩文集的用字情形，第三
至第六部書的選擇則是盼能掌握第二及第七部所遺漏的部分，並符
文學流變的歷史。第八部書則是考慮到「成語」是今日語言中，永
富生命力的古典用語，許多的成語的典源與前列諸書有著密切關係，
因此成語的用字統計可視爲一檢驗的標準。經統計後的結果述之如

---

[3] 《陳伯元先生六秩壽慶論文集》，　p377。

下：

　　1 詩文名句淺釋字頻資料庫　1181 字

　　2 唐詩三百首新注字頻資料庫　2501 字

　　3 新編唐詩三百首字頻資料庫　2535 字

　　4 宋詩選註字頻資料庫　2676 字

　　5 唐宋詞簡釋字頻資料庫　1872 字

　　6 全元散曲字頻資料庫　2340 字

　　7 古文觀止新編字頻資料庫　4838 字

　　8 學生多用成語詞典字頻資料庫　1667 字

　　爲了便於說明，各書舉字頻最高的前一百字爲例呈現出來，以

資比較：

1	2	3	4	5	6	7	8
不 126	不 209	不 252	不 259	人 184	不 154	之 6607	不 172
人 67	人 192	人 193	無 178	春 154	一 138	不 3532	無 89
一 52	山 152	無 132	人 160	花 151	人 121	而 3280	一 86
之 48	無 123	一 116	一 155	風 148	花 88	以 2794	心 76
無 41	日 118	中 105	山 142	無 146	風 85	其 2587	人 46
而 35	一 116	天 102	風 128	不 134	是 84	也 2267	自 44
有 35	風 116	上 94	日 117	一 113	的 83	者 2032	如 42
山 30	天 116	日 92	雨 111	時 106	了 77	為 1893	而 41
為 28	月 115	水 85	有 103	來 96	無 75	人 1884	大 39
何 27	來 103	為 83	來 102	月 96	時 72	於 1877	之 36
相 26	雲 102	有 83	花 97	處 95	山 71	有 1507	有 35
風 26	夜 98	花 81	水 95	去 95	兒 69	曰 1495	然 34
天 25	有 96	何 81	天 95	夢 90	個 65	子 1317	天 34

來	25	生	89	月	80	家	94	雨	89	來	61	所	1057	言	32
是	24	長	89	如	78	春	94	樓	88	家	55	無	916	生	29
知	24	何	88	家	77	如	91	天	87	天	55	下	887	相	26
其	23	上	88	山	77	年	88	愁	86	有	54	則	858	氣	26
以	23	君	87	風	76	中	79	水	85	著	52	可	803	可	26
於	23	相	86	來	74	行	76	歸	81	我	51	天	787	其	26
在	22	時	85	生	71	何	75	斷	81	上	51	王	770	風	25
生	22	水	82	春	66	上	74	紅	79	三	49	大	765	目	24
春	21	花	82	得	64	聲	71	雲	75	生	48	是	731	成	23
水	21	見	79	雲	61	未	69	年	75	月	46	一	717	百	23
得	21	江	79	白	61	歸	67	夜	75	雲	45	矣	707	為	23
大	20	春	78	江	60	我	66	如	74	中	45	然	689	地	22
流	20	如	77	時	59	生	66	香	73	子	44	與	680	千	21
死	19	中	72	相	59	處	65	何	73	酒	43	公	677	出	21
長	19	行	72	年	58	月	64	寒	71	下	43	得	671	得	21
則	19	青	71	下	56	江	64	日	70	心	43	此	662	意	21
千	18	為	70	盡	55	自	63	江	70	頭	42	君	659	萬	20
心	18	白	70	我	55	雲	63	是	69	如	42	能	651	同	20
見	18	萬	69	門	53	時	62	相	68	處	41	自	643	手	19
可	18	落	69	子	52	南	60	有	68	得	41	乎	624	聲	19
自	17	歸	68	君	52	為	59	長	67	老	40	知	596	力	19
君	17	下	68	知	52	得	59	盡	66	裡	40	吾	574	水	18
日	17	秋	65	見	51	田	58	酒	66	青	40	夫	571	色	18
江	17	明	65	長	51	下	58	上	65	那	40	何	557	口	18
下	16	空	63	夜	50	長	57	淚	65	日	40	使	543	事	18
上	16	自	63	去	50	欲	55	山	64	水	40	言	543	長	17
盡	16	此	62	此	49	老	55	西	64	柳	39	故	533	神	17
子	16	聲	60	寒	46	已	55	煙	63	去	38	如	531	三	17
事	16	今	60	千	46	去	55	空	63	也	37	至	527	面	17
夜	15	未	58	心	46	飛	55	玉	60	何	37	將	510	以	16
花	15	去	58	秋	46	盡	54	清	59	他	37	中	500	花	16
頭	15	欲	58	作	45	秋	54	簾	58	西	36	事	488	若	16
如	14	之	58	青	44	草	54	殘	57	黃	36	今	482	見	16
淚	14	年	58	官	44	青	54	燕	57	秋	35	國	478	離	15
百	14	心	57	頭	44	明	54	重	56	行	35	生	453	理	15
明	14	雨	57	高	44	落	53	恨	56	休	35	時	453	山	15
後	14	金	56	自	44	夜	53	見	56	道	34	又	442	馬	15
青	13	城	56	將	43	今	52	舊	56	聲	34	上	441	名	15

身	13	清	56	多	43	官	52	飛	55	雨	34	十	434	盡	15
者	13	飛	56	今	43	子	52	誰	55	紅	34	文	431	所	15
時	13	馬	55	未	43	出	52	情	55	官	33	見	430	身	15
中	13	將	54	城	42	東	50	柳	54	自	32	士	428	義	15
必	13	在	54	在	42	寒	50	還	53	事	32	後	424	明	14
年	13	寒	54	飛	42	相	50	翠	52	門	32	行	421	高	14
雨	13	客	54	處	41	知	48	明	52	萬	32	臣	420	安	14
未	13	三	53	馬	41	見	48	更	52	半	32	日	415	足	14
三	13	家	53	入	41	頭	48	聲	52	江	31	皆	410	開	14
月	12	黃	51	地	41	滿	47	深	52	兩	31	三	410	行	14
落	12	處	51	空	40	路	47	金	51	似	31	亦	406	深	13
朝	12	朝	51	誰	40	更	46	小	51	明	31	秦	398	聞	13
西	12	陽	50	金	39	作	45	落	51	幾	31	非	395	驚	13
道	11	入	50	西	38	三	45	千	50	見	30	年	393	作	13
行	11	西	50	雨	38	黃	45	秋	50	做	30	死	387	流	13
愁	11	流	50	聲	38	地	45	流	50	玉	30	相	380	頭	13
欲	11	門	49	新	38	兒	45	思	50	更	30	若	379	是	13
多	11	古	49	聞	38	衣	45	綠	49	若	30	未	378	異	12
去	11	玉	48	海	37	前	45	陽	49	春	30	道	377	揚	12
文	10	事	48	明	37	城	44	遠	47	數	29	出	376	下	12
先	10	是	48	行	37	白	44	別	47	相	29	已	368	息	12
我	10	盡	47	百	36	小	43	事	47	千	28	欲	363	入	12
老	10	知	47	前	36	看	42	自	46	白	28	我	362	難	12
十	10	高	47	三	36	酒	42	在	46	你	28	在	357	動	12
萬	10	南	46	衣	36	門	42	又	45	東	28	先	352	死	12
金	10	聞	46	欲	35	西	42	行	45	清	28	謂	351	思	12
用	10	得	46	萬	35	今	42	今	45	小	28	馬	351	當	12
處	9	千	46	玉	35	事	41	語	45	長	27	乃	335	小	11
樓	9	開	46	苦	35	此	41	暗	45	錢	27	及	333	發	11
當	9	與	45	客	34	大	41	斜	45	些	26	二	330	中	11
滿	9	十	45	是	34	高	40	畫	45	前	25	軍	329	雨	11
故	9	色	45	夫	33	百	40	闌	44	間	25	必	328	重	11
莫	9	子	45	老	33	可	40	離	44	過	25	聞	327	窮	11
所	9	我	45	紅	33	深	40	幾	43	分	25	世	322	輕	11
秋	9	前	44	女	33	過	40	似	43	將	25	心	320	欲	11
還	9	深	44	與	33	是	39	名	42	誰	25	山	320	海	11
古	9	道	44	食	32	言	38	都	42	裡	25	足	319	道	11
世	9	草	43	十	32	成	38	南	42	知	25	長	318	望	11

字	數	字	數	字	數	字	數	字	數	字	數	字	數	字	數
聲	9	出	43	出	32	開	38	中	41	到	24	雖	313	全	11
里	9	酒	41	歲	31	雪	38	心	41	便	24	從	312	非	11
同	9	海	40	草	31	君	38	新	41	這	24	書	302	情	11
黃	9	問	40	成	31	邊	38	東	41	地	24	百	297	日	10
今	9	遠	39	煙	31	誰	37	前	40	草	24	當	293	失	10
亡	8	頭	39	田	31	在	36	得	40	醉	24	諸	292	笑	10
家	8	獨	39	深	31	晴	36	望	40	陽	24	太	290	多	10
言	8	里	39	身	31	煙	36	難	39	盡	24	戰	287	求	10
鄉	8	大	39	死	30	客	36	路	39	今	24	明	285	正	10
東	8	可	39	歸	30	聞	36	未	39	在	23	侯	276	落	10
能	8	東	39	黃	30	北	35	此	38	說	23	復	271	經	10

求得字頻資料後，即可進行不同學術角度的觀察。下列試舉數點說明之：

1 單項的觀察

單項觀察是就某一個單獨字頻資料作分析，如以《唐詩三百首》為例，可得如下的觀察數據（為便於說明，所引每部書字頻皆僅取前十名）：

總用字字數為：19291 字

單字字數為：2501 字

排名前十名用字百分比為：

字	次數	百分比
不	209	1.08%
人	192	1.00%
山	152	0.79%

無　123　　0.64%

曰　118　　0.61%

一　116　　0.60%

風　116　　0.60%

天　116　　0.60%

月　115　　0.60%

來　103　　0.53%

每一單項若皆得如此的數據，即可進行複項的比較。

2複項的比較

　複項的比較主要是爲求得相關字頻資料的關聯效果，如以上述諸

書爲例，若將每一書的前項數據交叉觀察，則可得：

　　七部書的字頻前十名分別爲：[4]

詩文名句		唐詩三百		新唐三百		宋詩選注		唐宋詞選		全元散曲		古文觀止	
不	126	不	209	不	252	不	259	人	184	不	154	之	6607
人	67	人	192	人	193	無	178	春	154	一	138	不	3532
一	52	山	152	無	132	人	160	花	151	人	121	而	3280
之	48	無	123	一	116	一	155	風	148	花	88	以	2794
無	41	日	118	中	105	山	142	無	146	風	85	其	2587
而	35	一	116	天	102	風	128	不	134	是	84	也	2267
有	35	風	116	上	94	日	117	一	113	的	83	者	2032
山	30	天	116	日	92	而	111	時	106	了	77	爲	1893
爲	28	月	115	水	85	有	103	來	96	無	75	人	1884

[4] 此處七部箸皆以文獻爲主，姑捨成語部分。

| 何 | 27 | 來 | 103 | 為 | 83 | 來 | 102 | 月 | 96 | 時 | 72 | 於 | 1877 |

交叉比較後，總計七部書的前十名共包括三十字：

不、人、之、無、春、一、山、花、而、風、以、日、

中、其、天、是、也、有、上、的、者、雨、時、了、

為、月、水、來、何、於

此三十字出現在七書的分配頻率高低為：

人7、不7、一6、無6、風4、山3、日3、來3、

之2、天2、時2、月2、有2、花2、而2、上1、也1、

了1、以1、何1、其1、中1、者1、是1、春1、水1、

於1、的1、雨1

得到此種交叉比較的結果，則可進行綜合理解。

3 綜合的理解

綜合的理解主要是利用上項所的數據，作學術的研判。可進行的
方向很多，如：

共同用字的性質了解

分配字頻兩次以上視為共同用字，一共十六字：

不7、人7、一6、無6、風4、山3、日3、來3

為3、之2、天2、時2、月2、有2、花2、而2

其中如「風」、「山」、「日」、「時」、「月」、「花」等字皆屬

吟風賞月的「物色」用字,正因為古詩詞曲中,此類作品
居多,因此雖然僅是每書取樣十字為例,這類字仍然高居
榜首。此種方法若用於某家作品的了解,正可透過用字來
分析其風格。

在這十六字中,值得注意的是「不」與「無」的使用比例甚
高,在所選七十字中即出現了十三次;且在每部書的前十字
中都見「不」字,「無」字則出現在六部;若依原書總出現
次數來看,「不」字除在《唐宋詞選》與《古文觀止》二書
中排序略後外,在餘五部書中都居第一,「無」字情形近似。
從以上的例子看來,古詩文用否定方式表義的情形相當普遍。茲再
以現代漢語的統計情形為例,如《國語辭典簡編本編輯資料字詞頻
統計報告》中[5],字頻出現較高的前一百個字為:[6]

1 的32739	26 自 7199	51 行 5228	76 因 4133
2 不24362	27 這 7175	52 經 5221	77 而 4125
3 一22524	28 會 7044	53 去 5197	78 分 4076
4 我19414	29 成 6996	54 好 5173	79 市 4030
5 是17698	30 家 6979	55 開 5169	80 於 4030
6 人17638	31 到 6857	56 現 5129	81 道 4007
7 有14346	32 為 6838	57 就 5082	82 外 3982
8 了12721	33 天 6799	58 作 5026	83 沒 3971
9 大12416	34 心 6762	59 後 4942	84 無 3968
10 國10660	35 年 6350	60 多 4907	85 同 3967

---

[5] 教育部《國語文教育叢書》二十一,附於《重編國語辭典修訂本》光碟版中。
[6] 表中呈現的數目為該字出現頻次,總字頻數為1982882字,總單字數為5731字。

11 來 10620	36 然 6264	61 方 4896	86 法 3962
12 生 10256	37 要 6225	62 如 4889	87 前 3943
13 在 9988	38 得 6193	63 事 4861	88 水 3851
14 子 9708	39 說 6151	64 公 4796	89 電 3830
15 們 9454	40 過 6028	65 看 4757	90 民 3825
16 中 8751	41 個 5895	66 也 4747	91 對 3775
17 上 8668	42 著 5869	67 長 4694	92 兒 3745
18 他 8554	43 能 5743	68 面 4622	93 日 3743
19 時 8311	44 下 5683	69 力 4618	94 之 3703
20 小 8061	45 動 5567	70 起 4560	95 文 3701
21 地 7580	46 發 5489	71 裡 4523	96 當 3658
22 出 7437	47 臺 5448	72 高 4363	97 教 3640
23 以 7423	48 麼 5296	73 用 4294	98 新 3638
24 學 7306	49 車 5268	74 業 4266	99 意 3618
25 可 7202	50 那 5234	75 你 4224	100 情 3610

「不」字居第二位,「沒」字第八十三,「無」字八十四,都在前一百字中,尤其以「不」字不受樣本為文言或白話的影響,十分穩定的高居榜首部分。在教育部《八十四年常用語詞調查報告書》中[7],「不」字的排列情形仍是一樣,在前十字中居第四位:

1 的 64171

2 一 20551

3 是 19470

4 不 15221

5 在 14050

6 有 13908

---

[7] 教育部,民國八十七年六月。

    7　人　13167

    8　以　　9132

    9　了　　8764

    10　為　　8743

此處暫不論「無」、「沒」等否定詞,單來看「不」的用法。「不」在語言中只具表述否定語義的功能,由上列統計數據來看,在一般語言的使用中,以否定型式表述的機會十分普遍,而且不論古今皆然。這不但反映了漢語中否定語料分布的情況,也凸顯「否定語料」是在漢語語法中不容輕視的重要專題。

三、否定語料的語法定義

　　「否定語料」一定會用到「否定詞」。否定詞的性質為何?一般視為副詞。如譚全基《古代漢語基礎》:

　　文言文的否定副詞比現代漢語要複雜得多,常見的有「不」、「弗」、「非」、「未」、「毋(無)」、「勿」、「莫」,此外還要涉及一個「微」字。[8]

王力《古漢語通論》也認為部分是副詞,說法稍有不同:

　　表示否定的句子叫做否定句。否定句中必須有否定詞。否定詞

---

[8] p116。

可以是副詞，如：「不」、「弗」、「毋」、「勿」、「未」、「否」、「非」；

可以是動詞，如：「無」；也可以是代詞，如「莫」（「莫」字是

一個否定性的無定代詞，漢代以後當「勿」字講）。[9]

王氏說法雖有差異，但基本上仍是認為否定詞有一類是副詞。

　　所以會把否定詞視為副詞，是因為像「不」這個否定詞，其基本用法，後接成分不是或被視為動詞的繫詞「是」，就是動詞、形容詞、副詞等。例如現代用法：

他不是學生。

他既不說也不笑。

這道菜不好吃。

他不疾不徐的說著。

古代漢語的情形亦乎如此，如：

朽木不可雕也。（《論語‧公冶長》）

為人謀而不忠乎？（《論語‧學而》）

但高名凱認為不宜視為副詞。高名凱《漢語語法理論》一書列有「否定命題」專章，在第一節「否定命題的性質」中說：[10]

語法學家一向都是把否定詞看做是一種副詞。這原因是因為他

們把名句的繫詞看做一種動詞，或如馬建忠、黎錦熙之所言，

[9] P63。
[10] p430。

看做「同動詞」，又把否定詞看做約定動詞的詞。其實繫詞並不

是動詞，雖然在印歐語言中，多半的繫詞都是由動詞變來的，

但這只是歷史的陳跡，現在的繫詞沒有動詞的意味，何況有的

語言常常不用繫詞，而用繫詞的也不見都是動詞來源的詞。所

以縱使我們承認否定詞是約束繫詞的，這否定詞也不見得是副

詞。

他的主要見解在於：

原來所謂否定並不是一般人所了解的，以為是約定動詞的。否

定實在是整個命題的說法。如果我們說：「這不是我的。」這意

思並不僅是否定了「是」，因為這東西總還是什麼人的，總還有

其存在，我們只是說這個東西不屬於我。換言之，只是說這句

話是「這是我的」整個句子的反面說法。

高氏更強調「否定詞之並非否定繫詞」，可以由三方面說明：

第一，在說話的時候，我們可以把否定詞放在整個句子之前。

例如：「不是我要做。」第二，繫詞並不是動詞，也不是形容詞，

也不是其他的副詞，約束繫詞的否定詞不能算是副詞。第三，

有許多語言，繫詞是不用的。然而表示否定時，卻有否定詞。[11]

高氏的見解是有道理的，但只局限在「否定詞」加「是」的句型。

---

[11] P431

在此句型中的「不」，因爲繫詞的性質，實不宜視同副詞。但能不能

就此擴大解釋，把後加動詞、形容詞、副詞的否定詞一概歸納進來，

就值得深究了。當我們說：

　　這朵花不美。

「不」是用來否定「美」，功能似副詞，變換句型後，可以改寫爲：

　　這是一朵不美的花。

「不」的功能未變，再變換句型如下：

　　這不是一朵美的花。

則符合高氏所提的句型，「不」是用來否定句子的命題，「不」與副

詞功能有別。但是不是就依此而可以把「不美」的「不」視同「不

是」的「不」？

　　個人以爲後加繫詞的用法只是否定詞的一種用法，否定的功能

如同英文”is not”一般，針對全句命題而言。但是否定詞也可後加

動詞、形容詞、副詞，那是另一用法，王力《中國語法理論》說：

　　中國語沒有否定詞頭，因此用否定詞修飾肯定詞的地方比西洋

　　語更多。許多英語裡的否定性單詞，譯成中文的否定語都變成

　　了仂語，如 unhappy 等於「不幸」，irregular 等於「不規則」，

　　impossible 等於「不可能」，disorder 等於「無秩序」，never

等於「永不」或「從來不」，等等。[11]

這是否定用法的第二種，否定作用只針對所修飾的對象。否定語加上所修飾的對象成為「詞組」，這些「詞組」應該屬於漢語結構重要的成分。雖然王力認為「現代中國國語裡是沒有否定觀念單位的，一切否定性的單位必須建築在肯定性的觀念上」[12]，似乎也不承認漢語中有能獨立的「否定詞組」，這些「否定詞組」是後於肯定語，建立在肯定語基礎上。但這並不能否認漢語中確有否定詞組存在的事實。因此除了第一種用法外，如同「美」、「好」、「快」、「慢」是漢語的「詞」，「不美」、「不好」、「不快」、「不慢」也應是漢語的運用單位。

　　針對王力的看法，個人以為在語義的表述上，「肯定」與「否定」是公平並存的，若從心理的選擇來看，當是平衡對等的選項，不應先「肯定」而後「否定」，例如底下幾段的對話：

　　甲：「一起去看電影嗎？」

　　乙：「不去。」

　　甲：「這朵花美嗎？」

　　乙：「不美。」

---

[11] 《王力文集第一卷‧中國語法理論》p166。
[12] 《王力文集第一卷‧中國語法理論》p166。

甲：「這車跑得快嗎？」

乙：「不快。」

這三個例子「不去」、「不美」、「不快」，如何解釋成是「建築在肯定性的觀念單位上」，觀念上先來個「去」、「美」、「快」，再來個否定的說法？更何況這三句，在語義上也就是「肯定的不去、不美、不快」。因此，比較適當的說法應是「漢語中有否定性的觀念，與肯定性觀念同時存在」，這也應是一個成熟語言共通特色才對。我們用「不幸」，就如同英語的"unhappy"，「不幸」與「幸」就如同"unhappy"與"happy"，所不同者是構詞法的差異，而非觀念。語言既是意念表抒工具，意念中並無肯定、否定的輕重差異，「美」是個「詞」，「不美」也應是個「詞」。看來，漢語是該被承認有獨立的表否定的單位，也應是詞典該收錄單位。

　　當然，這裡面仍存有一個問題，那就是詞彙的有限性質。一個語言所存有的詞彙數量似應有個限度，否則，編輯詞典者豈非收之不盡？研究詞彙學者又豈非永遠望洋興歎？一個否定詞「不」，可以加上任何的動詞、形容詞、副詞，如都視為「固定詞組」，如此漢語的詞數豈不驚人？這難道合理？對於這問題，個人的淺見如下：

1.凡是能成為語言共同運用單位者，必經約定俗成，詞彙數不是純邏輯推論而得。比較科學的方法是利用大量語料統計，進一步來

觀察。

2. 否定語詞是相稱肯定語詞，肯定若被認為有限，否定也必是有限。

3. 某些語詞只使用肯定義或否定義，實用環境中並非絕對同時俱存的。

如果這幾點都可被接受，那麼詞典收錄否定語料也可以就此歸納出原則。

四、詞典對否定語料的處理觀念

詞典中對否定語料該如何處理，從上文推論，可以歸納幾個觀念：

1. 否定語料的地位如同肯定語料，二者不分輕重。

2. 否定語料收錄否定詞加動詞、形容詞、副詞者，不收否定詞加繫詞。

3. 否定詞加動詞等語料若經統計，已知約定俗成者，可視為固定詞組。

從這幾個觀念可以理出收錄原則：

1. 凡語言中使用頻次高的否定詞組，原則上皆當收錄。

2. 凡否定詞組可以藉相對之肯定語詞表義者，為減省編輯篇幅，可以省略。

3. 凡無相對肯定語詞之否定詞組，與已有引申義之否定詞組，皆當
　 收錄。

若依此原則，參考《重編國語辭典修訂本》與《現代漢語詞典》所
共收的否定語料，藉以觀察上述原則的可行與否，二書皆以「不」
爲例，而且扣掉收詞不會產生爭議的專有名詞、成語、慣用語等，
只呈列雙音節複詞：

1	不比	33	不利	65	不僅	97	不善
2	不必	34	不了	66	不拘	98	不勝
3	不便	35	不料	67	不屈	99	不爽
4	不怕	36	不吝	68	不惜	100	不日
5	不平	37	不良	69	不暇	101	不然
6	不滿	38	不論	70	不屑	102	不仁
7	不妙	39	不苟	71	不消	103	不忍
8	不免	40	不夠	72	不肖	104	不如
9	不敏	41	不甘	73	不休	105	不容
10	不乏	42	不顧	74	不朽	106	不貲
11	不法[13]	43	不過	75	不祥	107	不在
12	不凡	44	不軌	76	不詳	108	不足
13	不犯	45	不管	77	不興	109	不測
14	不忿	46	不光	78	不行	110	不才
15	不妨	47	不公	79	不幸	111	不曾
16	不符	48	不可	80	不許	112	不錯
17	不得	49	不克	81	不恤	113	不遂
18	不待	50	不堪	82	不遜	114	不安
19	不單	51	不快	83	不止	115	不一
20	不但	52	不愧	84	不只	116	不依
21	不等	53	不合	85	不致	117	不宜
22	不送	54	不和	86	不置	118	不已
23	不定	55	不好	87	不振	119	不意
24	不獨	56	不好	88	不中	120	不要

---

[13] 王力《古漢語通論》說：「"不"和"弗"都不能否定名詞。用在"不"字後面的名詞用如形容詞或動詞。用在"弗"字後面的名詞用如及物動詞。」p66。

25	不對	57	不諱	89	不中	121	不厭
26	不端	58	不遑	90	不齒	122	不揚
27	不斷	59	不羈	91	不啻	123	不外
28	不特	60	不及	92	不成	124	不惟
29	不圖	61	不濟	93	不逞	125	不韙
30	不佞	62	不久	94	不時	126	不謂
31	不賴	63	不見	95	不是	127	不虞
32	不力	64	不禁	96	不適	128	不用

這一百多條的詞目，若覺得可收，則表示這些詞不但不宜以否定命題視之，而且表示在漢語語法中得認同否定語詞具單獨存在的地位，並非只是肯定加上否定詞而成。詞典所以無法全錄語言中的否定語料，只是限於篇幅而已，事實上若以否定語詞爲主，編輯一部「否定語詞典」未嘗不可。

五、結語

編輯詞典常有機會觀察到大量語料，也比較有機會去思索一些語言現象的解釋問題。否定詞在語料中大量的被使用，必然反映漢語某些特徵。從以上的析述，似可以得到否定語料值得重視的要點：

1. 否定詞高頻率的使用，反映了漢語使用否定語詞的普遍現象。

2. 從語言心理來看，否定表達常具有：

(1)強化語義焦點作用，如：

＊這件事是別人做的。──這件事不是我做的。

＊我說的就是這件事。──我說的不是其他事，就是這件

事。

(2)強調語氣，具突破世俗標準界限的作用，如：

　　＊對於這件事，我無法形容。

　　＊她高興得不得了。

　3.從感情的自然成分來說，肯定與否定的感情本都自然存在，
　　因此肯定與否定語的地位是一樣的。

否定語料既然重要，何以一般語法書未能予以充分說明，可能的原
因大概如下：

　1.偏重肯定語的研究態度，視否定語只是肯定語的反面而已。

　2.傳統的「偏正抑反」的價值觀使然。認為否定是種反面的思
　　想。

今日如果想要對否定語料作深入研究，可從現有詞典收錄者著手。
從本文分析所得，一部詞典對於否定語料的編輯觀念當如上述，而
收錄的原則可再綜理如下：

　1.一般只有具否定型態者，如：不肖、無聊、不長進、不中用、
　　無可奈何

　2.否定語義另有引申者，如：不是、不配、不對頭

　3.成語、慣用語等：如：不亢不卑、無精打采、無法無天、
　　不毛之地

　　4. 具雙重否定作用者：不……不、非……莫

　　5. 只是肯定語的反面者，謹慎酌錄。

詞典的編輯須承擔語文資料的記錄與規範的責任，本來對於各類語

料都應慎重處理，本文試從編輯實務心得，理出對否定語料的處理

觀念，只是一隅之見，還望拋磚引玉，讓國內語文詞典日後編輯有

更完備的學理指引，益臻完美。

參考書目
1.高名凱，漢語語法理論，商務印書館，1986-10
2.王力，中國語法理論，王力文集第一冊，山東教育出版社，1984-11
3.王力，古漢語通論
4.譚全基，古代漢語基礎，華正書局，民國 70 年 8 月
5.教育部，重編國語辭典修訂本（光碟版），教育部，民國 86 年 6 月
6.教育部，八十四年常用語詞調查報告書，教育部，民國 87 年 6 月
7.現代漢語詞典（修訂本），商務印書館，1988-4
8.曾榮汾，字頻統計法與學術利用，陳伯元先生六秩壽慶論文集，377-391

第二屆國際暨第四屆全國訓詁學學術研討會
臺北・臺灣師範大學國文學系 1998.12.5-6

契 生 昭 明 辨

中央研究院歷史語言研究所副研究員
蔡哲茂

《史記・殷本紀》在敘述上甲微之前的先公世系，從契到振，共有七世，如下：

> 契興於唐、虞、大禹之際，功業著於百姓，百姓以平。契卒，子昭明立。昭明卒，子相土立。相土卒，子昌若立。昌若卒，子曹圉立。曹圉卒，子冥立。冥卒，子振立。振卒，子微立。

由於王國維在《殷卜辭中所見先公先王考》及《續考》；從殷卜辭考訂出大批的殷先公先王名號，使《殷本紀》成爲信史，其中尤以王亥即振，屢爲上古史及古文字學者所稱道。日本內藤湖南博士，對王氏考訂王亥，激賞之餘曾說：「自契以降諸先公之名，苟後此尙得於卜辭中發見之，則有裨於古史學者當尤鉅。」[1]因此王國維除了王亥之外，尙有王恒及季（《殷本紀》之冥）之考証，爾後甲骨學者對契至微之先公，屢思有所建樹，但率無功焉。

最近大陸的鄭慧生先生懷疑：「『昭明相土昌若曹圉』是一句典誥古語，與《堯典》『百姓昭明協和萬邦』是一類的話，古人不慎，將其變做人名屬入《世本》，太史公不察，將其攙入《本紀》。」[2]此說雖沒有提出確切的証據，但頗有啓發性。由於冥是相

---

[1] 見〈殷卜辭中所見先公先王考〉，《觀堂集林》409頁，台北河洛圖書出版社，1975年。

[2] 鄭慧生〈從商代的先公和帝王世系說到他的傳位制度〉，《史學月刊》1985年6期。

當於卜辭的「季」，契以下，冥以上的這四位先公卻全然不見於卜辭，恐怕爲子虛烏有，但被採到《殷本紀》的先公之中，其來源恐怕很難知其究竟，本文即對契子「昭明」提出他被誤解採入的殷先公的一個過程。

最早提出「昭明」即卜辭的「岳」的是金祖同，他在《殷虛卜辭講話》[3]上說：

> 我以爲甲文𡿺字就是昭明……我的解釋是，从羊是假揚的音，如同陽甲之作𡿺甲，揚陽古通，而昭同揚都有一種發煌廣大的意思，下面从火，明也。昭明同陽火意思同，二字是从𡿺一字演變來的，如帝嚳之爲𡿺，相土之變爲土，上甲之變爲⊞，報乙報丙之變爲▢▢，一個例子。據《荀子・成相篇》以爲遷商，是始于昭明。
>
> 契玄王生昭明，居于砥石，遷于商，十有四世，乃有天（原作帝誤）乙，是成湯。
>
> 更據《左傳》知道昭明就是閼伯，且是一個火正。
>
> 昭六年《左傳》：遷商爲高辛氏之子閼伯。
>
> 又襄九年：陶唐氏之火正閼伯，居商邱，祀大火，而火紀事焉，相土因之，而商主大火。
>
> 以《史記》考之，相土之前是昭明，同《左傳》閼伯之爲火正正合，可知閼伯就是昭明。（郭沫若以閼伯爲契非）而閼伯之所以叫作昭明，原來基于火正一官，輾轉演繹，原形早經失去，所幸的就是𡿺字从火，同昭明還有一些源淵可尋，現在我更在世系中找到一些證據。《後》上二三、三
>
> 丁卯貞于庚午尞于兒
>
> □□□□尞于𡿺从在雨
>
> 壬申卜貞，求年于妣乙

---

[3] 金祖同《殷虛卜辭講話》，上海中國書局1935年。

據董作賓的《世系圖》說：以爲兕就是契，其後爲昭明，
今這一版，兕𤈥并祭，可證𤈥就是昭明。又《戩壽堂》二
一、八

　　丙𤈥吳𡊁 ……

吳據郭沫若說以爲就是曹圉。（說見後）曹圉之前是昭
明，則𤈥更是昭明的一證了。又按寮的祭，是狠尊貴的，
大約如夋兕土王亥等多有寮祭的。今𤈥也用寮祭可證他也
是殷人的遠祖了。

　　既證明𤈥就是昭明，因何要叫他洪水徙居時代呢？這可
以用古時侯水火相剋的道理證實的。……

　　……若照杜注辰爲大火，參爲水星的講法，決計是講不
過去的，所謂實沈主參，都是代表水的，大約當時有洪水
之患，關伯（昭明）爲之遷居商邱，得免了水患，……後
來《華陽國志》的演爲開明治水的傳說，也就是這個緣
故。

　　七國稱王，杜宇稱帝，號曰望帝。……會有水災，其相
開明決五壘山以除水害，帝遂委以政事，……遂禪位于開
明，帝升西山隱焉。

　　開明之爲昭明，何庸解釋，可知當時真的有洪水之患。
再證以古人水火相剋的神話，𤈥字上面從羊，揚的假，下
從火，所謂揚火者，就是發揚火的威嚴，以剋水的意思。
有了這些證據，大約不至于無稽吧？

而丁山的《新殷本紀》[4]同樣的引《左傳》襄公九年及昭公元年「關
伯」之故事，同樣以爲關伯即昭明，但認爲卜辭的「王夨」即「昭
明」，他說：

　　關從於聲，於于古字通用，春秋有鮮于國者，經傳或作鮮
　　虞，晉唐叔虞字子于。是于虞亦音同字通。虞古文作吳。卜
　　辭常見王吳云「貞麻于王吳宰」（前編一第四五葉）「之于

---

[4]　丁山〈新殷本紀〉史董第1冊78頁注六，民國廿九年八月，四
　　川。

王吳口二犬」（後編下四葉）以於于虞吳聲音通轉言，當即
《左傳》所謂閼伯，《荀子》所謂昭明矣。

對卜辭的「岳」字釋為「昭明」的尚有聞一多，他在《古典新義・
釋羔》[5]上說：

> 《說文》羔从照省聲，照从昭聲，是羔古音，當讀如昭。
> 羔即昭明也。其字从火，與昭明之義合，書傳言昭明者，或
> 為星名。……或為殷之先祖……或為古天子……羔昭一字，
> 本訓光明，此星「大而白」故曰羔，又曰昭明，傳說中殷人
> 所祭之自然神多變為殷之先祖，故昭明又為契子。既為殷之
> 先祖，其人之身分必為帝王，故昭明又為古天子，雖然《河
> 圖》猶稱昭明為熒惑所化，可見既經人格化後，其自然勢力
> 之本然身分，猶未可泯也。

以上諸家將卜的「岳」字或「王𠂤」解作「昭明」，由於岳和社
（𝛺）、稷（𝟙）、河是自然神，岳指的是今日的霍山。[6]釋為「昭
明」在目前已沒人採信。至於「王𠂤」之𠂤非吳字，金文所見的吳
俱作「𠂤」（四版《金文編》699頁）卜辭之「𠂤」唐蘭在《天壤閣
甲骨文存考釋》44-45頁亦有詳考，「王𠂤」是無指昭明之理。

由於王國維在《殷卜辭中所見先公先王考》對「昭明」「昌
若」「冥」「王恆」的得名由來曾說：

> 然觀殷人之名，即不用日辰者，亦取於時為多，自契以
> 下，若昭明，若昌若，若冥，皆含朝莫明晦之意，而王恆之
> 名，亦取象於月弦，是以時為名或號者，乃殷俗也。

因此，有不少學者受到影響，如江林昌先生在《楚辭中所見殷族先
公考》[7]上說：

> 昭明　　太陽露出海面後，進一步上升，則天下大明，故契
> 後有昭明。「昭明」兩字均從日得義，其為日光無疑。《韓

5　聞一多《古典新義・釋羔》聞一多全集第二集，564頁，香港南
　通圖書公司，1975年。
6　見屈萬里〈岳義稽古〉《書庸論學集》288-306頁，台灣開明書
　店，民國58年3月。
7　江林昌〈楚辭中所見殷族先公考〉，歷史研究，1995年5期，3
　～19頁。

詩外傳》卷三:「日月昭明,列宿有常。」《詩・大雅・既
醉》:「君子萬年,介爾昭明。」高亨注:「昭明,光明
也。」《尚書・堯典》言太陽神帝堯:「光被四表,格于上
下。……百姓昭明,協和萬邦。」所謂「百姓昭明」當讀如
「昭明百姓」,與「協和萬邦」同例,其主語是帝堯。「昭
明」、「協和」即太陽神帝「光被四表,格于上下。」之
義。文獻中或單言「昭」者,亦從太陽光立義。《詩・大雅・
抑》:「昊天有昭,我生靡樂。」《楚辭・大招》:「青春受謝,
白日昭只。」然則昭明者,日光明朗也。其于時也,蓋在晨午
之間。

葉舒憲在〈莊子與神話〉[8]上說:

即使史書中所載殷商世系中諸先公之名如昭明、昌若、
冥、微等,亦可理解為開闢後的時間流程——晨、午、晚、
夜——之象徵。筆者據此曾推測:「我們已知太陽的日周期
在原型象徵中與年周期相互認同,即晨午晚夜的循環等於春
夏秋冬的循環,而時間的循環又可認同於東南西北四方位的
空間位置的變換,所以在具有時空象徵蘊含的殷商七代祖神
背後潛隱著表現開天闢地和時空秩序構成的創世神話,確實
是完全可能的」《荀子・成相》云:「契玄王生昭明」,可
解為混沌剖判迎來光明。作為殷商始祖之「契」乃是鑿破鴻
蒙天地開闢之象徵。

以上兩家均從「昭明」的字義著手,而企圖解釋契子昭明得名由
來,但仍難以令人相信。古書上常見「昭明」一辭,如下:

《詩・大雅・既醉》:

昭明有融,高朗令終。

馬瑞辰《毛詩傳箋通釋》:

昭明有融與《左傳》「明而未融」語相反,有當从箋訓
又。謂既已昭明又融融不絕,極言其明之長且盛也。

---

8 葉舒憲〈莊子與神話〉《中國神話與傳說學術研討會論文集》
　上冊,175～176頁,台北漢學研究中心,民國85年3月。

《國語・周語下》：

> 和於民神而儀於物則，高朗令終，顯融昭明，命姓受氏，而附之以令名。

《國語・周語上》：

> 昭明物則以訓之，制義庶孚以行之，祓除其心，精也；考中度衷，忠也；昭明物則，禮也。

《國語・周語下》：

> 夫禮之立成者為飫，昭明大節而已，少典與焉。

《左傳》昭公三十一年：

> 上之人能使昭明，善人勸焉，淫人懼焉，見以君子貴之。

楊伯峻《春秋左傳注》云：

> 上之人能使昭明，疑指作傳者使春秋之義明顯。

《左傳》昭公十三年：

> 再會而盟，以顯昭明。志業於好，講禮於等，示威於眾，昭明於神。

《禮記・祭義》：

> 其氣發揚於上，為昭明焄蒿悽愴，此百物精也，神之箸也。

孫希旦《禮記集解》：

> 昭明，謂其光景之著見也

「昭明」的意義是顯著、昭著，同義複詞。

　　古書上「昭明」一詞既非人名，唯一被解為人名的也就是《荀子・成相》所記載：

> 契玄王，生昭明，居於砥石遷於商，十有四世，乃有天乙，是成湯。

關於契到湯的十四世，在《殷本紀》有完整的世系，陳夢家在《殷虛卜辭綜述》[9]上說：

> 《殷本紀》上甲以前的"先公"，是根據了上述的材料中的一部分而組成的。但太史公沒有采用《山海經》、《楚辭》和《竹書紀年》（後者尚未出土），主要的來源是《世本》，乃紀元前234-228之間趙人所編作（陳夢家：《六國紀年》133-141）。《世本》對於商之"先公"作了如下的處置：（1）加入了昭明、昌若、曹圉三世，這是《世本》以前所無的；（2）排定了契以下至冥的父子直系關係。《殷本紀》采用了《世本》的帝系只作了一點重要的增加，就是將《世本》《作篇》之核排入了世系內；他爲什麼振（即核）介於冥與微之間，是不知道的。在《商頌》中，沒有直接提到嚳與契，只有"玄王"。嚳與契到《國語》、《堯典》才出現。《左傳》的材料或在《商頌》之後而《魯語》之前，有了少暤、高辛、閼伯和四叔，他們在《世本》中未被列入上甲以前的系統中。《楚辭》的玄鳥故事（亦見於《商頌·玄鳥》或與帝嚳或高辛相聯屬，所以高辛是嚳。

> 殷本紀湯以前是

> 契——昭明——相土——昌若——曹圉——冥——振

> 七世父子，除振以外是據《世本》排列的。此七世加上上甲至主癸六世共十三世，再下一世爲湯，如此符合了《周語》下"玄王勤商十四世而興之說"。由此可以推定，《殷本紀》契至湯十四世的數目，當成立於紀元前四世紀前後。

由於《殷本紀》採用了《世本》，《世本》的根據是什麼，已很難查考，但由〈成相〉這一篇作成的年代應早於《世本》作者之生年[10]，而此篇之章句，清顧千里曾說：[11]

---

[9] 陳夢家《殷虛卜辭綜述》337頁，北京科學出版社，19656年7月。

[10] 詳杜國庠〈論荀子的《成相篇》〉《杜國庠文集》第158-175頁，北京人民出版社，1962年7月

[11] 見王先謙《荀子集解》〈成相篇〉注。

　　本篇之例，兩三字句，一七字句，一十一字句為一章。每章凡四句，每句有韻。其十一字句，或上八下三，或上四下七……上八下三者，如「愚以重愚闇以重闇成為桀」之屬是也。

由於〈成相〉似鳳陽花鼓[12]，它的結構是一開頭用兩三字句，如下：

　　請成相，道聖王；堯舜尚賢身辭讓；許由善卷，重義輕利，行顯明。堯讓賢，以為民；氾利兼愛德均；辨治上下，貴賤有等，明君臣。堯不德，舜不辭；妻以二女任以事；大人哉舜，南面而立，萬物備！舜授禹，以天下；尚得推賢不失序；外不避仇，內不阿親，賢者予。禹勞力，堯有德；干戈不動三苗服；舉舜甽畝，任之天下，身休息。得后稷，五穀殖，夔為樂正鳥獸服；契為司徒，民知孝弟，尊有德。禹有功，抑下鴻；辟除民害逐共工，北決九河，通十二渚，疏三江。禹傅土，平天下；躬親為民行勞苦；得益、皋陶、橫革、直成，□為輔。契玄王，生昭明，居於砥石遷於商；十有四世，乃有天乙，是成湯。天乙湯，論舉當，身讓卞隨與牟光；□□□□，道古賢聖，基必張。

整篇文章是「道聖王」，所敘述的王，都是歌詠其德行，到了「契玄王」，「生昭明」，所謂「生昭明」也應該是形容「契玄王」，即「生而昭明」，猶今語所謂「天縱英明」，類似這樣的例子如《帝王世紀》說：「帝嚳生而神靈，自言其名曰夋。」所謂「生昭明」是因三字一句的關係，把「而」類的語氣詞省略，絕非生了兒子叫昭明，由於《世本》的作者是戰國末期的趙人，他將類似〈成相〉的資料採入世本，後人在注解〈成相〉反引〈殷本紀〉以解「契玄王，生昭明」，遂使本來是形容詞的「昭明」，變成了殷人的先公。

結　語

　　《史記‧殷本紀》所記載的世系，在上甲以下的先公先王，經過羅振玉及王國維的考證，已大體可以確信為信史，其中僅「仲

---

12 見〈朱師轍（少濱）先生答著者論《成相篇》很像《鳳陽花鼓》書〉同注10第175-183頁。

壬」、「沃丁」[13]未見於卜辭,而羅王之後只有吳其昌發現卜辭的「⿱吕己」爲雍己之合文[14]及胡厚宣先生對「下乙」指出爲「祖乙」之異稱[15]，至於上甲以上契以下的先公也只有王國維提出的「季」、「王恒」、「王亥」三世與《天問》合而令人信服，其他先公雖有各種新說，但未見信而可徵者，從《殷本紀》之取材《世本》，而《世本》的作者在取材「昭明」，這一先公，很可能是從《成相》文字「契玄王，生昭明」誤解而來，文獻上未見有以「昭明」爲人名之例，率爲「明顯」、「顯著」的意義來看，將「契玄王生昭明」解爲契爲天生英明的意義，遠比解爲「契生子曰昭明」更爲合理，本文作此一推論，或爲不謬。

---

13 主張仲壬爲卜辭之南壬（《前》1、45、4），的有董作賓在《甲骨文斷代研究例》上說：「卜辭中不見中壬，疑南壬即是中壬。卜辭中帝王名稱，日干上一字，多與後世所傳者異。」但島邦男在《殷墟卜辭研究》上以爲「大壬或小壬的王名事實上並不存在，因而中壬這王名也就有了疑問。」（中譯本70頁，鼎文書局）。至於沃丁，郭沫若在《卜辭通纂》309片考釋云：「丂丁此片僅見，以沃甲作丂甲例之，則此乃沃丁也。」但郭氏於《卜辭通纂》再勘誤（1）「以同片中尚有二丂字，應繁簡不同。書中凡言及沃丁之處均當刪除。」可知卜辭確無「沃丁」此一先王。

14 詳見吳其昌《殷虛書契解詁》六一「己酉卜[貞]·王方⿱吕己亡尤」(頁八片五)，其云：「雩是可證⿱吕己即『吕己』之合文而『吕己』又即『⿱吕己』之舊寫耳。」但卜辭之吕（⿰口口、⿴口口）爲營字，則卜辭之⿱吕己當讀爲「營己」，詳何樹環〈說營〉一文，《第九屆中國文字學全國學術討會論文集》99-115頁，臺北·師範大學，民國87年3月21日。

15 胡厚宣〈卜辭下乙說〉《甲骨學商史論叢》初集第三冊，1944年3月成都齊魯大學國學研究所專刊之一。

第二屆國際暨第四屆全國訓詁學學術研討會
臺北·臺灣師範大學國文學系 1998.12.5-6

漢 代 的 辭 書 訓 詁

語文出版社副總編輯
李建國

壹

　　漢代訓詁大類言之，可分爲傳注訓詁與辭書訓詁（又稱專書訓詁）。傳注訓詁主要是漢儒對古代經傳的注釋，屬隨文釋義的文意訓詁。文意訓詁是具體語境中詞語的使用義，只合於此而不必盡合於彼，所謂「經學之訓詁貴專」、「依文立義而法有專守」是也。辭書訓詁屬字義訓詁，它是對文意訓詁的歸納和概括，雖源於文意訓詁卻高於文意訓詁，是獨立於語境之外的詞語的儲存義，既合於此亦合於彼，所謂「小學之訓詁貴圓」，「可因文義之聯綴而曲暢旁通」是也。[1]

　　漢代兩類訓詁受當時主流文化——經學的影響甚巨，從某種意義上說，經學的興起和發展促動了訓詁研究，沒有經學就沒有訓詁學。漢代經學有古、今文兩大流派。今文經學注重微言大義，多爲創發事理而因文爲說，故其訓詁繁瑣寡要，碎義逃難·缺乏語言學的價值。古文經學注重修舊文，由語言文字詮釋入手，追尋古人著作的原意，故其訓詁實事求是，言必有據，對傳統語言學，尤其是訓詁學的建設貢獻鉅大。從現今傳世的漢代訓詁典籍統計，古文家的絕多，而且，《方言》、《說文》、《釋名》三部辭書均出自古文家之手，說明歷史的評判和抉擇是公正的。

　　專注訓詁和辭書訓詁的旨意，風格不同，體式方法也有別。關於專注訓詁，當另文論述。本文主要討論辭書訓詁，力圖在漢代學

---

[1] 黃侃語，見黃焯《文字聲韻訓詁筆記》，上海古籍出版社，1983 年 4 月版，第 219 頁。

術文化背景下,探索其發生、總括其理論和法式、論述其歷史價值,冀爲漢語史研究之一助。

貳

「訓詁者、用語言解釋語言之謂。」[2]「釋古今之異言‧通方俗之殊語、乃訓詁之所有事,故訓詁由語言變化而生‧亦由語言變化而發展。漢初去古未遠,語言變化不顯著;加之漢承秦制,以吏爲師,課試取士,[3]一般士人尙能以今語釋古語,用今文讀古文。史載魯恭王壞孔子宅‧壁中有《古文尙書》,孔安國以今文讀之,因以名家。[4]司馬遷從安國受學,《史記‧五帝本紀》引用《尙書‧堯典》時,直接用漢代語言解釋古語,用隸書著作《史記》。可見漢初解經,古說流行,言文是一致的。

自從漢武帝實行「罷黜百家,獨尊儒術」的治國方略,察舉代替課試,官吏任用儒生,今文經學佔據統治地位。今文經學注重微言大義,是末師而非往古,對經文的理解和解釋,人自爲說,彼此歧互,「尉律不課,小學不修」,[5]日益嚴重,知古音識古字者越來越少。西漢中期,一般經師已不能認讀漢初閭里書師所編的童蒙課本《蒼頡篇》[6],更遑論其他了。隨著古文經籍的陸續被發現和古文經學的崛起,日益神學化的今文經學內部之爭逐漸爲古今文經學間的鬥爭所取代。西漢末年,劉歆首倡古文經學,創立大法,析字說經,信而有徵。這與今文經學的空疏淺陋、任情發揮形成鮮明對比,嚴重威脅、動搖了今文經學的官學地位。因此受到今文經學派的肆意攻擊,稱古文經學家「詭更正文,向壁虛造不可知之書」,是「變亂常行以耀于世」的「好奇者」[7],兩家爲爭奪學術正宗地位展開

---

[2] 見黃焯《文字聲韻訓詁筆記》,第181頁。
[3] 《漢書‧藝文志》:「漢興,蕭何草律,亦著其法曰:太史學童,能諷書九千字以上,乃得爲史,又以六體試之,課最者以爲尙書御史,史書令史。」
[4] 見《漢書‧儒林傳》。
[5] 許慎《說文解字‧敘》,中華書局,1963年12月版,第315頁。
[6] 《漢書‧藝文志》:「蒼頡多古字,俗師失其讀。宣帝時徵齊人能正讀者,張敞從之。傳至外孫之子杜林,爲作訓詁,并列焉。」
[7] 許慎《說文解字‧敘》,中華書局,1963年,12月版,第315頁。

激烈鬥爭，使經學研究更趨混亂，「學徒勞而少功，後生疑而莫正」，[8]極不利於思想統一和學術發展。東漢建初四年（西元 79 年），仿照漢宣帝石渠閣故事召開了白虎觀會議，評議五經異同。古、今文經學的代表人物與會，章帝親臨裁決。會議的結果由班固整理成《白虎通義》。《白虎通義》雜糅古、今文經學和讖緯神學，對後世經學發展產生重大影響。經過這次統一學術的重大措施後，古、今文經學既互相鬥爭、又互相滲透。古、今文經學家的學術爭鳴、互動互補，積累了豐富、具體的傳注訓詁，特別是古文經學家治學由考文始，因聲求義，多有達詁。這種分散的、零碎的、甚至是隨意的文意訓詁，伴同兩派學術的滲透和融合，適應經學統一和社會需要，逐漸由個別向一般、由具體向概括、由無序向有序嬗變。於是匯集各家傳注訓詁，經過歸納分析、研究整理而超越各派，自成一家的專書訓詁便產生了。綜觀漢代辭書訓詁，大抵是從主流文化——經學中汲取營養、吸納前賢成果而勒爲專書的結果。

　　語言文字是重要的交際工具和信息載體，規範的語言文字對於維護國家統一、民族團結、社會進步都有重要作用，所以任何一個獨立自主的國家都很重視語文規範化工作。周秦以來，我國就有語文規範的傳統。《禮記·中庸》：「非天子不議禮，不制度，不考文。」《管子·君臣》：「衡石一稱，斗斛一量，丈尺一制，戈兵一度，書同名，車同軌，以至正也。」《周禮·秋官·大行人》更有「七歲屬象胥，諭言語，協辭命。九歲屬瞽史，諭書名，聽聲音」的記載，以及輶軒使者深入民間、采風觀政的風氣。[9]漢初承用秦制，以小篆爲正體，同時因事出變，使用古隸書等體。課試取士，「書或不正，輒舉劾之」。[10]大約到漢武帝時代，對外開拓疆域，戰事頻仍，對內興經學，重文教，文字使用頻繁，隸書逐漸成熟並最終成爲正規場合下使用的新字體——今隸。在由小篆向今隸的轉變過程中，因爲今文經學內部派系林立，各有師法，說字解經，「人用己私，是非無正」，[11]·文字應用中出現混亂。另一方面，由於武

---

[8]　《後漢書·鄭玄傳》。

[9]　應劭《風俗通義·序》：「周、秦常以歲八月遣輶軒之使，求異代方言，還奏籍之，藏之秘室。」常璩《華陽國志》稱「此使考八方之風雅，通九州之異同，主海內之音韻，使人主居高堂知天下之風俗也。」

[10]　《漢書·藝文志》

[11]　許慎《說文解字·敍》，中華書局，1963 年，12 月版，第 316 頁。

帝窮兵黷武，人口遷徙，民族交融，言語混雜，需要辨正名物、規範語言。這樣，以是正名物、指示語文應用爲宗旨的語文辭書便應運而生了。

我國辭書編纂不自漢代始，成書于戰國之末的《爾雅》，儘管非一人一時之作，而且條例粗疏，詮釋未精，但它直接啓迪了漢代辭書編纂，如揚雄《方言》、劉熙《釋名》，不但在體例上取法《爾雅》，而且在釋義內容上也多所采獲。[12]所不同的是，漢代三部辭書都出自個人之手，編纂辭書既需要有涵咏雅詁、博通古今的學識才具，和造詣深厚的語言文字功底，又必須有刪落華聲、甘於寂寞、獻身學術的專業精神。西漢末年，讖緯興起，一般今文經學家由以經術飾吏法，曲學阿世，到迎合統治者的政治需要，引讖緯釋經，以取祿利。而一些古文經學大師卻淡於名利，敦悅學術，耽古樂道，殫精竭慮致力於學術事業。這就爲辭書編纂準備了人才條件。漢代三部辭書的作者，正是用數十年甚至畢生力獻身學術的古文經學大師，他們從不同方面、不同層次上開拓了訓詁新境界，創造了辭書訓詁的新成就，理應得到歷史的認定。

參

漢代辭書依其研究對象區分，《方言》和《釋名》爲一類，爲語言的；《說文》爲一類，是文字的。但以單音詞爲主的古代漢語，字與詞往往合一，且文字又不過是語言的書寫符號，所以兩類辭書理論法式雖各有主，卻存在著同宗共用的方面。區分類別，不過是爲了稱述的方便。

《方言》是仿《爾雅》而作，都是釋古今之異言，通方俗之異語，辨同名而殊號的訓詁專書。不同的是，《爾雅》是不同時地的作者累積匯聚同訓詞而依類編纂的百科型辭書，旨在辨名百物、統一殊號。《方言》則是揚雄經二十七年對活語言的調查研究寫成的

---

[12] 常璩《華陽國志》：「典莫正於《爾雅》，作《方言》。」又黃侃云：「《釋名》之作，體本《爾雅》。」見《文字聲韻訓詁筆記》，第59頁。

方言詞典雛形。揚雄「少而好學，不爲章句，訓詁通而已。」[13]他博覽群籍，於小學奇字無不通。平帝時徵集小學家一百多人在未央宮研究文字，揚雄與會，並根據會議討論結果，著成《訓纂篇》，凡五三四〇字，於當時群書所載、各家所說的古文奇字收羅殆盡。有這樣堅實的文字功底，他寫作《方言》，記錄方俗詞語便游刃有餘。

揚雄在《方言》卷一「大也」條下說：「初，別國不相往來之言也，今或同，而舊書雅記故俗語不失其方，而後人不知，故爲之作釋也。」這是一書之綱。由於古今時間的推移，語音演變，古代某些方言，變成今世的通語；古代的通語，有的倒只存在某些地區，變成今世的方言。他之作《方言》，即欲綜合時地因素，或以通語釋方言，或以今語釋古語，完成同義詞之間的相互轉換，揭示古今雅俗語言變化規律。這個規律即義隨聲轉的原理，揚雄稱之爲「轉語」、「語之轉」、「語之變轉」。

所謂「轉語」、「語之轉」，或「雙聲之轉」，或「疊韻之轉」，都指隨著詞語的能指（聲音）變轉、所指（意義）不變、而其文字寫法不同，故又稱「音轉義存」、「聲轉義同」、「聲近義同」，它所解決的是語言中異名同實的同義詞語的轉換。異名同實有二種，一是義同而形、音不同；二是義同而音近形異。揚雄據此而揭示的義隨聲轉原理，在言文一致、口學盛行、字有限而語無涯的漢代，是通人學者直覺的認識和不言自明的道理。正因爲加此，漢代學者把文字只看作記錄聲音的符號，「大抵漢人傳書，多承口授，故音相近，而字遂無擇」，[14]也即鄭玄所謂「其始書之也，倉卒無其字，或以音類比方假借爲之，趨於近之而已」。[15]音轉則是造成用字假借的重要原因。因此，不限文字形體，直接由語言的變轉因聲求義，即能考察清楚一些同義詞不過是一個語音形式的變體。誠如論者所說：「《方言》中的文字，雖其歧異之道由於義的如『雞頭或謂之雁頭，或謂之烏頭』等，但由於音的究屬多數，揚雄在收集方言的時候，亦深明此理，所以也明白說出是轉語。」[16]黃侃也

---

[13] 見《漢書·揚雄傳》。

[14] 王夫之《詩經稗疏》卷二「蘋」條。

[15] 見《經典釋文·敘錄》。

[16] 蔡鳳圻《方言聲轉說》，轉引自孫雍長《訓詁原理》，語文出版社，1997年

說：「今觀揚氏《殊語》所載方國之語，大抵一聲轉變而別制字形；其同字形者，又往往異其發音。」[17]

《方言》和《爾雅》在訓詁體式上都是依義立訓，屬於義訓的範疇，但與《爾雅》的雜糅同訓詞不同。《方言》所取的是嚴格意義上的同義相訓，而且在指出方言詞語的地域分布狀況的同時，進一步比較辨析了某些詞義的差別，如《方言》卷一「思也」條，除「郁、靖、慎」三詞外，大體和《爾雅》收詞一致，但它注明了「郁、靖、慎」三詞的地理分布，又連類而及，隨事爲義，比較了「惟、慮、願、念」這幾個同義詞意義上的微別，甚至揭示出詞義的引申發展(如「慎」訓「思」，「秦晉或曰慎，凡思之貌亦曰慎」)。《方言》中的同義詞相訓所追求的是詞語所指義的相同，是詞與詞之間的同義轉換。但「轉語」原理的發明，也涉及到部分詞語的命名立意之義，是同源詞意義的轉換，這一點與《爾雅》不同，卻與《釋名》相通。

《釋名》也是以語言爲研究對象的，但與《方言》大異其趣。劉熙在《釋名·敘》中先闡明了名號雅俗「興于其用，而不易其舊」的傳承性及人們對詞語的所指義的實用了解，然後交待他著書立說的理論依據和宗旨，這就是「名之于實，各有義類」的命名立意規律以及追尋「百姓日稱而不知」的「所以之意」。吾友孫雍長先生《訓詁原理》一書中確切地闡釋了《釋名·敘》的內涵意義：

> 劉氏所說的「所以之意」，所說的「指歸」，即是命名的「立意」義，所謂「名號雅俗」，「就而弗改」，「興于其用而不易其舊」，「名之于實，各有義類，百姓日稱而不知其所以之意」，即反映了語詞孳生的相因性，以及人們對語詞的「所指」義的實用了解和對「立意」義的無所實用而終至「不知」。因爲物皆有貌象聲色，可以給人以種種感知認識，語詞之「名」對於物事之「實」，其結合也相應地有其思想認識上的某種依據和規律；只是語詞一經形成，大家天天用它來指稱有關對象，用上的只是它的「所指」義，於得魚而忘筌、獲兔而遺置，它當初命名時的「所以之意」、「立意」義，反倒被人們漸漸

12 月版，第 61 頁。

[17] 《聲韻略說》，見《黃侃論學雜著》，上海古籍出版社，1980 年 4 月版，第 104 頁。

忽略，終至遺忘了。《釋名》之作，便是有感於此，所以它對人們「日稱」的語詞，一般不解釋其「所指」之義，而致力於揭示那被人們遺忘了的「立意」義。[18]

並且指出：「名之于實，各有義類」是有關語詞形成、意義確立的一條重要規律「它力求論證音義結合的非任意性的一面，論證『義類』規律、法則的存在」，「論證了物名必有由起，語言中存在聲義同源規律」，[19]開闢語源研究的先河。

因為立論的旨趣不同，《釋名》訓詁的法式與《方言》也不同。《釋名》訓詁方式是依聲立訓，屬聲訓範疇，方法是用音近音同的詞直訓被釋詞的能指義，然後因聲推源，再釋被釋詞的命名立意之義。關於《釋名》的聲訓原理，語言學界有不同的看法。筆者認為，社會的約定俗成固然是對音義結合、命名取意的最終認定，卻不表明音義結合、命名取意是偶然的和隨意的。因為事物的命名，最初總是某個或某些人即荀子所說的「明王賢聖」和劉熙所說的「哲夫巧士」的創造行為。他們根據對事物不同特徵的體認取意命名，一旦為社會群體所習用、事物的名稱便被確立了。人類社會之初，有語言就有思維。有思維，命名取意就絕非適然偶會。只不過人類歷史久遠，原創詞語因百姓日稱而不究其所以然，命名之義遂湮沒無聞罷了。應當承認，人類對自身的認識還很膚淺，事實上，許多名源已無法知曉。我們可以說劉熙對事物的命名立意之義代表了當時的認識水平，自有其歷史局限。但不能因後世的無知而否認人類命名取義的一條重要規律，更不可一概斥為「唯心主義」。

與《方言》、《釋名》不同，許慎《說文》以文字為對象，以「六書」為準則，通過分析文字形體，同條共貫·據形系聯·用540部將9353個小篆系統化、規範化。先師陸宗達先生說：

在《說文解字·敍》裏，許慎明確了漢字據義構形的總原則，「分理別異」、總結出漢字形體構造的「六書」之說，指出漢字「厥意可得而說」的可解釋性，還提出了漢字字數上「孳乳寖多」而字形上「以趨約易」的發展趨勢。……可以說，許慎總結出的這些規律，奠定了訓詁學「以形索義」方法的理論

---

[18] 《訓詁原理》，語文出版社，1997年12版，第135頁。
[19] 《訓詁原理》，語文出版社，1997年12版，第135頁。

　　基礎。[20]

這段話概括了《說文》的基本原理和方法，從辭書訓詁角度分析，《說文》在總結漢代訓詁學成就的基礎上，從古代文獻的生動的語言實際中，分析和揣摩詞義，歸納概括，以小篆爲質，應用六書條例，就形以說音義，確定每一個字的本義，形成了有體系的字義說解。分析字形是確定字義的根據，說解字義也反映丁字形的結構，二者有機地聯系在一起，互相貫通。

　　《說文》依形立訓，屬形訓範疇。其就形說義的方式主要有三種：

　　第一、互爲訓釋，簡稱「互訓」，即選擇兩個或兩個以上意義和用法相同或相近的字彼此互相訓釋，這種釋義方式是從實際語言中比較歸納出來的，可以是從某一部書裏明詞的相互比較作出訓釋，也可以是從不同時代的語言材料中參證比較，確定不同時代詞義的互訓，以體現以今繹古的訓詁原則。

　　第二、推索由來，簡稱「推因」或「推源」，即推求語源的訓釋方法。因爲不溯其源無以通其變，所以訓詁學家一方面要研究詞義的發展變化，一方面更要推求詞義的產生和由來。推導詞義的由來需要依據聲音作線索，因聲知義，以得命名之由，《說文》大量應用聲訓推源的釋義方式，大致有三種類型：

　　一種是直接使用同音字或雙聲疊韻字作訓釋，明確命名的由來。例如《示部》：「禮，履也，所以事神致福也。從示豐，豐亦聲。」禮、履雙聲爲訓。《一部》：「天，顛也，至高無上，從一大。」天、顛疊韻爲訓。《戶部》：「戶，護也。半門曰戶。」戶、護同音爲訓。

　　一種是先說詞義，然後再從聲音上說明命名的由來。例如《示部》：「祏、宗廟主也。《周禮》有宗廟石室。一曰大夫以石爲主。從示，從石，石亦聲。」先用「宗廟主也」說明字義，再引文獻中同音的「石」字說明石爲神主的命名由來，最後並出「一曰」之例以廣異聞。

　　還有一種是把聲訓組合於字義說解之內以推其源。例如《示部》：「祰，告祭也。從示告聲。」「祀，祭無巳也。從示巳聲。」告、巳與被訓釋字祰、祀同音，它們出現在字義說解之中，以明命名之源。

----

[20] 見《訓詁與訓詁學》，山西教育出版社，1994 年 9 月版，第 314 頁。

　　第三，標明義界，又稱「界說」，或簡稱「義界」，即用簡潔準確，通俗易曉的語言給詞下定義的訓釋方法。《說文》中用標明義界的方法訓釋詞義，有許多非常形象而又準確。例如《貝部》：「賕，以財物枉法相謝也。」高度形象地概括了貪贓枉法的賄賂行為。又如《目部》：「眈，視近而志遠，從目尤聲。《易》曰：『虎視眈眈。』」「視近而志遠」概括了「眈」字的定義，再引《易》例，具體形象足成其義，毫髮無爽。

　　許慎運用這三種解釋字義的方式，是繼承和發展了前人成果的。這不僅反映了訓詁學的發展歷史，也說明了許慎對語言文字的特點有著相當深刻的認識。

　　綜上所述，漢代辭書訓詁的原理、法式列表如下：

書　　名	宗　　　　　　　旨	主　要　體　式	主　要　方　法	主　要　原　理
方言	求詞所指義	義訓	以義釋義	義隨聲轉
釋名	求詞命名立意義	聲訓	因聲求義	聲義同源
說文	求字的本義	形訓	就形說義	形義統一

肆

　　漢代辭書訓詁都以經世致用為指歸，《方言》著於西漢末年，當時今文經學師法森嚴，各以方音口耳傳習，人自為說，且方言通語混雜，語言混亂。揚雄有見於此，以先代輶軒使者自況，繼往存絕，著《方言》以達規範語言的目的。《說文》作於東漢中期，在「尉律不課，小學不修」已久的情況下，許慎以其「五經無雙」的學養，通過對小篆的理性說解，於「六藝群書之詁皆訓其意」[21]，以之「理群類，解謬誤，曉學者，達神旨」[22]，促進文字規範化。《釋名》成書最晚，且處漢末戰亂之世，劉熙師事古文經學大師鄭玄，受玄音旨，著作《釋名》，欲使百姓知事物得名的所以之意，也屬正名辨物、規範語言之

---

[21] 許慎《說文解字·敘》，中華書局，1963年，12月版，第320頁。
[22] 許慎《說文解字·敘》，中華書局，1963年，12月版，第316頁。

能事。三書的著述指歸和漢代經學家治學的總體風格取同一步調，與主流學術文化合拍。

就治學方法而言，因聲求義的方法可以說是漢代訓詁家一以貫之的公器，在言文一致，書籍匱缺，而以口耳傳習爲主要教學方式的漢代，師徒傳授，聞聲知義，故黃侃說：「古無訓詁書，聲音即訓詁也。」[23]只是隨著時間的推移，官學中古文奇字識之者日稀，而大量古文經籍又急需整理和翻譯，理論方法問題便提到日程上。據筆者考察，最早提出因聲求義方法的人當是西漢末年古文經學大師劉歆。劉歆在整理文獻時，發現古文秘藉與民間傳習的經籍相合甚多，而與官方今文經籍差別頗大。歷觀西漢今文經學「信口說而背傳記」，空言說經，他當然更相信用古文字書寫的文獻典籍。要讀通古文經書，必先認得古文；要認得古文，必先正其音讀；要正古文音讀，非「九流之津涉，六藝之鈐鍵」的《爾雅》不爲功。所以他主張「古文讀應《爾雅》，故解古今語而可知也。」[24]以《爾雅》爲津梁，因聲以求義。這種方法，與劉歆同時質疑論學的古文家揚雄自然深明此理。而劉歆門下師徒相傳，由鄭興到鄭眾，由賈徽到賈逵，由賈逵到許慎，承用不衰，而到鄭玄做了總結：「由其原文字之聲類，求訓詁，捃秘逸。」[25]「讀先王典法，必正其音，然後義全。」[26]劉熙師承其說，更將此法推向至極，著成《釋名》這部聲訓專著。

漢代學者用因聲求義方法，一是破假借字以求本字本義，二是因聲推源，或推求語源，或繫聯同源詞。前者多用於傳注訓詁，後者則兼用於傳注訓詁和辭書訓詁之中。魏晉以降，音從世讀，古音鮮爲人知，因聲求義之法遂無人應用，直到清代，古音學大興，清儒以漢學高自標榜，因聲求義法重新啓用，遂使訓詁學遠紹兩漢，取得空前成功。從本質上說，聲訓方式的訓詁是語言的而非文字的，也是天然合理的，理應成爲訓詁學的最高境界。所以黃侃說：「真正之訓詁學，即以語言解釋語言，初無時地之限域，且論其法式，明其義例，以求

---

[23] 黃焯《文字聲韻訓詁筆記》，上海古籍出版社，1983年4月版，第200頁。
[24] 《漢書藝文志》。班固著《藝文志》，僅是對劉歆《六藝略》「刪去浮冗，取其指要」的結果，文多因襲。這句話正是劉歆作《爾雅注》的方法，當無疑義。
[25] 《後漢書‧鄭玄傳》。
[26] 《論語‧述而》注引。

語言文字之系統與根源是也。」[27]

伍

　　漢代辭書就語言學而言它們分別開創了方言學、字源學和語源學的先聲；就辭書學而言，它們分別是方言詞典、同源詞典的雛形和考釋型字典的奠基之作；就訓詁學而言，它們源於傳注訓詁又高於傳注訓詁。其理論體式、內容和方法對後世影響深遠。需要指出的是，(一)東漢以降，佛學東來，反切發明使音讀趨於科學，其時口學式微，音從世讀，古音漸次失傳，聲訓不再，因聲求義之法不行。(二)造紙術發明，使書籍大出，字學大興，言文分隔，語言學切於實用，重文字而輕語言、重文言而輕口語，方俗語詞不登大雅之堂，方言研究因此中斷。(三)文字隸變而後楷化、筆意漸失，而筆勢加大。以形求義，厥意多不可說。因此之故，魏晉以迄清初，《方言》、《釋名》竟無嗣響，只有《說文》獨步天下，並引發了一系列字書，促動了字書的發展。所以討論漢代辭書訓詁的歷史回應，只能就《說文》對傳統辭書訓詁的影響而論。至於清代而來，語言學蔚成專門之後，其方言學、語源學、《說文》學發皇，各種語文辭書紛紛問世，《方言》、《釋名》作為書證不斷被徵引，辭書訓詁出現新的面貌。當有另文論述。

　　《說文》是我國第一部運用「六書」理論分析漢字，創通文字構造條例，創造性編纂的具有科學系統的字典，給後世辭書編纂立下規範，《說文》「分別部居」，「據形系聯」，開創了部首編排法，自顧野王《玉篇》而後·歷代字書的部首雖有增損減併、大體未出《說文》分部的範圍，因之而來的部首檢索法沿用至今而不衰。在編纂體例上，選形立目，釋義、標音、書證都成為後世辭書必具的構件。至于立小篆為質，而兼收或體異文，並存歧義別說，更開創了「古今兼收、源流並重」的考釋型字典的先河，我國古代辭書多為綜合的、累積的，都秉承《說文》的傳統。

　　就訓詁內容而言，《說文》抓住造字手本義、從根本上解決字義

---

[27] 黃焯《文字聲韻訓詁筆記》，上海古籍出版社，1983年4月版，第181頁。

訓詁問題，是極其重要的突破。本義是一切引申義的出發點、抓住本義，就等於抓住詞義系統的綱領，綱舉目張，詞義就有條不紊，許慎用本義說字，給後世字書義項設立樹立楷模。同時，自《說文》本字本義明而假借、引申可得而說，書面語言中正字別字涇渭分明，書面用字更趨規範。

就訓詁體式而言，《說文》形訓之中而含聲訓、義訓，期於形音義相統一以求字源，建立了綜合形音義三者考察文字的方法。但是魏晉以後，聲訓式微，形訓不用，獨立的字書只有義訓一式，因此互訓、義界之法得到廣泛應用，同義互訓儘管有循環釋義的弊端，在單音詞為主的古漢語中，有時是不可避免的。到了雙音詞為主的時代，這個弊端就有所克服。義界方法包括定義式、說明式和描寫式，是詞與語句間的同義轉換，在後世辭書訓詁中得到充分發展。

辭書訓詁的出現，是學術文化積累的結果，也是訓詁學發展至於成熟的標幟。漢代三部辭書蘊含了極其豐富的內容，遠遠超出語言學研究的範圍，而成為社會生活的百科寶典。它們是現代從事社會學、文化學、社會學、社會史等學科研究不可或缺的資料源泉。我國學術文化歷經磨難，許多典籍佚失，賴有辭書訓詁所寶藏的鳳毛麟角，得窺其涯略。辭書訓詁之於我國歷史文化，功莫大焉。

第二屆國際暨第四屆全國訓詁學學術研討會
臺北・臺灣師範大學國文學系 1998.12.5-6

《爾雅》的體例類型

日本青山學院大學

遠藤　光曉

一、主題

　　《爾雅》每卷的訓釋方式頗不相同，甚至在同一卷裡出現各樣的類型。

　　本文具體描述各種體例類型在全書中的分佈情況，進而推測這種局面所產生的原因。

　　為了稱引方便起見，文中使用哈佛燕京學社的《爾雅引得》（特刊 18，茲據 Chinese Materials and Reserch Aids Services Center，Taipai，1996 年影印本）的號碼。

二、各卷的體例類型分佈情況

　　釋詁第一　基本形式：「A，B，C，x 也。」（A，B，C 為被釋字（或字組），x 為訓。）

　　如「初、哉、首、基、肇、祖、元、胎、俶、落、權輿，始也。」在第一篇裡被釋字的數目較多，但越到後面越短。《爾雅引得》把第一篇分為上下兩箇部分，1A 的平均被釋字數目為 7.08 箇，1B 則為 4.12 箇（總起來的平均為 4.88 箇）。

　　有時連續出現一係列被釋字基本相同，但釋義不同的條目，如：「舒，業，順，敘也。舒，業，順，敘，緒也」（1A 第 9 條）。這種類型還出現在 1A 第 10，11，13，16，18，19，24，27，30，31 條，1B 第 1，2，3，8，13，14，22，28，29，33，29，44，45，94，115 條。

　　釋言第二　基本形式：「A，x 也。」

　　如第 1 條「殷，齊，中也。」在這一卷裡，每箇條目所包含的被釋字一般都是一箇字，有時是兩箇字，達三箇字的則只有第 44 條。每箇條目的被釋字平均數目為 1.1 箇。

　　釋訓第三　基本形式：「A（重疊字），x 也。」；「典籍引文，x

也。」

Ⅰ.「A（重疊字），X也。」

　a.「兩箇重疊字，一箇字的訓，也。」如第 1 條：「明明，斤
斤，察也。」　　　　　　　　　　　　　　　　　第 1-44 條。

　　a¹.「十箇重疊字，一箇字的訓，也。」　　　第 45 條。

　b.「一箇重疊字，一箇字的訓，也。」　　　第 46－59 條。

　c.「兩箇重疊字，三箇字的訓，也。」　　　第 60－74 條。

　　aⅡ.與Ⅰa相同。　　　　　　　　　　　　第 75 條。

Ⅱ.「A，x也。」　　　　　　　　　　　　　　第 76－87 條。

Ⅲ.「典籍引文，x也。」

　a.「典籍引文，x也。」如第 88 條：「如切如磋，道學也。」
　　　　　　　　　　　　　　　　　　　　　　第 88 條。

　b.「典籍引文，x為A；y為B。」　　　　　第 89 條。

　c.「典籍引文，A，x也。」　　　　　　　第 90－91 條。

　　b¹.與Ⅲb相同。　　　　　　　　　　　　第 92 條。

　d.「典籍引文，言x也。」　　　　　　　　第 93 條。

　　「x為A。」　　　　　　　　　　　　　　第 94－95 條。

　　a¹.與Ⅲa相同。　　　　　　　　　　　　第 96 條。

　　bⅡ.與Ⅲb相同。　　　　　　　　　　　　第 97 條。

　e.「典籍引文·者，x者也。」　　　　　　第 98 條。

　f.「典籍引文·者，x也。」　　　　　　　第 99 條。

　　e¹.與Ⅲe相同。　　　　　　　　　　　　第 100 條。

Ⅱ¹.與Ⅱ相同。　　　　　　　　　　　　　　第 101－110 條。

Ⅳ.「A謂之x。」　　　　　　　　　　　　　　第 111 條。

ⅡⅡ.與Ⅱ相同。　　　　　　　　　　　　　　第 112－114 條。

Ⅴ.「凡x者為A也。」　　　　　　　　　　　第 115 條。

Ⅵ.「A之為言x也。」　　　　　　　　　　　第 116 條。

釋親第四　基本形式：「x為A。」

有時攙雜著別的形式：「謂x為A。」，如第 1 條第 13 句，第 3
條第 8－12，14－17 句，第 4 條第 4 句；「相謂x為A。」，如
第 1 條第 17－19 句，第 4 條第 17－18 句；「A，B也。」，如第
1 條第 41 句，第 4 條 21 句；「稱x曰A。」，如第 4 條第 1－2

　　句；「x曰A。」，如第 4 條第 3 句；第 4 條未尾一句為「謂
我舅者，吾謂之甥也。」

釋宮第五　基本形式：「x謂之A。」

例外：「x為A。」，如第9條；「A，B，x也。」，如第19條；
「x曰A。」，如第23條。

釋器第六　基本形式：「x謂之A。」

例外：「A，B也。」，如第10，15，24，25，34，41，49－50
條；「A，B，C，x也。」，如第14條；「x曰A。」，如第18條。

釋樂第七　基本形式：「x謂之A。」

沒有例外。

釋天第八　出現各種形式

Ⅰ.主要使用「x為A。」：第1，2，3，6（後半），10條。

Ⅱ.主要使用「x曰A。」：第4，5，6（前半），9，11條。

Ⅲ.「x謂之A。」的頻率相當高，但也包含「x為A。」「x曰
A。」「A，B也。」等形式：第7，8條。

釋地第九　出現各種形式

Ⅰ.主要使用「x曰A。」：第1，6（後半）條。

Ⅱ.「〔地方〕有A。」：第2，4，5條。

Ⅲ.「x，A。」：第3，7條。

Ⅵ.「x謂之A。」：第6條（前半）。

釋丘第十　基本形式：「x，A。」

例外：「x為A。」：第1條（開頭）。

釋山第十一　基本形式：「x，A。」

第1－15，17條都是這個形式。

例外：「x謂之A。」，第16條第1句；「x為A。」，第16條第
2，18，20句；「x曰A。」，第19條；「A，x也。」，第21條。
這些例外形式集中出現在第11篇的末尾。

釋水第十二　出現各種形式

Ⅰ.「x為A。」，第1條開頭，中間，末尾，第2條末尾。

Ⅱ.「x，A。」，零星地出現在第1條。

Ⅲ.「x曰A。」，零星地出現在第2條。

Ⅳ.「〔詩經經文〕，x為A；A者x也。」，零星地出現在第1
條。

Ⅴ.「〔地方〕有A。」，零星地出現在第1條。

Ⅵ.「文章描寫」，第3條。

Ⅶ.「A，B，C，……。」（羅列詞匯），第4條。

釋草第十三　基本形式：「A，B。」

這是列舉同義詞的形式，如：「孟，狼尾。」有時有「萍，苹；其大者蘋。」那樣的形式。

例外：「x謂之A。」，第26，203條；「A似B…。」，第187條；「A之醜…。」，

第192條；第194－198條不好分類。

釋木第十四　基本形式：「A，B。」

例外：「x曰A。」，第50，71，75條；「x醜A。」，第74條；「x為A。」，

第76，77條；第45－46條存疑。

釋蟲第十五　基本形式：「A，B。」

例外：「x醜A。」，第52條；「x謂之A。」，第54條。

釋魚第十六　基本形式：「A，B。」

有時只舉一個詞，如第1－6，28－29條。

例外：文章描寫，第37，38條；「x謂之A。」，第41－42條；「x曰A。」，

第43條。

釋鳥第十七　基本形式：「A，B。」

例外：「x曰A。」，第70條；文章描寫，第71，72，80條；「x醜，其…A。」，73－78條；「x為A。」，第79，81條；「x謂之A。」，第82條；「A，x也。」第83，84條。

釋獸第十八　基本形式：文章描寫

例外：「A，B，C…。」，第2條，「x曰A。」，第3，4條

釋畜第十九　基本形式：文章描寫

例外：「x為A。」，第6條。

二、內藤湖南《爾雅9新研究》所推測的《爾雅》成書過程

　　日本漢學家內藤湖南的《爾雅9新研究》（原載《支那學》第2卷第1、2號，1921年；收在《內藤湖南全集》第7卷，筑摩書房，1970年，漢譯收在江俠庵編譯《先秦經籍考》商務印書館，1922年）推測《爾雅》的成書過程。其根據主要有兩個方面：第一、《爾雅》各篇所注釋的經典有所不同，據此可以推測《爾雅》各篇的成立次序；他同時進而推測各個經典的成立次序；第二、他著眼於各篇所包含的思想內容推測其成立年代。如第二篇〈釋言〉開頭第1條「殷，齊，中也。」顯示出這一條

產生在齊稷下的學問鼎盛時期（BC5 中葉），等等。

下面簡要介紹一下他所得到的結論，左邊同時列出本文歸納出來的訓釋體例基本類型，以資比較。

篇名	訓釋體例 基本形式	內藤湖南《爾雅の新研究》	
		相關的經典	成立時代
1.釋詁	「A，B，C，X 也。」	古層：《書》有關周公的部分；《詩》風雅、周頌、魯頌	七十子末年（BC5）後經增益（-戰國初）
2.釋言	「A，X也。」	古層：《書》洪範等有關般殷的部分；《詩》商頌	齊·稷下的學問鼎盛時期（BC5 中葉）
3.釋訓	「A（聯綿字），X 也。」「典籍引文，X 也。」		BC4 到 BC3（漢初）
4.釋親	「X為A。」	《公羊傳》等禮學昌盛時期	荀子（BC3）到漢初
5.釋宮	「X謂之A。」		
6.釋器	「X謂之A。」		
7.釋樂	「X謂之A。」		
8.釋天	出現各種形式		
9.釋地	出現各種形式		
10.釋丘	「X，A。」	《書》禹貢；《周禮》職方氏	戰國末到漢初
11.釋山	「X，A。」	《山海經》	
12.釋水	出現各種形式		
13.釋草	「A，B。」	《詩》（也包括《楚辭》的成分）	同上
14.釋木	「A，B。」		
15.釋蟲	「A，B。」		
16.釋魚	「A，B。」		
17.釋鳥	「A，B。」		
18.釋獸	文章描寫		
19.釋畜	文章描寫	《易》說卦傳	漢·文景時（BC1）

綜觀之下，可以發現平行之處尤多。由此可以推測，本文上節所歸納出來的體例類型分布的不同反映成書過程的各個層次。

訓釋體例的不同有時顯示出更多的層次，特別是從第 4〈釋親〉開始到第 12〈釋水〉的那一部分。根據訓釋體例類型，第 4 篇是一類；第 5 到第 7 篇是一類；第 10、11 篇是一類，第 8、9、12 篇是混合性質的。

內藤湖南已經認為一篇之內也有層次之別，包含歷代增益的成分。比如說，〈釋詁〉〈釋訓〉等篇有關《春秋公羊傳》的條目，據他的解釋，是後來加上去的。這種篇內層次的存在也可以從體例類型的根據觀察到，最明顯的例子是第13篇〈釋山〉，在這一篇，基本形式是「ｘ，Ａ。」，但在篇末集中出現不同的類型，如「ｘ謂之Ａ。」「ｘ為Ａ。」「ｘ曰Ａ。」等等。這些不同的類型顯然是後來追加的成分，因此導致這種體例混亂的局面。第8、9、13篇出現各種體例類型，也可能是資料來源的不同所導致的。

至於第3篇最末尾的「Ａ之為言ｘ也。」那樣的漢代新興的注釋方式為追加成分，已有許多人提到過，因此這裡無需贅言。另外，「ｘ醜Ａ。」等形式也只出現在第13、14、15、17篇，這些篇在《爾雅》全書算是較新的層次，而且都出現在各篇的末尾，也反映出這種注釋方式是後起的。

三、結語：注釋方式的發展過程

根據上面的討論，則可以進一步推測，最初所使用的注釋方式是「ｘ，Ａ也。」然後先後產生「ｘ為Ａ。」，「ｘ謂之Ａ。」，「ｘ曰Ａ。」關於「ｘ，Ａ也。」和「ｘ為Ａ。」的先後次序，按照漢語繫詞發展的歷史來說，也是很自然的。至於「ｘ謂之Ａ。」和「ｘ曰Ａ。」所產生的先後次序，似乎還需要經過別的證據來檢驗。

第二屆國際暨第四屆全國訓詁學學術研討會
臺北・臺灣師範大學國文學系 1998.12.5-6

論訓釋古文字的方法－文例研究

靜宜大學中文系教授
朱歧祥

一、前言

　　過去研究出土的文字，多是逐字考釋出處，就每一字的形音義特性，系聯《說文》以降字書中所收錄的字。然而，上古文字字形不穩定，一字多體或異字同形的現象普遍。因此，如只就個別字形來看，許多形近的字容易混淆成一字，考釋工作自然無法推展至客觀求真的地步。這些年我們在研治甲骨文字上，多次提倡歸納文例的重要性。文例是字或詞在句中的用法。文例研究則是對比的看問題，由同中求異、異中求同的交互比較所歸納的材料，觀察字或詞在平面的、或縱線的材料中的定位。我們清楚知道，考釋古文字的原因，是要通讀地下材料的上下文。因此，先由上下文入手觀察一字的用法，是十分有必要的。

　　吾人在進行考釋前，先就該待考字所見的全部用法進行排比歸納，整體規範該字在用義上的各種可能性。然後才配合由字的形音、偏旁的考量、詞性與詞位、文獻的對比等角度，鎖定待考字為何，並系聯該字的歷史流變。接著再把所考釋的字切回原考釋文句中，加以驗證，使之能通讀無訛。以上步驟，是我們認為凡考釋工作都宜遵守的客觀規條。如此，文例的考察明顯是釋字的一個重要保障，也是一必須的程序。

二、論排比文例對考釋甲骨的重要性

　　殷墟甲骨文涵蓋殷商盤庚迄帝辛二百七十三年的歷史，距今三千多年。目前發現的甲骨大半為殘片和碎片，上下文多殘簡不清。

我們對於殷人刻寫甲骨的習慣仍無法完全掌握，加之以卜辭前後期使用的文字字形、文法、詞彙內容等都有明顯的差異，因此，我們要客觀的了解一條甲骨卜辭的意思其實並不容易。當單個材料不能或不足以釐清問題時，我們有必要運用對比的方法，就同時期同性質的材料並排在一起互校，觀察彼此的異同，從而嘗試歸納一些可能現象。這種讓材料對比來說話，是一種由整體了解局部、由常例了解變例的歸納方法，也是我們考釋古文字的一個共同標準。

　　以下的例子，我們透過對比甲骨的關鍵用例，作為判斷不可知材料的依據。

1、𢆶正化

　　卜辭中多見〝𢆶正化〞並列，一般的讀法有連讀為一人名或族名，有分讀為三個獨立的單位詞。例：

　　〈丙 134〉　庚寅卜，㱿貞：𢆶化正戔弝隹？

　　　　　　　貞：𢆶化正弗其戔？

我們如僅從三字個別的形音義來分析，是沒有辦法判斷他們間的關係和充份通讀這條卜辭的。首先，由文例觀察，可見三字各自有獨立應用的例子：

（1）𢆶

　　〈集 9791〉　貞：𢆶受年？

　　〈集 6131〉　□卜，㱿貞：呂方其至于𢆶？

　　〈英 756〉　貞：□　至，告曰：𢆶來以羌？

由〝𢆶受年〞〝𢆶來羌〞例，可見殷人曾冀求𢆶地豐年和𢆶來貢人牲。𢆶可以理解為獨立的殷邊附庸地名。𢆶與呂方同辭，為呂方侵犯的對象。又可証𢆶當屬殷西北方的附庸。

（2）化

　　〈集 137〉　七月己丑允有來艱自☒戈、化呼☒方圍于我☒。

　　〈集 6068〉　癸未卜，爭貞：旬亡囚？七日己丑長、友、化呼告曰：呂方圍于我奠豐。七月。

〈集 10275〉　貞：呼化☒？

由 "☒戈、化" "長、友、化" 例，可見 "化" 有與戈、長、友等殷附庸並列的用法。〈集 6068〉一版來告呂方入侵，"化" 宜爲殷西北附庸。　"化" 與缶、正以外的其他專有名詞並排的用法，可以提供我們對於 "化" 字用意一重要的啓示。

（3）正

〈集 672〉　　乙未卜，㱿貞：　正？

〈集 13695〉　☒正化弗其戈㲋？

" 正" 一辭一可以理解爲 " 祭於正地"，或者是 " 祭以正族人"，然不管是用爲族民或地名，正字在卜辭中可以獨立應用是沒有問題的。

由以上文例的排比分析，足見缶、化、正三字可分別獨立作爲三個附庸族名來理解。其次，吾人再觀察以下三條辭例：

〈集 6655〉　　☒缶正化弗戈㲋？

〈集 6649〉　　☒正化戈㲋罘隹？

〈集 6651〉　　☒正化戈㲋罘口？

對應上文的〈丙 134〉一版，"缶化正" 的排列，可以移位作 "缶正化"。因此，如果把它僅視作固定的一人或一族名來看，是不好解釋的。相反的。如把它分開視作獨立並排的三個鄰近附庸，卜辭中殷人把彼等稱謂次序不經意的前後顛倒，自然是可能的。吾人再比較〈丙 134〉和〈集 6649〉二版卜辭災禍的對象 "㲋隹" 和 "㲋罘隹" 的用法。由二字中間可加插一連詞 "罘"（罘即逮，及也），再印証〈集 6655〉中 "㲋" 字有單獨使用，我們相信〈丙 134〉的 "㲋隹"，應分讀爲 "㲋、隹"，乃二個獨立的詞。如此看來，〈丙 134〉命辭中的主語 "缶化正"，亦應分讀爲 "缶、化、正" 三詞，作爲三個獨立的附庸部落來理解，是完全沒有問題的。

2、㘡人

卜辭有 "㘡人" 一辭，一般單就字的本形來理解此辭，均有困難

。例：

〈丙 299〉　甲辰卜，賓貞：我𠬞人？

貞：我勿𠬞人？

𠬞，從二手相交，一般釋作廾，但〝廾人〞一辭不可解。拙稿《殷商甲骨文字通釋稿》1 頁釋𠬞爲登字省。登有徵召意。書中主要是由文例的排比互証：

（1）〈掇 2.117〉　壬申卜，㱿貞：𠬞人，呼䝨𢀛□？

〈京 1243〉　□登人□䝨𢀛□？

（2）〈存 1.564〉　癸巳卜，㱿貞〝𠬞人〞，呼伐𢀛□受□人三千呼伐𢀛方？

〈續 11.10.3〉　□貞：登人三千，呼伐𢀛方，受有佑？

（3）〈後上 31.6〉　丁酉卜，㱿貞：今𡆥王𠬞人五千征土方，受有佑？三月。

〈簠征 27〉　□賓貞：登人伐下危，受有佑？

由〝𢀛〞〝呼伐　〞〝征伐某方，受有佑〞等文例用法，可參証〝𠬞人〞與〝登人〞屬實同一文例。而𠬞字在此類卜辭的用法，只是登字的省形，而並不是其它的意思。文例的排比，顯然是我們了解一字真相的最佳保障。

3. 即、既同字

即、象人俯身就皀而食之形，隸作即。《說文》：〝即食也。从皀卪聲。〞引申有獻食於神的意思。既，一般釋爲既，但與既字（既）形似而實異，當亦爲獻食的即字。由以下文例互較可証。

（1）〈佚 266〉　□貞：其即日？

〈明 688〉　□貞：于既日？二月。

（2）〈粹 3〉　□夔眔報甲其即？

〈存 2.178〉　戊辰卜，既報甲眔河，我敦衜？

（3）〈人 3076〉　戊寅卜，王即觀？

〈佚 583〉　　乙巳，⿰鳥觀？

（4）〈鐵 98.4〉　　☐⿰生于母☐娥，禦婦？

　　〈海 1.13〉　　☐貞：告⿰生于夒、于報甲？

（5）〈寫 19〉　　☐⿰尞報甲於唐？

　　〈佚 146〉　　癸巳貞：⿰尞于河于岳？

（6）〈掇 2.29〉　　☐⿰圍☐酒☐戈？

　　〈佚 695〉　　☐卜，王勿☐⿰圍☐？

由以上〝即日〞〝即先公先王〞〝即觀〞〝即生〞〝即尞〞〝即圍〞等相同用例，可互較⿰、⿰二字屬同字異構。

　　觀察以上諸例的論證，足見文例的核對是訓釋文字的一客觀標準。吾人要把小學遠離想像擬測而推向嚴謹的科學研究的地步，這種對比的態度顯然值得吾人遵守。至於有關甲骨文例對比的例子，詳參拙稿《殷墟甲骨文字通釋稿》、《甲骨學論叢》等書稿中。

三、論排比文例對考釋金文的重要性

　　文例的研究不但能較客觀的分析某字的確實意義，更可以用在斷代分期上判斷某字或詞的時空定位。由常見文例互核特殊文例，又可以掌握某些特殊現象發生的可能性。金文文例的整理，對兩周時期東西方語言的發展和交流的狀況，有一客觀的了解。換言之，由文例互較的角度，可以證明秦金文與東土諸國金文的差異。

　　以下，我們由一些習見的用詞觀察東西方金文的異同。

1、少子

　　〝少子〞一詞合文，習見於春秋以降東土的金文，乃自稱或稱呼屬下之詞。如齊國的：

　　〈陳逆簠〉：〝隹王正月初吉丁亥，少子陳逆曰〞。（例引見嚴一萍《金文總集》；下同）

　　〈叔夷鐘〉：〝余少子〞

蔡國的：

〈蔡侯𦅜鐘〉：〝余唯末少子〞

相對的，西方秦銘多稱作〝小子〞，如：

〈不𣄰簋〉：〝不𣄰，女（汝）小子〞

〈秦公鐘〉：〝余小子，余夙夕虔敬朕祀〞

〈秦公簋〉：〝余雖小子，穆穆帥秉明德〞

早在殷卜辭中已習見〝小子〞一詞的用法。由此文例，可見殷文字下開春秋的西土文字，而與東土文字稍遠的說法，是有一定的佐證。

2、霝命

　　〝霝（靈）命〞一詞，只見於春秋東土的齊器，為齊人特有的用詞。如：

《歸父盤》：〝霝命難老〞

《叔夷鎛》：〝霝命難老〞

〝靈命難老〞，意與〈翰鎛〉的〝壽老毋死〞同，呈現齊人追求長生的虛幻想法。相對的，西周金文以迄西土秦器一般描述長壽的都作〝霝冬（靈終）〞。如：

〈頌鼎〉：〝畍臣天子霝冬〞

〈蔡姞乍尹弔簋〉：〝彌氒生霝冬〞

〈善夫克鼎〉：〝永命霝冬〞

〈不𣄰簋〉：〝眉壽無疆，永屯（純）霝冬〞

3、無期

　　〝無期〞一詞，習見於春秋東土的金文，為齊、徐、蔡、許諸國的祈盼用語，如〝男女無期〞〝眉壽無期〞〝壽老無期〞等例，都只見於東土而不見於秦器。例：

〈齊侯敦〉〝男女無𦱽期）子子孫孫永保用之〞

〈齊良壺盂〉：〝其**䁤**壽無覬（期），子孫永保用〞

〈夆叔盤〉：〝壽老無**碁**（期），永保用之〞

〈沇兒鐘〉：〝眉壽無覬（期），子孫永保鼓之〞

〈蔡侯鐘〉：〝元鳴無覬（期），子孫鼓之〞

〈子璋鐘〉：〝其眉壽無碁（期），子子孫孫永保鼓之〞

秦銘一般則言〝**䁤**壽無彊〞，如〈秦公鐘〉〈秦公鎛〉是。此例上承西周金文，而春秋後的齊、魯、邾、蔡、楚、吳、鄭、鄧、曾等國銘文亦有沿用。

4、經德

金文形容美好的德行有：明德〈晉姜鼎〉、懿德〈師**訊**鼎〉、天德〈中山王𰯼鼎〉、正德〈盂鼎〉、元德〈番生簋〉、哲德〈弔家父乍仲姬匜〉、純德〈中山王𰯼壺〉、敬德〈班簋〉、若德〈毛公鼎〉、孔德〈師**訊**鼎〉等，而〝經德〞一詞，只見於齊、越銘文，乃東土用詞。如：

〈陳𰯼簋〉：〝齊　𰯼不敢逸康，肇堇（勤）經德。〞

〈者**汈**編鐘〉：〝女（汝）亦虔秉不汭淫（經）德。〞

經德，即常德，與《尚書・酒誥》的〝經德秉哲〞同。西土秦銘則多用〝明德〞。如：

〈秦公簋〉：〝穆穆帥秉明德〞

〈秦公鐘〉：〝翼受明德〞

〈秦公鎛〉：〝穆穆帥秉明德〞

此例上承西周金文，用法又與東土的〈虢叔旅鐘〉：〝穆穆秉元明德〞、〈梁其鐘〉：〝汈其肇帥井皇且考秉明德〞相同。

5、吉日

春秋紀時有用〝吉日〞一詞，見用於吳、越、楚、徐器銘，爲東土特殊用語。如：

〈吳王光鑑〉：〝隹王五月，既字白期，吉日初庚〞

〈吳王光殘鐘〉：〝吉日初庚〞

〈越王者旨於賜鐘〉：〝隹正月王春吉日丁亥〞

〈楚王酓忑鼎〉：〝正月吉日〞

〈邻王義楚耑〉：〝隹正月吉日丁酉〞

〈少虞劍〉：〝吉日壬午〞

相對的，秦銘句首紀時，一般只上承西周金文的月相〝初吉〞，如〈不期簋〉：〝唯九月初吉戊申〞，但並無〝吉日〞的用例。

6、元日

春秋金文〝元日〞一詞，即首日，為東土齊、晉、徐的習用語。如：

〈陳賄簋〉：〝隹王五月元日丁亥〞

〈欒書缶〉：〝正月季春元日己丑〞

〈徐王子鐘〉：〝隹正月初吉元日癸亥〞

此例不見於西土的秦銘。

7、冰月、𣸣月、斲月、飯者月、啓（月）

以上諸〝某月〞例用意仍待詳考，但均為齊銘特殊紀月名稱。其中的冰月宜指冬季時節，用法亦見於東土文獻《晏子春秋‧內篇諫下》：〝當騰、冰月之間而寒，民多凍餒而功不成〞〝冰月服之以聽朝〞。如：

〈陳逆簋〉：〝冰月丁亥，陳氏裔孫逆乍為皇祖大宗毀〞

〈陳喜壺〉：〝𣸣月己酉〞

〈陳純釜〉：〝斲月戊寅〞

〈公孫竈壺〉：〝公孫竈立事歲，飯者月〞

〈國差𦉜〉：〝國差立事歲，啓丁亥〞

唯此等用例不見於秦銘。

8、句首以任職執政作紀年

此例多見於春秋以降的齊銘句首，如：

〈國差鐺〉：〝國差立事歲，咠丁亥〞

〈陳喜壺〉：〝陳喜再立事歲〞

〈陳純釜〉：〝陳猶立事歲，斲月戊寅〞

這類以特定事例紀年的方式，乃上承西周金文的用法。如：

〈中先鼎〉：〝佳王令南宮伐反虎方之年〞

〈善夫克鼎〉：〝王命善夫克舍令于成周遹正八𠂤之年〞

唯絕不見用於西土的秦銘。

9、某爲之

　　金文一般在句末言〝永寶用之〞〝永保鼓之〞，亦有明確的點出鑄造者的〝某爲之〞。〝某爲之〞一例多見於楚銘，屬春秋以降南方習用語。如：

〈楚王酓忑鼎〉：〝佲（冶）帀（師）盤埜、差（佐）秦忑為之〞

〈盤埜勺〉：〝佲盤埜、秦忑為之〞

〈楚王酓忑盤〉：〝佲帀絮夆、差陳共為之〞

〈王后六室簠〉：〝鑄客為王后六室為之〞

〈集廚鼎〉：〝鑄客為集胆（廚）為之〞

此例絕不見用於秦銘。

10、永壽用之

　　此祈盼語見於齊、徐二國銘末，屬春秋東土用語。如：

〈陳侯鼎〉：〝其永壽用之〞

〈陳公子中慶簠〉：〝子子孫孫，永壽用之〞

〈陳侯簠〉：〝用祈眉壽，萬年無疆，永壽用之〞

〈徐宜桐盂〉：〝孫子永壽用之〞

唯此例不見於秦銘。

11、永保用之

　　此祈盼語遍見於齊、吳、越、蔡、邨、許、黃、邔、魯諸東土國銘文，如：

　　〈陳逆簠〉：〝子子孫孫，羕（永）保用之〞

　　〈吳者減鐘〉：〝子子孫孫，永保用之〞

　　〈越其老勾鑃〉：〝子子孫孫，永保用之〞

　　〈蔡大師腏鼎〉：〝子子孫孫，永寶用之〞

　　〈邨伯罍〉：〝子子孫孫，永寶用之〞

　　〈許無公買簠〉：〝子子孫孫，永寶用之〞

　　〈黃大子白克盤〉：〝子子孫孫，永寶用之〞

　　〈邔君婦穌壺〉：〝子子孫孫，永寶用之〞

　　〈魯大左司徒元鼎〉：〝其萬年眉壽，永寶用之〞

唯此例罕見於西土秦銘。

12、永保鼓之

　　此祈盼語見於西周金文過渡到春秋的齊、楚、徐、許、蔡等東土金文。如：

　　〈鼄氏鐘〉：〝子子孫孫，永保鼓之〞

　　〈王孫遺者鐘〉：〝叚萬孫子，永保鼓之〞

　　〈沇兒鐘〉：〝眉壽無期，永保鼓之〞

　　〈子璋鐘〉：〝其眉壽無期，子子孫孫，永保鼓之〞

　　〈蔡侯鐘〉：〝子孫鼓之〞

唯此例不見用於秦銘。

13、不忘、毋忘、勿忘

　　此類祈盼語見於春秋戰國的齊、吳、中山諸國，如：

　　〈陳侯午鎛〉：〝保又齊邦、永世毋忘〞

〈吳王光鑑〉：〝孫子母忘〞

〈𧊒壺〉：〝日夕不忘〞

唯不見用於秦銘。

14、畏忌

〝畏忌〞一告戒用詞習見春秋以降東土金文，如齊器的：

〈叔夷鎛〉：〝女（汝）少（小）心畏忌〞

〈鑃鎛〉：〝彌心畏誋〞

此外，如〈陳肪簋〉〈郘公華鐘〉〈郘公牼鐘〉均有〝畢恭畏忌〞語。此例不見用於秦銘。

15、再拜

春秋金文一般對上位者的敬語，有作〝拜稽首〞〝拜手稽首〞〝拜手稽首，敢對揚王不顯休〞等。而西方秦銘如〈不其簋〉有省作〝不其拜稽手休〞。而〝再拜〞一詞，為齊銘特例，如：

〈叔夷鎛〉：〝夷用或敢再拜稽首〞

〈叔夷鐘〉：〝敢再拜稽首〞

此例不見用於西土。

16、哉、矣

〝哉〞〝矣〞多見用於句末，為東土金文的語尾，如〈禹鼎〉：〝烏虖哀哉〞、〈中山王嚳鼎〉：〝語不廢哉〞、〈郘儔兒鐘〉：〝於虖敬哉〞、〈中山王嚳鼎〉〝閈於天下之物矣〞。此等語詞亦偶置於句中，見於齊、吳、越等國金文，如：

〈㝉壺〉：〝冂哉其兵〞

〈吳王光鑑〉：〝往矣叔姬，虔敬乃后，孫孫勿忘〞

〈者汈編鐘〉：〝趩趩哉弼王宅〞

〈中山王嚳壺〉：〝允哉若言〞

相對的，西方秦銘仍不見此種虛字的用法。

17、用V用V

春秋時期東西土金文都有〝以－動賓，以－動賓〞的介詞句式，如晉國的：

〈邵鐘〉：〝我以享孝樂我先祖，以祈眉壽〞

吳國的：

〈配兒鉤鑃〉：〝以宴賓客，以樂我諸父〞

秦國的：

〈秦公鐘〉：〝以宴皇公，以受大福〞

然而，〝用V，用V〞的句式則只見於齊、吳、曾等東土國家。如：

〈齊鞷氏鐘〉：〝用宴用喜，用樂嘉賓，及我倗友〞

〈吳王光鑑〉：〝用享用孝，眉壽無疆〞

〈曾伯霥簠〉：〝用盛稻粱，用饔（飤）用享于我皇文考〞

此用例不見於秦銘

18、不㒸

〝不㒸〞，即不墜，言不敢鬆懈意。本辭例早見於西周金文，如〈彔伯簋〉：〝汝肇不㒸〞、〈井侯簋〉：〝對不敢㒸〞、〈毛公鼎〉：〝汝毋敢㒸〞。春秋時並見於齊、郳、秦銘，宜爲東西土共通的用語。如：

〈叔夷鎛〉：〝女（汝）不㒸，夙夜執而政事〞

〈郳公華鐘〉：〝不㒸于氒身〞

〈秦公鐘〉：〝我先祖受天命商宅受國，剌剌昭文公、靜公、憲公、不㒸于上〞

唯只有秦文有言〝不㒸于上〞〝不㒸在下〞。如：

〈秦公及王姬鎛〉：〝不㒸于上〞

〈秦公鎛〉〝十又二公不㒸才下〞

19、元用

　　〝元用〞，即大用。此例並見於吳越和秦國兵器。如：

　　〈攻敔王夫差劍〉：〝攻敔王夫差自乍其元用〞

　　〈越王兀北古劍〉：〝唯越王丌北自乍元之用〞

　　〈吳季子之子逞之劍〉：〝吳季子之子逞之元用劍〞

　　〈越王大子矛〉：〝乍元用矛〞

　　〈秦子戈〉：〝秦子乍𬀭公族元用左右市□用□宜〞

　　〈秦子矛〉：〝秦子乍□公族元用〞

可見〝元用〞一詞爲東西土共通用語。

20、受大福

　　此祝頌語普遍見用於東西土金文。如

　　〈齊叔姬盤〉：〝其萬年無疆，子子孫孫永受大福〞

　　〈曾伯陭壺〉：〝子子孫孫，用受大福無疆〞

　　〈秦公鐘〉：〝以宴皇公，以受大福〞

　　〈秦公鎛〉：〝以受大福〞

21、匍有四方

　　此例相當於《尙書・金縢》的〝敷佑四方〞。語見於西周以迄春秋中土習用語。如：

　　　　〈大盂鼎〉：〝匍有四方〞

　　　　〈師克旅盨〉：〝匍有四方〞

　　　　〈㝬鐘〉：〝匍有四方，匈受萬邦〞

　　　　〈牆盤〉：〝匍有上下，匈受萬邦〞

相對的，此例亦多見用於秦器。如：

　　　　〈秦公鐘〉：〝匍有四方〞

　　　　〈秦公及王姬鐘〉：〝匍有四方，其康寶〞

〈秦公鎛〉：〝匍又四方〞

由此例可見秦銘與西周銘文有密切的語言淵源。

22、銑銑雝雝

此二疊詞形容鐘聲的和鳴，見於春秋的秦銘。如：

〈秦公鐘〉：〝龢音銑銑雝雝〞

〈秦公鎛〉：〝其音銑銑雝雝孔煌〞

此例用法與西周的〈宗周鐘〉〝銑銑雝雝〞全同，山東出土的〈鼄叔之中子平鐘〉亦有〝乃爲之音，戕戕雝雝〞語，可見秦銘明顯的是因承中土的用語。

歸納以上 22 條金文文例的特性，可以發現一普遍現象。春秋以降東西土用語均上承西周，彼此卻有同有異。東土諸國的用語，主要是因承西周金文，而復多有個別的開創。原因是東土諸國經歷長期戰火和政治的動盪分裂，文化差異日益顯著，加上社會的劇變，新興的用語紛紛出現，而這些用語又隨著列國間的交流復相互影響，但卻罕流布於被視爲蠻夷的西秦。相對的。秦國金文用語不是接受西周金文的影響，便是承受同時期東土諸國的特性，絕少有獨創的用例。這與西秦地處宗周故地，語言文字的用法自然多屬豐鎬之遺。而且春秋以降秦國上位者大力推行東進策略，文化上積極主動的學習中土的長處，在語言詞彙上自然受六國的影響。由以上用語的東西對應，可見秦國文化的建立，是經歷多元的吸取東土諸國之長而壯大。秦在政治上一統六國，然而在語言文化方面卻完全受中原同化了。以上東西土文例用法的對比，是一明顯而客觀的證據。

四、結語

總括以上所舉甲骨、金文的例子，都是儘量以讓材料來說話的方式，作爲我們研究工作的基本態度。無論是考字研史，文例的歸納整理，誠然是放下主觀，尋找出一客觀的點的不二法門。有了這客觀的定點，加上闕如的精神，對於事實真相的尋覓，雖不中亦不遠矣。

第二屆國際暨第四屆全國訓詁學學術研討會
臺北‧臺灣師範大學國文學系 1998.12.5-6

論佛經哀字的詞義

國立中正大學
竺家寧

壹、表示歡欣快樂的哀字

在一般的語感裡，哀字總是負面的意思，我們說哀音、哀聲、奏哀樂，一定不會有絲毫愉快歡樂的含意。可是閱讀佛經中，卻發現其中的「哀」字意義和我們一般的語感並不相同。有很多情況完全沒有「心情沮喪」的含意。反而有「歡欣快樂」的意思。試看下面這幾段佛經：

> 起七寶寺上至梵天，悉為供養一切舍利，其佛塔寺周迴無限，普盡地際懸眾寶鈴，無上之藏諸舍利廟，供養華香雜香搗香，寶蓋幢幡伎樂歌頌，若干種香，天上世間所有珍琦，天華天香及天伎樂，空中雷震暢發洪音，鐘磬大鼓箜篌樂器，簫成琴瑟鐃鏡若干，柔軟哀聲歌舞節奏，調合剋諧，無數億百千劫供養奉侍，諸度無極皆悉充備。(二六三正法華經/卷八/御福事品第十六)

這是描寫七寶寺的美妙陳設，以及莊嚴悅耳的音樂聲。「柔軟哀聲」就是指婉轉悅耳的歌舞樂聲。其中沒有一點悲哀的意思。

> 佛言，從今已去我為若心作護，有伎樂之音時，令若聞六十四法聲當所向，何謂六十四法，但聞無常聲，苦聲，空聲，無我聲，寂聲，清淨聲，無生死聲，本淨聲，無所從生聲，如其本聲，本際聲本無聲，法身聲，恒薩阿竭聲，無人聲，無壽聲，無命聲，無來聲，無當來聲，無過去聲，無現在聲，無處所聲，無所得聲，無所上聲，布施聲，淨戒聲，忍辱聲，精進聲，一心聲，智慧聲，慈聲，哀聲，護聲，等聲，佛聲，法聲，僧聲，不忘菩薩聲，意止聲，意斷聲，神足聲，根聲，力聲，覺意聲，道所入聲，響聲，觀聲。(六

二四佛說伅真陀羅所問如來三昧經/卷下）

這段文字所描繪的是佛陀宣講的法聲。都是神聖莊嚴之聲。哀聲與慈聲並列，表明不是哀痛之聲，而是慈愛溫暖的聲音。

> 若人不信如來語者，長夜受大衰惱目連語實無罪，又一時目連語諸比丘，北方有池，名漫陀緊尼，廣長五十由旬，周圍二百由旬，底布金沙，八功德水常滿其中，甜美如真蜜，青黃赤白紅紫種種雜色蓮花遍覆池上，種種眾鳥<u>哀聲</u>相和甚可愛樂，遶池四邊種種花樹果樹。

> 北方有是漫陀緊尼池，縱廣五十由旬，周圍二百由旬，底布金沙，八功德水常滿其中，甜美如真蜜，青黃赤白紅紫種種雜色蓮花遍覆池上，種種眾鳥<u>哀聲</u>相和甚可愛樂，遶池四邊種種華樹果樹。

> 又一時目連語諸比丘，北方有阿耨達池，縱廣五十由旬，周圍百五十由旬，底有金沙，八功德水常滿其中，甜美如真蜜，青黃赤白雜色蓮花遍覆水上，種種眾鳥<u>哀聲</u>相和如音樂聲甚可愛樂，遶池四邊種種花樹果樹，善住象王宮殿住處，有八千象以為眷屬，若轉輪聖王出於世時，八千象中最下小者，出為象寶給聖王乘。

> 遍覆水上，種種眾鳥<u>哀聲</u>相和如音樂聲甚可愛樂，遶池四邊種種花樹果樹，善住象王宮殿住處，有八千象以為眷屬。

> 又一時目連語諸比丘，耆闍崛山底有五百由旬池，池底有金沙，八功德水充滿其中，甜美如真蜜，青黃赤白雜色蓮花遍覆水上，種種眾鳥<u>哀聲</u>相和如音樂聲，遶池四邊有種種花樹果樹，是摩那斯龍王宮殿，－佛聞是事語諸比丘，汝等莫說目連是事過罪，何以故，是耆闍崛山底，有五百由旬池，底布金沙，八功德水充滿其中，甜美如真蜜，青黃赤白雜色蓮花遍覆水上，種種眾鳥<u>哀聲</u>相和如音樂聲，遶池四邊有種種花樹果樹。（一四三五十誦律/卷五十九第十誦之四/大妄語戒）

上面這幾段都在描寫鳥語花香的情景。所以都以「眾鳥哀聲相和」與「如音樂聲甚可愛樂」相提並論。因此，哀聲也不是指悲哀之聲。其他的例子如：

以棄聖王位　　七寶玉女妻

金銀之床榻　　氍氀錦繡褥

　　吉祥哀樂聲　　　八部真音響

　　超越過梵天　　　今用芻草為(一八四修行本起經(二卷)/卷下/出家品第五)

這段偈描寫王者的享樂。「哀樂」指動人的樂聲。

　　　　十方諸佛，咸示威變顯其瑞應，五百化鳥自然來現，往詣其所遶菩薩身，暢悲哀音，歎其宿世所行無量積累功德。(一八六佛說普曜經(八卷)/卷五/六年勤苦行品第十五)

此句所謂的「悲哀音」指歡欣快樂的鳴聲，是一種瑞應。

　　　　時諸會者，皆咸得聞第四住地最勝之子知解諸法，歡喜踊躍，心中欣然，住在虛空，雨散天華，善哉佛子，宣揚無極，其魔雖尊，與諸天俱，踊在虛空，悉抱悅豫，供養眾祐，若干妙雲雨柔軟華，貢上安住，諸根坦然，琴瑟箜篌，暢悲哀音，諸天集會，欲奉世尊。(二八五漸備一切智德經/卷二/暉曜住品第四)

此句的悲哀音，意義與上同。都在表達「歡喜踊躍，心中欣然」的感覺。

　　　　如父哀子，諸郡國人民，愛敬轉輪王如子愛父，轉輪王治天下，閻浮利地平正無有高下，無有棘刺無有毒獸蟲蟻，無有山陵谿谷，無有礫石地，但有棄捐金銀明月珠玉琉璃琥珀水精車馬瑙珊瑚。(23大樓炭經)

這裡的「哀」字做動詞用，「哀子」就是愛護自己的子女。沒有悲哀的意思。

　　　　行十善事，教諸小國王，傍臣左右人民，奉行十善事，轉輪王哀念諸郡國人民。(23大樓炭經)

這裡的哀念也是愛護關懷的意思。

　　　　健者在前，既在前鄙復適欲著後人，沙門既棄家，去妻子，除鬚髮，作沙門，雖一世苦，後長得解脫，已得道者，內獨歡喜，視妻如視姊弟，視子如知識，無貪愛之心，常慈哀，十方諸天人民，泥犁餓鬼畜生。(151佛說阿含正行經)

這裡的慈哀，是慈祥關懷愛護的意思。

　　由這些例子看來，佛經中的哀字有其特殊的用法，值得我們的注意。這樣的用法應該是反映了當時語言的實際狀況。我們應當從訓詁學

的觀點,對其詞義進行分析探索,進而描述哀字詞義的歷時變遷。

貳、唐詩中的哀字用法

　　佛經中哀字表示歡欣,這樣的含意,在其他語料文獻中是否也存在呢?我們且看看唐詩中的哀字用法。

　　(1)白皙歌童子,哀音絕又連,楚妃臨扇學,盧女隔帘傳,

　　　　曉燕喧喉里,春鶯囀舌邊,若逢漢武帝,還是李延年。(梁□,
　　　　戲贈歌者)

　　(2)揚清歌,發皓齒,北方佳人東鄰子,且吟白紵停綠水,長袖拂面

　　　　為君起,寒云夜卷霜海空,胡風吹天飄塞鴻,玉顏滿堂樂未終。

　　　　館娃日落歌吹蒙,月寒江,夜沈沈,美人一笑千黃金,垂羅舞!

　　　　揚哀音。(李白,白紵辭三首)

這兩首詩中的「哀音」,都指歡樂的歌聲。可見哀字「歡樂」的含意,唐代仍然保留著。可是也有一部份詩的「哀音」,意思是悲哀。例如:

　　鴻鵠雖自遠,哀音非所求,貴人棄疵賤,下士嘗殷憂,眾情累外物,
　　恕己忘內修,恕己忘內修,感嘆長如此,使我心悠悠。(張九齡,
　　感遇十二首)神女去已久,云雨空冥冥,唯有巴猿嘯,哀音不可聽
　　(張九齡,鼓吹曲辭　巫山高)破牆時直上,荒徑或斜侵,惠問終
　　不絕,風流獨至今,千春思窈窕,黃鳥復哀音。(張九齡,郢城西
　　北有大古塚數十觀其封域)此曲怨且艷,哀音斷人腸(喬知之,倡
　　女行)促織甚微細,哀音何動人,草根吟不隱,床下夜相親,久客
　　得無淚,放妻難及晨,悲絲與急管,感激異天真。(杜甫,促織)

　　往往巢邊哭,今朝樹上啼,哀音斷還續,遠見爾文章,知君草中伏,
　　和鳴忽相召,(元稹,雉媒)

　　天寶年中世稱罕,嬰刑繫在囹圄間,水調哀音歌憤懣,梨園弟子奏
　　玄宗,一唱承恩羈網緩,便將何滿為曲名。(元稹,何滿子歌)啞啞
　　吐哀音,晝夜不飛去,經年守姑林,夜夜夜半啼,聞者為沾襟,聲

中如告訴，未盡反哺心，百鳥豈無母，爾獨哀怨深，應是母慈重，使爾悲不任，昔有吳起者。（白居易，慈烏夜啼）其聲痛人心，悄悄夜正長，空山響哀音，遠客不可聽，坐愁華髮侵，既非蜀帝魂，（李群玉，烏夜號）

這些例子表示到了唐朝，「哀音」的用法已經有了轉變。另一方面，「哀」所構成的複合詞在唐詩中有更多的例子是悲傷之意：

（1）哀聲

崎嶇行石道，外折入青云，相見若悲歌，哀聲那可聞。（李白，在潯陽非所寄內）

鄰笛哀聲急，城砧朔氣催，芙蓉已委絕，誰復可為媒。（皇甫冉，秋夜寄所思）麗藻浮名里，哀聲夕照中，不堪投釣處，鄰笛怨春風。

（武元衡，經嚴秘校維故宅）我傳樂府解古題，良人在獄妻在閨，官家欲赦烏報妻，烏前再拜淚如雨，烏作哀聲妻暗語，后人寫出烏啼引。吳調哀弦聲楚楚，四五年前作拾遺，諫書不密丞相知，謫官詔下吏驅譴。

身作囚拘妻在遠，歸來相見淚如珠。（元稹，聽庾及之彈烏夜啼引）妻子與只弟，蒼蒼上古原，峨峨開新塋，含酸一慟苦，異口同哀聲，舊隴轉蕪絕。（白居易，挽歌詞）

(2)哀樂（音樂的樂）

哀樂猶驚逝水前，日暮長堤更回首，一聲鄰笛舊山川，萬峰秋盡百泉清。（許渾，重游練湖懷舊）

故人王夫子，靜念無聲篇，哀樂久已絕，聞之將泫然，太陽蔽空虛，雨雪浮蒼山（儲光羲，同王十三維哭殷遙）

（2）哀樂（快樂的樂）

一世榮枯無異同，百年哀樂又歸空，夜闌烏鵲相爭處，林下真僧在

定中。（包佶，觀壁盧九想圖）

用知苦聚散，哀樂日已作，即事會賦詩，人生忽如昨，古來遭喪亂，

賢聖盡蕭索。（杜甫，西閣曝日）

計拙百僚下，氣蘇君子前，會合苦不久，哀樂本相纏，交游颯向盡，

宿昔浩茫然。（杜甫，湘江宴餞裴二端公赴道州）

神仙可學無，百歲名大約，天地何蒼茫，人間半哀樂，浮生亮多惑，

攀龍與泣麟，哀樂不同塵，九陌霄漢侶，一燈冥漠人，舟沈驚海闊。

（張彪，神仙）

死生哀樂兩相棄，是非得失付閑人，嗷嗷鳴雁鳴且飛。（韓愈，忽忽）

上面的例子和今天的用法相同，都做悲哀講。說明了哀字的詞義發展，到唐代已經逐漸固定在悲哀這個義項上。歡欣快樂的含意已逐漸不用了。那麼，佛經中哀字有沒有悲傷的用法呢？我們再回到唐代以前的早期佛經，看看佛經中哀字構成的其他複音節詞。

參、佛經中哀字構成的複音節詞

這個問題最好從嚴格的斷代角度看。我們分析了西晉法護的譯品，其狀況如下：

第一種情況是構成複合詞愍哀：

（1）愍哀與哀愍

寶印手菩薩曰：睹於群黎，墮墜六趣，而發愍哀，惠施眾生，授以

法手。[627 文殊支利普超三昧經卷上西晉竺法護譯]

愍哀等心,興施布施,斯忍度無極,隨宜供辦飲食之膳,身口意行。[345 慧上菩薩問大善權經卷上西晉竺法護譯]

飢餓欲極,見樹王上有一野雞,端正姝好,既行慈心,愍哀一切蚑行喘息人物。[154 生經卷第一西晉竺法護譯]

佛法,及比丘僧。愍哀一切,行四等心,乃可得度,而反懷惡,謗佛謗尊。[154 生經卷第一西晉竺法護譯]

或云白搗,或云五□,截耳割舌挑目殺之。王無所聽,吾奉道法,慈心愍哀。[154 生經卷第一西晉竺法護譯]

世尊無等人　　慈念愍哀我[199 佛五百弟子自說本起經西晉竺法護譯]

至真等正覺之所講說。今日大聖惟當垂哀,重為散意。多所愍哀,多所安隱。[274 佛說濟諸方等學經一卷西晉竺法護譯]

願聞菩薩,為行幾法。疾逮正真,為最正覺。從心輒成,嚴淨佛國。唯垂愍哀。[318 文殊師利佛土嚴淨經卷上西晉竺法護譯]

清信士女叉手住　　愍哀安住唯宣法[318 文殊師利佛土嚴淨經卷上西晉竺法護譯]

以何為眾修勤行　　因群黎故行愍哀[318 文殊師利佛土嚴淨經卷上西晉竺法護譯]

菩薩有四事法,具足所願。何謂為四?一曰志性仁和。二曰愍哀眾生。[318 文殊師利佛土嚴淨經卷上西晉竺法護譯]

曉了三界,如響如幻。法無常名,如水月形。愍哀一切,勸誨眾生。是為六法。[318 文殊師利佛土嚴淨經卷上西晉竺法護譯]

愍哀於眾生　　樂住于法本[318 文殊師利佛土嚴淨經卷下西晉竺法護譯]

愍哀於眾生　　而興斯誓願[318 文殊師利佛土嚴淨經卷下西晉竺法護譯]

子佛之舍利建立塔寺。皆當得佛滅度之業。所以者何。佛與愍哀為諸將來眾菩薩施。[481 持人菩薩經卷第一西晉竺法護譯]

摩訶薩行第一住者,當行十事,何謂為十,修治志性不為顛倒,修

治愍哀除去眾想，[222 光讚經西晉三藏竺法護譯]

法事，何謂二十，曉了於空，不證無相，惠無所願，淨於三場，愍哀眾生，不見眾生，[222 光讚經西晉三藏竺法護譯]

何謂菩薩淨於三場，便能具足十善德故，何謂菩薩愍哀一切眾生。[222 光讚經西晉三藏竺法護譯]

父母住此目淚出　　子此無哀愍我等[170 佛說德光太子經西晉竺法護譯]

上面的「愍哀」或「哀愍」是並列式複合詞，意義是同情憐憫。沒有歡欣之義，但也沒有悲哀的意思。佛經中另有「悲哀」一詞：

（2）悲哀

諸臣吏求諸媅女，不知所趣，愁憂不樂，涕泣悲哀。念諸婦女，戲笑娛樂。[154 生經卷第一西晉竺法護譯]

汝於今見舍利弗比丘，又般泥洹，而反愁感，涕泣悲哀，不能自勝。[154 生經卷第二西晉竺法護譯]

故我見舍利弗比丘取滅度去，愁憂悲哀，心懷感感，不能自勝。[154 生經卷第二西晉竺法護譯]

戶求索子，願來見我。何所求子？佛言：其人恩愛之著，別離則憂，啼泣悲哀。[154 生經卷第二西晉竺法護譯]

即以道眼觀視世間，見其亡母生餓鬼中，不見飲食，皮骨連立。目連悲哀。[685 佛說盂蘭盆經西晉竺法護譯]

阿難巨億大　　啼泣感悲哀[378 佛說方等般泥洹經卷上西晉竺法護譯]

這些例子往往和涕泣、愁憂連用，說明其詞義是指內心的悲痛。

西晉佛經又有慈哀與大慈哀，指的是同情憐憫，沒有悲哀的意思。

（3）慈哀

今若毀之，非吉祥也。念已捨卻，離之七步，乃發慈哀，毀犯禁戒。[345 慧上菩薩問大善權經卷上西晉竺法護譯]

而興慈哀，其有比丘，入於邵國縣邑丘聚行分衛者，而身薄福。[345

慧上菩薩問大善權經卷下西晉竺法護譯]

不可稱數，顏貌端正，色像難及。與他人爭，與婬蕩女，離于慈哀，或與婢使。[154 生經卷第一西晉竺法護譯]

王為愛慾惑，不能自解，為興慈哀，欲為蠲除愛欲之患，飛在空中，而現神足。[154 生經卷第一西晉竺法護譯]

慈哀愍傷我　　口便發是言[199 佛五百弟子自說本經西晉竺法護譯]

不興慈哀。眾生無我，而無有身。亦不妄想於諸吾我，如是觀者。[589 佛說魔逆經西晉竺法護譯]

仙人來至彼　　從頂有慈哀[199 佛五百弟子自說本起經西晉竺法護譯]

其心發慈哀　　身則為救解[199 佛五百弟子自說本起經西晉竺法護譯]

今願為我現大道　　慈哀療疾使信淨[170 佛說德光太子經西晉竺法護譯]

當放慈哀光　　照於一切人[170 佛說德光太子經西晉竺法護譯]

為作慈哀雨　　度諸雲霧岸[170 佛說德光太子經西晉竺法護譯]

（4）大慈哀

得近道心，五百菩薩發大慈哀，往觀如來。五百馬師自減半廩，以用供佛。[345 慧上菩薩問大善權經卷下西晉竺法護譯]

時彼大慈哀　　如來告之言[199 佛五百弟子自說本起經西晉竺法護譯]

瞿曇大慈哀　　聽我作沙門[199 佛五百弟子自說本起經西晉竺法護譯]

閉塞眾垢。二十九者作無極惠，不離十方。三十者作大慈哀，苞潤一切。[636 無極寶三昧經卷下西晉竺法護譯]

「大慈哀」也可以說成「大悲哀」。「大悲哀」與上頭例句中的「悲哀」並不同義，前者指佛陀同情慈愛眾生之心，後者指心情悲痛。以下的「大哀」一詞與「大慈哀」、「大悲哀」同義，都指佛陀同情慈愛眾生之心：

（5）大哀

是故當歡喜　　悅心向大哀[199 佛五百弟子自說本起經西晉竺法護譯]

四日聞天上安，亦復不喜，常興大哀。五日聞於人間穀米踊貴。[318 文殊師利佛土嚴淨經卷上西晉竺法護譯]

輒興大哀，踊躍說之，誓願聞吾四句頌者，皆成諸佛無礙辯才。[345 慧上菩薩問大善權經卷上西晉竺法護譯]

白世尊曰：闓士當行善權方便，立于大哀，若勸一人，導以法本，從其所生。[345 慧上菩薩問大善權經卷上西晉竺法護譯]

世尊告曰：善哉善哉！正士通達，是為菩薩大哀之行，超度諸受佛言族姓子。[345 慧上菩薩問大善權經卷上西晉竺法護譯]

上味之味，以故當知，如來所化飲食皆美。耆年阿難，未得大哀，心自念言：[345 慧上菩薩問大善權經卷下西晉竺法護譯]

吾以大哀，越度生死百千之患，賢者且觀餘人所犯，墮趣地獄，善權闓士。[345 慧上菩薩問大善權經卷上西晉竺法護譯]

解一切法，至諸通慧，精進敏達，使歸命佛，猶斯大哀，發起萌類。[345 慧上菩薩問大善權經卷上西晉竺法護譯]

名曰大哀，時寐夢中，海神語之，賈眾之中，有一賊人，興大惡心。[345 慧上菩薩問大善權經卷下西晉竺法護譯]

一賊墮地獄也。時大哀師則為說法，令心欣然踊躍臥寐。[345 慧上菩薩問大善權經卷下西晉竺法護譯]

由眾賈人，興于大哀，以權方便，害一賊命，壽終之後，生第十二光音天上。[345 慧上菩薩問大善權經卷下西晉竺法護譯]

時大哀師則吾身也，以斯方便越千劫生死，死則昇天。[345 慧上菩薩問大善權經卷下西晉竺法護譯]

大哀所可講說法　　諸力一心定眾根[199 佛五百弟子自說本起經西晉竺法護譯]

於是尊大哀　　瞿曇極慈悲[199 佛五百弟子自說本起經西晉竺法護譯]

往詣大哀所　　世尊無比人[199 佛五百弟子自說本起經西晉竺法護譯]

所樂悉樂三昧，有慈行三昧，有淨大哀三昧，有入等心三昧，有出等心三昧。[636 無極寶三昧經卷上西晉竺法護譯]

建立其意。等心眾生，興發大哀。又不忘捨，善權方便。依蒙佛力而已。[274 佛說濟諸方等學經一卷西晉竺法護譯]

住在大哀開益一切。以是勸助在於末世而安護之不墮惡趣。[481 持人菩薩經卷第四西晉竺法護譯]

懷恨惟行大哀。愍傷眾生奉無極慈。以是之故當作斯觀。遵修如是通大精進開化眾生。[481 持人菩薩經卷第一西晉竺法護譯]

曉了脫門奉于大哀。無極之慈喜護濟厄。逮致深慧修清淨行。[481 持人菩薩經卷第一西晉竺法護譯]

大哀則淨慧力。以無極喜護淨慧力。是為五。復有五事為清淨力逮是功勳。[481 持人菩薩經卷第一西晉竺法護譯]

為菩薩行佛道時會所訓誨。由是緣故顯示大道。又復慈愍墮八難者。故興大哀普布舍利。[481 持人菩薩經卷第一西晉竺法護譯]

以是地施於舍利而興塔寺。隨心所願興于大哀。本宿命時行菩薩法。等心眾生誓願所致。[481 持人菩薩經卷第一西晉竺法護譯]

舍利遍流。佛所積功累德。光光不可限量。巍巍如是。愍念眾生興于大哀。最後末世力。[481 持人菩薩經卷第一西晉竺法護譯]

罪蓋所覆迷世榮祿。邪位所惑不時奉觀。諮受訓誨慚愧形顏。世尊大哀威光見照。[481 持人菩薩經卷第二西晉竺法護譯]

諛諂無質，所行放逸，為不善哉！用眾生故，不捨大哀，故曰善哉。[589 佛說魔逆經西晉竺法護譯]

興發大哀，則為魔業五。求諸禁戒有德眾祐，瞋恨毀戒，則為魔業六。[589 佛說魔逆經西晉竺法護譯]

魔業十三。修行智慧，常樂狩求，依於大哀，則為魔業十四。無權方便。[589 佛說魔逆經西晉竺法護譯]

大慈一。大哀二。不厭生死三。常見善友四。所生之處，輒遭佛世五。[589 佛說魔逆經西晉竺法護譯]

為仁和乎？答曰：行於大哀，不遠眾生，亦不親近。開化塵勞恩愛之著。[589 佛說魔逆經西晉竺法護譯]

修四意止四意斷四神足五根五力七覺意八由行‧行于大哀有漚拘舍羅‧[222 光讚經西晉三藏竺法護譯]

過是四天，修三十七品，行大哀漚拘舍羅，不隨禪教而有所生。[222 光讚經西晉三藏竺法護譯]

過是四天，修三十七品，行大哀，行空三昧無想三昧無願三昧，開士交遊自在所。[222 光讚經西晉三藏竺法護譯]

起不滅者，彼學般若波羅蜜已，逮得薩芸若慧，獲致一切大哀乎，答曰不也。[222 光讚經西晉三藏竺法護譯]

忍力常行歡喜，不捨眾生勤於大哀，受尊長教，其出家者，視如世尊，行波羅蜜。[222 光讚經西晉三藏竺法護譯]

能行德無極大哀故，何謂菩薩不慢眾生，而欲具足佛土故，何謂菩薩等觀諸法。[222 光讚經西晉三藏竺法護譯]

如來十力四無所畏十八不共，諸佛之法四分別辯，大慈大哀無忘失法慈悲喜護。[222 光讚經西晉三藏竺法護譯]

空無相無願三脫之門，及與七空一切三昧陀羅尼門，四分別辯大慈大哀。[222 光讚經西晉三藏竺法護譯]

如是念者則為思惟無極大哀，舍利弗語尊者須菩提，菩薩摩訶薩思惟樂於大哀大悲。[222 光讚經西晉三藏竺法護譯]

(6)一切哀慧

《光讚經》常見「一切哀慧」一語，與「大哀」、「大慈哀」的意思一樣：

使菩薩摩訶薩其心遵修，而自興發一切哀慧，所行無限無所破壞，是為菩薩摩訶薩行。[222 光讚經西晉三藏竺法護譯]

思無有放逸行四等心，因緣瑞應，不以勸助聲聞辟支佛地，則順專於一切哀慧。[222 光讚經西晉三藏竺法護譯]

菩薩者，亦無有造亦非不造，亦無所行亦無所作，薩芸若慧一切哀慧，亦非有造。[222 光讚經西晉三藏竺法護譯]

亦非不造，亦無所行亦無所作，薩芸若慧一切哀慧，亦無有造亦非

不造，亦無所行。[222 光讚經西晉三藏竺法護譯]

本慧一切哀慧轉上所作，皆亦無著無縛無脫，轉進上昇，布施持戒忍辱精進一心智慧。[222 光讚經西晉三藏竺法護譯]

轉進上昇，無著無縛無脫，轉昇上至，住薩芸若慧一切哀慧，無著無縛無脫，教化眾生。[222 光讚經西晉三藏竺法護譯]

哀字是否可以置於前位構成複合詞呢？這樣的例子如哀念：

（7）哀念

善權為何謂乎？佛告慧上：善哉善哉！族姓子！多所愍傷哀念，安隱諸天人民。[345 慧上菩薩問大善權經卷上西晉竺法護譯]

佛告賴吒和羅：善哉善哉！乃問如來如此之義，多所哀念，多所安穩。[170 佛說德光太子經西晉竺法護譯]

願欲得佛道　　哀念眾人民[170 佛說德光太子經西晉竺法護譯]

道為最正覺也。佛言。善哉善哉。持人菩薩。多所哀念，多所安隱。愍傷諸天及十方人。[481 持人菩薩經卷第一西晉竺法護譯]

「哀念」是同情關心之意，不含悲哀的意思。

其他以「哀」字置前的複合詞如「哀矜」、「哀傷」等：

（8）哀矜、哀傷

哀傷二子窮　　乞假須臾間[182 佛說鹿母經西晉竺法護譯]

欺眾生三。忍辱愍窮，哀傷一切貧於智慧不及道者四。修忍辱事，所行如言。[589 佛說魔逆經西晉竺法護譯]

阿難便白佛，說盲子母本事已，便叉手白佛：「願哀矜到此兒所。」佛默然。[537 佛說越難經西晉聶承遠譯]

「哀矜」、「哀傷」也是同情關心之意，不含悲哀的意思。

由此我們可以發現西晉時代哀字所構成的複合詞除了悲哀一詞之外，都不帶悲哀的含意。

肆、佛經中單音節詞哀字的用法

複音節詞的詞義有可能受到另一個詞素的制約，那麼哀字單用的情況又

如何呢？我們先由語法功能來看，哀字單用的又可分為做動詞用、作名詞用、作修飾詞用，三種情況，例如：

（1）做動詞用：

> 若吾之女，當以相配，自恣所欲。對曰：不敢！若王見<u>哀</u>其實，欲索某國王女。[154 生經卷第二西晉竺法護譯]

> 菩薩學諸聲聞等。供佛聖眾見盡三月一切所安。父母同心亦皆<u>哀</u>之。供養盡節辭其二親。[481 持人菩薩經卷第二西晉竺法護譯]

> 五者，悉<u>哀</u>十方人。六者，悉教十方人，莫使作惡。[283 菩薩十住行道品西晉竺法護譯]

> 觀是第一自在智　　可以喜樂一<u>哀</u>我[170 佛說德光太子經西晉竺法護譯]

> 但欲索佛道　　用<u>哀</u>眾人故[170 佛說德光太子經西晉竺法護譯]

> 我在厄難中　　諸天願<u>哀</u>我[170 佛說德光太子經西晉竺法護譯]

> 世尊無等倫　　愍念<u>哀</u>我等[199 佛五百弟子自說本起經西晉竺法護譯]

> 悉禮智慧足　　佛出<u>哀</u>世間[199 佛五百弟子自說本起經西晉竺法護譯]

這幾個哀字都是動詞，而且都是及物動詞，後面一定有賓語。

（2）作名詞用：

> 無著無縛無脫，不釋總持，無著無縛無脫，不捨三昧，無著無縛無脫，於道發<u>哀</u>。[222 光讚經西晉三藏竺法護譯]

> 念欲見道。僥賴慈化，乞原罪釁。垂<u>哀</u>接濟，得使出家，受成就戒。[118 佛說鴦掘摩經西晉竺法護譯]

> 亦猶柔好。願佛愍傷，加<u>哀</u>受之。[496 佛說大迦葉本經西晉竺法護譯]

> 行成為善逝世間解無上士導法，御天人師，號佛世尊。則以加<u>哀</u>天上人間。[154 生經卷第二西晉竺法護譯]

> 族姓子女，虛心樂聞。唯重散說，願令法澤，潤及後世。加<u>哀</u>慈念，

當為眾會。[318 文殊師利佛土嚴淨經卷上西晉竺法護譯]

神通無極<u>哀</u>　　度脫我眾苦[199 佛五百弟子自說本起經西晉竺法護譯]

彼日無極<u>哀</u>　　世尊說如是[199 佛五百弟子自說本起經西晉竺法護譯]

神通無極<u>哀</u>　　度脫大牢獄[199 佛五百弟子自說本起經西晉竺法護譯]

愍傷有極<u>哀</u>　　慈護一切人[199 佛五百弟子自說本起經西晉竺法護譯]

為一切滿所願　　無極<u>哀</u>勸足檀[334 佛說須摩提菩薩經西晉竺法護譯]

眾生顯示大明。現在將來諸菩薩施行無蓋<u>哀</u>。為眾生故普現大道。興舉弘誓將護一切。[481 持人菩薩經卷第一西晉竺法護譯]

長夜開化勤修不解。皆由往宿矜矜一心不捨此法。常行大慈修無蓋<u>哀</u>。[481 持人菩薩經卷第一西晉竺法護譯]

何等為阿耆三般菩薩法住者？有十法深慈心<u>哀</u>。何等為十法？[283 菩薩十住行道品西晉竺法護譯]

這幾個哀字都是名詞。在句子裡，或置於動詞的後面，做動詞的賓語，如發哀、加哀、垂哀。或置於狀語的後面，構成名詞詞組的中心詞，如無極<u>哀</u>、有極<u>哀</u>、無蓋<u>哀</u>、深慈心<u>哀</u>。

（3）作修飾詞用：

內外明徹，無不通達。爾時，大士溥首僮真菩薩，即於大眾會中，起整<u>哀</u>服。[315 佛說普門品經西晉竺法護譯]

鸕□鸚鵡拘耆鶴　　拘那耆　　<u>哀</u>鷺聲[170 佛說德光太子經西晉竺法護譯]

奉修<u>哀</u>心。二曰聞畜生苦，亦復怖懅，興隨道哀。三曰聞餓鬼苦，亦復畏難。[318 文殊師利佛土嚴淨經卷上西晉竺法護譯]

這幾個哀字都置於名詞的前面，擔任定語的功能。

　　上面這些單音節的哀字，其基本詞義也是做同情講，沒有悲哀的意思。無論他的語法功能是動詞名詞或形容詞。

伍、結論

　　總結上面的討論，哀字在佛經中有三個義項，第一是歡欣快樂，第二是同情慈愛，第三是悲哀痛苦。第三義用得反而很少，這是和後世大不相同之處。我們深究哀字意義的系統和演化，可以作成這樣的歸納：

　　從共時角度言之，中古早期的基本詞義是同情憐憫，由此為中心，發展成佛陀對眾生的關懷與愛心，哀聲、哀音、哀樂就是帶著關懷與愛心的樂聲，因此經常放在表示歡欣快樂的上下文中，於是，哀字就染上了歡欣快樂的意義。另外一方面，當哀字與悲字連用時，同情憐憫的詞義加重了，極度的同情憐憫變成了痛也，傷也的意義。其中歡欣快樂的意義是受到佛經語言影響的。因為魏晉以後，佛教深入民間，其思想觀念和寄託思想觀念的語言形式一併滲入社會民眾的口語裡。哀字便有了歡欣快樂這個義項，這個用法一直到唐代都還沒有完全消失。他以"哀音"的構詞形式保存下來，受佛經的影響十分明顯。唐代以後，這個義項基本上就不再使用了。

　　我們再從歷史角度來看看哀字的演化。說文解字云：哀，閔也。從口衣聲。閔就是同情的意思。可知許慎認為哀字的本義是同情憐憫，和我們依據中古佛經材料所歸納的結論是吻合的。悲傷、哀傷或截然反義的歡欣快樂在不同的歷史階段曾經存在過。如果我們不從這樣的方向去理解，很可能就會把哀音、哀樂解釋作反訓了。

　　當然，這個問題我們還應該從同時代的非佛經語料觀察，看看六朝的其他文獻的狀況。或者對「哀」字在先秦時代的詞義作一番探索。這樣才能寫出一篇比較完整的有關哀字的詞義發展史，弄清楚他的源流演變與來龍去脈。但是，因為篇幅的限制，我們僅僅能對佛經的狀況作一番窮盡式的共時描寫，別的時代以及別的語料，只有待他日另文撰寫了。我們認為，詞義的研究工作，應該要特別強調三件事：第一，是精密的斷代。第二，是不受現代語感的影響。第三，是以經正經。本文的研究方法是盡可能的朝這三個方向去做。

　　我們總結「哀」字的三個義項，到了今天，有不同的變化結果，「歡欣快樂」一義完全消失，「同情憐憫」一義也不再使用，只有「悲傷、哀傷」的用法保留下來，而且成為今天的基本詞義。

第二屆國際暨第四屆全國訓詁學學術研討會
臺北・臺灣師範大學國文學系 1998.12.5-6

說金文中的「在」字

臺灣師大國文系教授

李旭昇

提要：

　　甲骨文有「在」字，作人名用；金文的「在」字，用法有四：（一）察也、存也；（二）于也；（三）載也；（四）士也。其第一解，舊說多以為與金文「才」字同用，即介詞「在」，所以「才」、「在」根本就是古今字，不必區分。但是，我們看到在大盂鼎和作冊魖卣中，同一篇銘文裏「才」和「在」字同時出現，同一個人做的安州六器中的中鼎和中甂也同時有「才」和「在」。二字的字形、字義顯然是不一樣的。本文嘗試著把「在」字做一番新的詮釋，即早期的「在」字應釋為「察」或「存」。釋為「察」是古代留下來對《尚書》等某些「在」字的的訓解；訓為「存」則是《說文》對「在」字的訓解。因此，這樣的訓解其實只是試著把最古老的說法拿來解試銅器銘文罷了，並不是我們造出來的新解。

關鍵字：在　察　存　才　載　士

　　卜辭「在」字作𡌄（《乙》4516、《合》371正，反。）、𡌄（《英》1989），《甲骨文編》、《甲骨文字集釋》都沒有收，《甲骨文字典》673頁、《殷墟甲骨刻辭類纂》第3333號都釋為从才从王，非是。此

字與《金文編・附錄》下第 647 號**圤**字同形，實从才从士，即「在」字。《說文》云：「存也。从土、才聲。」其說有誤。金文在字多見，作**圤**（盂鼎）、**圤**（杕氏壺），都是从才、从士，而「才」與「士」都可以是聲符[1]。

　　上引的**圤**一形，《甲骨文字典》以爲「其義不明」[2]。**圤**、△₂二形，《甲骨文字詁林》以爲「字从『王』从『才』，卜辭均用爲人名」[3]。劉釗則以爲「在」字係「才」字加「士」聲：

> 甲骨文「才」字……，用作「在」，或作「△₂」（《英》一九八九）、「**圤**」（《合集》三七一正），从才从士。按士字應爲追加的聲符，古音才在從紐之部，士在崇紐之部，故才可加士爲聲符。金文「在」字作……，皆从才从士，都已加上「士」爲聲符。[4]

甲骨文的「在」字作人名用，無義可尋。金文的「在」字，學者多認爲是介詞「才」的後起字，或根本就認爲「在」是「才」的加聲字。因此學者在看到金文「在」字的時候，差不多都是直接把它等同於介詞「才」，很少人對「在」字多所著墨。但是，我們看以下三件銅器銘文，「才」字和「在」字同在一篇銘文中出現，而用法有很明顯的不同，因此，我們認爲「在」字應該有其它的含義，它和介詞「才」字應該是不同的。大盂鼎：

> 隹九月、王<u>才</u>宗周、令盂，王若曰：「盂！不顯玟王，受天有大令；<u>在</u>珷王嗣玟乍邦。……

高卣蓋：

> 隹十又二月，王初饗旁，唯還，<u>在</u>周。辰<u>才</u>庚申，王舍（歆）

---

[1] 如果比照《說文》的觀念，應該說「从士，才聲」，但是銅器銅文最早都是用「才」爲「在」，從這個觀點來看，似乎又可以說是後加「士」爲聲符。變簋以「在」爲「載」，二字同从「才」聲；中山王響鼎以「在」爲「士」（相關討論均請參見本論文），則似乎又說明了「在」應該从「才」聲。因此，本文暫時持保守態度，以爲「才」、「士」皆聲。

[2] 頁 673。

[3] 頁 3397。

[4] 劉釗《古文字構形研究》頁 128

西宮、烝、咸，釐尹易臣隸、焚，揚尹休，高對乍父丙寶尊彝，
尹其互萬年受毕永魯，亡競才服，具長（侯？）吳其子子孫孫寶
用。」

作冊魖卣：

> 隹公大史見服于宗周年，才二月既望乙亥，……，公大史在
> 豐。

此外，安州六器中，中鼎、中甗中也是既有「才」字，又有「在」字。
盂鼎、高卣蓋都是西周康王時期的銅器，作冊魖卣是西周早期的銅
器，安州六器一般以爲是昭王時候的銅器。這些時期的介詞「才」字
很常見，沒有理由寫成「在」。我們以爲，周代金文上所見到的「在」
字，全部都應該解釋作「察」或「存」的意思，做動詞用。直到春秋
晚期燕國的杕氏壺才把「在」字當作介詞用，相當於「于」。以下，
我們把銅器中的「在」字做個全面的考察。爲了方便讀者，我們把銅
器銘文、著錄相關資料全部引出（中山國銅器學者論之已詳，沒有歧
異，相關資料從簡，以省篇幅），但是考釋時只談相關的部分，以免
拖沓無謂。銘文中的「才」字和「在」字全部加底線，以醒目便覽。

一‧大盂鼎

時代：西周康王

出土：清道光初年陝西省岐山縣禮村出土

器制：高 101.9，口徑 77.8 公分

收藏：中國歷史博物館

著錄：從古 16.31　　恆軒 9.12　　攗古 3-3.31　　愙齋 4.12
　　　綴遺 3.22　　奇觚 2.34　　餘論 3.46　　周金 2.10　　韡華.
　　　乙中 57　　初版大系 32　　獨笑 3.6　　文錄 1.5　　文選.
　　　上 2.2　　小校 3.41　　曆朔 1.32　　評註 29 頁　　大系.圖
　　　5.錄 18.考 33　　通考 294:47.圖 45　　積微 58　　斷代(三)93
　　　頁.圖版拾壹.拾貳.圖十一.十二　　盂克 5.14　　上海 29
　　　選讀 47　　三代 4.42-43　　通釋 12:647　　金文集 183.184

河出 199　　　書道 54.55　　　Dobson210　　　彙編 8　　　總集 1328　　　集成 2837　　　銘文選 1.37(64).考 3.37　　史徵 169(二十三祀盂鼎)

銘文：一九行二九一字，重文三

　　隹九月、王才宗周、令盂，王若曰：「盂！不顯玟王，受天有（佑）大令；在珷（武）王嗣玟（文）乍邦，闢氒匿，匍有四方，畯（允）正氒（厥）民；在雩御事，虘酉（酒）無敢酖（酘），有髭（祡）蒸祀無敢醻（醻）。古（故）天異（翼）臨子，灋保先王，□有四方。我聞殷述令，隹殷邊侯田雩殷正百辟，率肆（肆）于酉（酒），古（故）喪自。已、女妹辰又大服，余隹即朕小學，女勿能余乃辟一人，今我隹即井𤲃于玟王正德，若玟王令二、三正，今余隹令女盂鹽（卲）燅（榮）苟（敬）雝德巠，敏朝夕入讕（諫），享奔走、畏天畏。」王曰：「𢓶！令女盂井乃嗣且南公。」王曰：「盂、迺召夾死嗣戎，敏諫罰訟，夙夕召我一人𦋃四方，雩我其遹省先王受民受彊土。易女鬯一卣、冂衣、巿、舄、車馬，易乃且南公旂，用𣥸（狩），易女邦嗣四白，人鬲自馭至于庶人六百又五十又九夫，易尸（夷）嗣王臣十又三白，人鬲千又五十夫，𢓨𫵼遷自氒土。」王曰：「盂！若苟（敬）乃正，勿灋朕令。」盂用對王休，用乍南公寶鼎，隹王廿又三祀。

考釋：

　　「王才宗周」的「才」字相當於後世的「在」，是個處所介詞，沒有疑問。「不顯玟王，受天有（佑）大令」是說：顯赫的文王得到上天的庇佑及天命[5]。「在珷王嗣玟乍邦，闢氒匿，匍有四方，畯（允）正氒民」，句中的「在」字，唐蘭先生釋爲「載」：

　　　　此銘中兩個「在」字，與「王才（在）宗周」的「才」字不同，才字等於後世的在，這裏的「在珷王」和下面的「在雩御事」的「在」字，應讀爲「載」。《詩·七月》：「春日載陽」，箋：「載之言則也。」《國語·周語上》：「載戢干戈。」注：

_____

[5] 天有大命，陳夢家釋爲天佑大命，較可取。見《斷代·三·56 大盂鼎》179 頁。

「則也。」則武王嗣文王作邦，是承上文王受天有大命而來的。
6

唐蘭先生非常細心地指出本銘中的兩個「在」字和「才」字不同，這是正確的。但是他認爲這兩個「在」字應該釋爲語詞的「載」，我們卻有不同的意見。在時代比較接近的文獻《書經》和《易經》中，我們看不到放在句首而沒有任何實際意義的「載」字，因此，「載武王嗣文乍邦」這樣的句式應該是不太有意義的。我們以爲，本句的「在」字應該釋爲「察」。文王受天佑大命，督察著武王，讓武王能繼承文王治邦，打敗了奸懸殷紂王，廣大地擁有四方領土，長久地督正人民。又督察著御事們，讓他們不敢沈湎於酒，祭祀不敢擾亂。於是上天保衛著天子，大大地保護先王，廣大地擁有四方的領土。

依這樣的解釋，大盂鼎的這段敘述大體包含了三個方面：（一）文王受天命；（二）文王監視督導有周，有周天子及百官也都能戰戰兢兢；（三）上天因此保護有周。這個模式和金文常見的「先王其嚴在上，翼在下，𢌪𢌪𢍰𢍰，降余多福」是一樣的。

「在」釋爲「察」，這在古代是不爲罕見的解釋。《書·舜典》：「在璿璣玉衡。」傳：「在，察也。」此外，《詩·文王》「在帝左右」箋、《周書·大聚》「王親在之」注、《爾雅·釋詁》、《禮記·文王世子》「必在視寒煖之節」注都有類似的說法。朱駿聲《說文通訓定聲》以爲這個解釋是「司」的假借[7]，段玉裁則以爲與「伺」音同[8]。從《說文》學的角度來看，他們的看法當然不能算錯。但是，從金文的角度來看，金文有「司」字，但是沒有做「察」或「存」用的[9]。「在」字的本義可能就是「察」（再不然也只能說「在」做「察」用是無本字的假借），而不能說是「司」或「伺」的假借。

二·高卣蓋

---

[6] 《史徵·卷三下·康王》172頁，注2。

[7] 頁154。

[8] 段注本《說文解字·十三篇下》「在」字條下段玉裁注云：「〈虞夏書〉『在』訓『察』，謂『在』與『伺』同音，即存問之義也。」

[9] 參《金文常用字典》頁855。

時代：西周早期（集成）　康王（史徵)

著錄：博古 11.19　　　薛氏 11.8　　　續考 2.17　　　嘯堂 41

　　　文錄 4.15　　　文選.上 3.27　　　積微 76　　　總集 5509(樊卣蓋)

　　　集成 05431　　　史徵 132

銘文：七行六一字重文二

> 隹十又二月，王初饗旁，唯還，在周。辰才庚申，王舍（歆）
> 西宮、烝、咸，蠶尹，易臣隸、樊。揚尹休，高對乍父丙寶尊
> 彝，尹其互萬年，受毌永魯，亡競才服，貝長（侯?）冟其子
> 子孫孫寶用。

考釋：

在十又二月的某一天，康王第一次「饗旁」，在饗畢回去的途中，王特地「在周」，並且「飲西宮」、舉行烝祭，整個過程很順利，於是對有功的尹進行賞賜，賞賜給他隸、樊等臣。尹得到賞賜後，應該也對有功的屬下高進行賞賜（銘文並沒有寫出賞賜些什麼）。高於是做了這件銅器，以祭祀他的父親父丙，並頌揚尹的恩德。

銅器銘文中的「唯還」，我們以爲有特別指「在『還』的途中還做了一些其他的事」的意思，如呂行壺[10]：

> 唯三（四?）月、白懋父北征，唯還、呂行戠、爰馬，用乍寶
> 尊彝。

在三（四?）月的時候，白懋父北征。就在回來的途中，做了「呂行戠、爰馬」[11]這樣的事，因此鑄了這個壺來紀念。

又如噩侯鼎[12]：

> 王南征，伐角僪[13]，唯還自征，才秌[14]。噩（鄂）侯[15]馭方内壺

---

[10] 見《總集》5762，《集成》09689。

[11] 「呂行戠、爰馬」一句，從唐蘭隸定，唐蘭釋爲「呂去戴國換馬」，見《史徵》頁 245；馬承源隸定做「呂行彝，孚貝」，釋爲「呂行得捷，獲貝」，見《銘文選》3.59。唐說增加了太多的字，很難讓人接受；依馬說，則「呂行得捷」是在「還」以後，似也不太合理。本句確實的意義待考。

[12] 見《總集》1299，《集成》02810。

[13] 僪，《銘文選》作酈，釋云：「即伐角、津與伐桐酈。……均爲淮夷的邦國。

[16]于王，乃覊(祼)之，馭方友王，王休宴、乃射，馭方卿王射，馭方休闌，王宴、畬酉，王窺(親)易馭方 玉五瑴、馬四匹、矢五 ，馭方拜手䭫首，敢對 揚天子不顯休釐，用乍尊鼎，其萬年子孫永寶用。

王南征，伐淮夷，地點大約在今安徽一帶。從出征回來的路上，特別在𣎴地停留，噩侯馭方納壺於王[17]，並且舉行了宴射。

高卣的情形跟上引二器應該是一樣的，康王即位後，初次饔旁，在「唯還」的途中做了「在周」這件事。因此「在周」不是「于周」，而是「察周」或「存周」的意思。這樣解釋，當然牽涉到「周」地所在的問題。目前學界大抵同意「周」即岐周，爲周的發祥地[18]，武王以後就不住在那兒了。因此康王饔旁之後，接著到周的發祥地去看看，「烝」祭一下列祖列宗，這應該是很合理的吧。如果「周」是周王的常住地，那麼他在旁饔完之後，回到常住的周，那是一件稀鬆平常的事，似乎不必特別說出來。

烝是冬祭先王。目前看得到的資料中的烝，似乎都不在王的經常住地，段𣪘銘云[19]：

唯王十又四祀十又一月丁卯，王真畢耄(烝)，戊辰，曾，王蔑段曆，念畢中孫子，令龏𠭯遣(饋)大則于段，敢對揚王休、用乍𣪘，孫孫子子萬年用享祀，孫子夬□。

鼎銘「伐角鄱」即即角、津和桐鄱的簡稱，見寥生盨注。」參《銘文選》 3.280 。角、津和桐鄱等地約在今安徽一帶，參《銘文選》 3.290 。

[14] 有關𣎴的地望及噩侯的封地間的關係，舊說或以爲𣎴即大伾山，在成皋；王伐角僪後，還歸時邊到大伾山，然後噩侯馭方特往覲見（參《銘文選》 3.281 ）。但這樣的說法事實上是沒有什麼根據的。噩地應該在南陽盆地的西噩故城，其地正在周王還師必經之地。𣎴地則應該在噩地附近。參陳美蘭《西周金文地名研究．第四章．西周金文中的南方地名．〔 5 〕𣎴》頁 199 。

[15] 參注 14 。

[16] 此字舊釋豊，但《銘文選》 1.205(406)銘文拓片很清楚地是個「壺」字。

[17] 參注 14 。

[18] 詳細的資料，可以參考《西周金文地名研究．第二章西周金文中的西方地名．〔 1 〕周》，頁 19 。

[19] 見《總集》 2737 ，《總集》 04208 。

真字或釋貞[20]、或釋鼎[21]，細審字形，應該隸定作「真」（參《金文編》1364 號），在這裏應該是和祭祀有關的一個字。畢是文王、武王、周公墓地所在[22]，因此周王要在這兒行烝祭。《史記·魯周公世家第三》有一段記載，說明在成王的時候，王都葬於畢：

> 周公在豐，病將沒，曰：「必葬我成周，以明吾不敢離成王。」周公既卒，成王亦讓，葬周公於畢，從文王，以明予小子不敢臣周公也。

集解引徐廣曰：「〈衛世家〉云：『管叔欲襲成周。』然則或說《尚書》者，不以成周為洛陽乎？〈諸侯年表·敘〉曰：『齊晉楚秦，其在成周，微之其甚。』」若徐廣說可信，則陝西宗周一帶亦有名成周者。畢地葬的是西周早期的王，因此現在在位的周王會在這兒舉行烝祭。《尚書·洛誥》：

> 王在新邑烝，祭歲，文王騂牛一，武王騂牛一。

新邑就是成周，即成王七年周公所建成的洛邑，那兒也有先王宗廟，所以也可以在那兒舉行烝祭。

　　高卣蓋銘文記載在岐周舉行烝祭，岐周當然有周先王的宗廟，因此可以在這兒舉行烝祭，祭祀周開國早期的周王。這應該是康王初即位時的一件大事。

三·中鼎

時代：西周早期（集成）　西周昭王

出土：一一一八年湖北孝感縣出土，同出的有方鼎三（二器同銘）、
　　　鼎一、甗一（原稱父乙甗）、觶一（原誤稱鼎）

---

[20] 參《韡華》·丙·八。

[21] 《大系》頁 50 隸定作「鼎」，下小字注「在」。

[22] 《大系》：「畢，文王墓所在地。《史記·周本紀》引〈泰誓〉文：『太子發上祭于畢。』集解引馬注：『畢，文王墓地名。』《孟子·離婁篇》：『文王卒于畢郢。』趙注：『畢，文王墓，近豐鎬之地。』此『王在畢烝』，蓋烝祭文王也。」見頁 50。《文選》上三·四：「《周書·作雒》：『葬王于畢。』是文武墓均在畢。」《銘文選》3.189：「此銘王於十一月在文武周公墓的所在地畢行烝祭。」按：《史記·周本紀》：「周公葬於畢，畢在鎬東南杜中。」

著錄：博古 2.18　　薛氏 10.3(106)　　嘯堂 11　　商拾.中 5　　文
錄 1.8　　文選.上 2.1　　大系.圖 48.錄 6.考 17　　積微 129
總集 1251　　銘文選.銘 1.58(107).考 3.75　　史徵 283　　集
成 2751

銘文：六行三九字。

　　隹王令南宮伐反虎方之年，王令中先省南或（ 國 ）：貫行、
執王臣、<u>在</u>夔障真山。中乎歸生鳳于王，執于寶彝。

考釋：

　　王命令南宮征討造反的虎方[23]那一年，王命令中先行：省視南國、
打通往南的通道[24]、為王設置行宮[25]、並察看了夔障真山。夔障真山是
鄂地的障真山，其大致範圍在漢水北與鄧城遺址之間[26]。王命令屬吏
贈送中一隻生鳳。並且把這件事情記載在銅器上。執，楊樹達讀為㓞，
訓刻[27]。

　　本器的「在」字，楊樹達以為同「于」：

　　　　「執王居在夔障真山」八字為一句，謂治王居於夔障真山也。
　　　　《詩·小雅·正月》云：「魚在于沼。」而〈魚藻〉則云：「魚
　　　　在在藻。」知在藻即于藻也。此『在』字與在藻之『在』字用
　　　　法相同。[28]

案：如果依照金文習慣，《詩經》應該寫作「魚才？才藻。」意思是：
「魚在那兒？在水藻。」但是因為今本《詩經》已經把所有介詞「才」
寫成「在」，已經沒有把「才」字當做介詞用的痕跡了，因此《詩經》
的「在」字和銅器的「在」字不能相提並論。當然，也不能拿《詩經》
的「在」來證明銅器的「在」字應該釋為介詞「于」。而且同樣是安

---

[23] 吳其昌《金文厤朔疏證》卷一葉一九釋「虎」為「荊」之本字，不可從。《湖
北出土商周文字輯證》頁 22 有詳細辨證。

[24] 從吳闓生《吉金文錄》1.8，南宮中鼎說。

[25] 執，楊樹達讀為戳，治也。見《積微居金文說·不記月中鼐》頁 130。

[26] 見《湖北出土商周文字輯證》頁 24。

[27] 見《積微居金文說·不記月中鼐》頁 130。

[28] 見《積微居金文說·不記月中鼐》頁 130。

州六器中的另一件中鼎[29]，銘文中另有介詞「才」字，可見得當時「才」和「在」應該是有別的：

> 隹（唯）十又三月庚寅，王才（在）寒䏍（次），王令大史
> 兄（貺）賣土。王曰：「中，茲賣人入事，易（賜）于琡王乍
> （作）臣。今兄（貺）畀女（汝）賣土，乍（作）乃采。」中
> 對王休令，鷳父乙障。隹（唯）臣尚中臣，七八六六六六，八
> 七六六六六。

又本器說「王才寒䏍」，真正要做的事是「令大史兄賣土」，因此「王才寒䏍」的「才」肯定是做介詞用；而下面的中甗有「𨒅（在？）靈自䐗」，那就是中要做的事情之一，因此銘文用「在」而不用「才」，這也說明了「才」、「在」二者形義不同。

四・中鼎二

時代：同前器

出土：一一一八年湖北孝感縣出土，同出的有方鼎三（二器同銘）、
　　　鼎一、甗一（原稱父乙鬲）、觶一（原誤稱鼎）

著錄：博古 2.21　　薛氏 10.4(106)　　復齋 29　　嘯堂 11　　積古
　　　4.21　　攈古 3-1.14　　奇觚 16.9　　大系.圖 49.錄 7.考 17
　　　總集 1252　　銘文選.考 3.75　史徵 283　　集成 2752

銘文：六行三九字。

　　　同前器。

考釋：同前器。

五・中甗

時代：西周早期（集成）　西周昭王

出土：一一一八年湖北孝感縣出土，同出的有方鼎三（二器同銘）、
　　　鼎一、甗一（原稱父乙鬲）、觶一（原誤稱鼎）

---

[29] 銘文見《總集》1279、《集成》02785。

著錄：薛氏 16.2(172)　　文選.下 3.5　　大系.錄 8.考 19　　總集 1668
　　　　集成 00949　　銘文選.銘 1.58(108).考 3.76　　史徵 285
銘文：一〇行，存九七字。

　　　王令中先省南或（國）：貫行、埶㕦、在㠯（曾）。史兒至、
　　㠯（以）王令曰：「余令女史小大邦，坒又舍女芻量，至于女
　　庸小多㐱。」中省自方、昇（鄧）、洀、多邦，㘫（在?）靁自
　　㦸（次）。白買父曰（以）自坒人戍漢中州，曰叚、曰旋，坒
　　人肙廿夫，坒賈犇言曰：賓多貝，曰傳㪿（劼）王□休，肄（肆）
　　肙又羞。余□□鼡，用乍父乙寶彝。

考釋：

　　本器因爲摹本字形比不完整，所以有些文義不是很明白。全銘大
意是說：王命令中先行：省視南國、打通往南的通道、爲王設置行宮。
「在曾」，一般釋爲在繒關設置王的行宮。但是我們以金文「在」字
的歷史發展來看，昭王時期的「在」字應該還沒有介詞「于」的用法，
所以本銘的「在」字似乎仍以釋爲「察」比較好，即探察繒關的地形。
史兒到了之後，傳達王命說：「我命令你出使小大各國，賜給你牧地
量、一直到你的庸、小多㐱[30]。」中巡視方、鄧[31]、洀[32]、多（鄸?）[33]
等邦，並察看了噩師駐紮地[34]。

　　接下來是白買父進行了一些軍隊部署的動作，其他的銘文因爲文

---

[30] 此字不識。黃錫全隸定作「处?」，但是沒有進一步的解釋。我們以爲賞賜地
應該很明確，如果釋爲「多處」，是否不夠明確？待考。

[31] 舊或釋复，唐蘭釋昇，即鄧，在今河南省鄧縣一帶，見《史徵・卷四下・昭王》
頁 287，注 4。黃錫全以爲地在今湖北襄樊市西北之鄧城遺址，見《湖北出土商
周文字輯證》頁 26。

[32] 此字唐蘭釋「朝」，見《史徵・卷四下・昭王》頁 287，注 2。黃錫全釋「洀」，
讀爲汎，汎水入漢水處在今之襄樊市西部與穀城間。見《湖北出土商周文字輯證》
頁 26。黃說可從。

[33] 此字不識，黃錫全釋爲「鄸」，在今河南唐河。見《湖北出土商周文字輯證》
頁 26。惟字形形殘缺太甚，待考。

[34] 本句的「㘫」字，一般都釋爲「在」，未必完全無疑。其意義一般釋爲介詞，
相當於「于」。但是，與本器同時出土的另一件中鼎寫到「王才寒師」時，用的
是「才」，而不是「在」，可見得本銘的「在噩自㦸」不應該釋爲「于噩自師」。

字殘訛,各家的考釋都不是很清楚,此處就不多引了。

銘文倒數第四句「日傳ٰ王□休」,句中的「ٰ」字,黃錫全先生釋為「劭」之走形,假為昭。「日傳劭王□休」意即日日頌揚昭王的嘉美。並謂:「如此說不誤,這就為安州六器屬於昭王時期找到了直接的證據。」[35]其說可參。以上四器(三銘),黃錫全先生綜合整理如下:

> 昭王從成周出發,越過嵩山腳下的上侯、滍川南下。昭王命
> 令中先省視南國,為南下打通行道。中首先在方城之外的曾(繒
> 關)地為王安排了行帳,然後開始出省南國。先到方城,而後
> 到鄧國、洧(氾)水,北返至鄂國,最後在西鄂駐紮,迎接緩
> 緩南行的昭王。中省視鄧國時,看中了鄧南邑嬰的𡹬真山,在
> 那兒為王設置了下一步的行帳。白買父在漢水一帶,尤其是在
> 漢水中的幾個洲佈置了防線,為王繼續前進作好了充分的準
> 備。王征虎方勝利後,班師於隨州北面的唐國,在那兒大省同
> 姓諸侯,賞賜給了中來自屬地的四匹良馬,以表彰中的先行。
> 在嬰𡹬真山時,昭王餽中以生鳳。昭王十八年十三月,在中原
> 寒地,昭王論功行賞,令太史賜給中以「裛土」,作為其采邑。
> 中記述了昭王一系列的賞賜,作了這些銘功報先的祭器。[36]

黃先生以為這四器三銘都是為同一件事做的,所以把它們完全組合在一起。但是,如此一來,我們看到同樣是「中先省南國,貫行,執(王)
匜,在△」這樣的敘述,黃先生把中甗的「在曾」安排在省南國之前,而把中鼎的「在嬰𡹬真山」安排在省南國之末的省鄧國之時。這樣的安排,除了配合地理路線之外,恐怕找不出其他理由了。但是,如果我們不把這三個銘文認為一定是同一個時間、同一件事,那麼它們可以不妨是昭王在不同的時候命令中省南國,以為昭王南征的準備。那麼中多次察看南國,一次察看嬰𡹬真山(銘文有「隹王令南宮伐虎方之年」),一次察看曾(銘文沒有紀年),這樣是否合理些呢?

---

[35] 見《湖北出土商周文字輯證》頁 27。
[36] 見《湖北出土商周文字輯證》頁 28。

六・乍冊卣

時代：成王（斷代）　西周早期較晚（銘文選）　穆王（史徵）　西
　　　周早期（集成）

出土：一九四九年前傳洛陽出土（西周銅器斷代）

收藏：北京故宮博物院

器制：高 23.5、口縱 10、口徑 12 公分。

著錄：斷代(二)95 頁.版玖.圖十五　　錄遺 278　　金文集 236　　總
　　　集 5507　　集成 05432　　銘文選銘 1.67(130).考 3.88　　史徵
　　　326(穆王)

銘文：六行六三字

　　　隹（唯）公大史見服于宗周年，才二月既望乙亥，公大史咸
　　見服于辟王，辨于多正。雩四月既生霸庚午，王遣公大史：公
　　大史在豐。賞乍冊魋馬。揚公休，用乍日己旅尊彝。

考釋：

　　在公大史率領諸侯見于王的那一年，時間在二月既望乙亥，公太
史率領諸侯完成了覲見周王[37]，並和執政們都見了面。到了四月既生
霸庚午那天，王差遣公太史視察豐邑。「王遣公太史」一句，陳夢家
解釋爲「王乃遣公太史自宗周歸于豐邑」[38]，增字解經，似不足取；
唐蘭解釋爲「王打發公太史回去」[39]，但是金文的「遣」字似乎沒有
用做「打發」這一類的意思的。據陳初生《金文常用字典》，銅器銘
文「遣」字的用法有下列四種：[40]

　　1.派遣。默鐘：「反孳迺遣間來逆卲王。」

　　2.調遣，引申爲率領。明公尊：「唯王命明公遣三族伐東國。」

　　3.通譴，過錯。大保簋：「大保克敬亡遣。」《後漢書・蔡邕傳》：
　　　「欲以改政思譴，除兇致吉。」

---

[37] 以上參陳夢家之說，見《斷代》（二）頁 96。

[38] 見《斷代》（二）頁 96。

[39] 見《史徵》326 頁。

[40] 見《金文常用字典》頁 177。

4.人名。城虢遣生簋:「城虢遣生作旅簋。」

陳、唐二家的意思都是把「遣」釋爲打發回去,但是在銅器銘文中並沒有這樣的用法。從情理上來說,諸侯也好、大夫也好,見過王之後,總是要回去的;被打發回去,不是什麼榮寵的事,銘文沒有必要記到這個毫無意義的動作。因此本銘的「遣」字我們傾向第一種解釋,即「派遣」。王派遣「公大史在豐」,意即王派遣公大史去視察(或存問)豐。這就是一件榮寵的事,值得記在銅器上了。作冊魋協辦有功,所以公大史賞馬給他。「在」可以釋爲「存」、「存問」,這其實是「在」字的本義,《說文·卷十三·土部》:

> 在,存也。

段玉裁注:

> 存,恤問也。〈釋詁〉:「徂、在,存也。在、存,察也。」按:〈虞夏書〉「在」訓「察」,謂「在」與「伺」同音,即「存問」之義也。「在」之古義訓爲「存問」,今義但訓爲「存亡」之「存」。

陳夢家對本器同時出現「才」、「在」二字,有一段含含混混的話:

> 金文「在某地」之「在」作「才」,此作「在」;大盂鼎才、在互見,而以「才」表時地。尹卣(《嘯》1.41)才、在互見,曰「唯遷在周辰才庚申」,與此器同,時亦相近。[41]

這段話以爲「大盂鼎以才表時地」,是否含有本銘及高卣以「才」表時,而以「在」表地的意思呢?他沒有明說。但金文時地多見,除了本文所舉的幾件銅器之外,其他銅器不管時地都用「才」,我們看不出有「以才表時,以在表地」的可能。

七·杕氏壺

時代:春秋晚期燕

器制:高37.8公分

---

[41] 《斷代》96頁。

收藏：德國柏林博物館

著錄：貞松 7.34　　叢考(初版)268(新版)401-405　　文錄 4.20　　文
　　　選.上 2.23　　彙續 26.27　　大系.圖 193.錄 266.考 227　　三
　　　代 12.27.2　　通考 446:68.圖 769　　海銅 56　　通
　　　論 58:7.圖 203　　歐華 3.207　　通釋 3.219　　戰國式 85
　　　柏林 T22.2335a　　總集 5784　　集成 09715　　銘文選.銘
　　　2.604(872).考 4.564

銘文：銘一周四一字

　　　　杕氏福今，歲賢鮮于（虞），可是金契，虘（吾）㠯（以）
　　　為弄壺，自頌既好，多寡不訏，虘㠯（以）匜歙，于我室家，
　　　毆（弋）獵毋後，霊在我車。

考釋：

　　　本銘末段寫著：杕氏做了這個弄壺，希望拿來宴飲，打獵的時候
放在「我車」。由此看來，本銘的「在」應該釋為介詞「在」。也就
是說：「在」做為介詞的用法，在本銘的時代已經可以正式成立了。
本器是春秋晚期燕國的銅器，也就是說，從銅器銘文來看，春秋晚期
的「在」字確實已經開始作為介詞用了。

　　　變簋中也有一個與「在」同形的「圡」字，它的相關資料如下：

器名：變簋

時代：西周早期（集成）

收藏：上海博物館

著錄：貞松 5.33　　文錄 3.6　　文選.下.2.24　　厤朔 3.26　　三代
　　　8.19.2　　積微 218　　小校 8.18.2　　總集 2598　　集成
　　　04046

銘文：三行二三字

　　　　隹八月初吉庚午，王令變圡（在、戴）市、旂，對揚王休，
　　　用乍宮中念器。

考釋：

在八月初吉庚午這一天，王賞賜給變緇市和旂，變頌揚王的恩德，於是做了這件「宮中念器」。

𡉜 字，于省吾《文選》隸定作「在」而未說明[42]。楊樹達釋爲「在」，用爲「載」：

> 按𡉜字劉體智闕疑未釋，羅振玉《貞堂集古遺文》第伍卷三三葉下載此器，亦缺釋。吳闓生《吉金文錄》參卷六葉下釋作𡉜而讀爲𡉜。余謂吳釋右旁爲才，是矣；釋左旁爲立，而讀其字爲𡉜，說非是。𡉜乃在字也。「在」字从土才聲，……師奎父鼎云：「易載市、同黃、玄衣、黹屯、戈珊戚、旂。」趠尊云：「易趠載市、同黃、旂。」免簠云：「今史懋易免載市、同黃。」此銘之「在市」，即彼諸器之「載市」也。載字从韋𢦏聲，𢦏从才聲，與在字聲類同，特載爲本字，在爲假借，爲異耳，其音一也。

> 王令變在市旂，令字與賜義同。

龍宇純先生釋爲加「士」聲的「才」字，用爲載、𢽾、緇：

> 『在』字本於『才』字加『士』聲，……，《金文編·附錄》又收一𡉜字，亦从一『才』一『士』，即『在』字。……此字見於變簋，原辭云：『王令變𡉜市旂。』令即冊令的簡稱，𡉜市即他器的載市。『載』从『才』聲。『在』字本係於『才』字加『士』聲，故『載』『在』二字通用不別。於《說文》，則是『才』聲的『𢽾』字，其或體作『緇』。」

二家都以爲此字當讀爲「載」，當可從。但是楊樹達以爲字从「土」，其說不如龍宇純先生以爲字从「士」來得精當。

戰國時代的中山王𧨬鼎銘文中有兩個「在」字，那只是和「在」同形、疊加「才」爲聲符的「士」字：「使得賢在（士）良佐賈，已（以）輔相厇身」、「賈願從在（士）大夫，已（以）請（靖）郾（燕）彊」。銘文中有一個「才」字，作介詞「在」用：「夫古之聖王敄（務）才（在）得賢」。由此看來，戰國時代的中山國銅器仍然以「才」爲

---

[42] 見《雙劍誃吉金文選》下 2.24。

介詞「在」，而與「在」同形的字卻應該讀爲「士」。

　　當然，我們也可以把變簋的「在」字逕讀爲「在」，假借爲「載」；而不必遶這個彎子，釋爲加「士」聲的「才」字，然後假借爲「載」。因爲在這個時期，「在」字已經正式出現了。同樣的，我們也可以認爲中山王嚳鼎的「在」字也應該逕讀爲「在」字，然後假借爲「士」，不必以爲是加「才」聲的「士」字。在古文字中類似的例子很常見，如「畺」字是「疆域」的意思，加義符「弓」之後，意思是「彊大」的意思，但是在金文中，往往把加了「弓」的「彊」字拿來當做「疆域」義用[43]。

　　綜合以上的敘述，器銘文中的「在」字有四種意義：

一・察也、存也。動詞。見大盂鼎、高卣蓋、中鼎、中甗、作冊麹卣。

二・載也、紂也、緇也。名詞。見變簋。

三・于也，相當於後世的介詞「在」。見杕壺。

四・士也。名詞。見中山王嚳鼎。

　　以上的解釋，證據還不是非常充分，但是舊說無法解釋同一件銅器中「才」、「在」同出的困難。依照本文的解釋，這些困難都可以解決了。只是依照這個新解，好些件銅器的部分文句的理解都和舊說不同。能否成立，要請方家們多加指正。

---

[43] 參《金文常用字典》頁1104。

參考書目(銅器著錄簡稱見《金文總集》者不列)

于省吾　1971　雙劍誃吉金文選(文選)　臺北・樂天出版社翻印
中國社科院考古所　1965　甲骨文編(修訂版)　中華書局
中國社會科學院考古研究所　1984-1994　殷周金文集成(十七冊・集
　　　　　成)　北京・中華書局
吳其昌　1936　金文厤朔疏證（疏證）　上海商務印書館
吳闓生　1968　吉金文錄（文錄）　香港萬有圖書公司
李孝定　1965　甲骨文字集釋（集釋）　中央研究院專刊
李學勤、齊文心、艾蘭　1986　英國所藏甲骨(英)　中華書局
周何、季旭昇、汪中文　1995　青銅器銘文檢索　文史哲出版社(合
　　　　　編)
姚孝遂　1989　殷墟甲骨刻辭類纂（類纂）　北京中華書局
唐　蘭　1986　西周青銅器銘文分代史徵（史徵）　北京中華書局
容　庚　1984　金文編（修訂四版）　北京中華書局
徐中舒　1988　甲骨文字典　四川辭書出版社
馬承源主編　1986-1990　商周青銅器銘文選（四冊・銘文選）　文物
　　　　　出版社
郭沫若主編　1978-1982　甲骨文合集(合、合集)　北京中華書局
陳美蘭　1997　西周金文地名研究　臺灣師範大學國文系碩士論文
陳初生　1987　金文常用字典　陝西人民出版社
陳夢家　1955-　西周銅器斷代 (一～六,斷代)　考古學報九～十四冊
黃錫全　1992　湖北出土商周文字輯證　武漢大學出版社
楊樹達　1959　積微居金文說　北京科學出版社
董作賓　1948-1953　殷虛文字乙編　(乙)　中央研究院歷史語言研
　　　　　究所
劉釗　　1991　古文字構形研究　吉林大學博士論文
龍宇純　1985　中國文字學　七十六年九月五版
嚴一萍　1983　金文總集（總集）　藝文印書館

第二屆國際暨第四屆全國訓詁學學術研討會
臺北‧臺灣師範大學國文學系 1998. 12. 5-6

生、姓二字關係探論

方炫琛

政治大學中文系

　　金文時見「百生」，甲骨文亦見「多生」，古文字學者以爲即後代所謂「百姓」；〈宜侯夨簋〉「易才（在）宜王人……又七生」，學者亦釋生爲姓；《書‧泪作‧九共‧稾飫序》「別生分類」，孔《傳》云：「生，姓也。」以上皆將「生」理解爲「姓」。《禮記‧喪大記》「卿大夫父兄子姓立于東方」，鄭注：「姓之言生也。」則又將姓理解爲「生」。另典籍中姓字常釋爲子、子孫，今日姓字則作姓氏之姓用。凡此顯示生、姓二字有密切之關係，而典籍中姓字常訓爲子、子孫，姓字又作姓氏之姓用，其故何在，皆有探討之必要。本文即針對生、姓二字字形之演變、字義之孳乳引申作一剖析，希望能說明：（1）姓氏之姓得名之由來。（2）典籍中姓字何以得訓爲子、子孫。（3）古文字及典籍中諸多生字何以常被釋爲姓。此外以金文與典籍互證，指出生（姓）字應有一僻義，訓爲「分枝之宗族」。

壹、「生」字之本形本義

　　甲骨文生字作屮，象艸生於地上之形。西周早期或仍作屮（士上卣），[1]至西周中期則或作屮（豐尊），[2]或作屮（史牆盤），[3]西周晚期〈史頌簋〉並見屮、屮二形，[4]至《說文解字》所載小篆乃定形作屮，《說文解字》云：「屮：進也，象艸木生出土上。」李孝定《甲骨文字集釋》則謂：

---

[1].《殷周金文集成》第十冊頁 342 及同冊「卣類銘文說明」頁 84。
[2].《殷周金文集成》十一冊頁 178 及同冊「尊類銘文說明」頁 64。
[3].《殷周金文集成》十六冊頁 181 及同冊「盤類銘文說明」頁 46。
[4].《殷周金文集成》第八冊頁 147 至頁 159 及同冊「簋類銘文說明」頁 14-15。

　　契文作业，从屮从一，一、地也，象屮木生出地上。小篆从土者，乃由业所衍化，古文垂直長畫，多於中間加點，復由點演變為橫畫，此通例也。[5]

其說與上述甲、金文生字字形演變相符，知其說可信。據此，生字本象屮生長之形，其本義指屮之生長。[6]

貳、「生（姓）」字引申義與文獻中生、姓二字之關係

　　生字本指屮之生長，引申之，可指人之生育，如《詩・大雅・大明》：「大任有身，生此文王。」《叔夷鐘》：「不（丕）顯穆公之孫，其配襄公之妣，而餗（成）公之女，雪生弔（叔）尸（夷）。」其中「生」字，皆指人之生育。

　　卜辭有奉生、受生一詞，如：「辛巳貞：其奉生于妣庚妣丙牡牝白豕？」（合集三四○八一）、「丁丑貞：其奉生于高妣丙大乙？」（屯南一○八九）。又「丁酉卜，方貞：帚好有受生？」（合集一三九二五正）學者或謂奉生、受生之生指生育。[7]若此說不誤，則在殷代，生字已引申為人之生育矣。

　　中國文字動詞、名詞恒相因，人之生育再引申之，則可指：一、人所生之子；二、人所生之子孫；三、分支之宗族；四、同血源之族類（即姓氏之姓）。下文即分項討論之。

　　討論之前，須先加說明者：以上四引申義之生字，因具共同之性質——皆指人（或女子）所生育繁衍之子孫族嗣，先民為區別字義，或加女旁，或加人旁，故典籍多作姓，金文或作性（詳第參節「生、姓二字字形之演變」），以致上述四引申義之「生」字，在今日典籍中出現時或作「姓」，其實該「姓」字與「生」字義不殊。因此之故，下文討論「生」字四引申義時，所舉之例證，將包含已加女旁之「姓」字。

　　一、引申為人所生之子

---

5. 李孝定《甲骨文字集釋》頁 2100。
6. 卜辭中「生」字指農作物之生長，詳蔡哲茂〈卜辭生字再探〉，《中央研究院歷史語言研究所集刊》第六十四本第四分，頁 1048。
7. 同註 6，頁 1050。

（一）問其姓

《廣雅・釋親》云：「姓，子也。」《小爾雅・廣言》亦云：「姓……子也。」此訓釋於典有據。

《左氏・昭公四年傳》：

（叔孫豹）既立，所宿庚宗之婦人獻以雉，問其姓，對曰：「余子長矣……」

叔孫豹嘗去魯之齊，途中與婦人共宿，後立為叔孫氏宗子，婦人來見，乃問二人之所生。問其姓，即「問其（婦人）子」，杜注：「問有子否。」陸德明《釋文》亦云：「姓謂子也。」可知姓字在古籍中，可訓為「子」。

（二）歸姓也

《左氏・昭公十一年傳》：

葬齊歸，公不慼……（史趙）曰：「歸姓也，不思親，祖不歸也。」

魯昭公為齊歸之子，母喪不慼，故晉史趙謂：「昭公為齊歸子，母死無孝思，必不為祖所歸依佑助」。楊伯峻《春秋左傳注》云：「姓即四年《傳》『問其姓』之姓，子也。歸姓也，言係齊歸之子。」楊希枚〈姓字古義析證〉亦有是說。[8]然則「歸姓也」之姓，即訓為子，與前例相同。

二、引申為人所生之子孫

（一）以保我後生

《詩・商頌・殷武》：

赫赫厥聲，濯濯厥靈。壽考且寧，以保我後生。

鄭《箋》：「以此全守我子孫。」朱熹《詩集傳》亦云：「我後生，謂後嗣子孫也。」皆釋「生」字為「子孫」。

（二）三后之姓

《左氏・昭公三十二年傳》：

---

8 《中央研究院歷史語言研究所集刊》第二三本，頁 411。

君臣無常位，自古以然……三后之姓，於今為庶。

謂虞、夏、商之子孫於今爲庶人。孔《疏》釋「姓」爲「子孫」，其說甚是。楊伯峻《春秋左傳注》云：「姓即四年《傳》『問其姓』之姓，子也。此謂子孫。」亦謂此姓字指子孫。但以此姓字等同於《左傳》「問其姓」之姓，則舉例不盡妥適。實則此「姓」字，其義正等同於上文《詩・商頌・殷武》「後生」之「生」字，皆指子孫，僅〈殷武〉篇後人尚未加女旁耳（詳後）。王念孫謂《詩・商頌・殷武》「後生」之生，「即姓字也」，[9]其說正是。

三、引申爲分支之宗族

（一）易才（在）宜王人……又七生

西周早期金文〈宜侯夨簋〉：

易才（在）宜王人……又七生

文中「生」字，學者或釋牛，或釋里，或釋生，筆者以爲釋生爲是，且可訓爲「分支之宗族」，茲說明於下：

一九五四年〈宜侯夨簋〉出土，一九五五年陳夢家初釋此字爲「牛」，而郭沫若初釋爲「里」，容庚則釋爲「生」。[10]其後陳夢家改釋此字爲「里」，[11]此或接受郭沫若之意見。但次年（一九五六年）郭沫若卻又將「里」改釋爲「生」，和容庚之意見已相同。郭氏之改釋，或因見及原器，乃推翻先前己見。[12]此後學界多接受容庚與郭沫若之看法，以此字爲「生」，如親見原器之唐蘭，[13]及劉啓益、[14]黃

---

[9] 《廣雅疏證・釋親》，頁758。

[10] 陳說見一九五五年《文物參考資料》第五期陳夢家〈宜侯夨簋和它的意義〉；郭說、容說俱見同刊物同期所載陳邦福〈夨簋考釋〉。

[11] 一九五五年《考古學報》第九冊，陳夢家〈西周銅器斷代（一）〉。

[12] 一九五六年《考古學報》第一期載郭沫若〈夨簋銘考釋〉，文中郭氏云：「就原器目驗，確爲王省二字」、「立字就原器目驗，可辨」（頁8），知郭氏見及原器。

[13] 一九五六年第二期《考古學報》載唐蘭〈宜侯夨簋考釋〉，文中有云：「夨字頭向左傾，頭部中間爲銹隔斷，但筆畫還很清楚……『生』郭沫若讀爲『姓』，并說所缺當是十字，是對的……」文末書「一九五六年四月於故宮博物院。時正籌備五省重要出土文物展覽，這個簋亦將展出。」知唐氏親見原器，且

盛璋、[15]楊向奎[16]等人，馬承源主編《商周青銅器銘文選》，其釋文
亦以此字爲「生」，則〈宜侯夨簋〉「易才（在）宜王人……又七生」，
其中「生」字之隸定，蓋無問題。[17]

「易才（在）宜王人……又七生」如何解釋？郭沫若云：

> 生假爲姓。一姓代表一族，則『王人』下所缺一字當爲十，
> 爲數不能過多。『王人』之在宜者當即殷王之人，原爲貴族，故
> 有姓，今亦轉化爲奴，而成賜與之物。《尚書・君奭》「殷禮陟
> 配天，多歷年所，天惟純佑，命則商（賞）實，百姓王人罔不
> 秉德明邮（恤）」，此周初稱殷代貴族爲『王人』之證。入後周
> 有天下既久，則『王人』之稱，轉爲周王之人矣。[18]

郭氏將「生」理解爲「姓」，謂「一姓代表一族」，其說可從。但稱
「原爲貴族，故有姓」，似將「姓」理解爲姓氏之姓，果真如此，則
或可商榷。筆者以爲「生」字應訓爲「分枝之宗族」。〈宜侯夨簋〉
載周天子改封宜侯時，賜予殷王室貴族十七（依郭氏說）生（分枝
宗族），猶如《左氏・定公四年傳》所載周成王封建魯公伯禽時，賜
「殷民六族：條氏、徐氏……」，封建康叔時，賜「殷民七族：陶氏、
施氏……」，所賜者乃殷貴族分枝之宗族，而非範圍極大之族類名——
姓。就姓氏之姓而論，殷人固爲一「子」姓，豈能再分十七姓？學
者考察典籍及金文，所得周代諸姓僅二十有餘，[19]在宜之殷王室貴族

以該字釋『生』爲是。
[14] 劉啓益〈周夨國銅器的新發現與有關歷史地理問題〉。
[15] 黃盛璋〈銅器銘文宜、虞、夨的地望及其與吳國的關係〉。
[16] 楊向奎〈宜侯夨簋釋文商榷〉。
[17] 李學勤先生於一九八五年撰〈宜侯夨簋與吳國〉一文，以爲當釋爲「里」，謂
「『里』字上半稍有模糊，不過筆勢和『生』字顯然不同。」自注：「參看高
明《古文字類編》第一八五頁。」查高明《古文字類編》所載「生」字，殷
代甲文及周代早期金文「生」字作屮、㞷形，無作㞷形者，此李氏所謂筆勢
顯然不同歟？按周代早期金文〈㘚方彝〉「百生」之生正作屮，與同爲周代早
期之〈宜侯夨簋〉生字類似，似難謂筆勢顯然不同，而其後之楊向奎、馬承
源諸氏亦皆未從其說。
[18] 同註 12，頁 8。
[19] 如顧炎武《日知錄》卷二十四「姓」條考得春秋二十二姓，顧棟高《春秋大
事表・春秋列國姓氏表敘》考得春秋二十一姓，盛多鈴〈西周銅器銘文中的
人名及其對斷代的意義〉謂「西周銅器銘文所見的姓，可以明確考定的不到

豈能佔有十七姓？由知此「生（姓）」字，其義近於周代所謂「氏」，為分枝之宗族。

（二）其庶姓別於上

《禮記・大傳》云：

> 四世而緦，服之窮也；五世袒免，殺同姓也。六世親屬竭矣。其庶姓別於上，而戚單於下，昏姻可以通乎？繫之以姓而弗別，綴之以食而弗殊，雖百世而昏姻不通者，周道然也。

文中「殺同姓也」、「繫之以姓而弗別」之姓，指姓氏之姓，而「其庶姓別於上」之姓，則指「分枝之宗族」。鄭《注》云：「始祖為正姓，高祖為庶姓。」孔《疏》謂正姓指姬、姜等，而又解釋「庶姓」曰：

> 庶，眾也，高祖以外，人轉廣遠，分姓眾多，故曰庶姓也……庶姓為眾姓也，則氏族之謂也……若魯之三桓，慶父、叔牙、季友之後，及鄭之七穆，子游、子國之後為游氏、國氏之等。

則庶姓之「姓」，正與上文〈宜侯矢簋〉之「生」相同，皆指分支之宗族。[20]

或謂同一文中三姓字，何以所指不同？按古籍中此類情況屢見不鮮，如《老子》「道可道，非常道」兩句中三「道」字所指不同，即其一例。

四、引申為姓氏之姓

（一）別生分類

《書・汨作・九共・槀飫序》：

三十個。」

[20] 《禮記・大傳》「其庶姓別於上，而戚單於下」，意謂六世之後，彼此宗族於上代分支，而休戚與共之親情即於後代殫盡。王引之《經義述聞・毛詩》「振振公姓，振振公族」條蓋將《禮記・大傳》「庶姓」之姓，解釋為「子」，謂「庶姓」即「別子」。在典籍中，「姓」固然可釋「子」，但（1）依王氏之說，庶姓即庶子，庶子是否即別子尚須論證。（2）文中「其庶姓別於上」之「其」，當指六世以後之族人，「其」下接「庶（別）子」，文意不甚通順，「其」下接「眾分枝宗族」則文從字順。是以王說筆者不取。

　　帝釐下土方，設居方，別生分類。

孔《傳》云：「言舜理四方諸侯，各設其官，居其方。」又云：「生，姓也。別其姓族，分其類，使相從。」據此，「別生」與「分類」意義相同，皆指分別姓族、姓類而言。

　　按先秦姓與氏不同，氏爲國名、家名，姓則爲族類名。[21]族類爲人類團結聚合之重要因素，天下共主爲便於統治天下，對天下諸姓（諸族類）當有辨識之必要，[22]「別生分類」即指天下共主區別天下族類（姓）之事，[23]唯字作「生」，尚未加「女」旁作「姓」字耳（詳後）。

　　（二）命姓受氏

《國語・周語下》：

　　皇天嘉之（禹），祚以天下，賜姓曰『姒』，氏曰『有夏』……祚四岳國，命以侯伯，賜姓曰『姜』，氏曰『有呂』……命姓受

---

[21] 西周、春秋封建社會中，能立一國一家者，國名、家名即其氏。國、家之君長及其近親男女子孫，冠國名、家名爲稱，以與他國他家對等人物區辨，此周人稱氏之情形。魯僖公、齊昭公之稱魯申、齊潘，臧氏人物之稱臧紇、臧賈是也。姓則是周朝政治體系內經區分規劃之族類名。《左傳》、《國語》屢言「族類」，其義乃指周代諸姓之別，由知姓爲周代族類名。王國維〈鬼方昆夷玁狁考〉謂商周間之鬼方，降而至春秋，則爲隗（媿）姓諸狄；傅斯年、徐中舒、白川靜、孫作雲以來，亦逐漸發現周代姜姓諸國乃殷代羌人之苗裔。由知姓爲一種大族類名。筆者以爲至遲至周代，因並行外婚制及封建制，女子以國名、家名（氏）爲稱，無外婚辨識作用（因國名、家名雖不同，可能是兄弟叔姪之近親，本不能通婚），故須以較國名、家名範圍更大之族類名稱女子，遂致男女異稱，姓氏由此二分。詳拙著《周代姓氏二分及其起源試探》第一、三章。

[22] 如《國語・鄭語》史伯答鄭桓公分析天下大勢，也詳述各姓氏源流。

[23].就人類歷史言，一族類之人可分建數邦國，而同時代之數邦國亦可歸納出共同所屬之族類。周人基於自身制度之需要，採姓氏二分制，而於封建其他未有姓氏二分制之功臣時，或於其他族類邦國歸附時，蓋須溯其族類源流，而定其姓（族類名），用以稱呼其女子，作爲本族類邦國與之聯姻通婚之用，此或即《左氏・隱公八年傳》所述「天子建德，因生以賜姓」之事。若此推論不誤，則周初推行其政治制度時，當有區辨天下族類（別生分類）之事。此文謂舜治天下「別生分類」，或是周以來之人，以周制爲根據而描繪虞舜時代之情況歟？詳拙著〈說姓氏〉，《中華學苑》第四十八期，頁166-171。

氏,而附之以令名。

　　此文謂皇天嘉禹,給予天下,賜其姓曰姒,命其天下名曰夏,皇天給予四岳封國,命其為侯伯,賜其姓曰姜,命其國名曰呂。得到皇天姓、氏之賜,而令名隨之。以此文姓、氏並稱,知文中「命姓受氏」之姓,指姓氏之姓也。

　　以上謂「生」字得引申為子、子孫、分枝宗族、族類名等,並各舉文獻中二例為證。此外亦有引申自「生」字,而較難指明其義者,如「子姓」、「百姓」是也。

　　《禮記‧喪大記》「卿大夫父兄子姓立于東方」,鄭《注》:「子姓謂眾子孫也。」《儀禮‧特牲饋食禮》亦有「子姓」一詞,其義亦接近於子孫。豈「子姓」之「姓」為「子孫」義,與「子」組成複合詞,亦用以泛稱子孫?

　　甲骨文有「多生」一詞,云:「叀多生鄉(饗)?叀多子〔鄉〕?」(《合集》二七六五〇)學者以為即金文及先秦典籍中之「百生(姓)」,[24]裘錫圭先生謂「多生應指王族族人」,百生(姓)「本是對族人的一種稱呼」,[25]則多生之「生」、百生(姓)之「生(姓)」,其義亦應由「生」字本義引申而出,與本文所列生字四引申義當有所關連,唯今似不易詳加說明耳。

參　生、姓二字字形之演變

　　上述由「生」引申之字,在金文典籍中,何以或作生,或作姓?吾人以為姓字先秦早期多作生,引申為上述諸義之生字,皆與人有關,故或加人旁,或加女旁,作佳、姓,蓋用以表示此乃人(或女子)所生之個人或人群,以與生字之他義區辨,由此產生專用形聲字。但以今所見之金文及古籍,或因時代不同,或因後人改寫,致字形參差不一。為說明此字形之演變,姑舉典籍習見之「百姓」及

---

[24] 屈萬里先生云:「多生,蓋猶《堯典》『平章百姓』之百姓。」見《殷虛文字甲編考釋》頁 108,另詳裘錫圭先生《古代文史研究新探》頁 317-318,及註 6 頁 1047、1049。

[25] 裘錫圭先生《古代文史研究新探》頁 312、318。

「子姓」爲例說明：

一、百姓

按典籍習見「百姓」，如《尚書・堯典》「平章百姓」、〈舜典〉「百姓不親」、〈牧誓〉「俾暴虐于百姓」、〈酒誥〉「越百姓里居」、〈君奭〉「則商實百姓王人罔不秉德明恤」、〈呂刑〉「在今爾安百姓」，《詩・天保》「群黎百姓」、〈節南山〉「卒勞百姓」，《論語・顏淵》「百姓足」、〈憲問〉「修己以安百姓」……然在金文中則作「百生」，如：

「暜百生豚」（〈士上卣〉）——西周早期

「余其用各我宗子雪百生」（〈善鼎〉）——西周中期

「𤔲友里君百生」（〈史頌簋〉）——西周晚期

「其隹我者（諸）侯百生」（〈兮甲盤〉）——西周晚期

「用侃喜百生倗友眔子婦」（〈叔夨簋〉）——西周晚期

「龢遒（會）百生」（〈沇兒鐘〉）——春秋晚期

（斷代依《殷周金文集・銘文說明》）

由金文之斷代，知自西周早期至春秋晚期，「百姓」一詞皆作「百生」，[26]《尚書》、《詩經》等典籍作「百姓」，乃後人所改。

後人何時於「生」字加「女」旁造「姓」字？按一九七五年出土之睡虎地秦墓竹簡已見「姓」字，其〈秦律十八種〉有「百姓犬入禁苑中而不追獸及捕獸者」（六）、「百姓市用錢」（六五）云云；又如〈詛楚文〉亦有「欲剗伐我社稷，伐威我百姓」之文，唯其姓字作𤔲形。則秦代以前（含秦代），「姓」字已產生。[27]

今本《老子》七十五章「民之難治，以其上之有爲」（王弼注本），

---

[26] 王國維據〈史頌簋〉「里君百生」之文校改《尚書・酒誥》「百姓里居」爲「百姓里君」，其說爲學者所肯定。見郭沫若《兩周金文辭大系攷釋》頁 71，裘錫圭先生《古代文史研究新探》頁 316。

[27] 〈詛楚文〉刻石出土於北宋，疑其僞作者代有其人，郭沫若〈詛楚文考釋〉則謂〈詛楚文〉作於秦惠文王後元十三年（楚懷王十七年）；陳昭容〈從秦系文字演變的觀點論詛楚文的真僞及其相關問題〉亦以爲「就〈詛楚文〉（中吳刊本）的文字來看，把它放在戰國中晚期，並無任何不妥之處；就〈詛楚文〉的內容來看，其年代也正在此時。」睡虎地秦墓竹簡爲秦代墓葬品，其〈編年紀〉之記事載至秦始皇三十年，則其文字爲秦代以前之文字。

馬王堆帛書《老子》甲本作「百姓之不治也」，乙本作「百生之不治也」。[28]帛書《老子》乙本作百生，顯示漢代初年「百生」尚有未改爲「百姓」者。[29]

由上文之討論，知百姓一詞，自西周早期至春秋晚期金文皆作「百生」，秦代以前出現「百姓」，但漢初帛書仍有作「百生」者，由此可知「姓」字晚出，亦可證「姓」字係「生」字加女旁所孳乳之形聲字。

二、子姓

典籍習見「子姓」，先儒釋爲子孫，已詳前文。而春秋中晚期金文〈鰲鎛〉[30]則作「子倠」，文云：「保盧（吾）兄弟⋯⋯保盧（吾）子倠」，馬承源《商周青銅器銘文選》謂「子倠，文獻多作子姓。即指子孫。」[31]傅斯年云：

> 「子倠」即典籍中所謂子姓，子孫男女之共名也，故加人旁。此器以形制字體論，當爲春秋晚期或戰國器，此時加偏旁之自由已甚發達矣。[32]

以爲「子倠」之「倠」乃在生字基礎之上加人旁所構成。

據上所述，「子姓」一詞，在春秋時代作「子倠」，其字已加人旁。不論加人旁或加女旁，其義並無不同，皆指人之子孫。

由西周早期至春秋晚期之金文「百生」，在戰國至秦代之間作「百姓」，及典籍「子姓」在春秋時代作「子倠」，可知姓字晚出，其「女」旁乃後加。

倠、姓字爲何要加人旁或女旁？吾人以爲生字有引申爲人所生之子、之子孫、之分支宗族、之族類等數義。爲區別字義，此等與

---

[28] 高明謂唐代避李世民諱，改民爲人，唐後重刻，又將人改爲民。但亦有因此而將原本作「人」與「百姓」者，誤以爲避諱所改，而誤改爲民字，此今本《老子》「百姓」作「民」之故。詳細論證見高明《帛書老子校注》頁193、194。

[29] 高明謂帛書《老子》甲、乙本抄寫年代「皆屬漢初」，見高氏《帛書老子校注》序文。

[30] 斷代依《殷周金文集成・銘文說明》。

[31] 馬承源《商周青銅器銘文選》第四冊，頁534。

[32] 傅斯年《性命古訓辨證》上卷，頁3。

人繁衍有關之引申義,乃加人旁、女旁作姓、姓,用以表示指人(或女子)所生之人或人群,如此得以與原「生」字區辨。劉又辛云:

> 一類(聲符兼表義的形聲字)是由本義引申而孳生的形聲字。這類字先由本義引伸為若干義項;到了形聲字階段,有的義項便由初文加形符孳生出專用形聲字。[33]

劉氏所謂「形聲字階段」,指秦漢至今日,[34]其時代之劃分或有商榷之餘地,然其指出某些聲符兼義之形聲字,係先由聲符之本義引申為若干義項,之後某些義項便由初文(聲符)加形符孳生出專用形聲字,確是形聲字產生途徑之一。筆者以為「姓」字之產生,正如劉氏所指,先由「生」之本義逐漸引申為子、子孫、分枝宗族、族類等義項,之後因此等義項有共同之性質(均由人或女子所生育繁衍),故加形符(人旁、女旁),從而產生專用形聲字。此現象亦可以王筠「分別文」加以說明,王氏云:

> 字有不須偏旁而義已足者,則其偏旁為後人遞加也,其加偏旁而義遂異者,是為分別文。其種有二:……一則本字義多,既加偏旁,則祇分其一義也。[35]

王氏並謂娶為取之分別文。按《詩・豳風・伐柯》「取妻如何」,《論語・述而》「君取於吳,為同姓」,皆作取。後加女旁,產生「娶」此一專用形聲字,從而與原「取」字有所分別。

以王氏「分別文」理論檢視生、姓二字,則典籍及金文中,「生」字引申為「子、子孫、分枝宗族、族類」等與人有關之子孫族嗣義,本無偏旁而義已足(同一字而動詞為名詞之用),然「生」字尚有「生育」、「發生」、「活」諸義,[36]為加分別,後人遂加女旁產生「姓」字,此後姓字遂與表示生育、發生、活等諸義之「生」字區別,故即王氏所謂「分別文」。

類似「生」孳生「姓」之現象實常見,[37]今僅舉「立」孳生「位」為例說明:

---

[33] 劉氏《訓詁學新論》頁 162-163。

[34] 同註 33,頁 131。

[35] 王筠《說文釋例》卷八。

[36] 陳初生《金文常用字典》頁 645。

[37] 裘錫圭先生《文字學概要》頁 174、260、261。

　　按甲、金文無「位」字，[38]凡「位」字幾皆書「立」，其例逾五十條，[39]如：

　　1、〈二十七年衛簋〉「王才（在）周，各大室，即立（位），南伯入右裘衛，入門，立中廷，北鄉(嚮)」。

　　2、〈衛簋〉「焂（榮）白（伯）右衛內（入）即立（位）」。

　　3、〈大克鼎〉「王才（在）宗周，旦，王各穆廟，即立（位）」。

　　4、〈頌鼎〉「王各大室，即立（位），宰引右頌入門，立中廷」。

文中「即位」之位皆作「立」。中國文字動詞、名詞恒相因，站立之立（動詞）引申之，可指所立之位（名詞）。又由上引諸例中，可見「即立（位）」與「立中廷」常同文出現，知金文「立」字兼攝立之本義——站立，與引申義——所立之位，而字形尚未分化。此現象自西周中期以來即如此。至戰國〈中山王譽方壺〉「述（遂）定君臣之　（位），上下之體（體）」，乃於「立」旁加注「胃」音，實即後世之「位」也。按《周禮・春官・小宗伯》：「掌建國之神位。」鄭《注》：

　　　　故書位作立，鄭司農云：立讀為位。古者立、位同字。古文《春秋經》「公即位」為「公即立」。

據此，漢代所見《周禮》故書、古文《春秋經》之「位」字皆尚作「立」。

　　「立」既由本義「人之站立」，孳生引申義「人所站立之位」，為加區別，遂加「人」旁（強調「人」所站立），造出「位」此分別文，其情形與「生」之產生「姓」此分別文一律。

肆、結語

　　本文收集甲、金文、石刻、竹簡、帛書中之生、姓二字，與典籍相互對照，除對此二字字形演變做縱向之歷史考察，也剖析生字字義孳乳引申之情形，並據形聲字產生之規律，闡明「生」字加女旁造「姓」這一專用形聲字之內在之理。

---

[38] 見容庚《金文編》、高明《古文字類編》、徐中舒《漢語古文字字形表》。
[39] 見周師何《青銅器銘文檢索》「立」字下。

據本文之考察，生字得引申爲子、子孫、分枝之宗族、族類（即姓氏之姓）[40]，先民爲區別字義，乃加女旁造「姓」字[41]，此爲聲符兼義之形聲字產生之常例。姓字產生後，因時、地、人不同，或將上述引申義之生字以「姓」書之，或不加更改仍作「生」。考周代典籍多經漢人之手，故多以當時通行文字改寫，此典籍所見「百生」作「百姓」之故。然亦有改之不盡者，如《詩》「以保我後生」之「生」，既引申爲子孫，作名詞用，即可改爲「姓」，猶《左傳》「三后之姓」之例。《尚書・序》「別生分類」之「姓」尚作「生」者，蓋猶帛書《老子》乙本「百姓」之尚作「百生」，亦猶古文《春秋經》「公即位」之尚作「公即立」，《周禮》故書「神位」之尚作「神立」也。

本文結合地下文獻（〈宜侯矢簋〉）之生字，與典籍（《禮記・大傳》）之姓字，指出生（姓）字得釋爲「分枝之宗族」。周代稱人孳生繁衍之小集團──分枝之宗族爲生（姓），則周代之稱人孳生繁衍之大集團──族類爲生（姓），亦可理解矣。

由上文之討論，吾人或可推測姓氏之「姓」，其字形字義之由來：生原指艸之生長，後被引申指稱人之生育，再由人之生育引申指稱人所生育繁衍之大集團──族類（如姬、姜等），而人們爲區別字義，乃加女旁造「姓」字，此蓋姓氏之「姓」得名之由也。

引用書目

中國社會科學院考古研究所　《殷周金文集成》　中華書局　1984年 8 月-1994 年 12 月

中國社會科學院歷史研究所　《甲骨文合集》中華書局　1977 年 12月-1983 年 6 月

方炫琛　《周代姓氏二分及其起源試探》　學海出版社　1988 年 3月

方炫琛　〈說姓氏〉　《中華學苑》第四八期　1996 年 7 月

---

[40] 或謂姓得訓爲民。姓之訓爲民，或在「百姓」泛指「人民」後，姓乃有民義。疑不能定，故暫不論。

[41] 甲骨文有「姓」字，但係女子稱呼之專字，與周代文獻中之姓字蓋無關係。見李孝定《甲骨文字集釋》頁 3589。

王引之　《經義述聞》　《皇清經解續編》　漢京文化事業有限公
　　　　司.

王念孫　《廣雅疏證》　鼎文書局　1972 年 9 月

王　筠　《說文釋例》　世界書局　1961 年 12 月

阮　元　《十三經注疏附校勘記》　宏業書局　1971 年 9 月

朱　熹　《詩集傳》　臺灣中華書局　1973 年 3 月

李孝定　《甲骨文字集釋》　中央研究院歷史語言研究所　1974
　　　　年 10 月

李學勤　〈宜侯矢簋與吳國〉　《文物》一九八五年第七期

周師何　《青銅器銘文檢索》　文史哲出版社　1995 年 5 月

屈萬里　《殷虛文字甲編考釋》　聯經出版事業公司　1984 年 7
　　　　月

姚孝遂、肖丁　《小屯南地甲骨考釋》　中華書局　1985 年 8 月

段玉裁　《說文解字注》　蘭臺書局　1971 年 10 月

唐　蘭　〈宜侯矢簋考釋〉　《考古學報》一九五六年第二期

容　庚　《金文編》　中華書局　1985 年 7 月

徐中舒　《漢語古文字字形表》　四川辭書出版社　1981 年 8 月

馬承源　《商周青銅器銘文選》　文物出版社　1987 年 9 月-1990
　　　　年 4 月

高　明　《古文字類編》　中華書局　1991 年 11 月

高　明　《帛書老子校注》　中華書局　1996 年 5 月

盛多鈴　〈西周銅器銘文中的人名及其對斷代的意義〉《文史》第
　　　　十七輯

郭沫若　〈矢簋銘考釋〉　《考古學報》一九五六年第一期

郭沫若　《殷契粹編》　大通書局　1971 年 2 月

郭沫若　《兩周金文辭大系圖錄攷釋》　大通書局　1971 年 3 月

郭沫若　〈詛楚文考釋〉　《郭沫若全集》　科學出版社　1982
　　　　年 9 月

陳初生　《金文常用字典》　復文圖書出版社　1992 年 5 月

陳邦福　〈矢簋考釋〉　《文物參考資料》一九五五年第五期

陳昭容　〈從秦系文字演變的觀點論詛楚文的真偽及其相關問題〉
　　　　《中央研究院歷史語言研究所集刊》第六四本第四分 1993
　　　　年 4 月

陳夢家　〈西周銅器斷代（一）〉　《考古學報》第九冊　1955

年

陳夢家　〈宜侯夨簋和它的意義〉　《文物參考資料》　一九五五年第五期

傅斯年　《性命古訓辨證》　商務印書館　1947 年 2 月

黃盛璋　〈銅器銘文宜、虞、夨的地望及其與吳國的關係〉　《考古學報》一九八三年第三期

裘錫圭　《古代文史研究新探》　江蘇古籍出版社　1992 年 6 月

裘錫圭　《文字學概要》　萬卷樓圖書有限公司　1994 年 3 月

董立章　《國語譯注辨析》　暨南大學出版社　1993 年 5 月

葛其仁　《小爾雅疏證》　《百部叢書集成》　藝文印書館　1968 年

楊向奎　〈宜侯夨簋釋文商榷〉　《文史哲》一九八七年第六期

楊希枚　〈姓字古義析證〉　《中央研究院歷史語言研究所集刊》第二三本，1952 年 7 月

楊伯峻　《春秋左傳注》　源流出版社　1982 年 3 月

《睡虎地秦墓竹簡》整理小組　《睡虎地秦墓竹簡》　文物出版社　1977 年 9 月

趙　誠　《甲骨文簡明詞典》　中華書局　1988 年 1 月

劉又辛、李茂康　《訓詁學新論》　巴蜀書社　1989 年 11 月

劉啓益　〈周夨國銅器的新發現與有關歷史地理問題〉　《考古與文物》一九八二年第二期

蔡哲茂　〈卜辭生字再探〉　《中央研究院歷史語言研究所集刊》第六四本第四分　1993 年 12 月

顧炎武　《原抄本日知錄》　明倫出版社　1970 年 10 月

顧棟高　《春秋大事表》《皇清經解續編》　漢京文化事業有限公司

第二屆國際暨第四屆全國訓詁學學術研討會
臺北·臺灣師範大學國文學系 1998.12.5-6

"士曰既且"、"洵美且仁"新解

國立臺北科技大學
劉玉國

壹、序言

　　余讀《詩經·鄭風》,覺〈溱洧〉詩中之"士曰既且",以及〈叔于田〉之"洵美且仁",舊注似有未洽之處;因蒐尋比對相關資料,細繹體味上下文義,出以新解,撰就此文,以就正乎方家。

貳、"士曰既且"析論

　　〈溱洧〉乃一首透過對話,邀約遊春的情詩:

　　溱與洧,方渙渙兮。士與女,方秉蕑兮。女曰:觀乎?士曰:既且。且往觀乎?洧之外,洵訏且樂!維士與女,伊其相謔,贈之以勺藥。……[1]

其中"士曰既且"之"既且",自漢以降,其詁約可歸納為四:

　　(甲)視"且"為語助詞、虛字,"既"則解作"已(觀)"。如《鄭箋》[2]、元梁寅(1303-1389)《詩演義》[3]。

---

[1] 清阮元刊:《十三經注疏·毛詩正義》(臺北:藝文印書館,1965 年 6 月,影印武英殿刻本),頁 182 下。

[2] 《毛詩正義》,頁 182 下。

[3] 清紀昀(1274-1805)等纂修:《文淵閣四庫全書》(臺北:臺灣商業印書館

（乙）謂"既"爲"已經"，"且"解作"徂"，"已往"也。如唐陸德明（556-627）《釋文》[4]、宋嚴粲（？-？）《詩緝》[5]、宋朱熹（1130-1200）《詩集傳》[6]。

（丙）謂"既且"爲"暨"字之誤，"暨"，"息"也。如清馬瑞辰（1782-1853）《毛詩傳箋通釋》[7]。

（丁）"既且"者，"終始"也。如清阮元（1764-1849）《揅經室集》[8]。

檢繹上說，似皆有可議之處。"既"與語詞連用，而本身又似兼有動詞功能，此與"既"字之用則齟齬[9]。"既且"解作"既徂"、"既往"，先秦典籍無此用例[10]，又以上文衡之，"溱與洧，方渙渙兮；士與女，方秉蕑兮。"繹其兩用"方"字，當謂士女秉蕑遊春之行剛剛開始[11]，釋"既且"爲"已經往觀"，不免突兀，似與"方"字之用不協。馬瑞辰嘗曰：

> 若如《箋》云："士曰已觀"，則洧外之樂土已知之，女不復以"洵訏且樂"，以勸其往觀。[12]

此亦從上下文義著眼，詰"已觀"說之不當。然馬氏"既且"爲"暨"之訛，"暨"爲"息"之說，亦甚無謂；蓋士與女既爲遊春而來，"女

景印，1986年3月），冊78，頁61下。

[4] 《毛詩正義》，頁182下。

[5] 宋嚴粲：《詩緝》（臺北：廣文書局，1970年11月再版），卷8，頁41。

[6] 宋朱熹撰：《詩集傳》（香港：中華書局香港分行，1961年2月），頁56。

[7] 清馬瑞辰：《毛詩傳箋通釋》（北京：中華書局，1989年3月），冊上，頁288-289。

[8] 清阮元：《揅經室集》（北京：中華書局，1993年5月），冊上，頁11-14。

[9] "'既'字有兩種詞性：一是表動作已經完成的時間（也稱時間副詞），放在動詞的上面。……另一個是個關係詞，表示推論關係，放在前提小句裡面，底下的結論小句中，常用'則'字，和那'既'字相呼應。"許世瑛：《常用虛字用法淺釋》（臺北：復興書局，1981年7月10版），頁246-248。

[10] 見先秦古籍之《引得》、《通檢》之"既"字條。

[11] "方"字作爲副詞時，表示"即將"；或表示剛剛發生某一件行動；或表示"正在"，表示動作正在進行，情況正在持續。陳霞村：《古代漢語虛詞類解》（太原：山西教育出版社，1992年4月），頁241、246、254。

[12] 《毛詩傳箋通釋》，冊上，頁289。

曰觀乎？"　"士曰暨，勸其息"，豈不與詩旨扞格？

阮元"終始"之說，語焉未詳，亦未洽詩義，恐非的解。唯阮氏嘗論證"且"爲"祖"之初文[13]，則爲本文"士曰既且"新詁之張本。竊以爲，且、祖音近相通，"既且"者，"既祖"也。吾人若取下列資料比觀，其旨當可掌握：

(1)《詩‧大雅‧烝民》："仲山甫出祖，四牡業業，征夫捷捷"。《箋》云："祖者，將行、犯軷之祭也。"[14]

(2)《詩‧大雅‧韓奕》："韓侯出祖，……顯父餞之。"《箋》云："將行而犯軷也。既覲而反國必祖者，尊其所往，去則如始行焉。"[15]

(3)《戰國策‧燕策》："……至易水上，既祖，取道。"宋鮑彪（?-?）曰："祖，行祭。"元吳師道（1283-1344）曰："軷，謂祭道路之神，封土爲山象，伏牲其上；既祭，處者餞之；飲畢，乘車轢之而去。"[16]

(4)《禮記‧檀弓上》："曾子弔於負夏，主人既祖……。"《鄭注》曰："祖謂移柩車去載處，爲行始也。"[17]

(5)《儀禮‧既夕禮》："有司請祖期。"《鄭注》曰："將行而飲酒曰祖。祖，始也。"[18]

(6)《儀禮‧聘禮》："出祖釋軷。"《鄭注》曰："祖，始也，……爲行始也。"[19]

---

[13] 《揅經室集》，冊上，頁11-14。又古文字學者李孝定、強運開等，根據甲骨、金文等材料，亦謂"且"象"神主"之形，爲"祖"之初文，與阮說同。李說見《甲骨文字集釋》（臺北：中央研究院歷史語言研究所，1965年），冊1，頁72-73。強說見《說文古籀三補》（北京：中華書局，1986年6月），卷14，頁4。

[14] 《毛詩正義》，頁676下。

[15] 《毛詩正義》，頁681下。

[16] 諸祖耿：《戰國策集注彙考》（南京：江蘇古籍出版社，1985年7月），冊下，頁1652、1644。

[17] 《十三經注疏‧禮記正義》，頁134上。

[18] 《十三經注疏‧儀禮注疏》，頁452上。

[19] 《儀禮注疏》，頁283下。

(7)《史記‧五宗世家》："上徵榮，榮行，祖於江陵北門。"唐司馬貞（？-？）《索隱》曰："祖者，……行而祭之，故曰祖也。"[20]

由上引資料可知，古人始行（將行），先設祭路之祀，以祈上路後之順遂平安。因此祀乃爲"始行"而設，故名之爲"祖"。而"祖"之後，便準備出發，《燕策》所謂"既祖，取道"是也。以此，"士曰既且"之"既且"或即爲《戰國策》、《禮記》之"既祖"，義亦近於《詩》之"出祖"。字面之旨爲"祖祭之後"，而暗寓"始行"、"將行"之義。

試將此解納入原句：女曰："觀乎？"士曰："既祖（將行、正要去）。"承上言，女曰："且往（將往）觀乎？"（掩不住興奮之情）然後主動推薦："洧之外，信訏且樂。"士與女，遂相諧邀遊。如此作解，既有語源及用例相佐，又上可與"士與女，方秉蘭兮"之"方"文義相承，下則令文情暢順，一氣呵成，似較舊注爲愈。

參、"洵美且仁"析論

"洵美且仁"句見〈叔于田〉，全文如下：

叔于田，巷無居人。豈無居人？不如叔也，洵美且仁。

叔于狩，巷無飲酒。豈無飲酒？不如叔也，洵美且好。

叔適野，巷無服馬。豈無服馬？不如叔也，洵美且武。[21]

詩中"洵美且仁"之"仁"，舊注皆視爲本字，而以"仁德"、"仁愛"、"愛人"等義釋之。[22]唯此詩之詩旨，《詩序》以爲：

---

[20] 楊家駱主編：《新校本史記三家注并附編二種》（臺北：鼎文書局，1993年10月八版），冊3，頁2094-2095。

[21] 《毛詩正義》，頁163上。

[22] 如唐孔穎達（574-648）《正義》（《毛詩正義》，頁163上）、宋范處義（1131-1162）《詩補傳》、宋朱熹《詩集傳》（景印《文淵閣四庫全書》，冊72，頁121下、780上）。

〈叔于田〉，刺莊公也。叔處于京，繕甲治兵，以出于田，國
人說而歸之。[23]

而共叔段嘗有叛亂謀反之實，於兄不友，於君不臣，實難當此盛德令
譽；此注家之所以不得不另加補語，以濟此矛盾。孔穎達便曰：

"仁"是行之美名，叔乃作亂之賊，謂之信美好而又仁者，言
國人悅之辭，非實仁也。[24]

"國人悅之，許之以仁"之說，嚴粲揆之以史，以爲未盡屬實，復辯
之曰：

《序》謂國人說而歸之，非也。鄭師臨其境，京人亦叛之矣。……
段豈眞美且仁哉？其黨私之之言，猶河朔之人謂安、史爲聖也。
[25]

而清胡承珙（1776-1832）《毛詩後箋》則又對"以仁稱美"一事，
提出另一番說解：

……陳氏《稽古篇》曰："叔段善飲酒，工服馬，而得仁武美
好之名。……是君子微文之刺，非小人虛譽之詞。"……承珙
案：……所謂仁武美好者，不過飲酒服馬之事；蓋以爲舍是皆無
足道者。……乃君子知幾者所作也。[26]

一詞之解，竟有如此枝蔓，似已透顯出"洵美且仁"之"仁"解爲"仁
愛"之"仁"，未臻穩妥。

就詩論詩，〈叔于田〉乃稱美獵人之作；就其結構觀之，三章之
首句"于田"與"適野"，實於全詩起制約作用；亦即整首詩中所興
發之讚嘆之情，皆縈繞萃聚於"于田"、"觀獵"之情境之中。《鄭
箋》所謂"叔往田，國人注心於叔，似如無人處"[27]，或可說明此誼。
而觀獵中之喝采讚嘆，又每以獵者之勇壯、騎射之技藝爲依歸，鮮有
及其德行操守者。《齊風‧還》可資佐證：

---

[23] 《毛詩正義》，頁162下。

[24] 《毛詩正義》，頁163上。

[25] 《詩緝》，卷8，頁9上。

[26] 清王先謙（1842-1917）編：《皇清經解續編》（臺北：藝文印書館，1965
年10月），冊7，頁5243。

[27] 《毛詩正義》，頁163上。

　　子之還兮，遭我乎峱之間兮。並驅從兩肩兮，揖我謂我儇兮。

　　子之茂兮，遭我乎峱之道兮。並驅從兩牡兮，揖我謂我好兮。

　　子之昌兮，遭我乎峱之陽兮。並驅從兩狼兮，揖我謂我臧兮。
[28]

此詩乃獵者互相誇美騎獵之技之辭，《序》所謂"哀公好田獵，……國人化之，遂成風俗。習於田獵謂之賢，閑於馳逐謂之好"[29]是也。而其中互美之辭："子之還兮"，嚴粲曰：

　　《傳》曰："還，便捷之貌。"曹氏曰："謂馳逐之便捷。"
[30]

"謂我儇兮"，馬瑞辰云：

　　《傳》："儇，利也。"……《方言》、《說文》竝曰"儇，慧也。"慧者多便利，與"儇"爲"便捷"義相近，故《箋》以爲"報前言還"也。[31]

"子之茂兮"，嚴粲曰：

　　《傳》曰："茂，美也。"曹氏曰："謂才藝之茂美也。"[32]

"謂我好兮"，《毛傳》云：

　　閑於馳逐謂之好焉。[33]

"子之昌兮"，嚴粲曰：

　　錢氏曰："昌，盛壯也。"[34]

"謂我臧兮"，《毛傳》云：

　　臧，善也。[35]

其義皆與獵者之武勇以及騎射馳逐之材藝相關。以此相較，並兼配《詩

---

[28]　《毛詩正義》，頁189。
[29]　《毛詩正義》，頁189上。
[30]　《詩緝》，卷9，頁4下。
[31]　《毛詩傳箋通釋》，冊上，頁297。
[32]　《詩緝》，卷9，頁4。
[33]　《毛詩正義》，頁189上。
[34]　《詩緝》，卷9，頁4。
[35]　《毛詩正義》，頁189上。

經》篇什每多以義相類之辭一倡而三歎之技法，知"洵美且仁"之"仁"，當與"洵美且好"之"好"、"洵美且武"之"武"義類相近，皆針對"叔于田"之武勇、才藝而發，故非"仁德"之"仁"。竊謂，此"仁"或即是"佞"之借字，蓋"佞"、"仁"聲近可相通假，[36]而"佞"之義項中，有"高材"、"巧技"之義，[37]"洵美且仁"者，"洵美且佞"也；言其"藝高才盛"也。

《鄭風》中另收有〈大叔于田〉乙詩，尤能佐助吾人體認"洵美且仁"之"仁"當為"佞"之借字：

> 叔于田，乘乘馬，執轡如組，兩驂如舞。叔在藪，火烈具舉，襢裼暴虎，……。

> 叔于田，乘乘黃，兩服上襄，兩驂雁行。……叔善射忌，又良御忌，抑縱送忌。

> 叔于田，乘乘鴇，兩服齊首，兩驂如手。……[38]

這首詩同樣描寫叔于田而篇幅較長，[39]它細膩地描繪了"叔于田"時之英姿武勇、騎射馳逐之技冠群從，[40]正可予前首〈叔于田〉以補充，

---

[36] 佞，小徐本《說文》以為從仁得聲，大徐本則以為從信省。段玉裁曰："……玫《晉語》'佞之見佞，果喪其田。……'古音'佞'與'田'韻，則仁聲是也。"〔丁福保編：《說文解字詁林及補遺》（臺北：臺灣商務印書館，1970年1月），冊9，頁5616下〕案：仁，上古日紐真部；佞，泥紐耕部〔郭錫良：《漢字古音手冊》（北京：北京大學出版社，1986年11月），頁23及279〕。娘、日古歸泥；真、耕旁轉，仁、佞古音相近。又"仁"、"佞"相假，阮元〈釋佞〉一文已見其說。（《揅經室集》，冊下，頁1011-1013。）

[37] 《說文》："佞，巧、讇、高材也。"《段注》："巧者，技也。"〔清段玉裁：《說文解字注》（上海：上海古籍出版社，1981年10月），頁622下。〕《戰國策·秦策》："秦王謂軫曰：'寡人不佞，不能親國事也。……'"鮑彪曰："佞，高才也。"（諸祖耿：《戰國策集注彙考》，冊上，頁218、220。）《左傳·成公十三年》："寡人不佞，其不能諸侯退矣。……"《正義》曰："服虔云：'佞，才也。不才者，自謙之辭也。……'"（《春秋左傳正義》，頁463上。）

[38] 《毛詩正義》，頁163-164。

[39] 嚴粲曰："兩〈叔于田〉，其三章章五句短篇者，止曰〈叔于田〉；其三章章十句長篇者，加大以別之。"（《詩緝》，卷8，頁9-10。）

[40] 元劉玉汝（?-?）《詩纘緒》曰："首章不言射，而先稱其襢裼暴虎，此大叔之所能，眾人之所喜者。……二章末四句射御互言。……末章首三句專言射，

說明何以"叔于田"時，會造成"國無人"之轟動，會獲得"洵美且仁"、"洵美且好"、"洵美且武"之稱美。[41]唯其無一語及於叔之德行，且《詩序》曰：

〈大叔于田〉，刺莊公也；叔多才而好勇，不義而得眾。[42]

益可證"洵美且仁"實即"洵美且佞"，言其多才也。

即此，吾人亦可檢視《詩》中另一"仁"字之說解。《齊風·盧令》：

盧令令，其人美且仁。

盧重環，其人美且鬈。

盧重鋂，其人美且偲。[43]

其中"美且仁"、"美且鬈"、"美且偲"位格相同，一如"盧令令"、"盧重環"、"盧重鋂"之並列。而"令令"、"重環"、"重鋂"義類相近，[44]皆就獵事言之，則"美且仁"、"美且鬈"、"美且偲"亦當如是。"鬈"，《箋》云："當讀爲權，權，勇壯也。"[45]"偲"，《毛傳》曰："才也。"《箋》曰："多才也。"[46]是"其人美且仁"之"仁"，亦當如〈叔于田〉"洵美且仁"之"仁"，爲"佞"之借，[47]"才"也，而非舊注之"仁愛"。

尤以射爲精。……"（景印《文淵閣四庫全書》，冊77，頁624上。）

[41] 劉玉汝曰："田獵以車馬爲用，射御爲能，故鄭人之愛大叔者，惟以此稱譽之。"（景印《文淵閣四庫全書》，冊77，頁624上。）

[42] 《毛詩正義》，頁163上。

[43] 《毛詩正義》，頁198。

[44] 《毛傳》："盧，田犬，令令，纓環聲。……重環，子母環也。……鋂，一環貫二也。……"（《毛詩正義》，頁198。）

[45] 《毛詩正義》，頁198下。

[46] 《毛詩正義》，頁198下。

[47] 近人朱廷獻已有"仁、佞古通用，見《詩·盧令》'其人美且仁'"之說；〔《尚書異文集證》（臺北：臺灣中華書局，1970年6月），頁159。〕唯該書中未見進一步之疏解。本文或可作爲補證之用。

參考書目

一、丁福保編:《說文解字詁林及補遺》,臺北:臺灣商務印書館,
1970 年 1 月。

二、清王先謙編:《皇清經解續編》,臺北:藝文印書館, 1965 年
10 月。

三、朱廷獻:《尚書異文集證》,臺北:臺灣中華書局,1970 年 6
月。

四、宋朱熹撰:《詩集傳》,香港:中華書局香港分行, 1961 年 2
月。

五、李孝定編述:《甲骨文字集釋》,臺北:中央研究院歷史語言研
究所, 1965 年。

六、清阮元刊:《十三經注疏》,臺北:藝文印書館, 1965 年 6 月,
影印武英殿刻本。

七、清阮元:《揅經室集》,北京:中華書局, 1993 年 5 月。

八、清段玉裁:《說文解字注》,上海:上海古籍出版社, 1981 年
10 月。

九、清紀昀等纂修:《文淵閣四庫全書》,臺北:臺灣商務印書館景
印, 1986 年 3 月。

十、清馬瑞辰:《毛詩傳箋通釋》,北京:中華書局, 1989 年 3 月。

十一、強運開輯:《說文古籀三補》,北京:中華書局, 1986 年 6
月。

十二、許世瑛:《常用虛字用法淺釋》,臺北:復興書局,1981 年 7
月 10 版。

十三、郭錫良:《漢字古音手冊》,北京:北京大學出版社, 1986
年 11 月。

十四、陳霞村:《古代漢語虛詞類解》,太原:山西教育出版社, 1992
年 4 月。

十五、楊家駱主編:《新校本史記三家注并附編二種》,臺北:鼎文
書局, 1993 年 10 月八版。

十六、諸祖耿:《戰國策集注彙考》,南京:江蘇古籍出版社, 1985

年 7 月。

十七、宋嚴粲：《詩緝》，臺北：廣文書局，1970 年 11 月再版。

第二屆國際暨第四屆全國訓詁學學術研討會
臺北・臺灣師範大學國文學系 1998.12.5-6

通、同訓詁用語之別

師大國文系退休教授
周　何

一、前言

　　前人訓詁用語中每見有云「某與某同」及「某與某通」者，通同之間，究有何區別，似鮮有人言及，余於教授訓詁學時，雖嘗試解之，謂同字而異形者曰同，不同字而同用者曰通，然細思之，通，同之用，似仍有混淆不清之處，去歲訓詁學會中，曾提及此事，以為疑難，今擬檢覈《經籍纂詁》所見，試為解釋，惟自中風以來，左肢行動不便，精力銳減，極易疲累，兼又眼力不濟，致未能盡收資料，以觀其全，僅於勉強之下，蒐得百餘條，稍作彙整，擇其可用者，略抒梗概，或亦僅提供一研究方法及論析，俾後之學者取資焉。適當與否，尚祈方家不吝賜教。

二、同字而異形者曰同

（一）△工與紅同（《文選・在元城與魏太子牋》「女工吟詠於機杼」注）

　　△紅與工同（《漢書・文帝紀》注）

　　《說文》云：「紅，帛赤白色也，從糸工聲。」按形聲字多以其聲符為初文，則紅字本亦作工，糸為後加。以為帛赤白色之專用字也。故：

　　△《漢書・哀帝紀》「害女紅之物」注引如淳曰：「紅亦工也。」

　　△《漢書・酈食其傳》、〈董仲舒傳〉之集注皆云：「紅讀曰工。」

（二）△容與頌同（《周禮鄉大夫》「四曰和容」鄭司農注）

《說文》：「頌，皃也。從頁公聲。」段注云：「古作頌皃，今作容皃，古今字之異也。」是謂頌、容為古今之異字，則頌之與容本同一字而異形耳。又《後漢書·儒林傳》「而魯徐生善為頌。」謂徐生善為禮容也，《漢書惠帝紀》「皆頌繫」注云：「古者頌與容同。」《淮南子·修務篇》「而不期於《洪範》、《商頌》」注云：「頌或作容。」

（三）△古文箴針二形，今作鍼同（《一切經音義》十七）

△鍼，今作針同（《一切經音義》廿五引《聲類》）

△箴，古針字（《文選·景福殿賦》「雖離朱之至精」注）

《說文》：「鍼，所以縫也。」又：「箴，綴衣箴也。」是二字並為縫衣之鍼，而形體不同者，從竹從金以示其一為竹製，一為金屬　耳。針字隋唐以後始見，是古今之異體也。咸聲，十聲均於段玉裁古音十七部中屬第七部，作針者更其聲符耳。

三、同音字而同用者曰通

（一）△鴻與洪古字通（《文選·四子講德論》「夫鴻鈞之世」注）

《說文》：「鴻，鵠也。從鳥江聲。」又：「洪，洚水也。從水共聲。」鴻音戶工反，九部。洪亦音戶工反，九部，是鴻洪二字同音。同音而或通用，故曰通，如：

△《荀子·成相》「禹有功柳下鴻」注云：「鴻即洪水也。」

（二）△麋，眉也，古字通用（《漢書·王莽傳》下「赤麋聞之」注）

《說文》：「麋，鹿屬，從鹿米聲。」武悲切，十五部。又：「眉，目上毛也。從目象眉之形，上象額理也。」亦音武悲切，十五部。是麋眉二字古音相同也。二字同音，故每相通用。如：

△《方言》十二注：「麋猶眉也。」

△《荀子·非相》：「伊尹之狀而無須麋」注：「麋與眉同。」

△《詩·巧言》；「居河之麋」，《爾雅·釋水》注作「居河之湄」。

△《考工記‧梓人》注：「謂麋衡也」疏：「麋即眉也。」

(三)△蒙與霿亦通（《史記‧宋微子世家》「曰霿」索隱）

《說文》：「蒙，王女也，從艸冢聲。」音莫紅切，九部。又：「霿，地气發，天不應曰霿，從雨秋聲。霧，籀文霿省。」音亡遇切，三部。莫，古聲明紐，亡，微母，古聲亦屬明紐，又段玉裁古合韻說，有第九部與第三部同入說：「此實東韻與侯韻陰陽對轉之現象也。是蒙與霿字古本同音也。故：

△《書‧洪範》疏引鄭注云：「霿音近蒙。」

按霿音近蒙，故相通用也。

(四)△離與麗古字通（《文選‧潘安仁爲賈謐作贈陸機詩》「婉婉長離」注。

《說文》：「離黃，倉庚也，鳴則蠶生，從隹离聲。」又：「麗，旅行也，鹿之性見食急，則必旅行。從鹿丽聲。」離音呂支切，古音在十六部，麗音郎計切，十五部。呂、郎同爲來母；十五部與十六部古韻相近。是二字古音相同，而每通用也。故：

△《儀禮‧鄉飲酒禮》「乃歌魚麗」釋文：「麗，本作離。」

△《易‧兌》「麗澤」釋文：「麗，鄭作離。」

△《易‧漸》「或得其桷」虞注：「離爲麗。」

△《易‧離》「離，王公也」釋文：「鄭作麗。」

△《詩‧漸漸之石》「月離于畢」，《淮南‧原道》注作「月麗于畢。」《論衡‧說日》引亦作「月麗于畢」。

△《國策‧燕策》「高漸離」，《論衡‧書虛》作「高漸麗」。

四、同通混淆不清者

(一)△帷，古文違同（《一切經音義》九）

《說文》：「帷，在旁曰帷。從巾隹聲。」又：「違，離也。從辵韋聲。」帷音洧悲切，十五部。違音羽非切，十五部。是二字古音相同，而字義迥異，絕非一字之異形，則二字因同音而每通用也。是當云通，而不宜云同也。

（二）△資與齊同（《荀子‧禮論》「資麤衰苴杖者不聽樂」注）

　　《說文》：「資，貨也，從貝次聲。」又：「齊，禾麥吐穗上平也，象形。」資音即夷切，十五部；齊音徂兮切，十五部。二字皆精母，十五部，且字義迥異，絕非一字之異形。則二字因同音而每通用也。是當云通，不宜云同也。

（三）△萎與委古字通（《文選‧赭白馬賦》「長委離兮」注）

　　《說文》：「委，隨也。從女禾聲。」音於詭切，十五部；又：「萎，食牛也。從艸委聲。」音於僞切，十六部，是二字古本同音。又萎從委聲，猶之紅從工聲，皆聲子與聲母之關係，形聲字多以聲母爲其初文，則萎初即本作委，後加艸以爲食牛之專用字耳，是則此注當云萎與委同，而不宜云通也。

（四）△撟與矯同（《後漢書‧劉盆子傳》注）

　　△撟即矯字，古通用（《後漢書‧皇甫嵩傳》注）

　　同出於《後漢書》注，而一云撟與矯同，一云古通用，通同之別，於是泯矣。

五、結語

　　綜上所述可知，云「某與某同」者，必二者本爲一字而音義並同，形體有殊，於文字學六書中所謂「轉注」者是也；云「某與某通」者，必二者絕非一字，音同而義異，而以同音而通用，其於文字學六書中所謂「假借」者是也。故通，同之混，實即轉注與假借觀念之模糊不清也。其所以模糊不清者，蓋緣於轉注之字與假借之字皆具音同之條件，訓者但見其同音，乃或謂之同，又或謂之通，而無暇細別之故也。爰有本爲二字通用而誤訓爲同者，有原屬同字而誤訓爲通者，亦有於此訓爲同，於彼又訓爲通者。是皆訓詁者之未經審辨而致誤判也，推原其始，蓋或亦起於隋唐之際，然而後世學者因更不明其別異矣。

　　　　　　　　　　　一九九八年九月於揚州四季園

第二屆國際暨第四屆全國訓詁學學術研討會
臺北・臺灣師範大學國文學系 1998.12.5-6

漢魏六朝詩歌詞語探源

杭州大學古籍研究所

王雲路

　　漢魏六朝詩歌上承《詩經》、《楚辭》，下啓唐詩、宋詞，其語彙既有繼承，更有發展，往往獨具特色。但是以往對它的研究還很不夠，一些詞語的含義、來源及用法不甚清楚，直接影響了對詩義的理解。茲以逯欽立先生所輯《先秦漢魏晉南北朝詩》爲據，結合其他中古文獻以及唐宋詩文，對若干漢魏六朝詩歌詞語含義及其源流演變等作一考索。

（一）・嗹心

　　《北周詩》卷四庾信《奉答賜酒鵝》："雲光偏亂眼，風聲特嗹心。冷猿披雪嘯，寒魚抱凍沈。今朝一壺酒，實是勝千金。"天寒地凍時節，風聲都讓人心寒，此時能有一壺酒，確實相當寶貴了。"嗹心"即寒心，讓人覺得冷。"嗹"表寒冷義。

　　晉法顯《佛國記》："雪山多夏積雪，山北陰中，遇寒風暴起，人皆嗹戰。""嗹戰"即寒戰。唐張讀《宣室記》卷一："即隨僧入池中，忽覺一身盡冷嗹而戰。""冷嗹"同義，即寒冷。《古小說鉤沉》輯《冥祥記》："（李）清還先興中。夜寒嗹凍。至曉門開，僧達果出至寺。"《南史・王偃傳》："（吳興長公主）長俾偃縛諸庭樹，時天夜雪，嗹凍久之。""嗹凍"言寒冷。《法顯傳》："人皆嗹戰，慧景一人不堪復進。""嗹戰"即寒戰，發抖。

　　考"嗹"的本字當爲"㑞"，《玉篇・彳部》；"㑞，寒極也。"《諸病源候論》卷六《解散病諸候・解散心腹痛心㑞候》："其寒氣盛，勝於熱氣，榮衛祕澀不通，寒氣內結於心，故心腹痛而心㑞寒也。其狀：心腹痛而戰㑞，不能言語是也。""㑞寒"即寒冷。"戰㑞"

猶寒戰。

　　"濂"可作"噤"，也可作"禁"。《古今小說·月明和尚柳翠》："倘若寒禁，身死在我禪房門首，不當穩便。""寒禁"與"濂寒"同。

（二）·矜

　　《晉詩》卷十九《清商曲辭·子夜四時歌·冬歌》："未嘗經辛苦，無故強相矜。欲知千里寒，但看井水冰。""矜"是冷淡和冷漠義。

　　《全三國文》卷五十一嵇康《家誡》："非意所欽者而來戲調蚩笑人之闕者，但莫應從，小共轉至于不共，而勿大冰矜，趨以不言答之……"，"而勿大冰矜"謂不要顯出過分冷淡的樣子。"冰矜"同義連言，爲六朝人語。《世說新語·規箴》："郗太尉晚節好談，既雅非所經，而甚矜之。後朝覲，以王丞相末年多可恨，每見必欲苦相規誡。王公知其意，每引作他言。臨還鎮，故命駕詣丞相，丞相翹須厲色，上坐便言：'方當乖別，必欲言其所見。'意滿口重，辭殊不流。王公攝其次，曰：'後面未期，亦欲盡所懷，願公勿復談！'郗遂大瞋，冰矜而出，不得一言。""冰矜"爲唐本殘卷寫法，今本作"冰衿"。舊說對"冰矜"（或"冰衿"）大致有三種解釋。一說認爲"冰衿"是，而釋"衿"爲"沾衿"、"胸襟"或"拂袖"等，以清陳僅《捫燭脞存》卷十二爲代表；一說認爲"矜"字是，而釋爲"矜奮"、"衿持"等，以余嘉錫《世說新語箋疏》、張永言主編《世說新語辭典》等爲代表；一說則不拘字形，釋爲"冷"或"冷戰"，以方以智《通雅》等爲代表。按，方說是。"冰矜"指神態冷漠。

　　"矜"何以有冷漠義？蓋源于"矜"的寒冷義。《諸病源候論》卷六《解散病諸候·寒食散發候》："若藥未散者，不可浴，浴之則矜寒，使藥噤不發，令人戰掉。""矜寒"同義連言，就是寒冷，與"禁寒"、"濂寒"同。同篇又說："或矜戰惡寒如傷寒，或發熱如瘧。""矜戰"即冷戰、寒戰。《文選·張衡＜思玄賦＞》"魚矜鱗而并凌兮"句李善注："矜，寒貌。"亦其證。而由生理上的寒冷轉指心理或表情上的冷漠、冷淡是很自然的。

　　進一步考察，"矜"有寒冷義，其本字當爲"濂"。古文中從"禁"、

"今"之字多相通。如《荀子‧非十二子》："其纓禁緩。"楊倞注："禁或讀爲紟。"《詩‧鄭風‧子衿》孔穎達疏："衿與襟音義同。"又《後漢書‧班固傳下》"伶侏兜離，無不具集"句李賢注："鄭玄注《周禮》云：'四夷之樂……北方曰禁。'禁，《字書》作'伶'，音渠禁反。"皆其證。因而"矜"與"禁"通，也有寒冷、顫抖義。《世說新語》"冰矜"一作"冰衿"，亦通。

作爲寒冷義，"禁"字的使用頻率并不高，除了"噤"、"禁"、"矜"、"衿"之外，後世的借音通假字就更多了。而上古表示寒冷義較常見的是"兢"字。《詩‧小雅‧小宛》："戰戰兢兢，如履薄冰。"此指恐懼而引起的寒戰、顫抖。也可重疊爲"矜矜戰戰"。《隸釋‧漢中常侍樊安碑》："其事上也，貞固密慎，矜矜戰戰，作主股肱。"是其證。《宋詩》卷一孔欣《祠太廟》："明發修薦享，矜悚不遑止。馨折階廊廟，棲棲（即淒淒）常靡已。""矜悚"連言，謂發抖。顫抖可因寒冷產生，也可因懼怕而產生，故"矜"又有懼怕、發抖義。恐懼與感傷義相因，《宋詩》卷五宋孝武帝劉駿《秋夜》："睹辰念節變，感物矜乖離。""矜"即憂傷義。"矜"還有矜持、高傲義，亦與冰冷、淡漠義有密切關係。例略。

（三）端居

《魏詩》卷四魏文帝曹丕《折楊柳行》："端居若無惊，駕游博望山。"

《漢語大詞典》及許多詩文注釋本解釋"端居"一詞都曰："謂平常居處。"此說未盡確。"端"有獨義，"端居"即獨居，一般表示兩種含義：一是形容一人獨居的孤單、苦悶，如唐張九齡《聽箏》："端居正無緒，那復發秦箏。"駱賓王《艷情代郭氏贈盧照鄰》："悲鳴五里無人間，腸斷三聲誰爲續。思君欲上望夫臺，端居懶聽將雛曲。"明雷士俊《寄王築夫》："寂寞荒村靜，端居念遠朋。"曹丕詩亦其義。

二是形容一人獨居的清靜、閑暇與逍遙。《梁書‧傅昭傳》："終日端居，以書記爲樂，雖老不衰，博極古今。"唐李山甫《遷居清溪和劉書記見示》："端居味道塵勞息，扣寂眠雲心境齊。"王維《登裴秀才迪小臺》："端居不出戶，滿目望雲山。落日鳥邊下，秋原人

外閑。"即其例。由此義引申,"端居"又有閑居而無所事事之義。唐孟浩然《望洞庭湖贈張丞相》:"欲濟無舟楫,端居恥聖明。坐觀垂釣者,徒有羨魚情。"即其例。

與"端居"相同的是"端坐"一詞。"端坐"猶言獨坐、獨居,也表示兩種情形:一是形容獨居的冷清、愁苦:《魏詩》卷三徐幹《室思》:"念與君生別,各在天一方。……端坐而無為,仿佛君容光。"又卷七陳思王曹植《贈王粲》:"端坐苦愁思,攬衣起西游。"《晉詩》卷三張華《情詩》:"北方有佳人,端坐鼓鳴琴。終晨撫管弦,日夕不成音。憂來結不解,我思存所欽。"《齊詩》卷四謝朓《奉和隨王殿下》:"端坐聞鶴引,靜瑟愴復傷。懷哉泉石思,歌咏鬱瓊相。"《梁詩》卷十二王僧孺《為人寵姬有怨》:"錦衾褻不聞,端坐夜及朝。是妾愁成瘦,非君重細腰。"《全上古三代秦漢三國六朝文・全晉文》卷二十七王羲之《雜帖》:"僕端坐將百日,為尸居解日耳,不知那得一散懷。"上述"端坐"皆謂獨坐,猶言孤獨。

"端坐"的另一種含義是表示一人獨坐的清靜、閑適。《晉詩》卷七左思《嬌女》:"并心注看饌,端坐理盤槅。"又卷十三郗曇《蘭亭》:"溫風起東谷,和氣振柔條。端坐興遠想,薄言游近郊。又卷二十支遁《咏懷》:"端坐鄰孤影,眇罔玄思劬。"又《咏禪思道人》:"蔚薈微游禽,崢嶸絕蹊路。中有沖希子,端坐摹太素。"又盧山諸道人《游石門》:"矯首登靈闕,眇若凌太清。端坐運虛論,轉彼玄中經。"由此義引申,"端坐"又有閑坐、閑居之義。《梁詩》卷十三張率《相逢行》:"小婦尚嬌稚,端坐吹參差。丈夫無遽起,神鳳且來儀。"即含此義。《寒山詩》第二三二首:"如何得到岸,努力莫端坐。"此處"端坐"則謂閑坐、無所事事,有貶義。

"端"似有專、獨之義。《三國志・魏志・王昶傳》:"籌不虛運,策不徒發,端一小心,清修密靜。""端一"即專一。《宋詩》卷五南平王劉鑠《擬青青河邊草》:"思女御櫳軒,哀心徹雲漢。端撫悲弦泣,獨對明燈嘆。良人久徭役,耿介終昏旦。""端"與"獨"對文,義亦相同。宋蘇軾《水龍吟》詞:"料多情夢里,端來見我,也參差是。""端"也是獨或專之義。比較《晉詩》卷十一楊方《合歡》:"獨坐空室中,愁有數千端。"又郭璞詩:"閑宇靜無娛,端坐愁日永。"可知"端坐"猶"獨坐"。

（四）· **勞戲**

《隋詩》卷四薛道衡《和許給事善心戲場轉韻》："繁星漸寥落，斜月尚徘徊。王孫猶勞戲，公子未歸來。"

從文意看，"勞戲"當爲嬉戲、玩耍義。《齊民要術》中又發現了一例，卷六《養羊》："牧羊必須大老子，心性宛順者，起居以時，調其宜適。……若使急性人及小兒者，攔約不得，必有打傷之災；或勞戲不看，則有狼犬之害；懶不驅行，無肥充之理；將息失所，有羔死之患。"此例意思很明確，"勞戲不看"即嬉戲不照看羊群，"勞戲"有嬉戲義可以無疑。

"勞戲"何以會有嬉戲義呢？《晉詩》卷七左思《嬌女》："輕妝喜樓邊，臨鏡忘紡績。舉觶擬京兆，立的成復易。玩弄眉頰間，劇兼機杼役。""劇"是玩耍義。唐李白《長干行》："妾髮初覆額，折花門前劇。"亦其例。宋張耒《有感》詩："群兒鞭笞學官府，翁憐痴兒傍笑侮。翁出坐曹鞭復呵，賢於群兒能幾何？兒曹相鞭以爲戲，翁怒鞭人血滿地。等爲戲劇誰後先？我笑謂翁兒更賢。""等爲戲劇"謂同樣是游戲。《說文："勞，劇也。"筆者曾據此以爲"勞戲"就是"劇戲""戲劇"，爲同義連言。然進一步考察，又覺不妥。桂馥、王筠等認爲《說文》"勞，劇也"之"劇"是"勌"之誤。《說文》："勌，務也。"而"務"與"勞"義近，沒有嬉戲義，且"勞"字單用也未發現作嬉戲解的用例。

"勞戲"一詞的解釋似乎應從聲音入手。《隋詩》卷十《仙道·陰長生遺世四言詩》："逍遙太極，何慮何憂。遊戲仙都，顧愍群愚。""遊戲"一詞，《神仙傳》作"遨戲"，《太平廣記》作"傲戲"。《漢書·霍光傳》："從官更持節，引內昌邑從官騶宰官奴二百餘人，常與居禁闥內敖戲。"《三國志·魏志·陶謙傳》："陶謙字恭祖，丹陽人。"裴松之注引三國吳韋昭《吳書》："甘公夫人聞之，怒曰：'妾聞陶家兒敖戲無度，如何以女許之？'"唐韓愈《雜詩》："當今固殊古，誰當與欣歡？獨攜無言子，共升崑崙顛。長風飄襟裾，遂起飛高圓。下視禹九州，一塵集豪端。傲嬉未云幾，下已憶萬年。"宋蘇轍《偶游大愚見餘杭明雅照師賦詩送之》："俯首笑不答，且爾聊敖嬉。""勞戲"當即"遨戲"、"傲戲"、"敖戲"、"遨嬉"、"敖嬉"，併音近義同。

"敖"（或作"傲"）有嬉戲義。《詩·小雅·鹿鳴》："我有旨

酒,嘉賓式燕以敖。"毛傳曰:"敖,遊也。"又《邶風·柏舟》:
"微我無酒,以敖以遊。"《釋文》曰:"敖,本亦作遨。"《商君書·墾令》:"民不敖,則業不敗。"《後漢書·劉盆子傳》:"俠卿爲制絳單衣,半頭赤幘,直綦履,乘軒車大馬,赤屏泥,絳襜絡,而猶從牧兒遨。"以上"敖"或"遨"皆嬉戲義,寫作"勞"是其假借字。

(五)·搖搖

《晉詩》卷四潘岳《東郊》:"出自東郊,憂心搖搖。"《齊詩》卷三謝朓《之宣城郡出新林浦向板橋》:"旅思倦搖搖,孤游昔已屢。"

"搖搖"謂憂傷,字或作"遙遙"。《晉詩》卷十七陶淵明《雜詩》:"遙遙從羈役,一心處兩端。"《齊詩》卷六釋寶月《行路難》:"空城客子心腸斷,幽閨思婦氣欲絕。……夜夜遙遙徒相思,年年望望情不歇。"《陳詩》卷四陳后主叔寶《有所思》:"杳杳與人期,遙遙有所思。"皆其例。

考《詩·王風·黍離》:"行邁靡靡,中心搖搖。""搖搖"即憂憂。《爾雅·釋訓》:"灌灌憢憢,憂無告也。"《方言》卷十:"憢,又憂也。"可知"搖搖"、"遙遙"的本字當爲"憢憢"。

事實上,中古或上古漢語中的許多狀情貌的詞語是不拘形體的,只從語音上求得一致。比如與"搖搖"有雙聲或疊韻關係的疊音詞"悄悄"、"勞勞"、"悠悠"等皆表示憂傷義,例略。

(六)·佳期

《宋詩》卷二謝靈運《石門新營所住四面高山迴溪》:"美人游不還,佳期何由敦。""佳期"一詞該怎樣解釋?

我們看宋秦觀《鵲橋仙》詞:"纖雲弄巧,飛星傳恨,銀漢迢迢暗度。金鳳玉露一相逢,便勝卻人間無數。柔情似水,佳期如夢,忍顧鵲橋歸路?兩情若是久長時,又豈在朝朝暮暮!"一般文學欣賞或注釋選本都把"佳期"理解成"美好的時光"。竊以爲"期"當理解成聚會義,"佳期如夢"謂美好的聚會像夢一樣,這首詞通篇都寫牛郎織女的相會。

不妨再看幾首唐詩用例。張九齡《望月懷遠》:"滅燭憐光滿,

披衣覺露滋。不堪盈手贈，還寢夢佳期。”“佳期”謂美好的相會。李益《長干行》：“渺渺暗無邊，行人在何處？好乘浮雲驄，佳期蘭渚東。”此詩問與丈夫相會的地點，蘭渚東是答案，故“期”謂聚會。權德輿《玉臺體十二首·其二》：“嬋娟二八正嬌羞，日暮相逢南陌頭。試問佳期不肯道，落花深處指青樓。”從後兩句一問一答的描寫中可以斷定，“佳期”是相會，指相會的地點，而非指時間。總之，“佳期”謂美好的聚會，又特指男女歡會，以上皆其例。

　　“期”有聚會義。《晉詩》卷十九《清商曲辭·七日夜女郎歌》：“三春怨離泣，九秋欣期歌。”“離”與“期”反義相對。指分離與相聚。《梁詩》卷十九劉孝儀《閨怨》：“一乖西北麗，寧復城南期。”《北周詩》卷一王褒《游俠篇》：“京洛出名謳，豪俠竟交游。河南期四姓，關西謁五侯。”“期”“謁”義近，謂拜會。《陳詩》卷七江總《怨詩》：“采桑歸路河流深，憶昔相期柏樹林。”“相期”即相會。又《宛轉歌》：“步步香飛金薄履，盈盈扇掩珊瑚唇。已言采桑期陌上，復能解佩就江濱。”“期”與“就”都是相聚義。又卷八江總《在陳旦解醒共哭顧舍人》：“何言萬里別，非復竹林期。”“別”與“期”反義相應。宋柳永《玉蝴蝶》詞：“難忘，文期酒會，幾孤風月，屢變星霜。”“文期”與“酒會”平列，“期”與“會”同義。

　　又有“期會”同義連言者。《宋詩》卷十一《清商曲辭·讀曲歌》：“坐倚無精魂，使我生百慮。方局十七道，期會是何處？”又卷二十四王筠《望夕霽》：“物華方入賞，跂予心期會。”《隋詩》卷十《仙道·張麗英石鼓歌》：“暫來期會，運往即乖。”《敦煌曲子詞·山花子》：“落花流水東西路，難期會。”謂難聚會。《漢語大詞典》釋“期會”謂“約期聚會”，不妥。

　　考“期”有聚會義，古人已言之。《國語·周語中》：“火之初見，期於司里。”韋昭注：“期，會也。”《文選·馬融〈長笛賦〉》：“薄湊會而凌節兮，馳趣期而赴躓。”李善注：“期，會也。”皆其證。

　　因而“佳期”有佳會義。《齊詩》卷三謝朓《在郡臥病呈沈尚書》：“良辰竟何許，夙昔夢佳期。”《梁詩》卷五虞羲《送友人上湘》：“佳期難再得，但願論心故。”又卷八何遜《答丘長史》：“握手異沈浮，佳期安可屢。”又卷十六劉孝綽《釣竿篇》：“湍長自不辭，前浦有佳期。”又卷二十八高允生《王子喬行》：“七月有佳期，控

鶴崇崖巔。永與時人別，一去不復旋。""佳期"都是"佳會"義。
《梁詩》卷一梁武帝蕭衍《七夕》："妙會非綺節，佳期乃涼年。"
又卷二十八劉令嫻《答外詩》："良會誠非遠，佳期今不遇。"此二
例以"妙會"或"良會"與"佳期"相對應，義亦相同。宋柳永《曲
玉管》詞："暗想當初，有多少、幽歡佳會。"秦觀詞中的"佳期"
與此"佳會"義同。

（七）・作

《晉詩》卷十九《清商曲辭・團扇郎》："御路薄不行，窈窕決
橫塘。團扇鄣白日，面作芙蓉花。"後一句謂面如芙蓉花。

宋辛棄疾《破陣子》詞："馬作的盧飛快，弓如霹靂弦驚。了卻
君王天下事，贏得生前身後名，可憐白髮生。""馬作的盧飛快"的
"作"怎樣解釋？俞平伯《唐宋詞選釋》注曰："'作'猶'若'。
現在白話說'作爲'，亦有譬況假設之意。猶言'馬若的盧飛快'。"
此說極有道理，但根據在哪裏？一般辭書均無此義。而從六朝詩歌中
可以找到充分的證據。

《晉詩》卷十九《清商曲辭・歡聞變歌》："駛風何曜曜，帆上
牛渚磯。帆作織子張，船如侶馬馳。"此以"作"與"如"同義相應。
辛棄疾詞亦以"作"與"如"同義相對。《宋詩》卷十一《清商曲辭・
讀曲歌》："暫出白門前，楊柳可藏烏。歡作沈水香，儂作博山爐。"
二句詩中"作"皆如同義。《北齊詩》卷二蕭愨《春日曲水》："岩
前片石迴如樓，水里連沙聚作洲。"《陳詩》卷一陰鏗《晚出新亭》：
"潮落猶如蓋，雲昏不作峰。"《隋詩》卷八《雜曲歌辭・出塞》：
"旗作浮雲影，陣如明月弦。"以上三例皆以"如"與"作"相對應。

《梁詩》卷十吳均《行路難》："白璧規心學明月，珊瑚映面作
風花。""作風花"謂如風花。又卷二十八劉令嫻《答唐娘七夕所穿
鍼》："倡人助漢女，靚妝臨月華。連針學并蒂，縈縷作開花。"此
二例以"學"與"作"同義相對。"學"有如同、模仿義。《梁詩》
卷二十八沈滿願《映水曲》："輕鬢學浮雲，雙蛾擬初月。"此以"學"
與"擬"對文。《北齊詩》卷二顏之推《和楊納言聽鳴蟬篇》："單
吟如轉簫，群噪學調笑。"此以"學"與"如"對文。皆其證。又《陳
詩》卷九伏知道《從軍五更轉》："試將弓學月，聊持劍比霜。"此

處"學"與"比"對文，猶言比作，蓋如同與比況義相因。

我們還可以列舉一些同義詞。《梁詩》卷二十八劉令嫻《聽百舌》："風吹桃李氣，過傳春鳥聲。淨寫山陽笛，全作洛濱笙。""淨"謂都、全。"寫"與"作"均為如同義。《梁詩》卷二十二梁簡文帝蕭綱《咏筆格》："仰出寫含花，橫抽學仙掌。"此以"寫"與"學"同義相對。

《陳詩》卷十釋惠《咏孤石》："崖成二鳥翼，峰作一芙蓮。""成"與"作"均為如同義。《陳詩》卷一陰鏗《閑居對雨》："山雲遙似帶，庭葉近成舟。"此以"似"與"成"同義相應。《梁詩》卷九何遜《折花聯句》："日照爛成綺，風來聚疑雪。""成"與"疑"均為如同、就像義。《北周詩》卷三庚信《奉和趙王西京路春旦》："楊柳成歌曲，蒲桃學綉文""成"與"學"亦對文同義。

以上我們列舉了"作"與"如"、"學"、"寫"、"成"等同義詞相應的例證，同時又分別引詩證明"學"、"寫"、"成"等有如、若之義，從而印證宋辛棄疾"馬作的盧飛快，弓如霹靂弦驚"一句亦是以"作"與"如"同義相對。

（八）·約岸

《北齊詩》卷一裴訥之《鄴館公宴》："當階篁條密，約岸荷孽長。""約岸"是什麼意思？"約"有曲折宛轉義，但若釋為此義，則是形容詞，與"當"字在詞義、詞性上均不一致。竊以為"約岸"應釋為沿岸，與"當階"正相對應。"約"有沿、依之義。《北齊詩》卷二蕭愨《奉和初秋西園應教》："約嶺停飛旆，凌波動畫船。""約嶺"即沿著山嶺。唐駱賓王《春晚從李長史游開道林故山》："古藤依格上，野徑約山隈。"此以"依"與"隈"同義相應。又花蕊夫人《宮詞》："會真廣殿約宮牆，樓閣相扶倚太陽。"此以"倚"與"約"同義相應。宋吳曾《能改齋漫錄》卷八載五代沈彬詩："地隈一水巡城轉，天約群山附郭來。"此以"隈"與"約"同義相對，其義甚明。可惜辭書未收"約"字此義。

唐李賀《同沈駙馬賦得御溝水》："入苑白泱泱，宮人正黃醟。繞堤龍骨冷，拂岸鴨頭香。"此以"繞"與"拂"對文。"約岸"與"拂岸"同。

　　唐劉肅《大唐新語》卷四："司農卿姜師度明于川途,善于溝洫,嘗于薊北約魏帝舊渠,傍海新創,號曰平虜渠,以避海難饋運利焉。""約魏帝舊渠"即沿魏帝舊渠。《唐五代語言詞典》據此釋"約"爲攔、隔斷,恐未確。

　　"約"除了具體的依、沿之義外,還可作抽象的依據、依照義解,如慧立、彥悰《大慈恩寺三藏法師傳》卷二："法師因申疑滯,約《俱舍》、《婆沙》等問之,其酬對甚精熟。"即其例。

（九）·勤

　　《宋詩》卷二謝靈運《從斤竹澗越嶺溪行》："想見山阿人,薜蘿若在眼。握蘭勤徒結,折麻心莫展。"

　　"勤徒結"是什麼意思?猶言憂徒結。"勤"有憂傷的意思,有詩爲證:《魏詩》卷三繁欽《定情詩》："戚戚懷不樂,無以釋勞勤。""勞勤"同義,謂憂傷。《晉詩》卷四何劭《雜詩》："勤思終遙夕,永言寫情慮。""勤思"也是同義平列結構,謂悲傷。晉陶淵明《閑情賦》："徒勤思以自悲,終阻山而滯河。"亦其例。

　　還有"憂勤"連言者。《漢詩》卷十一《琴曲歌辭·箕山操》："嘆彼唐堯,獨自秋苦。勞心九州,憂勤后土。"又《拘幽操》："幽閉牢穽由其言兮,無辜桎梏誰所宜兮,遭我四人憂勤勤兮。""憂勤勤"與"憂勤"同義。

　　疊音詞有時可以看作最純粹的同義平列。《梁詩》卷七沈約《六憶》："憶來時,灼灼上階墀。勤勤叙別離,慊慊道相思。""勤勤"謂憂傷,與"慊慊"音義皆相近。《北周詩》卷六無名氏《三徒五苦辭》："依依念子苦,勤勤令我憂。""依依"與"勤勤"亦對文同義。

　　《書·召誥》："上下勤恤。"孔傳："言當君臣勤憂敬德。""勤憂"就是"憂勤"。王世舜《尚書譯注》："恤,憂慮。"譯此句爲"君臣上下時常把憂慮放在心里",未確。"勤恤"、"勤憂"皆同義連言。

　　唐韋應物《送宣州周錄事》："惟當存令德,可以解悁勤。"《說文》："悁,憂也。"《廣韻·仙韻》："悁,憂悒也。"故"悁勤"亦同義平列,猶言憂傷。

　　總之，"憂勤"、"勞勤"、"勤思"、"勤勤"、"勤憂"及
"悁勤"皆爲同義平列結構。單用"勤"也有憂傷義。漢揚雄《法言·
修身》："聖人樂天知命。樂天則不勤，知命則不憂。""不勤"與
"不憂"同義相應。漢張芝《與府君書》："前比得書，不遂而行，
望遠懸想，何日不勲！""勲"與"勤"同義，謂憂傷。考《說文》：
"勤，勞也。""勞"有辛勞義，也有憂傷義。"勤"與之完全相同。
《集韻·稕韻》："勤，憂也。"亦其證。

　　以上所舉九條詞語，都是古籍尤其詩歌中習見的詞語，人們的解
釋卻未盡確當，說明漢魏六朝時期詞語含義發生了很大的變化，需要
細心分辨。

《說文》訓詁條例之二-----補述例釋

許　鋭　輝

壹、前言

《說文·敘》云：「蓋文字者，經藝之本。…今敘篆文，合以古、籒。…將以理群類，解謬誤。」段玉裁注云：「謂說形、說音、說義有謬誤者，皆得解判之也。」許慎之子沖上安帝表云：「慎博問通人，考之於逵，作《說文解字》，六藝群書之詁，皆訓其意。」

是《說文》一書，文字之書也，亦訓詁之書也。以其爲文字之書，自必釋字形、字義。其釋字義也，旨在釋其本義，此正例也。然亦有釋本義之後，復綴以數語說明，或補述前釋本義之未足，或於本義之外，補述其引伸義、假借義，此許書之特例也。其釋字形，即所以明其字之六書所屬，惟許氏所釋形構，其云象形者，例不釋其所象何形；或有言而未明者，則或云象某某之形，是則或象物形，或象事形，而許氏亦不復說明。其云从某某，从某从某，或云从某某聲者，例亦不作說明，此亦許書之正例也。惟亦有例外者，即於釋一字形構之後，或又釋所从個別形構之字義，或釋所从個別形構中部件之形肖、意向，或釋所从形構之整體意旨，或釋所从個別形構之字，或釋所从個別形構與他字形構之關係，其例多端。凡此補述之例，或明其義，

或明其形，故曰：《說文》文字之書，亦訓詁之書也。

《說文》釋形、釋義之例，前賢言之詳矣，而於補述之處少有言及，或言之而未明，本文乃就其補述字義、字形者闡述其例，所述諸例，依《說文》所言，其有釋義、釋形之誤者，非有必要，不作評論，亦不正其訛誤，俾見許氏訓詁《說文》之本意焉。

貳、《說文》體例撮要

《說文》之例，每字之下先釋其字義，次釋其字形，次釋其字音，而釋音部份未有補述，故本文僅於釋義、釋形二者，撮述其體例之要，俾便進而明其補述之例焉。

一、釋義之例

（一）直說其義

1.釋一義

（1）釋本義　如：

《說文·齒部》：「齒、口齗骨也。象口齒之形、止聲。」（見書銘出版社本·79頁）

（2）釋引伸義　如：

《說文·行部》：「行、人之步趨也。从彳亍。」（見書銘出版社本·78頁）

（3）釋假借義　如：

《說文‧子部》：「子、十一月昜气動萬滋，人以爲偁。象形。」（見書銘出版社本‧749頁）

（4）音訓　如：

《說文‧一部》：「天、顚也。至高無上。从一大。」（見書銘出版社本‧1頁）

按：天顚同在十二部[1]，此以疊韻爲訓

2.釋多義

（1）相次爲說

《說文‧夊部》：「䫻、繇也，舞也。从夊从章，樂有章也，羍聲。」（見書銘出版社本‧235頁）

（2）分別爲說

《說文‧刀部》：「初、始也。从刀衣。裁衣之始也。」（見書銘出版社本‧180頁）

（3）以一曰爲說

《說文‧玉部》：「琱、治玉也，一曰：石似玉。从玉周聲。」（見書銘出版社本‧15頁）

（二）引文爲說

1.引經爲說

---

[1] 本文所稱古韻，據段玉裁古十七部諧聲表

《說文・戈部》：「武、楚莊王曰：夫武定功戢兵，故止戈爲武。」（見書銘出版社本・638頁）

按段注：「宣十二年左傳文，此櫽栝楚莊王語以解武義。」此引左傳之文以說武之字義。

2.引通人說

《說文・晶部》：「疊、楊雄說以爲古理官決罪，三日得其宜，乃行之。从晶宜。」（見書銘出版社本・316頁）

按：此引楊雄之言以說疊字之義

3.引方言爲說

《說文・刀部》：「刐、楚人謂治魚也。从刀魚。讀若鍥。」（見書銘出版社本・184頁）

按：段注：「楚語也。」此引方言以說刐之字之義。

二、釋形之例

（一）直說其形

1.釋一形

《說文・一部》：「元、始也。从一兀聲。」（見書銘出版社本・1頁）

2.釋多形

（1）相次爲說

《說文‧門部》：「門、聞也。从二戶；象形。」（見書銘出版社本‧593頁）

按：从二戶、象形，皆釋門字形構。

（2）以一曰爲說

《說文‧尸部》：「屋、尻也。从尸，尸、所主也；一曰：尸象屋形；从至，至、所止也。屋、室皆从至。」（見書銘出版社本‧404頁）

按：屋字从尸，或以謂所主之義，或以爲象屋之形

（二）引文說形

1.引經爲說

《說文‧易部》：「易、蜥易、蝘蜒、守宮也。象形；祕書說曰：日月爲易，象会易也；一曰：从勿。」（見書銘出版社本‧463頁）

按段注：「祕書謂緯書」此漢代今文家釋經之書，此引緯書釋「易」字形構別說

2.引通人說

《說文‧片部》：「牖、穿壁以木爲交窗也。从片戶、甫聲。譚長以爲：甫上，日也，非戶也；牖所以見日。」（見書銘出版社本‧321頁）

按：此引譚長語釋「牖」字所从形構別說

參、《說文》補述例釋

一、補述字義之例

（一）補述本義例

《說文》釋每字之字義，旨在釋其本義，其有既述其本義而義猶未盡者，則或補述之。其例如下：

1.《說文·是部》：「尟、是少也。是少，俱存也。从是少。」（見書銘出版社本·70 頁）

按：此以「俱存」補述「是少」本義之未足

2.《說文·言部》：「讖、驗也。有徵驗之書。河雒所出書曰讖。从言韱聲。」（見書銘出版社本·91 頁）

按：此以「有徵驗之書」補述「驗也」本義之未足

3.《說文·艸部》：「茇、艸根也。从艸犮聲。春艸根枯，引之而發土爲撥，故謂之茇。」（見書銘出版社本·39 頁）

按：段注：「此申明艸根爲茇之義也。」

（二）補述引伸義例

《說文》一書旨在釋其本義，此正例也，然亦有於本義之後復又補述其引伸義者，此變例也，其例如下：

1.《說文·示部》：「示、天垂象見吉凶，所以示人也。从二，

三采、日月星也。觀乎天文以察時變。示，神事也。」（見書銘
出版社本‧2頁）

按：依《說文》所釋，「示」之本義爲天以吉凶示人，神事是其
引伸義。

2.《說文‧肉部》：「肖、骨肉相似也。从肉小聲。不似其先，
故曰不肖也。」（見書銘出版社本‧172頁）

段注：「此肖義之引伸也。」

3.《說文‧刀部》：「初、始也。从刀衣。裁衣之始也。」（見
書銘出版社本‧180頁）

按：依《說文》所釋，「初」之本義爲始，裁衣之始是其引伸義
。

（三）補述假借義例

　　《說文》正例在釋每字之本義，然亦有於本義之外復又補述其假
借義者，此亦變例也。其補述之假借義，或有其本字，或無其本字，
要皆許氏所言「依聲託事」者也。其例如下：

　　1.《說文‧子部》：「子、十一月**昜气**動萬滋。人以爲偁。象形
。」（見書銘出版社本‧749頁）

按：依《說文》所釋，干支之名是其本義，人以爲偁是其假借義
，此《說文‧敘》所謂「本無其字，依聲託事」者也。

2.《說文・我部》：「我，施身自謂也，或說：我頃頓也。」（
見書銘出版社本・638頁）

按：段注：「人部曰俄、頃也，然則古文以我爲俄也，古文假借
如此。」俄从我聲，二字古同音，故得通作。此引又說補述我之
假借義，此本有其字，依聲託事者也。

二、補述字形之例

（一）補述形構所从字之義

《說文》釋每字之形構，旨在類分其六書所屬，許氏於釋形之後
，例不作說明，如：

《說文・气部》：「气、雲气也。象形。」（見書銘出版社本・20
頁）按：「气」象形文，《說文》僅釋其形構云：「象形」，而未
作說明。

《說文・丨部》：「丨、下上通也。引而上行讀若囟，引而下行讀
若退。」（見書銘出版社本・20頁）按：「丨」爲指事文，《說文
》云：「下上通也」，此釋其字義而形在義中，許氏未作說明。《
說文・是部》：「是、直也。从日正。」（見書銘出版社本・70
頁）按：「是」爲會意字，《說文》僅云：「从日正」，未作說明
。

《說文・示部》：「祿、福也。从示彔聲。」（見書銘出版社本・

3頁）按：「祿」爲形聲字，《說文》僅云：「从示彔聲」，未作說明。

此《說文》之正例也。然亦有於釋形之後，就所釋形構有所補述者，或補述其形構所从之字義、或補述其形構所从字之形肖、或補述其形構所从之旨、或補述其形構所从之字、或補述其形構所从與他字之關係，其例如下：

1.補述本義

（1）《說文·口部》：「君、尊也。从尹口，口以發號。」（見書銘出版社本·57頁）

按：「君」字从尹口會意，此以「口以發號」補述君字所从「口」之本義。

（2）《說文·邑部》：「郵、竟上行書舍。从邑垂，垂、邊也。」（見書銘出版社本·286頁）

按：段注：「在境上，故從垂。」郵从邑垂會意，此以「邊」補述「郵」字所从「垂」之本義。

（3）《說文·玉部》：「琫、佩刀上飾也。天子以玉，諸侯以金。从玉奉聲。」（見書銘出版社本·13頁）

按：段注：「天子以玉，故其字从玉。」此以「天子以玉，諸侯以金」補述「琫」字所从形符「玉」之本義。

（4）《說文‧木部》：「梏、手械也。所以告天。從木告聲。
」（見書銘出版社本‧272頁）

按：此以「所以告天」補述「梏」字所从聲符「告」之本義。

2.補述引伸義

（1）《說文‧王部》：「皇、大也。从自王，自、始也，始王
者三皇，大君也。」（見書銘出版社本‧204頁）

按：自、本義爲鼻，引伸爲始義。皇从自王會意，此以「始」補
述「皇」字所从「自」之引伸義。

（2）《說文‧艸部》：「蒐、茅蒐、茹藘。人血所生，可以染
絳。从艸鬼。」（見書銘出版社本‧31頁）

按：段注：「云人血所生者，釋此字所以從鬼也。」蒐从艸鬼會
意，人所歸爲鬼[2]，此以「人血所生，可以染絳」補述「蒐」字所
从「鬼」之引伸義。

（3）《說文‧竹部》：「笵、法也。从竹氾聲。竹、簡書也，
古法有竹刑。」（見書銘出版社本‧193頁）

按：段注：「法具於簡書，故笵从竹也。」此以「簡書」補述「
笵」字所从形符「竹」之引伸義。

（4）《說文‧网部》：「署、部署也。各有所网屬也。从网者

---

[2] 見《說文‧鬼部》鬼字下釋義

聲。」（見書銘出版社本・360頁）

按：此以「各有所网屬」補述「署」字所从形符「网」之引伸義
。

3. 補述假借義

（1）《說文・艸部》：「若、擇菜也。从艸右，右、手也。」

（見書銘出版社本・44頁）

按：右本義爲助[3]，右又同音，故相通作。此以「手也」補述「若
」字所从「右」之假借義。謂若所从「右」乃「又」之假借，此
造字假借之例也。

（2）《說文・用部》：「庸、用也。从用庚，庚、更事也。」

（見書銘出版社本・129頁）

按：段注：「庚更同音，說從庚之意。」此以「更事」補述「庸
」字所从「庚」之假借義。謂庸所从「庚」乃「更」之假借，此
亦造字假借之例也。

（3）《說文・韋部》：「韠、韍也。所以蔽前者。以韋，下廣
二尺，上廣一尺，其頸五寸。从韋畢聲。」（見書銘出版社本・
237頁）

---

[3] 見《說文・口部》右字下釋義

按：韋，本義爲相背，借爲皮韋之義[4]，此以「以韋」補述「韓」

字所从「韋」之假借義。此「本無其字，依聲託事」者也，亦造

字假借之例也。

4.補述比擬義

比擬義即比喻義，是由某字形體比擬而產生之義[5]。

（1）《說文・竹部》：「筋、肉之力也。从肉力从竹，竹、物

之多筋者。」（見書銘出版社本・180頁）

按：人之筋脈多，亦猶竹之多筋，此以「物之多筋者」補述「筋

」字所从「竹」之比擬義。

（2）《說文・尸部》：「屋、尻也。从尸，尸、所主也。一曰

尸象屋，从至，至、所止也。屋室皆从至。」（見書銘出版社本

・404頁）

按：尸本義爲陳列[6]，此云：「尸、所主也」乃尸之引伸義。段注

云：「尸本象神而陳之，而祭者因主之二義實相因而生也」[7]此云

「尸象屋」補述「屋」字所从「尸」之比擬義。

（二）補述形構所从部件之形肯意向

---

[4] 見《說文・韋部》韋字下釋義
[5] 參見蔡信發〈比擬義析論〉，《第二屆中國訓詁學學術研討會論文集〵 1985.12　頁 277-287
[6] 見《說文・尸部》尸字下釋義
[7] 見《說文・尸部》尸字下段注

　　許氏於說解某字形構中不成文字之部件，或補述其所象形肖；或補述其所示意向，其例如下：

　　1.《說文・田部》：「田、敶也。樹穀曰田。象形。囗十、千百之制也。」（見書銘出版社本・701頁）

　　按：田為獨體象形，「囗」其界，「十」田中道，此云「囗十、千百之制也」補述「田」字之形肖，囗、十非文字，故不云「从囗十」。

　　2《說文・目部》：「目、人眼也。象形，重童子也。」（見書銘出版社本・131頁）

　　按：「目」為獨體象形，中二畫，許氏以為重瞳子，童、瞳之借字，此補述「目」字之形肖。

　　3.《說文・兮部》：「兮、語所稽也。从丂，八象气越亏也。」（見書銘出版社本・206頁）

　　按：「兮」為合體指事，从丂，「八」非字，所以示聲氣越亏之義，此云「八象气越亏」補述「兮」字部件「八」之意向。

（三）補述形構所从之旨

　　許氏釋某字形構之後，或就其整體形構所从之意旨有所補述，其例如下：

　　1.《說文・彳部》：「後、遲也。从彳幺夊，幺夊者後也。」（

見書銘出版社本‧77 頁）

按：此非釋其個別形構之義，乃以「幺攵」釋後字从「彳幺攵」會意之旨。

2.《說文‧冊部》：「扁、署也。从戶冊。戶冊者，署門戶之文也。」（見書銘出版社本‧86 頁）

按：此非釋其個別形構之義，乃以「署門戶之文」釋扁字从「戶冊」會意之旨。

（四）補述形構所从之字

《說文》補述所从形構為某字，或為某字古文、籀文，徵之《說文》該字下重文，或是或否，其例如下：

1、《說文‧广部》：「庶、屋下眾也。从广芡，芡、古文光字。」（見書銘出版社本‧450 頁）

按：此補述「庶」字所从「芡」乃「光」之古文。「光」下有古文作「芡」[8]，此云：「古文光字」於《說文》有徵。

2、《說文‧戈部》：「戎、兵也。从戈甲。甲、古文甲字。」（見書銘出版社本‧636 頁）

按：此補述「戎」字所从「甲」乃「甲」之古文。「甲」下有古

---

[8] 見《說文‧光部》光字下重文

文作「」[9]，此云：「古文甲字」於《說文》有徵。

3、《說文‧艸部》：「蓻、艸之小者。从艸劂聲。劂、古文銳字。」（見書銘出版社本‧38頁）

按：此補述「蓻」字所从聲符「劂」乃「銳」之古文。「銳」下有籀文「劂」[10]，此云：「劂、古文銳字」，誤。

4、《說文‧釆部》：「棥、搏飯也。从廾釆聲。釆、古文辨字。」（見書銘出版社本‧105頁）

按：此補述「棥」字所从聲符「釆」乃「辨」之古文。「釆」下云：「辨別也」，未言辨爲釆之古文[11]，「辨」下云：「判也」，未列重文[12]。釆、辨二字音義皆同，釆應是辨之古文。「判也」乃其引伸義，許氏分釆、辨爲二字，未允。此云：「釆、古文辨字」可以補《說文》之闕誤。

（五）補述形構關係

《說文》釋某字形構之後，或補述其字形構與他字形構之關係，或造字之旨相類，或所从形構相關，其例如下：

1、《說文‧工部》：「工、巧飾也。象人有規榘。與巫同意。

---

[9] 見《說文‧甲部》甲字下重文

[10] 見《說文‧金部》銳字下重文

[11] 見《說文‧釆部》釆字下

[12] 見《說文‧刀部》辨字下

」（見書銘出版社本‧203頁）

按：段注：「凡言某與某同意者，皆謂字形之意有相似者。」此言巫字从「工」謂「巫」事鬼神亦有規榘，造字之義相似，此補述「工」與「巫」字所从形構之關係。

2、《說文‧羊部》：「羊、羊鳴也。从羊象气上出。與牟同意。」（見書銘出版社本‧147頁）

按：牟義爲牛鳴，字从牛，而以「ㄥ」象其聲气從口出[13]，「ㄥ」爲虛象，當爲合體指事，段注云：「此合體象形，與羊同意。」未允。羊義爲羊鳴，字从羊象聲气上出，此云：「與牟同意」，謂「羊」从羊而以「丿」示聲气上出之義；「牟」从牛而以「ㄥ」示聲气上出之義，二字製字之意相同。段注云：「凡言某與某同意者，皆謂其製字之意同也。」

3、《說文‧干部》：「䍭、撠也。从干，入一爲干，入二爲䍭。」（見書銘出版社本‧87頁）

按：「干」義爲犯，依許氏所釋，字从一从反入會意[14]；「䍭」義爲撠，字从入从二會意。此云：「入一爲干，入二爲䍭」，謂干字从入从一會意，䍭字从入从二會意，並从入，而「入一」、「入二」小異

---

[13] 見《說文‧牛部》牟字下釋形

[14] 見《說文‧干部》干字下

耳，故補述之，以見二字形構相關。

4、《說文·晨部》：「晨、早昧爽也。从臼辰。辰、時也，辰亦聲。

舁夕爲夙，臼辰爲晨，皆同意。」（見書銘出版社本·106頁）

按：晨義爲早昧爽，字从「臼」示昧爽勤事之意；夙義爲早敬，字从

「舁」示持事雖夕不休之意[15]，二字並示勤事不休之意，二字製字之

意相似，段注：「聖人以文字教天下之勤」，是也。

肆、結語

　　《說文》者文字之書，亦訓詁之書也。以其爲文字之書，許氏釋

義自以釋本義爲是，其或釋引伸義、假借義者，學者多以爲許氏釋義

之誤。以其爲訓詁之書，則其釋本義之外，補釋引伸義、假借義者，

旨在闡釋六藝之詁，非惟不能視爲《說文》之誤，抑且當視爲《說文

》之價值矣。若夫其釋形構而有所補述者，或補述所从形構之字義，

是亦訓詁之用。其或補述所从形構中部件之形肖、意向，補述所从形

構之字，與夫補述所从形構與他字形構之關係，皆有助於吾人對《說

文》說形之了解，尤足彰顯《說文》一書對文字訓詁之貢獻也。

---

[15] 見《說文·夕部》夙字下

參考書目

清‧王筠　　《說文釋例》　　　台北商務 1968，8

清‧段玉裁　《說文解字注》　　書銘公司 1997，8

丁福保　　　《說文解字詁林》　鼎文 1994

魯實先　　　《假借溯源》　　　文史哲 1973

蔡信發　〈比擬義析論〉　《第二屆中國訓詁學學術研討會論文集》1985，12

許錟輝　〈說文會意字補述例釋〉　《第九屆中國訓詁學學術研討會論文集》1987，3

「鄭聲淫」之商兌

國立中央大學教授蔡信發

壹・前言

　　《詩經》中鄭、衛二〈風〉是否為「淫詩」？「淫」字究作何解？自來異說紛紜，莫衷一是。因此，我願在此對《詩經》中的所謂淫詩再作一商兌。

貳・鄭聲非鄭詩

　　《論語》中孔子只有談到《詩》跟「鄭聲」的話，特先提出，作一檢驗，以明究竟：

　　　　子曰：放鄭聲，遠佞人；鄭聲淫，佞人殆[1]。

這裡「鄭聲」是否等同《詩經》中〈鄭風〉的詩是有問題的；但，有一點可確定的是《詩經・鄭風》的音樂到了孔子那個時代跟其他各〈風〉已有差距，那是沒問題的。其關鍵即在一個「淫」字上。至於淫作何解？容後再作討論。

　　在此之前，《左襄二十九年傳》記載吳公子季札赴魯觀樂，魯使樂工為之歌各風，其鄭、衛二樂，季札分別給予的評價是這樣的：

　　　　為之歌邶、鄘、衛曰：「美哉！淵乎！憂而不困者也。吾聞衛

---

[1] 見朱熹撰《四書集注》、〈論語集注〉、卷八、衛靈公第十五、頁四。藝文印書館。下同。

> 康叔、武公之德如是。是其衛風乎？」……為之歌鄭。曰：「美
> 哉！其細已甚，民弗堪也。是其先亡乎？」[2]

魯國為季札歌的衛、鄭二〈風〉，應是音樂而非各篇的內容。因《左
傳》開頭記的是「吳公子札來聘，……請觀於周樂」，明言「周樂」，
可知是當時周朝給二〈風〉配的樂。再者，從季札對二樂的評價來
看，也看不出淫不淫的問題；不過，對鄭樂讚賞之餘，說了「其細
已甚，民弗堪也」，似對其樂已有微詞，應予注意。季札觀樂那年，
孔子八歲，為什麼到了孔子成年，卻要說上「放鄭聲」、「鄭聲淫」
呢？我想應是經過幾十年的時光，二詩音樂的聲調或節奏已發生很
大的變化，尤以鄭聲為最，而跟其他各〈風〉不同；不過，這並不
損及二〈風〉的內容，所以《論語》中孔子談到《詩》的也都不涉
及「淫」的問題。諸如：

> 子曰：《詩》三百，一言以蔽之，曰：「思無邪。」[3]
>
> 子所雅言，《詩》、《書》執《禮》，皆雅言也[4]。
>
> 子曰：興於《詩》，立於《禮》，成於樂[5]。
>
> 子曰：誦《詩》三百，授之以政，不達，使於四方，不能專
> 對，雖多亦奚以為[6]？

---

[2] 見《春秋左傳注疏》、卷三九、頁六六八～六六九。藝文印書館。
[3] 見朱熹撰《四書集注》、〈論語集注〉、卷一、為政第二、頁八。藝文印書館。
[4] 見朱熹撰《四書集注》、〈論語集注〉、卷四、述而第七、頁五～六。藝文印書館。
[5] 見朱熹撰《四書集注》、〈論語集注〉、卷四、泰伯第八、頁一三～一四。藝文印書館。
[6] 見朱熹撰《四書集注》、〈論語集注〉、卷七、子路第十三、頁三。藝文印書館。

　　子曰：小子何莫學夫《詩》？《詩》，可以興，可以觀，可以

群，可以怨。邇之事父，遠之事君，多識於鳥獸草木之名[7]。

　　子謂伯魚曰：「女為〈周南〉、〈召南〉矣乎！人而不為〈周南〉、

〈召南〉，其猶正牆面而立也與！」[8]

以上所論，跟孔子施教內容並無矛盾。理由很簡單，因《詩》中內
容都不涉及「淫」的問題。這從他說「《詩》三百」、「誦《詩》三百」，
即可知是就整部《詩》來論的，並沒將〈鄭風〉和〈衛風〉抽離出
來，排斥在外。換言之，他對《詩》總評為「思無邪」，應含鄭、衛
二〈風〉在內。如果鄭、衛二〈風〉果真如漢、宋儒者有所謂「淫
詩」的問題，他絕不會下這樣含渾而不負責的評論。其次，從他對
〈周南〉、〈召南〉的推崇，可知二〈南〉在他心目中確比其他各〈風〉
要高，而其他各〈風〉應含鄭、衛二〈風〉在內；否則，他絕不會
將二〈南〉拿來跟鄭、衛二〈風〉的淫詩相比，這是可以想當然的。
再次，從以上孔子說的話裏根本看不出鄭、衛二〈風〉有什麼「淫」
意，也就是沒有一點「淫」的實證，甚至連一點「淫」的影子也沒
有。由此可知，在孔子那個時代，《詩》並沒有所謂「淫」的問題；
如有，只是「聲」的問題，指的是「音樂」而非「篇什」，像清儒朱
右曾在《詩地理徵》中即持此說。再者，「鄭聲」非〈鄭風〉或〈鄭

[7] 見朱熹撰《四書集注》、〈論語集注〉、卷九、陽貨第十七、頁四。藝文印書館。
[8] 見朱熹撰《四書集注》、〈論語集注〉、卷九、陽貨第十七、頁四～五。藝文印書館。

詩〉，這從孔子說的「惡鄭聲之亂雅樂也」[9]，並未言及〈鄭風〉或
〈鄭詩〉，即可得到明證；不然，孔子以《詩》教弟子，而《詩》中
有淫穢之詩，怎麼說得過去？

　　從魯襄公到魯哀公這段時間，鄭、衛二〈風〉的音樂發生變化
是極有可能的。因二國地處中原，交通便利，人口集中，而其西北
重農，東方重文，南方尚武，鄭、衛自有相當大的空間發展經济，
改善民生，帶動社會快速變遷，導致民情趨向浮華，而使音樂漸離
當年季札聆聽的風格。這種情形到了戰國，尤其明顯。像李斯在〈諫
逐客書〉中說：「鄭、衛、桑閒、昭、虞、武、象者，異國之樂也。
今棄擊甕叩缶而就鄭、衛，退彈箏而取昭、虞。若是者，何也？快
意當前，適觀而已矣。」[10]可見此時鄭、衛之聲是動聽流行的，且與
雅樂並列，高出秦聲許多，因此，用來印證鄭、衛之聲起了很大的
變化是沒問題的。復觀目下先進國家，尤其繁華的都市，其音樂發
生變化，可說是一波接一波，未嘗稍歇，顯然比其他封閉或落後地
區要來得快與多，應是不庸置疑的。如果這個假設可成立，那麼，《論
語》中記載的「鄭聲淫」，應是孔子針對〈鄭風〉音樂發生變化的結
果而說的，而此時〈周南〉、〈召南〉因文化基礎紮實，發生變化較
少，甚至根本沒有變化，所以孔子要一面讚歎二〈南〉，而一面要放

---

[9] 見朱熹撰《四書集注》、〈論語集注〉、卷九、陽貨第十七、頁六。藝文印書館。
[10] 見《史記會注考證》、卷八十七、〈李斯列傳〉、頁一〇三六。萬卷樓圖書有限公司。

斥鄭聲。如果這個說法可成立，那麼，孔子說的「惡鄭聲之亂雅樂也」就可作一力證。因他自始至終厭棄的是〈鄭風〉之「聲」而非其「詩」。

參・淫詩的由來

　　鄭、衛二風之所以被視作「淫詩」，這個問題須從《毛詩・序》說起，然而一談到《毛詩・序》，立即會牽涉到作者的問題，又是一大堆異說，而筆者曾予論及：

　　（一）鄭玄《詩譜・序》：「〈大序〉，子夏作；〈小序〉，子夏、毛公合作。」

　　（二）王肅《家語注》：「子夏敘詩義，今之《毛詩》是。」

　　（三）范曄《後漢書・儒林傳》：「衛宏，字敬仲。從謝曼卿受學，因作《毛詩序》，善得風雅之旨，至今傳於世。」

　　（四）長孫無忌等《隋書・經籍志》：「先儒相承，謂《毛詩序》，子夏所創，毛公及衛敬仲又加潤益。」

　　（五）陸德明《經典釋文・序錄》：「是以孔子……以授子夏。子夏遂作序焉。」

　　（六）陸璣《毛詩草木鳥獸蟲魚疏》：「子夏序次《詩》三百篇，衛宏作《毛詩序》。」

　　（七）孔穎達《毛詩正義》：「《詩》三百一十一篇，子夏作〈序〉。」

（八）成伯璵《毛詩指說・小序辨》：「其餘眾篇之〈小序〉，子
　　　夏惟裁初句耳。……其下皆是大毛公自以詩中之意而繫
　　　其辭也。」

（九）王安石：「〈詩序〉，詩人所自製。」

（一〇）程頤《河南程氏遺書》：「〈詩大序〉，孔子所爲。其文似
　　　　繫辭，其義非子夏所能言也。」「〈小序〉，國史所爲，非
　　　　後世所能知也。」

（一一）鄭樵《詩辨妄》：「村野妄人所作。」

（一二）康有爲《新學僞經考》：〈詩序〉，劉歆、衛宏合作。

（一三）屈萬里《詩經釋義》：迄今不知何人所作。

案：以上諸說，除《後漢書・儒林傳》明言〈詩序〉是衛宏所作爲
可信外，餘皆臆測之詞，不足爲憑。筆者所以認同《後漢書》之說，
其理有三：《後漢書》是正史，可信度頗高，非一般漫說可比，此其
一；《後漢書》作者范曄，去漢不遠，所言必有所據，應非向壁虛構，
此其二；衛宏長於經學，又屬古文家，其爲《毛詩》作序，甚合情
理，此其三。據此，則或以子夏作〈詩序〉，應不可信。因子夏果真
作〈詩序〉，應屬大事，《史記・仲尼弟子列傳》斷無不記之理，而
今遍翻《史記》，不見子夏有作〈詩序〉之言，所以該說不可從。又
或以子夏、毛公乃至劉歆、衛宏合作〈詩序〉，則更屬無稽。因迄今

未見不同時代之人而有合著成書的，所以該說不足采。至於宋儒諸

說，新則新矣；唯信口道來，全無憑據，非迂即妄，自可捨而弗論[11]。

今人何氏定生據《毛詩》中指陳是「淫詩」的，計有六篇。茲

特據以改列爲表，以供參稽。

《毛詩》淫詩一覽表

數次	風別	篇　名	詩　　　　旨		備　　註
			小　　序	大　　序	
1	邶風	谷　風	刺夫婦失道也。	淫於新昏。	據何氏《詩經今論》、卷三、〈詩經的解釋問題發凡〉、（四）淫詩問題——與朱子及王柏、頁二二四～二二五。人人文庫。臺灣商務印書館。下同。
2	鄘風	桑　中	刺奔也。	公室淫亂。	
3	衛風	氓	刺時也。	刺淫佚也。	
4	鄭風	溱　洧	刺亂也。	淫風大行。	
5	齊風	東方之日	刺衰也。	男女淫奔。	
6	陳風	澤　陂	刺時也。	淫於其國。	

案：以上六篇，分布均勻，並非全部集中在鄭、衛二〈風〉，可見此

時所謂的淫詩，是受了《毛詩·序》的影響，而該序是出自衛宏的

手筆，跟孔子無關，只能代表孔子以後至東漢的相承之說，實際跟

《詩經》的「鄭聲」是沒有關係的。當然，到了這個時候，「淫詩」

的淫字應是「婬」之假借。《說文》解婬爲「厶逸」，段玉裁注說「婬

之字，今多以淫代之。淫行而婬廢矣」[12]，而同書釋「淫」義爲「浸

---

[11] 見拙著《詩詞曲賞析》（上冊）、第一章、〈詩經概說〉、六·詩序的作者、頁一三～一四。國立空中大學。又王安石之說，引姚際恆《古今僞書考》、〈詩序〉、頁八。開明辨僞叢刊。臺灣開明書店。

[12] 見《圈點段注說文解字》、頁六三一。書銘出版事業有限公司。下同。

淫隨理」[13]，引伸有過甚之義，二者顯然是有別的。

肆・淫詩的擴充

　　到了南宋朱熹的《詩集傳》，據何氏定生的統計，淫詩增至二十

七篇。茲據以改列爲表，以明其梗概。

朱熹《詩集傳》淫詩一覽表

數次	風別	篇　　名	詩　　　　　　　　旨	備　　註
1	邶風	靜　　女	此淫奔期會之詩也。	據何氏《詩經今論》、卷三、〈詩經的解釋問題發凡〉、（四）淫詩問題——與朱子及王柏、頁二二五～二二七。
2	鄘風	桑　　中	衛俗淫亂，相竊妻妾。	
3	衛風	氓	淫婦爲人所棄，自敘其事。	
4	衛風	有　　狐	有寡婦見鰥夫而欲嫁之。	
5	衛風	木　　瓜	亦靜女之類。	
6	王風	大　　車	淫奔者相命之辭。	
7	王風	丘中有麻	婦人望其所私者而不來。	
8	鄭風	將　仲　子	此淫奔者之辭。	
9	鄭風	遵　大　路	淫婦爲人所棄。	
10	鄭風	有女同車	淫奔之詩。	
11	鄭風	山有扶蘇	淫女戲其所私者。	
12	鄭風	蘀　　兮	淫女之辭。	
13	鄭風	狡　　童	淫女見絕而戲其人之辭。	
14	鄭風	褰　　裳	淫女語其所私者。	
15	鄭風	東門之墠	其所與淫者之居。	
16	鄭風	丰	婦人對所期之男有異志而作是詩。	

---

[13] 見《圈點段注說文解字》、頁五五六。書銘出版事業有限公司。

1 7	鄭風	風　　雨	淫女見所期之人而心悅。	
1 8	鄭風	子　　衿	淫奔之詩。	
1 9	鄭風	野有蔓草	男女相遇於田草野露之間。	
2 0	鄭風	溱　　洧	淫奔者自敍之辭。	
2 1	陳風	東門之池	此男女會晤之辭。	
2 2	陳風	東門之枌	此亦男女聚會歌舞以相樂。	
2 3	陳風	東門之揚	此亦男女期會而有負約不至者。	
2 4	陳風	防有鵲巢	此男女之有私而憂或間之之辭。	
2 5	陳風	月　　出	此亦男女相悅相會之辭。	
2 6	陳風	澤　　陂	此詩與月出相類。	
2 7	陳風	株　　林	蓋淫乎夏姬。	

案：將以上二十七篇跟上表《毛詩・序》的六篇作一比對，發現〈邶風〉的〈谷風〉和〈齊風〉的〈東方之日〉沒列入，而〈鄭風〉之詩大量列入，從此可知三點：朱熹跟衞宏對淫詩認定的觀點不一，也就是說，所謂淫詩，並無客觀標準，此其一；朱熹篤信《論語》，深受「鄭聲淫」的影響，因此〈鄭風〉之詩大量列入淫詩，此其二；宋朝理學風氣高熾，男女分際遠較兩漢爲嚴，因此淫詩之數也就大量增加，不足爲奇，此其三。

　　降及朱熹三傳弟子王柏，將淫詩的範圍擴大，當然，篇數也就相對增多。探究其因，應是他在當時的環境下，循著朱熹此一思考模式發展下來所致。當然，變本加厲也是必然的。這只要看他的書名《詩疑》，即可知其結果是怎樣了。再說，「疑經」和「改經」本

是宋朝經學的特色，而王氏只是徹底履踐罷了。

　　從以上的論述，可知淫詩的發展與形成約有三點：孔子之時，沒有淫詩的問題，只有淫聲的問題，而此淫聲是指其樂，與內容無涉，此其一；兩漢的淫詩觀，以《毛詩・序》為準，可代表漢儒對淫詩的觀點，就男女交往的尺度言，比春秋嚴，此其二；兩宋的淫詩，以《詩集傳》為準，可代表宋儒對淫詩的觀點，就男女交往的尺度言，又較兩漢為嚴，此其三。這樣說來，淫詩從無而有，由少而多，全是社會禮教趨嚴下的產物。因此，一旦思想解禁，民智不受束縛，「淫詩」之說也就自然解體。像清儒姚際恆、方玉潤之解詩，就迥異其旨，大相逕庭。時至今日，男女交往公開，甚至不亞於歐美，則更無所謂「淫詩」的問題。設若不信，翻閱目下兩岸《詩經》的論著，還有誰在信奉衛、朱二氏的淫詩說！

　　抑有進者，〈召南〉中有篇〈野有死麕〉，是敘述男女幽會之詩。近人顧頡剛認為該詩是「一個女子為要得到性的滿足，對于異性說出的懇摯的叮囑」[14]，而核以該詩的末章：「舒而脫脫兮，無感我帨兮，無使尨也吠。」[15]其作風大膽，刻畫露骨，絕非那些被漢、宋儒者認定的淫詩可比，只因它隸屬〈召南〉，而〈召南〉為孔子所推崇，

---

[14] 見〈野有死麕之討論〉、頁一七。《語絲》三一期。民國一四年六月一五日。中國現代文學史資料叢書（乙種）、上海文藝出版社。
[15] 見朱熹撰《詩經集註》、卷一、〈召南〉、頁一三。華正書局有限公司。

因此也就倖免為淫詩。當然，王柏還是不客氣地將它打入淫詩，且擬刪除[16]。如果王氏的作法是對的，那麼，〈召南〉不是也該與鄭、衛二〈風〉並列了嗎？果真如此，孔子還要讚它作甚！所以淫詩之擴充，是因人而異，並無絕對標準。

伍・朱熹誤解思無邪

朱熹既篤信孔子評定《詩經》為「思無邪」，又認為其中有「淫詩」，不是自相矛盾嗎？有關此點，他曾提出以下之說，予以辯解：

> 孔子之稱思無邪也，以為《詩》三百篇勸善懲惡，雖其要歸，不出於正，然未有若此言之約且盡者耳，非以作詩之人所思皆無邪也，今必曰：彼以無邪之思，鋪陳淫亂之事，而閔惜懲創之意，自見於言外，則曷若曰：彼雖以有邪之思作之，而我以無邪之思讀之，則彼之自狀其醜者，乃所以為吾驚懼懲創之資邪，而況曲為訓說，而求其無邪於彼，不若反而得之於我之易也。巧為辨數，而歸其無邪於彼，不若反而責之於我之切也[17]。

粗看起來，朱熹的辯解似乎很有道理，其實只要將孔子在《論語》中說的「《詩》三百，一言以蔽之，曰：思無邪」，多讀幾遍，略加體會，即可知孔子所謂的「思無邪」，是就整部《詩經》來論的，並

---

[16] 見《詩疑》、卷一、〈應刪之淫詩三十二篇〉、頁二六～三二。臺灣開明書店。
[17] 見《詩傳遺說》、卷二。《通志堂經解》、頁一○○八四。漢京文化事業有限公司。

沒將鄭、衛二〈風〉排斥在外。其次，孔子認為《詩》中根本沒有
所謂淫詩的問題，所以才下「思無邪」這個評斷；否則，這三字怎
能落在有淫詩的《詩經》上？又次，從該句文意來看，前後一貫，
沒有一點轉折，怎能說其中含有負面的教材，讀者誦《詩》須「思
無邪」？再者，孔子說此話的用意，旨在評定《詩經》這部書的特
質，並非教導弟子如何去讀這部書，根本是兩碼子事，怎可牽攀相
渾？總之，朱熹注釋《四書》，殊為矜慎，有口皆碑；唯此句之說解，
則可一言以蔽之，曰：強詞奪理。

陸・鄭聲淫之確詁

　　「鄭聲淫」，應指〈鄭風〉之聲淫，又此「淫」非「婬」之假借，
而是據淫之本義——「浸淫隨理」——加以引伸，作超過節度解。
由於當時的鄭聲，限於器材不足，沒法保存下來，因此，對它的說
解與釐清也就不易，只能從字面上說它的音樂不合大中至和之聲，
實在很難令人理解，尤其學中文的未必通樂理，通樂理的又未必學
過《詩經》，因此，難以會通，殊非得已。茲觀對岸京劇名伶袁世海
的《京劇架子花與中國文化》，有段梨園掌故，很能與此契合，可予
說解：

　　　譚（鑫培）吸取了程長庚、余三勝、張二奎的優長，但是其本
　　質卻有根本的不同。這一點連程本人也有所察覺，在其晚年曾對

譚長嘆曰：「惟子（指譚）聲太甘，近于柔靡，亡國之音也！奈何，奈何！」鑫培聞言，亦不知其解，漫曰：「弟子安能獨步，不有孫菊仙在前耶？」長庚曰：「不然，菊仙之聲固壯，然其味苦，味之苦者難適人口，非若弟子之聲，甘能醉人也，子其勉之。三十年后，吾言驗矣。」[18]

案：袁世海長於架子花臉，兼擅銅錘，高齡八十二，是對岸京劇上一輩碩果僅存的名角，其轉述梨園大老程長庚之說，應有其可信度；程長庚在京劇界輩分至高，是一位崑曲、皮簧兼能，精於唱工的名伶，其所言音理，自有其權威性。二氏雖非出身學界，沒有堂皇深邃的理論，然長期在舞臺上觀摩演出，潛移默化，自能深得個中三昧，而體會出樂理的精髓。又案：程說的「太甘」、「柔靡」，大概就是鄭聲的「淫」。以此回溯到春秋這個時代，精通樂理的孔子自能從鄭聲中體會其演變而發出感慨，然而由於衛宏誤之在先，朱熹謬之在後，於是紛紛擾擾，公案二千餘年，莫之能解，而欲治益紊。

柒・結語

就命題言，孔子只說「鄭聲淫」，從沒說過「鄭詩淫」，所以不能將「鄭聲」傅會為「鄭詩」；就字義言，「鄭聲淫」的淫字，即《說文》作「浸淫隨理」解的淫字，而非作「厶逸」解的婬字假借，跟

---

[18] 見頁一五六。文化藝術出版社。袁世海、徐城北合著。

社會倫理道德無關；就時間言，孔子說「鄭聲淫」，是就「淫」之本義加以引伸，針對季札當年評析鄭聲「其細已甚」演變結果而說的，至於「淫詩」之淫，則是婬之假借，應跟孔子無關；就內容言，將「鄭聲」看做是不好的詩，也就是所謂的「婬詩」，是源自《毛詩‧序》，而該〈序〉是漢儒相承之說，只是由衛宏筆之於文而已；就發展言，所謂《詩經》中的淫詩，是社會倫理道德下的產物，始於漢，嚴於宋，所以從無而有，由少而多，而時至今日，社會風氣大開，男女交往尺度驟寬，再也沒什麼淫詩的問題；就詮釋言，程說的「太甘」、「柔靡」和「亡國之音」，很能作孔子說的「淫」字注解。以上諸說，如能成立，則孔子晚年自衛反魯，以正其樂[19]也就有著落了。

---

[19] 見朱熹撰《四書集注》、〈論語集注〉、卷五、子罕第九、頁五。藝文印書館。原文作「子曰：『吾自衛反魯，然後樂正，〈雅〉、〈頌〉各得其所。』」

第二屆國際暨第四屆全國訓詁學學術研討會
臺北‧臺灣師範大學國文學系 1998.12.5-6

「 潑 皮 」 與 「 光 棍 」

── 談近世詞彙中以「皮」與「棍」爲中心語的詞群
兼論「潑」「賴」與「潑辣」

中央研究院史語所副研究員
陳昭容

緣　起

　　先師方師鐸教授在東海大學教學多年，開有聲韻、訓詁、詞彙、語法等課程，極受學生愛戴。在訓詁學課程上，除訓詁的基本理論外，也重語法、詞彙學及相關文化史的配合，擴大訓詁學的領域，使這門課程除了學理之外，兼及實用與趣味。　先生也在著作中闡發其構想，論述極豐，《刨根兒集》可爲實踐其訓詁學構想的代表作。筆者在東海大學求學時，從　先生修習諸課，受惠良多。本文是追尋　先生的腳步，嘗試從近世詞彙入手，探討其使用情況，並以訓詁理論究其原始。先生患有深度近視，閱讀甚爲吃力，學生的作業論文皆需作成錄音帶，　以便　先生反覆細聽。本文寫作時爲此特別將註腳盡量融入正文中，以免造成不便。謹以此文，爲　先生逝世四周年紀念。

一、前 言

在《水滸傳》中，花和尚魯智深是極早出場的一位。在被逼上梁山的一百零八條好漢中，魯智深這個角色無疑是作者最為用心刻劃的精采人物。在第三回中，魯智深為了替弱女子金翠蓮抱不平，把那「腌臢潑才」「破落戶」鄭屠幾拳打死，被官府捉拿，遂投往五臺山文殊院去。在第四回中，魯智深喝酒大鬧五臺山，被長老趕出文殊院，安排他往大相國寺去。在鬧了桃花村，又把瓦官寺裡幾個「吃酒撒潑」「將錢養女」的老和尚逼死之後，終於在第六回中來到大相國寺。大相國寺的眾長老方丈對這位到處鬧事的花和尚，頗為為難，不知如何收留安排他。其中一寺人提議酸棗門外有廟產一片菜園，常被「二十來個破落戶侵害，縱放羊馬，好生囉皂」，一個老和尚住持管不了，「何不教此人去那裡住持？倒敢管得下」。魯智深對於管菜園一事，頗為不悅，勉強去了。「菜園左近有二三十個賭博不成才破落戶潑皮，泛常在園內偷盜菜蔬」，看到榜文上說有新到和尚來管菜園，就商議著要耍他一下，「把他雙手搶住腳，翻筋斗顛那廁下糞窖去。」沒料到反被魯智深一腳一個，把兩個潑皮都踢到糞窖裡去掙扎，嚇得其他潑皮目瞪口呆，一齊跪下求饒。次日眾潑皮湊錢買酒殺豬，請魯智深大快朵頤。此時有老鴉聒噪，眾潑皮說要拿梯子爬上樹去拆鳥巢，魯智深向前一手就將那綠楊樹連根拔起，眾潑皮見了一齊拜倒在地，以後見了智深，就「扁扁的伏」（第七回）。日後智深也安排還席，還常耍拳弄杖予眾潑皮看，把眾潑皮收得伏伏貼貼。後來因高俅要陷害林沖，魯智深在野豬林裡拔刀相救，得罪了高俅。高俅恨極，差人來捉，「卻得一夥潑皮通報，不曾著了那廝的手」（十七回）。

《水滸傳》的作者用眾潑皮來襯托智深的粗魯重義氣。從詞彙學的角度來看，《水滸傳》為「潑皮」這個詞兒做了極生動的描繪：一群不事生產、促狹、好賭的小混混。像魯智深這樣武藝高強、路見不平拔刀相助的大角頭，就不適用「潑皮」一詞。

其次再說「光棍」。《金瓶梅詞話》第三十三、四回寫韓道國的妻子與韓道國的弟弟韓二有染，被街坊上一些浮浪子弟抓著，要送去官府。韓某求救於應伯爵，應伯爵教韓某另番說辭，只道是家中常只娘子一人，「左右街坊，有幾個不三不四的人，見無人在家，時常打磚掠瓦，鬼混欺負的急了」，「韓二哥看不過，來家聲了幾句，被這起光棍不由分說，群住打了個臭死」（三十四回），向西門慶求救。到了衙門廳上，韓二先告道：

小的哥是買賣人，常不在家去的。小男幼女，被街坊這幾個

> 光棍，要便彈打胡博詞扠兒，坐在門首，胡歌野調，夜晚打
> 磚，百般欺負。小的在外另住，來哥家看視，含忍不過，罵
> 了幾句，被這夥群虎棍徒，不由分說，揪倒在地，亂行踢
> 打。

那一群浮浪子弟辯道：

> 老爺休信他巧對，他是要錢的搗鬼，他哥不在家。和他嫂子
> 王氏有姦。王氏平日倚逞刁潑，毀罵街坊。昨日被小的每捉
> 住…………

西門慶就對夏提刑說：

> 想必王氏有些姿色，這光棍因調戲他不遂，捏成這個圈
> 套。……

於是就把「這起光棍打得皮開肉綻」。

《金瓶梅》三十四回中對「光棍」一詞作了絕好的說明，這兒
的「光棍」，顯然與現在我們稱無室家者爲「光棍」大不相同，而
是與《水滸傳》中的「潑皮」相類。

本文試圖從宋元明清的小說、戲曲等文獻材料中，找出地皮流
氓的稱謂，探討這些詞彙的結構及使用情況。並討論近世詞彙中使
用頻率極高的「潑」「賴」二字及「潑辣」詞群的活用情況，並追
溯其原始。

二、以「皮」字爲中心語的詞彙及其原始

「潑皮」一詞，除了上引的被魯智深收拾服貼的那二三十個破
落戶之外，還有一個有名的「潑皮」，就是被青面獸楊志殺死的牛
二，且看《水滸傳》怎麼敘述：

> 楊志看那人時，原來是京師有名的破落戶潑皮，叫做沒毛大
> 蟲牛二，專在街上撒潑行兇撞鬧，連爲幾頭官司，開封府也
> 治他不下，以此滿城人見那廝來都躲了。（十一回）

《金瓶梅》中，西門慶等潘金蓮處理完武大的後事，就拿一頂轎子
把潘金蓮抬到家中：

> 那條街上，遠近人家，無有一人不知此事，都懼怕西門慶是
> 個刁徒潑皮，有錢有勢，誰敢來多管。（九回）

可見「潑皮」一詞，除了指稱地方上的小混混之外，也可指稱地方上的惡勢力、地頭蛇。「潑皮」在戲曲中也常出現，例如：

> 元來是怕媳婦的喬人，嚇良民，嚇良民的<u>潑皮</u>。（《伍員吹簫》三〈鬥鵪鶉〉曲）

「潑皮」除了指無賴凶漢之外，也可以用作形容詞指稱刁賴之女人。《金瓶梅》中，王月娘就曾指潘金蓮爲「<u>潑腳子貨</u>」，在潘金蓮一陣撒潑放刁之後，王氏對西門慶抱怨道：

> 那<u>潑皮賴肉</u>的，氣得我身子軟癱兒熱化。（七十五回）

《元典章‧刑部》曰：

> 亦有曾充軍役雜職者，亦有<u>潑皮凶頑</u>，皆非良善，以強凌弱，以眾害寡，妄興橫事……。

又曰：

> 有新附軍人，連結<u>惡少潑皮</u>，為害尤甚。

看來「潑皮」是元明間極其常用的詞彙。這些「潑皮」多半是些破落戶的子弟，危害街里極甚，所以元典章刑部中特立有「<u>禁治行凶潑皮</u>」的條款。

「<u>青皮</u>」一詞與「<u>潑皮</u>」同樣指稱地方流氓，但其出現可能稍晚，多見於晚清的小說中，而此時「潑皮」一詞已不流行。請看以下數例：

> 所有地方上的<u>青皮光棍</u>、沒有行業的人，統通他招了去。（《官場現形記》六回）

> 夥計送菜到西頭黃公館裡去，路上碰見幾個<u>青皮</u>，迎面走來，不由分說，拿我們的夥計，就是一碰，菜亦翻了，傢伙亦打碎了。……（同上，五十回）

> 況且出了這宗捐錢，便有警察保護他，免得<u>青皮光蛋</u>時常索詐。（《官場維新記》八回）

《文明小史》書中一開頭便鬧了個大學潮，因爲高陞店的店東打破了洋人的茶碗，知府爲向洋人賠罪，竟暫停歲考，引起考童不滿，聚合鬧事。知府不明考童爲何敢如此滋事，儒學老師便告訴知府：

> 這裡頭不但全是考童，很有些<u>青皮</u>、<u>光棍</u>附和在內。（《文明小史》三回）

這些資料顯示「青皮」與「光棍」「光蛋」並列，是同一類人。《通俗常言疏証》曰：「（地方惡少）蕪湖等處曰青皮」。《清稗類鈔·方言類》曰：

> 流氓，無業之人，專以浮浪爲事，即日本之所謂浪人者是也。此類隨地皆有，京師謂之混混，杭州謂之光棍，揚州謂之青皮，名雖各異，其實一也。

「青皮」一詞，並不限於蕪湖、揚州地區使用。根據《北平風俗類徵·語言類》曰：「游手好閒，遇事生風，廣收門徒，結幫自固，都中稱之爲青皮，即津沽之所謂混混，蘇滬之所謂流氓。」看來北方也使用「青皮」一詞。

除了「潑皮」「青皮」之外，還有「賴皮」，如：

> 天師喫驚道：「這個賴皮，不知要告那個。」（《西遊記》八十三回）

也有「頑皮」，如：

> 這個頑皮賴骨，不知如何肯招？（《水滸傳》六十二回）

也有「地皮」一詞，也寫作「地痞」，與「地棍」同，指地方上的流氓惡勢力，其例多不勝舉。

以「皮」爲中心語的詞兒，除了作爲流氓無賴的稱謂之外，也可以作形容詞用，形容這類的人或事，例如：

> 這樣頑皮賴骨，私下問他，如何肯說？（《二刻拍案驚奇》二十五回）

> 誰同你拉拉扯扯的，一天大似一天的，還這麼涎皮賴臉的，連個理也不知道。（《紅樓夢》三十回）

> 我不是那不三不四的邪皮行貨，教你這王八在我手裡弄鬼。（《金瓶梅》二十二回）

這些「頑皮」「涎皮」「邪皮」都是形容無賴邪門的事。

以上所舉的這些「潑皮」「青皮」「頑皮」「賴皮」「地皮」都是在「皮」字前面加上一個修飾語，對於「什麼樣的『皮』」更加以仔細的說明，例如「潑皮」即「放潑之皮」，「賴皮」即「撒賴之皮」（詳後節），其餘類推。這個「皮」字顯然是具有貶義的一個詞，一般行爲端正規矩的人，絕不會被冠以「某皮」字來稱

呼。唯有「青皮」一詞，比較費解。

關於「×皮」這一群詞彙，除了「青皮」之外，「皮」字前的修飾並不難理解，我們所要問的是：爲什麼以『皮』字來指稱這些行爲不端正的人？章太炎《新方言》曰：

> 《方言》陂，傛窶也。《廣雅》彼，邪也。《孟子‧公孫丑篇》「詖辭」，趙云「險詖之言」。又《周易》鄭注訓陂爲傾，陂古文同頗，是陂頗彼詖本一語也。今人呼邪人爲「彼子」，俗誤書「痞」，又謂欺詐爲「掉皮」，即「傛陂」也。傛陶同字。一曰《說文》「姡，不肖也」，匹才切，「痞子」即「姡子」亦通。（卷二）

章氏有「一曰」云云，似乎對自己的說法頗不自信，其實以「皮」爲聲之字多有「偏斜不正」之義（如「頗」是頭偏也、「跛」是足行不良、「陂」「坡」指崎斜之地、「尳」是行不正），以此說明這一群以「皮」爲中心語的無賴稱謂，甚爲可取，從「偏邪不正」的語義發展成爲指行爲偏邪不正之人，從語義發展的角度上來看，也是說得通的。

不過，從「潑皮賴肉」（《金瓶梅》七十五回）、「頑皮賴骨」（《水滸傳》六十二回）來看，這個「皮」似乎是與「骨」「肉」相對應的詞兒，指「皮膚」或「外表」而言。再看「死皮賴臉」「嘻皮賴臉」「涎皮賴臉」等熟語，「皮」字或許只是與「臉」對文，指的是臉上的「潑相」「賴相」或「涎臉」的「死相」，這或許可備一說，但是對「地皮」一詞，就完全說不通。另一個可能是：這些「×皮×肉」「×皮×骨」「×皮×臉」是從「×皮」衍生出來，故意與「×皮」對仗而造的並列複合詞。把這些詞暫時放置一邊，「皮」字作爲貶義的誣賴稱謂，應該還是從「偏斜不正」的語意發展來的。

最後再來討論「青皮」的問題。「皮」字已如上所述，可能從「邪陂」之義而來，至於「青皮」之「青」又是如何來歷？遍尋所有的字書辭典，對「青皮」一詞的來源皆無說明。以下的兩種說法，也只是猜測而已。其一，是指臉上的黥刑。黥刑之來源甚早，不必細說。依據宋朝的制度，發配往遠地充軍的罪犯，都得在臉上刺字，《宋史‧刑法制》「於劓墨，則用刺配之法」，這個「墨」並非「黑色」，而是「墨青」之色。《水滸傳》中被逼上梁山的好漢，不少是在刺配途中逃亡的。說「青皮」從刺配而來，極有可能。不過，《水滸傳》中描寫的刺配，都只說是「金印」，例如楊

志殺了破落戶潑皮牛二之後，被判配北京大名府留守司充軍，發配前，

> 將楊帶出廳前，除了長枷，斷了二十脊杖，喚個文墨匠刺了兩行「金印」。（十一回）

又如高俅調戲林沖妻子，又設計陷害林沖，林沖被刺配滄州牢城，行前「喚個文筆匠刺了面頰」。高俅還派人賄賂解押官人，在樹中殺死林沖，並且「必揭取林沖臉上金印回來做表証」。《水滸傳》中說：

> 原來宋時，但是犯人，徒流遷徙的，都臉上刺字，怕人恨怪，只換作「打金印」。（第八回）

若從臉上刺字流配來說「青皮」，可能得對宋代的「金印」這個詞彙再加研究。

「青皮」的第二個來源可能是與不良少年的刺青有關。《水滸傳》中的魯智深之稱為「花和尚」，並非因為他大塊吃肉、大碗喝酒，而是因他「背上刺有花繡而來」（見十六回），可惜沒說明他的花繡是什麼顏色。九紋龍史進的花繡就說明是「刺著一身青龍」（第二回）。唐代段成式《酉陽雜俎》卷八〈黥〉部云：

> 上都街肆惡少，率髡而膚箚，備眾物形狀。

> 荊州街子葛清勇不膚撓，自頸以下，遍刺白居易舍人詩。

> 蜀小將韋少卿……少不喜書，嗜好箚青，其季父嘗令解衣視之，胸上刺一樹，樹杪集鳥數十……

《全唐詩》卷八百七十三趙武建〈刺左右膊詩〉序曰：

> 唐中葉，長安惡少年，多以詩句鏤涅肌膚，夸詭力，剽奪坊閭，遠近效之成習。其他更有取名賢詩中意，細刺樹本人物。至有周身用白樂天詩意刺涅，人呼為白舍人行詩圖者。名為箚青云。

這種「劄青」，大概都是不喜書的惡少年所為，今日猶如此。「青皮」一詞用來指無賴流氓，可能從其皮膚上有刺青而來。

以上對「皮」字具有貶義、用以稱無賴流氓之來源，從語義上作一些推測，沒有實據。

三、以「棍」字為中心語的詞彙及其原始

　　前面已經提過，「光棍」是平日打磚掠瓦、胡歌野調欺負善良的浮浪子弟，《金瓶梅》中還有一處形容得很具體：

> 這楊二風，平昔是個刁徒潑皮耍子搗子，肫膊上紫肉橫生，胸前上黃毛亂長，是一條直率之光棍。（九十三回）

顯見這個「光棍」就是個刁蠻潑辣耍賴搗亂之人。一直到清末，「光棍」的這個意義仍然使用，如前引的《官場現形記》《文明小史》中，「光棍」皆與「青皮」連用可知。《六部成語・刑部》中「光棍」一詞的註解是「詐騙之匪也」。

　　「光棍」詞義演變成「一無所有之人」，再轉指「無室家之人」，從以下二例大約可看出一些痕跡：

> （常時節）剛剛進門，只見那渾家鬧吵吵，嚷將出來，罵道：梧桐葉落滿身光棍的行貨子，出去一日，把老婆餓在家裡……（《金瓶梅》五十六回）

> 又兼目下已做了單身光棍……。（《二刻拍案驚奇》二十二回）

前一例是妻子罵丈夫像梧桐葉落光禿禿一文不名的窮光蛋，後一例的「光棍」確指無室家者，但從前置修飾語「單身」看來，這個「光棍」的無室家之義似乎仍不夠充份，才需要「單身」一詞來加以說明。這個「單身光棍」可能就是「光棍」語義轉變成「無室家之人」的過渡時期的遺留。章太炎《新方言》卷二曰「今人曰無家室者曰光棍」，至少清末民初，這個意義已經成立。

　　近世詞彙中，以「棍」字為中心語，前加修飾語，以偏正結構的方式組合而成，用以指稱「非善類」的詞彙極多，以事類分者，如教唆行訟，從中得利者謂之「訟棍」（《福惠全書》卷十一刑名部）、假借神之名義詐欺者，謂之「神棍」（《二刻拍案驚奇》二十一回）、勾通官府行商謀利者謂之「商棍」（《福惠全書》卷八雜課部）、包辦銀稅從中得利者謂之「稅棍」（《明神宗實錄》卷四一九）、專謀河工之利者謂之「灘棍」（《清史稿》卷三六二）、包攬打通衙門關節者謂之「衙棍」（《明神宗實錄》卷四七四）；以其行為分者，如遠方遊走而來之棍徒謂之「游棍」（《福惠全書》卷三蒞任部）、流走四方之棍徒謂之「流棍」（《拍案驚奇》二十二回）、知他人作奸，尾隨其後，從中詐金錢者，謂之「把棍」（見《日知錄》卷三十二）、拐騙他人者謂之「拐棍」（《野叟曝言》三十六回）。以其狀態分者，如奸害人民者謂之

「奸棍」（《福惠全書》卷十一刑名部）、勾串匪人刁蠻百姓者謂
之「刁棍」（《福惠全書》卷十一卷刑名部）、又有「猾棍」「點
棍」（《福惠全書》卷八、三十二）。除了以上「群棍」之外，還
有指地方上惡勢力的「地棍」（《二十年目睹之怪現狀》三十八
回）、「土棍」（《福惠全書》卷三）、如猛虎苛人者謂之「虎
棍」（見《福惠全書》），勢力龐大者之「豪棍」、「巨棍」、游
手好閒的流氓謂之「閒棍」（《二刻拍案驚奇》三十回）、結黨肆
行，土豪養爲爪牙者謂之「閹棍」（《清史稿》卷三一七），更有
趣的是假借行善之名而從中謀利者，謂之「善棍」（《清稗類鈔》
卷八十四）。

　　棍」是棒杖一類的東西，本是個語義清楚的詞彙，爲什麼會具
有貶義，成爲無賴匪徒之稱？章太炎《新方言》論「光棍」之原始
時說：

> 方言矜謂之杖，尋古音矜如鰥，故老而無妻者或書作矜，或
> 書作鰥，今人謂杖爲棍，即矜字之變矣。（卷二）

章氏此說，似乎只能解釋「無室家者爲光棍」的來源，並不能說明
「棍」字爲「惡徒」的原因。翟灝《通俗編》曰：

> 〈李紳拜三川守詩序〉閭巷惡少年免帽散衣，聚爲群鬥，或
> 差肩追繞擊大毬，里言謂之打棍，士庶苦之。案：此棍字所
> 起。（卷十一品目）

徐珂《清稗類鈔》曰：

> 俗稱無賴之徒曰棍徒，又曰地棍、又曰土棍，亦曰痞棍，蓋
> 俗以棒爲棍，狀其凶惡，如以棒擊人也。其名所由起，則原
> 於李紳拜三川守詩序……則凡得惡名者，始可曰棍。（卷八
> 四善棍條）

相較于章太炎的意見，翟灝《通俗編》及徐珂《清稗類鈔》所言，
頗有可取之處。愚以爲「棍」指惡徒或許還有一種可能，這從近世
詞彙中習見的「棍徒」「棍匪」等詞或可得到一些啓示，在《水滸
傳》中，幾乎多數的重要角色都是自幼習鎗弄棒，及長，遂專精一
種或數種武器，如魯智深的禪杖、林沖的丈八蛇矛、李逵的雙板斧
等，還有一些功夫高強的角色習用朴刀，如武松，但是如果出現的
是一群沒名沒姓的嘍囉或小人物，就多半是手持棍棒，沒有特別的
武器，例如「爲首的手裡拿著朴刀，背後的都拿著稻叉棍棒」（三
十七回），《水滸傳》中的大角頭就不常以棍爲武器。棍棒類原是

最原始最易得的武器,應是自古皆然。前文所舉的所有「棍輩之人」,總稱爲「棍徒」或「棍匪」,原先所指可能就是這些要棍弄棒、仗勢欺人、詐騙使壞、賺點小利的一些小角色,其行爲統稱爲「棍騙」。「棍徒」或「棍匪」結構原是在中心語「徒」「匪」前加上一個修飾成分「棍」,義爲要棍使壞的惡人,「棍」字逐漸成爲這種惡人的稱謂,成爲名詞性的成分,加上表示行爲狀態的前修飾語,如「土棍」「神棍」「流棍」等,就成了以「棍」爲中心語的「某棍」,是偏正結構。當「棍」字有了這種用法之後,「棍」字意義就和「徒」「匪」相當,「棍徒」「棍匪」從表面上看就成了以並列結構方式組成的同義複合詞,其實是有一個演變過程。至於「棍騙」一詞,應是「棍徒行騙」,是主述結構的合成詞。

以上對於「棍」字作爲惡人稱謂的來源,或可以是一種合理的推測。

四、論「潑」「賴」與「潑辣」

本文第二節中討論過「潑皮」與「賴皮」等詞,並追尋以「皮」字爲流氓惡少稱呼之來源,但並沒有討論「潑」字與「賴」字的來源。在這一節裡,將討論「潑」「賴」的來源及其活用情況。

先論「潑」字。在近世口語中,「潑」字的出現機率很高。用爲形容人事物的性情狀態,大概沒有任何其他的形容詞出現頻率如「潑」字之高,用途如「潑」字之廣。「潑」字用來形容人的例子,除了上述的「潑皮」之外,還有很多,茲舉例如下:

1. 潑妓

   天子爲私行李師師家,與賈奕共爭潑妓。(《宣和遺事》前集)。李師師亦自稱「賤妾平康潑妓」。

2. 潑煙花

   那潑煙花專等你個腌材料。(《東堂老》劇)

3. 潑弟子,可罵妓女,也可罵一般女子

   戀著那送舊迎新潑弟子,全不想生男育女舊嬌娃。(《酷寒亭》劇)

你個<u>潑弟子</u>，我教你與我晒一晒，怎麼不肯？（《貨郎旦》
劇）

4. 潑婆娘

則你是個腌腌臢臢的<u>潑婆娘</u>。（《東堂老》劇）

5. 潑男潑女、潑男女

引著些個<u>潑男潑女</u>相扶策。（《冤家債主》）

量這一個<u>潑男女</u>腌臢畜生。（《水滸傳》十九回）

6. 潑才

腌臢打脊<u>潑才</u>，叫你認得洒家。（《水滸傳》五回）

7. 潑鬼頭

怎禁他狐魅精靈<u>潑鬼頭</u>，挨亮槅，靠毬樓，少走。（《莊周
夢》劇）

8. 潑物

他不知那裡來的個<u>潑物</u>，與我整鬧了這兩日。（《西遊記》
二十二回）

「潑」字用來形容人的例子太多了，如《長生殿》中罵安祿山是
「<u>潑腥羶</u>」（安祿山是異族，以「腥羶」表示鄙視）、《醒世姻
緣》中罵珍哥是「<u>潑貨</u>」（八回）、《二刻拍案驚奇》中罵一些毛
頭小子作「<u>潑毛神</u>」（三十六回）。《西遊記》中三藏罵孫行者爲
「<u>潑猢猻</u>」，行者回罵三藏「狠心的<u>潑禿</u>」（五十七回），女子罵
魔王爲「<u>潑魔</u>」（六十回），全書中「<u>潑猴</u>」一詞更是隨處可見。
除了形容人外，也可用來形容禽獸，如《漢宮秋》中稱空中的雁叫
「<u>潑毛團</u>」，《拍案驚奇》中稱老虎爲「<u>潑花團</u>」（三回）。

以上的這些形容人的「潑」字，雖然有的仍存有無賴、耍流
氓、使壞之意，但語義也有些轉變或擴大，純粹只是罵人與鄙視而
已，如上引的很多例子，多與「腌臢」同時出現，「腌臢」的語義
也並非純指不潔，只不過是要達到賤視他人爲目的而用的形容詞罷
了。「潑」字用爲「賤」義，可以從「潑賤」一詞得到充份的反
映：

有這般<u>潑賤</u>之物，不能近貴。（《宣和遺事》前集）

用「潑賤」一詞來形容李師師。李師師亦自稱自己是「賤妾平康潑妓」，這個「潑」字當是低賤之義，與「賤」字同組成一個同義並列複合詞。以下三例的「潑」字也都是賤的意思：

> 我其實可便顧不得你這窮親潑故。（《東堂老》劇）
>
> 我這般窮身潑命誰瞅問。（《劉行首》劇）
>
> 我百十錢一個潑性命，不分付待分付與誰。（石孝友〈前亭柳〉詞）

「潑」字也用來修飾「言語」，如：

> 因見張歸娘生得端正，美貌無雙，使些潑言語來奸污他。

這個「潑言語」應是一些調戲或污賴的混話，總之不是什麼正經話。

　　上面的這些「潑」字都是用來修飾名詞，「潑」字也用狀語來修飾動詞。如《降桑甚》劇中的「潑話」是胡說之意，《金瓶梅》三十四回中說小孩子不要嬌生慣養，還是「潑丟潑養」的好，這個「潑」也是胡亂之義。

　　以上的這些「潑」字都是作定語或狀語之用，放在名詞或動詞前作為修飾成份。「潑」字也可以從修飾成份的形容語轉變成名詞語，作為動詞的賓語，組成動賓結構的複合詞，如：

> 這廝這般放潑！總使你的理直，到底是我家長工，也該讓我們一分。（《醒世恒言》二十九回）
>
> 俺兩個全仗俺父親為虎威，拿粗挾細，揣歪捏怪，幫閒鑽懶，放刁撒潑，那一個不知我的名兒。（《陳州糶米》劇）
>
> 八戒道：我俊秀、我斯文，不比師兄撒潑。（《西遊記》五十六回）
>
> 家兄從來本分，不似武二撒潑。（《水滸傳》二十四回）

「放潑」與「放刁」「放賴」相類，「撒潑」與「撒賴」「撒野」「撒壞」「撒嬌」相類，都是形容性詞語轉變成名詞性的詞語，作為動詞賓語，以動賓結構組合而成的合成詞。

　　既談到「潑皮」「放潑」「撒潑」，就不免想到與「潑」字用法極其相似的「賴皮」「放賴」「撒賴」之「賴」。近世詞彙中常見賴皮、死皮白賴、嘻皮賴臉、涎皮賴臉等，口語中小兒據地不起

曰「賴地」、不願上學曰「賴學」，戲曲中常見「混賴」一詞即欺瞞強佔之意。「白賴」「賴皮」「撒賴」等詞，在近世口語資料中出現甚多，茲不贅舉。《清稗類鈔》中〈獺皮歌〉條曰：「蘇俗呼土棍爲獺皮，凡傌礁搆訟牛開賭諸不法事，皆出其手。」蓋「賴皮」亦如前面所討論的「棍徒」之類，不單是性情上的惡習性而已。這個「賴」字的來源可能是個「乖剌」義的借字（詳後）。至於「無賴」一詞，由來已久，《史記・高帝紀》「大人常以臣無賴」，晉灼曰：「……或曰江淮之間謂小兒多詐狡獪曰無賴。」《西京雜記》「廣川王去疾，好聚無賴少年遊獵」。又《漢書》「發三輔及郡國惡少年，吏有告劾亡者，屯遼東。」師古注曰「惡少年謂無賴子弟也」。這些「無賴」猶言不可恃也，遂成爲浮浪惡少年之稱呼，其來源與「賴皮」「放賴」等不同。

最後要討論到「潑辣」一詞，元曲中有如下之例：

> 平生潑賴曾為盜，一運崢嶸卻作官。（《陳摶高臥》）

> 老徐卻也忒潑賴，這不是說話，這是害人性命哩。（《單鞭奪槊》）

「潑賴」即放潑撒賴，刁蠻使壞之意。《紅樓夢》中寫作「潑辣」。當王熙鳳出場時，賈母就對林黛玉介紹這位絕頂能幹厲害的人物，說道：

> 你不認得他，他是我們這裡有名的一個「潑辣貨」，南京所謂「辣子」，你只叫她「鳳辣子」就是了。（第三回）

「潑辣」也寫作「潑剌」、「派賴」、「破賴」：

> 這妮子，昨日說了他幾句，就待告訴他爹娘去，恁般心性潑剌。（《拍案驚奇》二回）

> 你還說嘴哩！你平常派賴，冬寒天道，著我在這裡久等，險些兒凍得我腿轉筋。（《降桑葚》劇）

> 奈何著一個破賴和尚往來其中哉？（劉之卿《賢奕編》）

元明清戲曲小說中，更常寫作「慸賴」或「慸懶」：

> 美婦人我見過萬千向外，不似這小妮子生得十分慸賴。（《竇娥冤》劇）

> 怎當得新郎慸賴，專一使心用腹，搬是造非。（《今古奇觀・念親恩孝女藏兒》）

　　新娘人物倒生得標緻，只是樣子覺得<u>憊賴</u>，不是個好惹的。（《儒林外史》四十回）

　　這潑猴如此<u>憊懶</u>，我告菩薩去來。（《西遊記》五十七回）

　　這人豈不是<u>憊懶</u>小人的行徑了。（《兒女英雄傳》十五回）

不論寫作「潑賴」「潑辣」「派賴」「破賴」或「憊懶」，都是凶狠、刁頑、能幹、厲害之義。討論這個詞彙的來源，就必須先把「潑」字說清楚。

　　案「潑」字本撒水之意，潑水、潑墨等詞之「潑」即「潑撒」之意，是個動詞。而本文上面所討論的「潑皮」「潑賴」等的「潑」字皆是個形容性的詞兒，不是「潑水」之「潑」，而是另有來源。《說文》有個兩個腳趾相背的「𣥠」字，曰「足刺𣥠，讀若撥。」什麼是「足刺𣥠」呢？《說文》曰「刺，戾也」，則「足刺𣥠」就應該是兩腳乖戾不順之意。蔣禮鴻《義府續貂》「憊賴」條曰：

> 《淮南子》〈脩務篇〉「琴有撥刺枉橈」，高誘注「撥刺，不正。」撥刺即憊賴憊懶矣。撥刺蓋為刺𣥠、獵跋之倒。《說文》「𣥠，足刺𣥠也。讀若撥。」「𨂻，行步獵跋也」，刺𣥠、獵跋同義，謂行步顛躓，足不從順也。倒而為撥刺，又轉則為憊賴，則不可以字形求之矣。

蔣氏追求「撥刺」為狠戾不順之義甚是。至於「𣥠」「刺」二字何以有乖戾不順之意？先來看「𣥠」字，《說文》曰「𣥠，足刺𣥠也，讀若撥。」楷體訛變作「癶」。這個字除了《說文》等字書之外，不見於其他文獻資料中，也從來不曾單獨存在，只是當作登、發等字的偏旁。在甲骨文中，腳形單獨出現時，或用左腳（𤴦）或用右腳（止），並不固定，似以左腳為常。若雙腳同時出現時，一般是以一左腳一右腳為習見，如陟（𨸏）降（𨽿）步（𣥿）等，這些字以左右腳一前一後表達前進或上下的動作，但也常有例外。若兩腳並排時，或以人體正常的兩腳趾左右並列，但也常以兩腳大趾皆朝外的方式出現，如征做（𩂣）（𩂥）、登做（豆）（登）、　登　作（𣥠），這也就是說腳大趾朝外或並列時左右腳交錯，雖不符合人體的自然情況，只要不妨害表達，影響讀者瞭解，都沒有關係，也不具有任何特殊的意義。在文字約定俗成的過程中逐漸定型，許多早期漢字中正反不分的字都逐漸有了固定的寫法，如「步」字和從「步」的「歲」字，到了周代金文中固定是一左一右，兩腳並列的的字也都定型為「𣥠」，其原意並無「足乖戾不順」之意，否則

「登」字從「癶」是說不通的。「癶」字未見獨用，除《說文》等字書之外，不見於文獻資料，頗疑是許慎著《說文》時爲分析登、發等字之所從，特別從其中別出「癶」這個字形，從甲金文等早期漢字資料來看，「足乖剌」之義並不存在，此義應是晚至《說文》時才有。《說文》中有止字作「ㄓ」，另有一個「ㄐ」字，曰「蹈也，從反止，讀若撻」，從「步」字來看，「止」和「ㄐ」都是腳形，毫無反止之意，這情況可能與「癶」字類似。

再說「剌」字，甲骨文從「禾」不從「束」，字作「𥝌」，「𥝌」字可能是《說文》「䅂，黍穰也」的本字，指禾莖，用爲動詞，是芟除摘取禾穗之後的禾莖之意（詳見裘錫圭〈甲骨文所見的商代農業〉）。金文中常以剌爲烈（如剌剌即烈烈，指盛大的事功），「周厲王」金文作「剌王」等，都是假借。《說文》「剌，戾也」也非「剌」之本意。

以上的討論說明「剌」「癶」二字，從甲骨金文的材料來看，《說文》的釋義都不合乎其字形實際的發展情況。不過「剌癶」有足乖戾不順義，漢代已經存在。這可從《說文》中幾個相關字（詞）的討論來看「剌癶」這個問題：

蹎：跋也。

跋：蹎跋也。《韻會》引作「跋，躙行貌」。《繫傳》作「蹳，蹎蹳也。」《爾雅‧釋言》「跋，躐也。」《玉篇》「躐，踐也。」《詩‧豳風》「狼跋其胡」，《傳》「跋，躐也」

跇：步行獵跋也。《廣韻》十四泰韻「音貝，步行躐跋，又音斾，賴跇，行不正也。」

犮：「走犬貌，從犬而丿之也，曳其足則剌犮也。」（段注本）

不論是「剌癶」「獵跋」「躐跋」「賴跇」「剌犮」，這些詞的上字上古聲母都屬來母，下字聲母都是唇音字（幫母、滂母），不論詞形寫成甚麼，都是爲語言中代表「行步不順」之意的一組聲音記錄下來的書面語言，其中的「剌」「獵」「賴」「癶」「犮」都是借字，「跋」「躐」根據《爾雅》《玉篇》都是踐踏的意思，並無「行步不順」之意，「蹳」是「跋」字更換聲符的異體字，「跇」可能是爲步行獵跋所造的專義字。就連綿詞而言，其實是無所謂本字的，因聲求義即可，不必限其形體。上述這一群不同詞形

而意義相似、聲音相同（或相近）的詞，可以用這個觀點看待。近世詞彙寫作「潑賴」「潑辣」「潑剌」「派賴」「破賴」「憊賴」「憊懶」也就是「刺扐」等連綿詞群上下字顛倒而形成的不同表面形式，上下字顛倒也是連綿詞的特色之一。

　　就連語而言，一般上下字是不可分割獨用的，譬如「刺扐」二字都是借字，分成「刺」和「扐」，都無法表達行步不順之意。不過「扐」字作「足不順」之義既久，也有「跋」「蹳」等字表「蹩行貌」，讀若「撥」的這些字也就有獨立存在代表「足不順」的意思。近世詞彙中常見的「潑」字原與這一群讀若「撥」、借爲「足刺扐」義的扐扐跋蹳跟等字的音同音近借字，這還可從近世詞彙「歪蹄潑腳」一詞中看出，從足不順引伸而有頑皮不順、性情乖戾之義，這也就是「潑皮」「撒潑」「潑猴」「潑貨」等近世詞彙常見的「潑」字意義之由來。而「潑辣」「潑賴」之「辣」「賴」也和「刺」一樣，是語言中假借爲「狠戾不順的性情」之謂，和辛辣、倚賴等義都沒關係。

　　章太炎《新方言》曰：

　　　《說文》「刺，戾也」，「扐，足刺扐也，讀若撥」，江寧謂人性狠戾者爲「刺子」，通言曰「扐刺貨」，扐讀如潑。（卷二）

這是正確的看法。至於爲什麼寫成「派賴」呢？《通俗編》曰：

　　　《餘冬序錄》蘇州醜惡曰潑賴，潑音如派。雲南夷俗謀言誣陷人曰毕賴之事，蓋亦潑賴之義。（卷十五）

這個說法也是對的，蘇州讀潑如派，寫下來就成「派賴」。其實不論寫成「破賴」「憊賴」「憊懶」或「潑辣」，也皆是音同音近之故，只能「因聲求義，不限形體」了。近代，這個詞彙大致已固定於「潑辣」的寫法，大概因爲辛辣有刁悍之感覺與聯想，使「潑辣」一詞極爲傳神，於是約定俗成的都寫作「潑辣」了吧！

　　附帶一提的是：筆名爲「江南書生」的作者曾寫過〈「潑婦」與「潑皮」〉一文，發表於民國六十八年二月十日《中國時報》副刊。他注意到「潑皮」之「潑」與「潑水」之「潑」用法不同，而「潑」又常與「窮」「賤」連用，遂揣測「潑皮」之潑與「敝破」「敝棄」之「敝」有關，又因《餘冬序錄》謂「蘇州以醜惡爲潑賴，潑音爲派」，於是斷定「潑皮」之「潑」爲江南方言，尤其是蘇州方言，「潑」與「敝」皆脣音入聲字，兩者有語源關係。江南

書生之論點有些缺點：其一是《餘冬序錄》謂潑音爲派，只能說明此地聲音的變化，並不能以此認定只有蘇州方言才用「潑」字，本文上面所舉的許多以「潑」字組成的詞彙，其出處從宋到淸的作品皆有，作者亦非江南人士，尤其是不少出自金元北曲，其作者大抵皆大都之人，可見北方亦用「潑」字，不唯蘇州有之。弊病之二是；作者僅注意到「潑」字與「敝」的聲音關係，卻沒能追究「潑」字原來是個借字，足不順爲刺址，引申之性情不順亦可爲刺址，而際遇不順故有貧窮賤敝之義，是「足不順」語義的引申擴大，並非「潑」與「敝」有語源關係，更何況除了「潑」之外，還可以用「派賴」「破賴」「憊賴」等，所以關於「潑皮」「潑婦」等「潑」字的來源，得從連語的角度去理解。

五、結語

近世詞彙中，用以稱呼流氓混混地頭蛇的詞彙很多，除了本文所討論的「×皮」「×棍」之外，也有以「子」與「蛋」「徒」爲中心語者，如「搗子」「光蛋」「刁徒」等，但其數量遠不及以「皮」與「棍」爲中心語者。本文試圖從近世戲曲小說等口語資料中找出以「皮」與「棍」爲中心語的壞人稱謂及其用法，並追尋「皮」與「棍」具有貶義之由來，但願是可備一說。本文也著重討論「潑賴」「潑辣」等詞之用法與來源，是因爲這兩個形容詞語大多用來形容刁蠻使壞之人，與「皮」和「棍」字之稱謂息息相關，且出現頻率極高。本文指出近世詞彙中的「潑辣 」詞群寫法變化甚多，皆爲借字，源自漢代「刺址」「刺犮」「躑躅」等，從行步不順之義引伸擴大爲性情乖戾，是同一個連語詞群。弄淸楚「潑辣」一詞的來源與用法，就更能了解「皮」「棍」之輩的惡行惡狀。

第二屆國際暨第四屆全國訓詁學學術研討會
臺北・臺灣師範大學國文學系 1998.12.5-6

「從容」辭義探析

李解民

北京・中華書局

一. 引言

　　「從容」這個詞，至遲在戰國時代的文獻中就已出現，直到今天仍在普遍使用，可以說是古今文獻中的一個常用詞。本文擬就「從容」的詞義作些探討。

　　關於「從容」，一般大、中型辭書均有解釋。

　　《辭海》云：

　　　1.舉止行動。　2.舒緩；不急迫。　3.同「慫恿」。

因3.屬通假用法，不在本文討論範圍。下同此。

　　《辭源》云：

　　　1.安逸舒緩，不慌不忙。　2.舉動。　3.調解，斡旋。

　　《辭源》義項1.實同《辭海》2.，義項2.實同《辭海》1.。因此，《辭源》較《辭海》多出「3.調解，斡旋」一條義項。

　　《漢語大字典》則又在《辭源》基礎上增加一項釋義，云：

　　　(時間或經濟)充分；寬裕。

　　《漢語大詞典》云：

　　　1.舉動。　2.悠閒舒緩；不慌不忙。　3.盤桓；逗留。
　　　4.斡旋。　5.寬裕。

較《漢語大字典》又增「3.盤桓；逗留」一條義項。

　　以上是大陸幾部流行漢語工具書的情況。再看台灣的情況。

《中文大辭典》云：

1.謂休燕閒居也。　2.謂重擊也，又久意也。　3.舉動也。
4.承意也。　5.獎勸也。　6.安然自在也。　7.和輯也。　8.
徙倚也。　9.上古經篇名。　10.謂安緩比類也。

實際上照錄了《聯綿字典》「從容」的前十條義項。《聯綿字典》「從
容」下義項分二十一條，自第十一條以下為通假轉語，故《中文大辭
典》沒有照錄。

一些關於語匯訓詁的著作間亦論及「從容」。

《小說詞語匯釋》「從容」條云：「原是『舒緩』的意思，引申
作『寬裕』解釋。」

《詩詞曲語辭例釋(增訂本)》「從容」條云：「從容，有盤桓逗
留義，有閒散遊樂義，動詞，與通常表示舒緩不急而用作形容詞者有
所不同。」

《義府續貂(增訂本)》「從容消息」條云：「蓋從容消息，皆謂
調停節度，使合事宜也。」

還有文章專論「從容」詞義，如發表於《文史》第三十八輯的劉
瑞明〈「從容」補義〉云：「『從容』似應有形容詞『真的』、『鄭
重其事』、『認真地』之義。」

經過學者們的努力，「從容」的基本詞義已得揭示。但，「從容」
的本義是什麼?其各義項之間存在什麼關係？以上的辭書及專論尚未
探明理清。下面，本文擬由「從容」的本義入手來展開討論。

二．分析

在已往學者中，東漢鄭玄的解說最值得重視，對正確把握「從容」
的本義極有裨益。

1.《詩序》云：

《都人士》，周人刺衣服無常也。古者長民，衣服不貳，
從容有常，以齊其民，則民德歸壹。傷今不復見古人也。」

鄭玄《箋》云：

從容謂休燕也。休燕猶有常，則朝夕明矣。

鄭氏把「從容」釋為「休燕」。「休燕」相當于今天所說的休閒。孔

穎達《正義》對此作具體闡發道：

> 此從容，承衣服不貳之下以對之矣，明為私處舉動，故知謂休燕閒暇之處。宜自放縱，猶尚有常，則朝夕舉動亦有常明矣。此休燕有常，直謂進退舉動不失常耳，即《經》所云『其容不改』之類。

> 雖從容休燕之處，其容貌亦有常，不但公朝朝夕而已。」

《詩序》「古者長民，衣服不貳，從容有常，以齊其民，則民德歸壹」之語，又見於《禮記·緇衣》、《新書·等齊》，且前有「子曰」。今在湖北荊門郭店戰國中期楚墓發現的《緇衣》篇內也有這段文字，足證《禮記》、《新書》、《詩序》所傳有自，至少可以追溯到戰國時代。「從容」一詞的歷史，至少也同樣古老。

2.《禮記·中庸》云：「誠者，不勉而中，不思而得，從容中道，聖人也。」很明顯，此處的「從容」相當於「不勉」、「不思」，指的是一種優哉遊哉的休閒狀態。孔穎達《正義》以「從容閒暇而自中乎道」釋「從容中道」是十分貼切的。鄭玄和孔穎達對「從容」的詮釋，在秦漢典籍中可以獲得有力印證。

3.《晏子春秋·內篇雜上第五》云：「嬰之家俗，閒處從容不談議，則疏，……」「閒處從容」即指家居休閒。

4.《新書·官人》云：「故君樂雅樂，則友、大臣可以侍；君樂燕樂，則左右、侍御者可以侍；君開北房從薰風之樂，則廝役從。清晨聽治，罷朝而論議，從容澤燕。夕時開北房，從薰服之樂。是以聽治論議，從容澤燕，矜莊皆殊序，然後帝王之業可得而行也。」「從容」在此具體指君王罷朝賦閒，相對於上朝聽治而言。

5.《新書·勸學》云：「嘗試傅白黛黑，榆鋏陂，雜芷若，虻虱視，益口笑，佳態佻志，從容為說焉。」

6.又云：「親與巨賢連席而坐，對膝相視，從容談語，無問不應，是夫降大命以達吾德也。」這兩處「從容」，顯然也是休閒之意。

《史記》、《漢書》出現不少「從容」，比而觀之，對準確理解詞義頗有幫助。現在先舉《史記》之十四例，其相應文字大多亦見於《漢書》。《漢書》例文不再贅引，僅在例末括弧內注明卷帙。

7.〈齊悼惠王世家〉：「主父偃方幸於天子，用事，因言：『齊臨菑十萬戶，市租千金，人眾殷富，鉅於長安，此非天子親弟愛子不得王此。今齊王於親屬益疏。』乃從容言：『呂太后時齊欲反，吳楚時孝王幾為亂。今聞齊王與其姊亂。』」（又見《漢書》卷三十五〈高

五王傳〉)

8.〈曹相國世家〉:「參子窋爲中大夫,惠帝怪相國不治事,以爲『豈少朕與』。乃謂窋曰:『若歸,試私從容問而父曰:「高帝新棄群臣,帝富於春秋,君爲相,日飲,無所請事,何以憂天下乎?」然無言吾告若也。』窋既洗沐歸,閒侍,自從其所諫參。」(又見《漢書》卷三十九〈蕭何曹參傳〉)

9.〈留侯世家〉:「良嘗閒從容步遊下邳圯上。」(又見《漢書》卷40〈張陳王周傳〉)

10.〈留侯世家〉:「留侯從上擊代,出奇計馬邑下,及立蕭何相國,所與上從容言天下事甚眾,非天下所以存亡,故不著。」(又見《漢書》卷四十〈張陳王周傳〉)

11.〈梁孝王世家〉:「上與梁王燕飲,嘗從容言:『千秋萬歲後傳於王。』王辭謝。雖知非至言,然心內喜。」(又見《漢書》卷四十七〈文三王傳〉)

12.〈呂不韋列傳〉:「華陽夫人以爲然,承太子間,從容言子楚質於趙者絕賢,來往者皆稱譽之。」

13.〈黥布列傳〉:「姬侍王,從容語次,譽赫長者也。」(又見《漢書》卷三十四〈韓彭英盧吳傳〉)

14.〈淮陽侯列傳〉:「上常從容與信言諸將能不,各有差。」(又見《漢書》卷三十四〈韓彭英盧吳傳〉)

15.〈酈生陸賈列傳〉:「沛公麾下騎士適酈生里中子也,沛公時時問邑中賢士豪俊。騎士歸,酈生見謂之曰:『……若見沛公,謂曰「臣里中有酈生,年六十餘,長八尺,人皆謂之狂生,生自謂我非狂生」』……騎士從容言如酈生所誠者。」(又見《漢書》卷四十三〈酈陸朱劉叔孫傳〉)

16.〈季布欒布傳〉:「朱家曰:『……君何不從容爲上言邪?』汝陰侯滕公心知朱家大俠,意季布匿其所,迺許曰:『諾。』待閒,果言如朱家指。」(又見《漢書》卷三十七〈季布欒布田叔傳〉)

17.〈吳王濞列傳〉:「晁錯爲太子家令,得幸太子,數從容言吳過可削。」(又見《漢書》卷三十五〈荊燕吳傳〉)

18.〈魏其武安侯列傳〉:「梁孝王朝,因昆弟燕飲。是時上未立太子,酒酣,從容言曰:『千秋之後傳梁王。』太后歡。」(又見《漢書》卷五十二〈竇田灌韓傳〉)

19.〈魏其武安侯列傳〉:「灌夫有服,過丞相。丞相從容曰:『吾

欲與仲孺過魏其侯，會仲孺有服。』……丞相特前戲許灌夫，殊無意往。……武安侯鄂謝曰：『吾昨日醉，忽忘與仲孺言。』」(又見《漢書》卷五十二〈竇田灌韓傳〉)

20.〈佞幸列傳〉：「文帝時時如鄧通家遊戲。……文帝嘗病癰，鄧通常為帝唶吮之。文帝不樂，從容問通曰：『天下誰最愛我者乎?』」(又見《漢書》卷九十三〈佞幸傳〉)

再舉《漢書》之十二例。

21.〈元帝紀〉：「見宣帝所用多文法吏，以刑名繩下，大臣楊惲、蓋寬饒等坐刺譏辭語為罪而誅，嘗侍燕從容言：『陛下持刑太深，宜用儒生。』」

22.〈酈陸朱劉叔孫傳〉：「陸賈位止大夫，致仕諸呂，不受憂責，從容平、勃之間，附會將相以彊社稷，身名俱榮，其最優乎!」

23.〈董仲舒傳〉：「動作應禮，從容中道。」

24.〈嚴朱吾丘主父徐嚴終王賈傳〉：「助侍燕從容，上問助居鄉里時，助對曰：『家貧，為友婿富人所辱。』」

25.〈東方朔傳〉：「時天下侈靡趨末，百姓多離農畝。上從容問朔曰：……」

26.〈楊胡朱梅傳〉：「宜備賓主禮，因留雲宿，從容謂雲曰：……」

27.〈霍光金日磾傳〉：「宣帝始立，謁見高廟，大將軍光從驂乘，上內嚴憚之，若芒有刺在背。後車騎將軍張安世代光驂乘，天子從容肆體，甚安近焉。」

28.〈翟方進傳〉：「方進不自責悔而內挾私恨，伺記慶之從容語言，以詆欺成罪。」

29.〈佞幸傳〉：「後上置酒麒麟殿，賢父子親屬宴飲，王閎兄弟侍中中常侍皆在側。上有酒所，從容視賢笑，曰：『吾欲法堯禪舜，何如?』」

30.〈元后傳〉：「太后從容曰『我始入太子家時，見於丙殿，至今五六十歲尚頗識之。」

31.〈王莽傳上〉：「紅陽侯立太后親弟，雖不居位，莽以諸父內敬憚之，畏立從容言太后，令己不得肆意。」

32.〈敘傳〉：「賈作行人，百越來賓，從容風議，博我以文。」

綜觀《史》、《漢》例文，可以清楚看到：「從容」一詞所繫具體背景、場合完全與鄭玄、孔穎達的詮釋相吻合，確實不在朝會理政

之際，而爲退朝閒居之時。不少例句中出現了「私」、「洗沐歸」、「閒侍」、「閒」、「燕飲」、「承閒」、「待閒」、「侍燕」、「宴飲」等明確表示休閒背景的文字。因此，將上述例文中的「從容」理解爲休閒，可以說是從總體上把握住了它的本義。《史記·留侯世家》《索隱》云：「從容，閒暇也。從容，謂從任其容止，不矜莊也。」如此說不誤的話，那麼「從容」不僅是疊韻聯綿詞，而且還是動賓結構的詞組。按《漢書·霍光傳》云「從容肆體」，而《淮南子·精神》有「從體肆意」之語，則《索隱》之說似有一定道理。但在找到更有力證據之前，還是只視「從容」爲疊韻聯綿詞。

「從容」之本義表示休閒，那麼休閒時往往會產生閒暇無事、悠閒安逸、隨意不拘、自由自在、不慌不忙、舒緩平和、寬鬆充裕等種種情狀，「從容」也就由此引申出表示這些情狀的意義來。「從容」此類意義，習見於上古文獻。除前舉例文外，又如：

33.《尚書·君陳》：「寬而有制，從容以和。」

34.《莊子·在宥》：「從容無爲而萬物炊累焉。」

35.《莊子·秋水》：「儵魚出遊從容。」

在一些古代醫書、農書中也可見到「從容」的這種用法。

36.《素問·著至教論篇第七十五》：「日暮，從容不出，人事不殷。」

37.《素問·示從容論篇第七十六》：「此皆工之時亂也，然從容得之。……明引比類從容，是以名曰診經，是謂至道也。」

38.《齊民要術·造神麴並酒第六十四》：「若急須者，麴乾則得。從容者，經二十日許，受霜露，彌令酒香。」

39.《本草綱目·草一·肉蓯蓉》：「此物補而不峻，故有從容之號。從容，和緩之貌。」

直至明清小說，「從容」的這種用法仍屢見不鮮，正如陸澹安在《小說詞語匯釋》中指出的：「原是『舒緩』的意思，引申作『寬裕』解釋。」

今天，人們還是大多從這個意義上來使用「從容」的，如「從容不迫」、「從容自若」、「從容就義」等。

在前面所舉《史記》、《漢書》例文中，「從容」之後接「言」、「問」、「謂」、「語次」、「風諫」等表言談類詞匯的佔了很大部分。這應該好理解，因爲作爲休閒方式(或者說休閒內容)，閒談聊天必然佔有重要位置，自古至今，概莫能外。《漢書·嚴助傳》顏師古

《注》：「從容，閒語也。」頗切事理。在這種情況下，釋「從容」爲閒聊，可以說更加準確，具體點明了休閒的方式。

交談固然是休閒的重要方式，但絕非唯一方式，還可以有其它各種消遣方式。這兒試舉幾例。

40.《文選・王褒〈洞簫賦〉》：「賴蒙聖化，從容中道，樂不淫兮。」

41.劉向〈七言〉：「燕處從容觀詩書。」（《文選・謝朓辭隨王箋》李善《注》）

42.《文選・張衡〈西京賦〉》：「匪唯翫好，乃有秘書。小說九百，本自虞初。從容之求，寔俟寔儲。」

43.王逸《九思・傷時》：「且從容兮自慰，玩琴書兮遊戲。」

諸如吹簫彈琴、觀詩看書、遊戲取樂等都是休閒方式，不一而足。所以《晏子春秋・內篇雜上第五》有「閒處從容不談議」的話，休閒而不交談。

「從容」作閒聊、交談的用法，在秦漢以後的典籍中時有出現，但常被忽視而誤釋。

《世說新語》中「從容」出現了六次。《世說新語詞典》將「從容」詞義析爲三條：

1.很隨便地。　2.自在，悠閒。指作官。　3.調解，調停。

其實，細看原文，1.、3.義項下的五處「從容」均應釋作閒聊、交談。現將五段有關文字摘引於下：

44.〈方正〉：「南陽宗世林，魏武同時，而甚薄其爲人，不與之交。及魏武作司空，總朝政，從容問宗曰：『可以交未？』答曰：『松柏之志猶存。』」

45.〈文學〉：「許謂支法師曰：『弟子向語何似？』支從容曰：『君語佳則佳矣，何至相苦邪？豈是求理中之談哉。』」

46.〈簡傲〉：「謝萬北征，常以嘯詠自高，未嘗撫慰衆士。謝公甚器愛萬，而審其必敗，乃俱行，從容謂曰：『汝爲元帥，宜數喚諸將宴會，以說衆心。』」

47.〈紕漏〉：「虞嘯父爲孝武侍中，帝從容問曰：『卿在門下，初不聞有所獻替。』」

48.〈惑溺〉：「時大赦，君臣咸見。既出，帝獨留秀，從容謂曰：『天下曠蕩，蒯夫人可得從其例不？』」

按五節例文中的「從容」，後接「問」、「曰」、「謂」，用法完全同於前引《史記》、《漢書》中表閒談的例子。《詞典》將這五個「從容」釋爲「很隨便地」或「調停，調解」，均不確當。

又如《漢語大詞典》「從容」義項 1.「斡旋，周旋」下舉引這樣兩條例文：

49.宋王讜《唐語林·補遺三》：「〔宣宗〕每上殿與學士從容，未嘗不論儒學。」

50.宋曾鞏〈金山寺水陸堂記〉：「蓋新(瑞新)者，余嘗與之從容。彼其材且辨，有以動人者，故成此不難也。」

同樣曲解了詞義，此兩例中的「從容」也應釋作閒聊、交談。

51.《唐語林卷七》：「公留諸從事從容，謂牧曰：『風聲婦人若有顧盼者，可取置之所居，不可夜中獨遊。或昏夜不虞，奈何?』」

周勛初《唐語林校證》云：「從容，懇談暢敘之意。唐人俗語。」可以說抓住了原意；但並非唐人俗語，而是古已有之。

《史記·留侯世家》云：「良嘗閒從容步遊下邳圯上。」獨自一人步行，這兒的「從容」自然不含聊天交談的意思，而被引申出閒逛、優遊、出行的意思。此類用法，楚辭漢賦中較爲多見。如：

52.《九章·悲回風》：「寤從容以周流兮，聊逍遙以自恃。」「從容」，漢王逸《注》：「徙倚。」明汪瑗《注》：「優遊貌。」在此與「逍遙」相對。《文選·南都賦》李善《注》引《韓詩》云：「逍遙，遊也。」

53.《文選·宋玉登徒子好色賦》：「臣少曾遠遊，周覽九土，足歷五都，出咸陽，熙邯鄲，從容鄭衛溱洧之間。」顯然，「從容」在此是遊覽經歷之意。

54.賈誼〈惜誓〉：「馳騖於杳冥之中兮，休息虖昆侖之墟。樂窮極而不厭兮，願從容虖神明。」王逸《注》：「言已周行觀望，樂無窮極，志猶不厭，願復與神明俱遊戲也。」

55.《文選·司馬相如長門賦》：「下蘭台而周覽兮，步從容于深宮。」

56.劉向〈九嘆·憂苦〉：「步從容於山廋。」王逸《注》：「徐步山隈，遊戲以須之也。」

後代詩賦詞曲中，「從容」這一用法仍屢見不鮮。王鍈《詩詞曲語辭例釋(增訂本)》有精當考釋，網羅大量採自唐宋金元明之詩詞曲

的例子，指出：「從容，有盤桓逗留義，有閒散遊樂義，動詞，與通常表示舒緩不急義而用作形容詞者有所不同。」所舉明人湯式小令《北正宮脫布衫帶小梁州·四景為儲公子賦》最能說明問題。這首散曲分四段，四段的首句分別是：「問春來何處忘機」，「問夏來何處徜徉」，「問秋來何處盤遊」，「問冬來何處從容」。「從容」與「徜徉」、「盤遊」同義是顯而易見的。

清代散文中也有這種用法，如：

57.清惲敬〈舟經丹霞山記〉：「舟人放溜恐觸壁，以縴逆挽其舟，逶迤投壁下，故得從容其境。」

此外，有兩段文字中的「從容」，也應納入閒遊義項範疇，但常被釋作它義，有必要作些辨析。

58.《莊子·田子方》：「昔之見我者，進退一成規，一成矩；從容一若龍，一若虎。」郭象《注》：「槃辟其步，逶蛇其跡。」成玄英《疏》：「逶迤若龍，槃辟如虎。」釋「從容」為「槃辟」、「逶迤」，十分確切。再觀「從容」與「進退」相對為文，指步履行跡，當是閒遊、行走的引申義。而王念孫《廣雅疏證》釋為「舉動」，其意乍看似可通，但實在不如郭《注》、成《疏》準確順暢。

前引22.《漢書·酈陸朱劉叔孫傳》：「陸賈位止大夫，致仕諸呂，不受憂責，從容平、勃之間，附會將相以彊社稷，身名俱榮，其最優乎！」不少辭書以顏師古《注》「謂和輯陳平、周勃以安漢朝也」為據，釋「從容」為「和輯」，如符定一《聯綿字典》即是。蔣禮鴻《義府續貂》則進一步指出此「從容」有「調停節度，使合事宜」之義。《辭源》、《漢語大字典》、《漢語大詞典》均有「調解，斡旋」義項，大概是受了《聯綿字典》、《義府續貂》的影響。其實，這是誤解。按《漢書》前後文，不難發現顏《注》「謂和輯陳平、周勃以安漢朝」釋的不是「從容平、勃之間」，而是「附會將相以彊社稷」。因此，「和輯」釋的不是「從容」而是「附會」。「附會」，和輯也，即和睦團結之意。《辭海》「附會」的第一條義項云「使協調和同」，接引《漢書》此文為證；《辭源》「附會」條下亦引此例，云「指親和協調」，均可為佐證。「從容」釋為「和輯」，在文法上也有不通之處。「從容平、勃之間」，句式同於《文選·宋玉登徒子好色賦》的「從容鄭衛溱洧之間」。兩「從容」含義實也相當，都是遊行、來往的意思。《漢書》陸賈本傳云：「賈以此遊漢廷公卿間，名聲籍甚。」「遊漢廷公卿間」正是「從容平、勃之間」的最好詮釋。以「遊」釋「從容」，應該說是再也恰當不過的了。

《義府續貂》的考證，還援引了《顏氏家訓》的例文，同樣屬於

誤解。

59.《顏氏家訓·文章》：「自春秋以來，家有奔亡，國有吞滅，君臣固無常分矣，然而君子之交絕無惡聲。一旦屈膝而事人，豈以存亡改慮?陳孔璋居袁裁書，則呼操爲豺狼；在魏製檄，則目紹爲蛇虺。在時君所命，不得自專，然亦文人之巨患也，當務從容消息之。」《義府續貂》謂「從容與消息同義」，「消息猶節度」。仔細品味上面文意，「從容」實應釋作寬緩平和。「從容消息」，是說以寬容平和的心態去斟酌構思，以避免陳琳「居袁裁書，則呼操爲豺狼；在魏製檄，則目袁爲蛇虺」那樣尖刻偏激的文風。

顏氏家訓》所見其它「從容」，也沒有可釋作「和輯」的。如：

60.〈文章〉又云：「至於陶冶心靈，從容諷諫，入其滋味，亦樂事也。」此「從容」當釋作閒聊、交談。

61.〈風操〉：「《禮》云：『見似目瞿，聞名心瞿。』有所感觸，惻愴心眼；若在從容平常地，幸須申其情耳。」此「從容」則爲休閒、閒暇之意，義近「平常」。

釋「從容」爲調停節度、斡旋調解，缺乏實據，難以信從。

「從容」還有一項義訓，即「舉動」。東漢王逸《楚辭·九章·懷沙》《注》、曹魏張揖《廣雅》均云：「從容，舉動也。」按《漢官舊儀》：「皇太子稱家，動作稱從。」《聯綿字典》謂：「容，蓋搈之通用字。《說文·手部》『搈，動搈也』，是也。」段玉裁《說文解字注》：「動搈，漢時語。《廣雅》『搈，動也』。」那麼，「從容」似乎又是由兩個同義字組合成的詞組，但目前我們還是只把它作爲疊韻聯綿詞來看待。

王念孫《廣雅疏證》對「從容」的「舉動」之義，作了詳細的考證闡述，功不可沒，但也存在偏頗，主要是援引的例證不完全恰當。王氏收集的例句有：

1.《楚辭·九章·懷沙》：「重華不可遌兮，孰知余之從容。」

2.《楚辭·九章·抽思》：「理弱而媒不通兮，尚不知余之從容。」

3.〈哀時命〉：「俗嫉妒而蔽賢兮，孰知余之從容。」

4.《後漢書·馮衍傳》：「既俶儻而高引兮，願觀其從容。」

5.〈中庸〉：「誠者，不勉而中，不思而得，從容中道，聖人也。」

6.《韓詩外傳》：「動作中道，從容得禮。」

7.《漢書·董仲舒傳》：「動作應禮，從容中道。」

8.王褒〈四子講德論〉：「動作有應，從容得度。」

9.〈緇衣〉：「長民者，衣服不貳，從容有常。」

10.《大戴禮‧文王官人》：「言行亟變，從容謬易，好惡無常，行身不類。」

11.《墨子‧非樂》：「食飲不美，面目顏色不足視也。衣服不美，身體從容不足觀也。」

12.《莊子‧田子方》：「進退一成規，一成矩；從容一若龍，一若虎。」

13.《楚辭‧九章‧悲回風》：「痛從容以周流兮。」

14.傅毅〈舞賦〉：「形態和，神意協，從容得，志不劫。」

15.《漢書‧翟方進傳》：「方進伺記陳慶之從容語言以詆欺成罪。」

所舉 1、2、3、4、11、14 等六例切合「舉動」義訓。而其它例句有可商榷之處。

5、9、13、15 等四例在前面已討論過，應歸於「休閒」義項範疇，茲不重複。

6、7、8 等三例，王氏謂「此皆以從容、動作相對成文」，這是不錯的，但不能由此就說「從容」即「動作」。「從容」與「動作」應有所區別才能相對成文，否則便成了同義反復。此三例「從容」之義應同 5，仍應釋作休燕，休閒。

10 之「從容」宜釋為隨便、輕率。「從容謬易」，謂隨意亂變。盧辯《注》謂「安然反覆」，還是比較確切的。

15 之「從容」應釋作閒聊、交談。「從容言語」，類似「從容語次」（《史記‧黥布列傳》）、「從容談語」（《新書‧勸學》），指閒聊時的言語，猶今言「閒談話語」。

王氏之疏證，似乎存在擴大化傾向，把一部分不宜釋為「舉動」的例證也收了進來。

「從容」在後世文獻中作「舉動」的用法並不多見，恐怕同它在古代這種用法不普遍是有關係的。

順便要強調指出的是，釋「從容」為「真的」、「鄭重其事」、「認真地」，難以成立，純屬臆說。

三．結語

最後，試將前面的討論作個簡單的概括。

「從容」有兩大義項：一為「休閒」。二為「舉動」。

「休閒」義有三種引申義：

1. 悠閒安逸，隨意不拘，自由自在，不慌不忙，舒緩平和，寬鬆充裕。

2. 閒聊，交談。

3. 閒遊，遊覽，遊戲，徘徊，往來，周旋，逗留。

以上結論，希望能為將來編纂新詞典的學者在撰寫「從容」條目時提供有益參考。

參考書目

《辭海》 辭海編輯委員會編 上海辭書出版社 1987.1

《辭源》 廣東、廣西、湖南、河南辭源修訂組，商務印書館編輯部編 商務印書館 1989.3

《漢語大字典》 漢語大字典編輯委員會編 四川辭書出版社、湖北辭書出版社 1993.11

《漢語大詞典》 漢語大詞典編輯委員會漢語大詞典編纂處編 上海辭書出版社 1986.11

《中文大辭典》 中文大辭典編纂委員會編 中國文化學院出版部 1968.8

《聯綿字典》 符定一著 中華書局 1954.2

《小說詞語匯釋》 陸澹安編著 上海古籍出版社 1983.10

《詩詞曲語辭例釋(增訂本)》 王鍈著 中華書局 1986.1

《義府續貂(增訂本)》 蔣禮鴻著 中華書局 1987.9

〈「從容」補義〉 劉瑞明 中華書局 《文史》第三十八輯 1994.2

《十三經注疏》 阮元校刻 中華書局 1980.10

《郭店楚墓竹簡》 荊門市博物館編 文物出版社 1998.5

《賈誼集校注》 王洲明、徐超校注 人民文學出版社 1996.11

《晏子春秋集釋》 吳則虞編著 中華書局 1982.5

《史記》 司馬遷撰 中華書局點校本 1997.11

《漢書》　班固撰　中華書局點校本　1997.11

《莊子集釋》　郭慶藩輯　王孝魚整理　中華書局　1978.6

《黃帝內經素問譯釋》　南京中醫學院醫經教研組編著　上海科學技
　　術出版社　1959.6

《齊民要術校釋》　賈思勰著　繆啓愉校釋　農業出版社　1982.11

《本草綱目》　李時珍編著　人民衛生出版社　1957.4

《文選》　蕭統編　李善注　中華書局　1977.11

《楚辭補注》　洪興祖撰　中華書局　1983.3

《屈原集校注》　金開誠、董洪利、高路明著　中華書局　1996.8

《世說新語校箋》　徐震堮著　中華書局　1984.4

《世說新語詞典》　張萬起編　商務印書館　1993.5

《唐語林校證》　王讜撰　周勛初校證　中華書局　1987.7

《顏氏家訓集解》　王利器撰　中華書局　1993.12

《廣雅疏證》　王念孫著　中華書局　1983.5

《漢官六種》　孫星衍等輯　周天遊點校　中華書局　1990.9

.

第二屆國際暨第四屆全國訓詁學學術研討會
臺北・臺灣師範大學國文學系　1998.12.5-6

漢漫考—閩南語聯綿詞例

東海大學中國文學系

甘漢銓

壹、　前言

　　漢漫是閩南方言常用詞之一，雖然寫法不同，但坊間所見方言辭典多有收錄。如楊青矗《國台雙語辭典》有：

　　頇慢：形容某人遲鈍，沒有才幹。[1]

許成章《台灣漢語辭典》也有：

　　ham ban：能力低，作事遲也。相當於頇顢（顢頇之倒語）、頇慢。[2]

　　亦玄在《新編台語溯源》中有〈汗漫〉一篇，引連橫《台灣語典》指出漢漫亦作頇顢，本作顢頇。作頇顢二字，與閩南語實際用法音義兩近，十分有力，但卻沒有文獻依據。而汗漫一詞，古人常用，與口

---

[1] 楊青矗《國台雙語辭典・頁部・頇》(台北・敦理・1992)

[2] 許成章《台灣漢語辭典・ham ban條》，(台北・自立晚報・1992)

語音義更爲吻合[3]

其實這個詞寫作頂顢、頂慢、汗漫、漢漫……都不是本文觀察的重點。只是爲什麼這個詞會有較多的異寫現象？以及它是顢頂一詞之倒語，有無理論之依據？還有口語中頂演變成ham的閉口韻，可能的原因是什麼？都可以進一步觀察討論。

從聯綿詞的角度來看，則不難發現：

(1) 漢漫二字疊韻聯綿。

(2) 聯綿詞異寫較多。

(3) 聯綿詞有顛倒相轉之例。

(4) 文獻中漢漫聯綿詞群有共同的語源義。

(5) 由於二字聯綿，產生連音變化的現象。

聯綿詞理論的應用，有助於探討詞源、確定詞義；而方言詞源的探討，亦可以印證文獻中的詞義及其語源義。因此對方言聯綿詞作較廣泛的研究，應該是一項有意義的工作。

貳、《台灣語典》引文「疑誤」

連橫《台灣語典》記載：

漢漫：謂無能者。呼含慢，正音也。《北齊書・楊愔傳》："愔強識不忘，有魯漢漫者，自言猥獨不見識。愔曰：『卿前騎禿尾

---

[3] 亦玄《新編台語溯源・汗漫》(台北・時報文化・1988) 頁192~194

驢，見我不下；何不識耶？』又調之曰：『名以定體，漢漫果自不虛。』" 亦作頇顢。[4]

這段話對漢漫一詞的音、義與來源均有交代，是很重要的參考資料。但是細檢原典，卻發現與連氏引文頗有出入。[5]

《北齊書‧楊愔傳》原文如下：

（愔）聰記強識，半面不忘。每有所召問，或單稱姓，或單稱名，無有誤者。後有選人魯漫漢，自言猥賤，獨不見識。愔曰：『卿前在元子思坊，騎禿尾草驢，經見我不下，以方麴郭面，我何不識卿？』漫漢驚服。又調之曰：『名以定體，漫漢果自不虛。』[6]

文中的漫漢本是人名，而且可能是個虛構或者寓言式的人名，能不能認作顢頇一詞之源，仍有疑問。

連氏將漫漢顛倒成漢漫的理由和依據，我們無由得知；但他似乎是把這個詞當成了一個整體來了解，並沒有把它當作合成詞，分別去解釋單字的意義，因此最後他說；「亦作頇顢」這樣的解釋，雖然在考源上證據不足，資料引用上也有瑕疵；但在結構的掌握和詞義的理解上，仍是很有意義的。

參、文獻中的漢漫詞群

其實連氏大可不必把《北齊書‧楊愔傳》中的漫漢顛倒成漢漫來

---

[4] 連橫《台灣語典‧卷四》（台北‧金楓‧1987）頁145
[5] 蔡木生於1995在《國語日報‧鄉土語文版》指出此段引文疑誤。
[6] 《北齊書‧卷三十四》（台北‧鼎文‧1980）頁456-457。

說明詞源。因為《方言》中便有；

> 漢漫、眠眩，憊也。朝鮮、洌水之間，煩憊謂之漢漫，顛眩謂
> 之眠眩。

錢繹〈箋疏〉曰；

> 《說文》：憊，煩也。〈問喪篇〉：悲哀志憊氣盛……[7]

《廣雅‧釋詁》亦載；

> 毗顡、漢漫，悶憊也。[8]

　　漢漫義謂煩憊，與無能、笨拙似不相應，故不為連氏所用。但煩
憊、氣盛、失控、失檢、無能、笨拙諸義，或有關聯，仍有仔細觀察
的必要；至少，漢漫連結成詞，在文獻上是有所據的，至於詞義的變
化，則將留待下文討論。

　　如果不侷限於字形，把由漢漫二音連結而成的同音異寫形態，以
及顛倒相轉所形成的各詞，一併觀察，可以注意到以下各例：

1　罕漫：

> 茫昧不明貌。《文選‧揚雄〈劇秦美新〉》："在乎混混茫茫之
> 時，聾聞罕漫而不召察。"李善注："聾聞罕漫不明之貌也。"
> 《後漢書‧蔡邕傳》："罕漫而已，非己咎也。"李賢注："罕
> 漫猶無所知聞也。"[9]

---

[7] 清‧錢繹《方言箋疏‧卷七》(上海‧上海古籍‧1989《爾雅廣雅方言釋名清疏
　　四種合刊》)頁389。

[8] 清‧王念孫《廣雅疏證‧卷二下》(上海‧上海古籍‧1989《爾雅廣雅方言釋名
　　清疏四種合刊》)頁889。

[9] 解釋與書證節引自《漢語大詞典》，以下各例皆同，不詳注。

2 汗漫：

(1) 廣大、漫無邊際。《淮南子・俶真訓》："至德之世，甘瞑於
涸澗之域，而徙倚於汗漫之宇。"

(2) 渺茫不可知。《淮南子・道應訓》："吾與汗漫期於九垓之外。
高誘注：汗漫，不可知也。"後附為仙人的名字。

(3) 漫無標準，不著邊際。《新唐書・選舉志上》："因以謂按其
聲病，可以為有司之責，捨是則汗漫而無所守。"(4)形容漫
遊之遠。唐・陳陶〈謫仙吟贈趙道士〉"汗漫東遊黃鶴雛，
縉雲仙子住清都。"

3 漫汗：

(1) 廣大貌。《文選・張衡・〈南都賦〉》："布濩漫汗，漭沆洋溢。"
劉良注："漫汗，言廣大也。"

(2) 散亂貌。唐・柳宗元〈天對〉："胡紛華漫汗，而潛謂不死。"

4 澷漫：

(1) 模糊不清。宋・張君房《雲笈七籤・序》："然其綱條澷漫，
部分參差……"

(2) 猶荒廢。明・袁宗道〈鄒翁壽序〉："賢人之祠不至澷漫，則
公之行也。"

(3) 迷茫無際。清・黃景仁〈泗州喜洪大從姑孰來〉："春水久澷
漫，將毋頓塗泥。"

5 漫澷：

(1) 模糊不可辨識。唐・韓愈〈新修滕王閣記〉："赤白之漫澷不
鮮者，治之則已。"

(2) 猶迷茫不清。宋・趙與時《賓退錄・卷五》："若敬王之遷成

周，固已漫漶……"

6 顢頇：

(1) 面大貌。五代・和凝〈宮詞・十二〉："顢頇冰面瑩池心，風
刮瑤階臘雪深。"

(2) 糊塗而馬虎。《朱子語類・卷九三》："居仁謂伊川顢頇語，
是親見與病叟書中說。"

上舉諸詞，寫法各異，或可顛倒；而寫法不固定和顛倒相轉，是
聯綿詞常有的現象。劉師培曾指出：

> 惟所用駢詞，往往義同字異。推其原因，則以駢詞之中，或
> 無正字，同音之字，取義必同。故字異音同均可通用，名曰異文，
> 實則同義。…古代文辭之駢詞，雖因文而殊，然其音相近，其義
> 亦必相同，不必泥於字之同義也。[10]

周法高也說：

> 聯綿字因為所重在聲，所以在字形上往往不很固定。[11]

因此，突破字形的拘限，找出更多的異寫形態，正是發掘漢漫聯綿詞
群的第一步工作。

顛倒相轉，亦為聯綿詞基本特性之一。黃侃《訓詁筆記・卷下》
有〈雙聲疊韻連語倒言與正言同〉一條[12]周法高亦引王筠《毛詩雙聲
疊韻說》及郝懿行《證俗文》等資料，說明「連綿字義寄於聲，本無
順逆」的道理[13]因此把顛倒相轉的形態一併納入觀察，是很必要的。

---

[10] 劉師培《劉申叔先生遺書・左盦外集・駢詞無定字釋例》，轉引自張斌、許威
漢編《中國古代語言學資料匯纂・訓詁學分冊》(福建・人民・1993)，頁228-
229。

[11] 周法高《中國語文論叢・聯綿字通說》(台北・正中・1971)，頁132。

[12] 黃季剛口述・黃焯筆記《文字聲韻訓詁筆記》(台北・木鐸・1983)，頁228。

[13] 周法高；同注11，頁142。

　　然而畢竟聯綿詞所重在聲，異寫和顛倒的根本關聯，仍在語音，因此語音的分析是更為重要的。

肆、漢漫詞群的語音形態

一、基本形態：

　　前節所舉各例，語音上的關聯是明顯易見的。它們的中古、上古音大致是：

古音　　　例字	中　　古				上　　古	
	反切上字	反切下字	聲母	韻部	紐	部
漢	呼	旰	曉	翰	曉	元
罕	呼	旱	曉	旱	曉	元
汗	侯	旰	匣	翰	匣	元
澷	胡	玩	匣	換	（匣）	（元）
頇	許	干	曉	寒	（曉）	（元）
漫	莫	半	明	換	明	元
顢	母	干	明	桓	（明）	（元）

　　其中韻母部分，都屬於元部；聲母或為「曉、匣＋明」或顛倒而為「明＋曉、匣」。曉、匣旁紐可以視為一體，因此綜合聲韻母條件，及顛倒相轉的搭配結果，呈現的是：

（曉／元）＋（明／元）

或者是：

（明／元）＋（曉／元）

這是這群詞語音的基本形態：

二、變化形態

這個詞群在音上還有許多不同的形態，呈現更豐富多變的體貌：

(一) 聲母的變化：

有仍以元部疊韻為基礎，並保持明母漫字，而另一字轉為邪母，亦得顛倒相轉者。如：

1 漫羨：

（1）散漫。《漢書・藝文志》："雜家者流，蓋出於議官……及盪者為之，則漫羨而無所歸心。"

（2）無邊無際。宋・范成大《吳船錄・卷下》："余犯漲潦時來，水漫羨不復見灘。"

2 羨漫：

漫衍，散漫。漢・楊雄〈校獵賦〉："羨漫半散，蕭條數千萬里外。"

羨字似面切，邪母線韻，上古在邪紐元部；然與原始聲旁次、欠，仍有關聯。

(二) 疊韻聯綿依雙聲相轉：

　　周法高指出：「疊韻聯綿依雙聲相轉」[14]也就是說；韻聯綿詞的變化形態，可能與原詞上下字各爲雙聲，而韻母則變爲其它韻部的疊韻聯綿詞。試以AB表聲XY表韻，AA則爲雙聲，XX則爲疊韻，列一公式：

$$AXBX \longrightarrow AYBY$$

　　其變體之上、下字與原來的上、下字各爲雙聲，YY疊韻，但不同於原來的XX疊韻。

　　我們可以據此觀察以下各例；

1　沒忽

2　穬頢

3　們渾

4　朦仜

　　蔣禮鴻《敦煌文獻語言詞典・沒忽條》記載：

　　沒忽：肥胖的樣子。

　　王梵志詩："聞道賊出來，母愁空有骨，顏色肥(肥)沒忽。"又："到大肥沒忽，直似飽糠牟(犿)。"

　　按：《敦煌掇瑣・字寶碎金・入聲》："肥穬頢。"沒忽即是

穬頢。《集韻・末韻》："穬，莫葛切。穬頢，健也，一曰面平。"又〈曷韻〉："頢，何葛切。一曰穬頢，健也。一曰穬頢，鼻面平也。"面平當與肥滿有關。

---

[14] 周法高：同注11，頁140。

沒忽、頛頢是們渾的音變。《方言·卷二》："渾，盛也。"郭璞注："們渾，肥滿也。"

又《集韻·東韻》："仜，胡公切。《說文》：『大腹也。』一曰朦仜，肥大貌。"朦仜也就是們渾。[15]

可見沒忽、頛頢、朦仜四個詞，都是以肥胖義爲中心的同音異寫形態。而它們的語音條件則是：

古音 例字	中古				上古	
	反切上字	反切下字	聲母	韻部	紐	部
沒	莫	勃	明	沒	明	物
忽	呼	骨	曉	沒	曉	物
頛	末	撥	明	末	（明）	（月）
頢	胡	葛	匣	曷	（匣）	（月）
們	莫	困	明	恨	（明）	（文）
渾	胡	本	匣	混	匣	文
朦	莫	紅	明	東	明	東
仜	戶	公	匣	東	匣	東

它們都明確的顯示了「疊韻聯綿依雙聲相轉」的現象。

5 溿沇：

水廣大貌。《文選·張衡〈西京賦〉》："顧臨太液，滄池溿沇。"

---

[15] 蔣禮鴻(編)：《敦煌文獻語言詞典》，(浙江·杭州大學·1994)，頁220。

薛綜注：「瀇沆猶洸潒，亦寬大也」

6 沆瀇：

> 水面遼闊無際貌。漢·馬融〈廣成頌〉：「瀇漾沆瀇，錯紾槃委。」

瀇：漠朗切，中古明母蕩韻。上古明紐陽部。沆：胡郎切，中古匣母蕩韻。上古匣紐陽部。也與漢漫詞群有「疊韻聯綿依雙聲相轉」的關係，同時又有顛倒相轉的形式存在。

7 模糊：

> (1) 不分明，不清楚。唐·崔玨〈道林寺〉：「東邊一片青模糊。」

> (2) 草率，馬虎。清·陳康祺《郎潛紀聞·卷二》：「倉猝遇寇，模糊捐生，幸廁忠義之林。」

> (3) 混淆。

模：莫胡切，中古明母模韻。上古明紐魚部。糊：戶吳切，中古匣母模韻。上古匣紐魚部。也明顯可見「明X匣X」的語音結構。

8 馬虎：

> (1) 草率，疏忽大意。葉聖陶〈潘先生在難中〉：「一點不肯馬虎。」

> (2) 勉強，將就。陳殘雲〈山谷風煙〉：「馬虎念得一段報紙。」

馬：莫下切，中古明母馬韻。上古明紐魚部。虎：呼古切，中古曉母姥韻。上古曉紐魚部。因此也是「明X匣X」的語音結構，在意義上恐亦與漢漫等詞相關。

(三) 疊韻聯綿與疊字相轉

周法高在〈聯綿字通說〉中又指出：「雙聲疊韻的聯綿字，可以轉變成兩組疊字。」因此我們可以更進一步，注意以下各例：

1　汗汗：

　　水廣大無際貌。晉・潘岳〈西征賦〉："其池則湯湯汗汗……"

2　漫漫：

　　(1) 廣遠無邊貌。《管子・四時》："五漫漫，六惛惛。"

　　(2) 放任，放縱。《漢書・劉非傳》："王事漫漫，今當自謹。"

　　(3) 昏憒糊塗。《太平御覽・卷二二六》引漢・應劭《風俗通》：
　　　　"俚語曰：『縣官漫漫，冤死者半。』"

3　沒沒：

　　猶昧昧，糊塗。《左傳・襄廿四》："晉國貳，則子之家壞，何
　　沒沒也！"楊伯峻注："沒沒猶言昧昧，不明白，糊塗。"

4　忽忽：

　　模糊不清。《管子・內業》："折折如在於側，忽忽乎如將不得，
　　渺渺乎如窮無極。"

5　模模糊糊

6　馬馬虎虎

以上各例也都與漢漫詞群的音義有所關聯。

伍、漢漫詞群的語義內涵及其變化

　　字形和語音其實都只是聯綿詞的外殼，語義的內涵及其關聯變
化，才是問題的核心所在。探討聯綿詞群的語義問題，須有兩方面的
考慮：首先，這些詞到底是不是聯綿詞？其次，這些詞是不是具有共

同語源義的同一群聯綿詞？

一、漢漫是不是聯綿詞？

　　聯綿詞的定義，諸家說法不一。如張壽林[16]、符定一[17]著眼於兩個音節，則與複音詞相混。王力[18]只以雙聲、疊韻字爲限，側重在音，對詞義方面未有闡說。王念孫認爲；「凡連語之字，皆上下同義，不可分訓。《說文》望文生訓，往往穿鑿而失其本指。」[19]對於詞義固已有所體認，但謂之「不可分訓」則可，謂之「上下同義」則仍易孳生誤會。因爲聯綿詞的上下二字並非同義，而是同爲無義。周法高指出：「揣王氏之意，皆爲不可分析之雙音語，非上下同義也。」所謂「不可分析之雙音語」就是趙元任所謂：「用兩個字寫的，兩音節的單位『言』。」因此聯綿詞在語義方面最重要的特徵就是：「必須合二字成義不能分析者，即所謂『雙音語』」[20]

　　在《中國古代語法‧構詞編》中周法高用「部分疊音」來說明雙聲與疊韻，對雙聲、疊韻的聯綿詞與複合詞加以區分。他說：

> 所謂『部分疊音的不易分析的雙音詞』（partially reduplicated unanalyzable dissyllabic words）應當和『部分疊音的同義複詞』（partially reduplicated synonycompounds）分別討論，縱使後者也具有『部分疊音』的形式。同義複詞的特點是：可以很明顯的分為兩個詞素，二者的意義相同或相近，如『恭敬』、『干戈』等；而前者則不易再加分析。

但是他又一再提出：

---

[16] 張壽林〈三百篇聯綿字研究〉（北平‧燕京學報‧1933），13期，頁171~196。

[17] 符定一《聯綿字典》（上海‧中華‧1946）

[18] 王力《中國語法理論》（台北‧泰順‧1971），下冊，頁183。

[19] 清‧王念孫《讀書雜志‧四之十六‧連語》¡（台北‧洪氏‧1976），頁406。

[20] 周法高：同前注11，頁137、146注5、147注12。

　　部分疊音的雙音詞和部分疊音的同義詞，二者間有時不易作明
顯的劃分。[21]

　　這正是我們辨析聯綿詞的困難所在。無論疊字、雙聲或疊韻形式，
都可能分析出兩種不同的結構：一為「兩個音同或音近的語素的結
合」，另一種是「兩個音同或音近的音節疊成的一個語素」。前者是兩
個語素的合成詞；後者是一個語素兩個音節的單純詞，也就是聯綿
詞。

　　漢漫、汗漫、罕漫、羨漫、漫汗、漫羨、顢頇、沒忽、頹頇、們
渾、朦仁、模糊、馬虎、汗汗、沒沒、忽忽等前文所舉詞例，恐怕都
不宜分析為兩個語素的合成詞，否則無法說明詞義。但是像：漫漶、
漶漫、溑沇、沇溑、漫漫等詞，卻很容易被分析成兩個語素；因為其
詞義大致就等於兩個字義的和。然而將它們視為聯綿詞，是因為：

(1) 偏旁皆已同化。

(2) 韻母皆屬元部疊韻。

(3) 聲母為「明‧匣」、「匣‧明」或「明、明」的組合。

(4) 詞義與整個「匣／元＋明／元」的聯綿詞群有所關聯。

至於整個詞群的意義變化，事實上呈現了極為靈活的風貌。

二、共同義與變化義

　　同一聯綿詞群之中，有其共同義，又有其變化義；因此各詞之間
互有關聯，又變化多端；所謂萬變不離其宗也。清‧程瑤田即用此理，
廣蒐果蠃轉語二百餘條。王念孫稱之曰：「能觀其會通，窮其變化，
使學者讀之，而知絕代异語別國方言，無非一聲之轉……」[22]程氏在

[21] 周法高《中國古代語法‧構詞編》(台北‧台聯國風‧1972)，頁130、148、180。
[22] 清‧王念孫〈果蠃轉語記跋〉：轉引自張斌、許威威漢編《中國古代語言學資

〈果蠃轉語記〉中所發掘的，也不外是「果蠃」這個聯綿詞群，既有「圓而下垂之物」的共同義，又有複雜的個別變化。

漢漫一詞古義為煩，今義為笨拙。罕漫指茫昧不明。汗漫、漫汗指廣大無邊，渺茫不可知，以及散亂等義。漫澷、澷漫指模糊、迷茫、荒廢。浸渎、羡漫是散漫、無邊無際的意思。顢頇是面大貌，引申為馬虎。沒忽、頹顉、們渾、朦仁都是面平、肥滿之義。

由此觀之，這一群「曉／元＋明／元」的聯綿詞，都有大的共同義，而且都屬於大的負面義，也就是大而無當，沒有著落的意思。由大而無當到氣盛心煩，故為古語之漢漫。由大而無當到面大體肥，故為顢頇、沒忽……由大而無當到笨拙失檢，故為今方言之漢漫。由笨拙失檢到輕率隨便，故為馬虎。由大而無當到水勢浩大、氾濫失控，故為汗浸、潺沆。由水勢浩大、氾濫失控到渺茫、無邊際、不清楚、難以辨識，因此有漫澷、浸渎、罕漫、模糊…。

其間引申變化雖多雖大，亦非無跡可循。理為一簡表可以看出箇中關聯與變化。如潺沆言浩大之水，而馬虎謂輕率之行，不僅南轅北轍，幾乎可謂「義有相反而實相因」[21]了。

共同義	大而無當，沒有著落。
變化義	心情沒有著落，煩懣氣憤：（古）漢漫
	顏面平大，體態肥滿：顢頇、沒忽、頹顉、們渾、朦仁

料匯纂・訓詁學分冊》（福建・人民・1993），頁223。

[21] 王念孫語。見《廣雅疏證・釋詁・斂》，版本同注8，頁436。

行為不當，笨拙愚昧：（閩南）漢漫 → 失檢輕率：馬虎、漫漫、沒沒、馬馬虎虎
水勢浩大：汗漫、沆瀁、汗汗 → 沒有邊際：漫羨 →
視線不清：罕漫、模糊、忽忽、模模糊糊 → 散亂：濾漫

陸、餘論

　　比較特別的，是閩南方言實際語音中，漢漫一詞不是漢、汗……或其他的元部字，而是如《台灣語典》所載：「呼含漫，正音也。」許成章的標音也作：「ham ban」。漫字發b- 發m- 可以視作一個音位，仍屬明紐不成問題。含字卻在南韻侵部，許成章則標出 -am的韻。這與漢漫詞群其他各例均不相同，形成了不疊韻的現象。固然有「憨憨」一詞，亦謂痴呆質樸，與漢漫笨拙十分接近，而憨字屬於曉母談部，與含、ham的音更相吻合；但是無論由一個疊字同義複詞，或由一個疊字聯綿詞，演變成一個非雙聲疊韻而又不易分析的雙音詞，都是不容易理解的。

　　聯綿詞可能因上下文而異其讀，但卻應該是經過異讀而成為雙聲或疊韻[24]。因此 ham ban 的音讀變化，可能是前字韻尾受後字聲母影響所造成的。楊秀芳指出：

　　　前字舌尖輔音韻尾 -n、-t會受後字聲母為雙唇音或舌根音的影響，發生部位上的同化……　-n受後字雙唇聲母的影響變 –m：lun pia → lum pia 「潤餅」（春捲）、sin pu →sim pu 「新婦」（媳婦）[25]

---

[24] 說詳沈兼士《沈兼士學術論文集‧聯綿詞音變略例》（北京‧中華‧1986），頁283~288。又詳周法高〈聯綿字通說〉版本見前注11。
[25] 楊秀芳《台灣閩南語語法稿》（台北‧大安‧1991），頁136。

同樣的現象在沒有閉口韻的普通話中也可能存在。如：

　　　怎麼：zen me → zem me

　　　什麼：shen me → shem me

所以漢漫一詞中，漢由 –n尾轉而爲 –m尾也就不難理解了。

　　透過閩南方言聯綿詞詞源的探討，說明了同一聯綿詞群的共同義與變化義。事實上漢漫這個聯綿詞群，應該還有更多、更複雜的變化存在；但誠如王力在《同源字典・序》中所說：如果範圍過寬，難免輾轉串連，勉強牽合。讓人無所適從，誤入歧途。因此本文只就與「曉／元＋明／元」關係較密切的有限詞例作出簡單的分析，至於更多、更複雜、更困難，但卻也更根本的問題，就不是本文所能解決的了。

焦循手批《爾雅註疏》鈔釋

台灣師大國文系副教授
賴貴三

　　乾嘉之際通儒焦循理堂 (1763~1820)，手批明毛晉汲古閣本《十三經註疏》，今珍藏於中央研究院歷史語言研究所傅斯年圖書館，爲焦循早期鑽研經學之重要文獻，具有一定之學術價值。手批全稿，迄未面世，筆者歷數寒暑，均已翻檢鈔畢，並擬分經發表，以提供學界參考。藉此，可以略觀焦循及清儒治學之基本進路。

　　其中，《爾雅註疏》共三冊，爲焦循傳世僅見有關《爾雅》之批校手稿，全稿雖未成系統，然其多方引據類書《初學記》、《太平御覽》，史書《史記》、《後漢書》及小學書《說文》、《玉篇》、《經典釋文》等專門著作，以釐清、辨證、考較文字訓詁之意義，具有版本學、校讎學以及文獻學之作用，足以勘補郭璞注，並增益阮元《校勘記》之闕漏。

　　尤有進者，焦循以《爾雅》之字義訓詁，轉化爲《周易》義理詮釋之津渡，嘗云：「《周易》之辭，多以同聲爲假借，爲後儒訓詁之祖。」(《易通釋・卷十》「宮躬」條)，創造其通轉之易學特色，清明條達，義蘊酣暢。

　　限於篇幅，未能細考詳究，謹依手稿全貌，鈔陳備查。文分四節：一、刻藏印記。二、手稿釋文。三、批校特色。四、餘論－《爾雅》釋《易》。敬祈　先進，不吝　賜教。

一、刻藏印記：

(一)、第一冊（第 1303 架—20 函—118 冊，178276 號）：

　　1、《爾雅註疏‧序》標題首行下款：

　　　　(1)、「恨不十年讀書」陽文長方篆印。

　　　　(2)、「焦氏藏書」陰文正方篆印[1]。

　　2、《爾雅註疏‧卷上‧卷第一‧爾雅序》：

　　　　(1)、「焦循私印」正方陰文篆印。

　　　　(2)、「理堂」正方陽文篆印[2]。

　　　　(3)、「傅斯年圖書館」長方陽文篆印。

　　　　(4)、「東方文化事業總委員會所藏圖書印」正方陽文篆印。

　　　　(5)、「史語所收藏珍本圖書記」長方陽文篆印。

　　3、《爾雅註疏‧卷上‧卷第三‧釋親第四》卷末：

　　　　(1)、「史語所收藏珍本圖書記」長方陽文篆印。

　　　　(2)、「東方文化事業總委員會所藏圖書印」正方陰文篆印[3]。

(二)、第二冊 (第 1303 架—20 函—119 冊，178277 號)：

　　1、《爾雅註疏‧卷中‧卷第四‧釋宮第五》：

　　　　(1)、「恨不十年讀書」長方陽文篆印。

　　　　(2)、「焦氏藏書」正方陰文篆印。

---

[1] 以上二印皆爲焦循手批《十三經註疏》習見印記，各冊首葉可見。阮元《校勘記》作「爾雅疏敘」，並有考較可參。

[2] 焦循早歲字「理堂」，後改「里堂」，晚自署「里堂老人」。又此套《十三經註疏》舊藏日本北平東方研究所，民國三十六年接收後，原藏北平人文科學研究所，今藏於台北中研院史語所傅斯年圖書館善本書室。

[3] 以上爲第一冊末頁印記。東方文化研究所篆印，卷首爲陽文，卷末爲陰文，陰陽相應，生氣相通。

   (3)、「史語所收藏珍本圖書記」長方陽文篆印。

   (4)、「傅斯年圖書館」長方陽文篆印。

  2、《爾雅註疏・卷中・卷第七・釋水第十二》卷末：

   (1)、「史語所收藏珍本圖書記」長方陽文篆印。

 (三)、第三冊(第 1303 架—20 函—120 冊，178278 號)：

  1、《爾雅註疏・卷下・卷第八・釋草第十三》：

   (1)、「傅斯年圖書館」長方陽文篆印。

   (2)、「夢覞(覺)屍(居)」長方陽文古文篆印[4]。(僅此一見)

   (3)、「柴門深處」正方陰文篆印。(僅此一見)

   (4)、「松石閒意」正方陽文篆印。(僅此一見)

   (5)、「史語所收藏珍本圖書記」長方陽文篆印。

   (6)、「東方文化事業總委員會所藏圖書印」正方陽文篆印。

   (7)、「恨不十年讀書」長方陽文篆印。

   (8)、「焦氏藏書」正方陰文篆印。

  2、《爾雅註疏・卷下・卷第十一・釋畜第十九》卷末：

   (1)、「史語所收藏珍本圖書記」長方陽文篆印。

   (2)、「東方文化事業總委員會所藏圖書印」正方陰文篆印。

   (3)、牌記模糊不清，未能辨視雕刻時間[5]。

二、手稿釋文：

---

[4] 「夢覺居」三字為古文，覞即覺，見《集韻》，覺古作覞；屍，《玉篇》云：
「古文居字。」而「夢覺」一詞典出《莊子・齊物論》：「昔者，莊周夢為胡蝶，
栩栩然胡蝶也，自喻適志與，不知周也。俄然覺，則蘧蘧然周也。」此印未見
於焦循他書。

[5] 阮元《校勘記》所據明汲古閣毛本《爾雅註疏》十一卷云：「崇禎庚辰，古虞
毛晉刊。」由此推知，此本當作於崇禎十三年庚辰(西元一六四〇年)，則牌記
依例應作「皇明崇禎十三年歲在上章執徐古虞毛氏晉鐫」。

(一)、《爾雅・卷上・卷第一・釋詁第一》(以下第一冊)：

1、焦批：「摟，《經典釋文》『或作樓，非。』」(頁二十五「樓，聚也。」)

案：《釋文》：「摟，力侯反，從手；本或作樓，非。」《說文・段注》、《廣韻》等書，並作「摟」為是。

(二)、《爾雅・卷上・卷第二・釋言第二》：

1、焦批：「《後漢書・皇后紀》注：『孫炎曰：送女曰媵。』」(頁六「媵，將，送也。」)

案：注見《光烈陰皇后》「以貴人有母儀之美……列於媵妾」下。

2、便條：「《御覽・八百十六》引郭曰：『毛氂，所以為罽也。』又曰：『氂，毛也；罽，胡人，續羊毛作衣。』」

案：見《太平御覽・布帛部》。《爾雅》「氂，罽也。」，郭璞注僅見「毛氂，所以為罽」，可知今本有佚文。

3、便條：「《史記・樂書》注：『孫炎曰：整其亂行，節之以相，赴敵迅疾，趨之以雅。鄭……』」(附頁十八中)

案：孫炎語見「治亂以相，訊疾以雅」文下，裴駰《史記集解》「鄭」字下缺文，為「鄭玄曰：相，即拊也，亦以節樂。雅，亦樂器名，狀如漆筩，中有椎。」〈釋言〉有「戎，相也」，「振，訊也」二義。

4、焦批：「《史記・樂書・集注》：『孫炎曰：經，常也。』」(頁十八「典，經也。」)

案：見「著誠去偽，禮之經也」，唐張守節《史記正義》。

5、焦批：「《後漢書・馮異傳》注：『忸，復也。郭景純曰：謂慣忕復為之也。』」(頁十八「狃，復也。」)

案：見李賢注：「異曰：虜兵臨境，忸忕不利，遂欲深入。」下。

(三)、《爾雅・卷中・卷第四・釋宮第五》(以下第二冊)：

1、焦批：「《後漢書・李固傳・注》引郭璞曰：『交通四出者也。』」(頁八「四達謂之衢。」)

案：見「冀乃封廣，戒而露固，尸於四衢」注。阮元本作「四達謂之逵」，注作「交道四出」，文字二異。

(四)、《爾雅‧卷中‧卷第四‧釋器第六》：

1、便條：「《御‧八百廿二》：『舍人曰：拘屬名定。』」(頁十二)

案：見《太平御覽‧資產部》。《爾雅‧釋器》曰：「斫斸謂之定。」，阮元有校勘記。

2、焦批：「《初學記》：『鐕，音蕩；鏐，林幽反。』」(頁二十一「黃金謂之鐕，其美者謂之鏐。」)

案：《初學記》凡三十卷，唐徐堅等奉敕撰，纂經史文章之要，以類相從，分二十三部，三百一十三子目。前為敘事，次為事對，末為詩文。其所採摭，皆隋以前古書，而去取謹嚴，多可應用，在唐人類書中，為最精者。

3、焦批：「《御覽‧八百九》引作『純澤』。」(頁二十二「絕澤謂之銑。」)

案：見《太平御覽‧珍寶部》。

4、焦批：「《初學記》：『銑，最有光澤也。』」(頁二十三「以金者謂之銑。」)

(五)、《爾雅‧卷中‧卷第五‧釋樂第七》：

1、焦批：「《御覽‧五百七十七》引注：『二十弦，或傳此是伏羲所制。』」(頁二「大琴謂之離。」)

案：見《太平御覽‧樂部》，邢昺疏可較異同。

2、焦批：「《御覽‧五百七十六》：『郭曰：磬，音嚚，以玉飾之。』」(頁三「大磬謂之磬。」)

案：見《御覽‧樂部》，今本未見，可補其缺。

3、焦批：「《御覽‧五百八十一》『瓠』作『匏』。」(〈樂部〉)

案：《十三經注疏》郭注作「列管瓠中施簧，…」。

「又引：『舍人曰：大笙，音聲眾而高也；小者，音相和也。』」(頁三「大笙謂之巢。」)

4、焦批：「《御覽‧五百八十》引：『舍人曰：大篪，其聲悲；
　　　沂，鏘然也。《詩》云「仲氏吹篪」。』」(頁三至四
　　　「大篪謂之沂。」)

5、焦批：「《御覽‧五百八十一》『言』，作『管』。」(頁四「大
　　　簫謂之言。」)

6、焦批：「《御覽‧五百八十》引『籥』，作『簫』，又引『舍
　　　人曰：大管者，聲高大，故曰簫。簫者，高也；中
　　　者，聲稍密，故曰篞。篞，密也；小者，聲音清妙
　　　也。』」

　　　「又『舍人曰：仲其聲，適仲呂也；小者，形聲細
　　　小，曰籹也。』」(頁五「大管謂之簫。」)

案：此可補注〈釋樂〉諸義，阮元於「篞、籹」二字，並有
校記。

7、焦批：「《御覽‧五百八十二》『桐』，作『捅』。」(頁六「所
　　　以鼓者謂之止。」注「…中有椎柄連底桐之，…」)

案：阮本作「所以鼓枳，謂之止。」為正[6]。

(六)、《爾雅‧卷中‧卷第五‧釋天第八》：

1、焦批：「此說亦妙。」(頁八邢昺疏「鄭注《考靈耀》之意……)

案：疏引鄭注：「以天去地十九萬三千五百里，正月雨水之時，
日在上，假於天八萬里。……

焦循以為「此說亦妙」，然未明其所以妙之理。

2、焦批：「《史記》作『焉逢、端蒙、強梧。』」(頁十四「大
　　　歲在甲曰閼逢，在乙曰旃蒙，……在丁曰強圉。……)

3、焦批：「痾，古病字；《唐韻》引此作『窮』。」

　　　「京山以且月為焦月，《上林賦》巴且即巴焦，焦、
　　　且通也。六月盛熱，故曰焦。」

---

[6] 阮元《校勘記》云：「桐，《書‧皋陶‧正義》引作『捅』。」，《玉篇》：『捅，
達孔切。』，《呂氏春秋》云：『百官捅擾。』捅，動也。《廣韻》：『捅，推引也。
漢有捅馬官，作酒，又音同。』今本從木，誤。捅、捅相通，於義為優。」

「涂，當爲除，歲將除也。《通鑑》『修堂涂』，音除，即今滁州。」(頁十六「三月爲病，……六月爲且，……十二月爲涂。」)

4、焦批：「濁，《集韻》作『噣』。然《毛傳》『三心五噣』，《正義》作『咮爲柳星，且畢不止五星也。』」(頁二十三「濁謂之畢。」)

5、便條：「《月令·章句》：『季秋之月，上下入學，習吹笙，所以通氣也。管、簫、笙、竽、塤、篪，皆以吹鳴者也。』—《御·五百八十一》。」

「《月令·章句》：『凡弦急則清，慢則濁。』—《御·五百七十七》。」

「《大周·樂正》曰：『有鼗鼓、節鼓，不知誰所造。』—《御·五百八十二》。」

「《月令·章句》：『瑟前其柱，則清；卻其柱，則濁。』—《御·五百七十六》。」(頁二十四)

案：此條宜歸《卷五·釋樂第七》。〈樂正〉爲〈正樂〉之誤。

6、焦批：「攷星圖另有河鼓三星，在左旗、右旗之間，與牛異。蓋牛自名何鼓，何上聲，與河不同也。」(頁二十四「何鼓謂之牽牛。」)

(七)、《爾雅·卷中·卷第六·釋地第九》：

1、焦批：「《御·九百六十三》箭竹條下引『竹箭』，作『箭竹』。」(〈竹部〉)(頁五「有會稽之竹箭焉。」)

(八)、《爾雅·卷中·卷第六·釋丘第十》：

1、焦批：「此敦字，宜是頓字。《釋名》作『頓邱』，下云『如覆敦者，敦邱。』則此非敦也。」(頁十三「丘一成爲敦丘。」)

2、焦批：「《後漢·明帝紀》孫炎曰：『形如累兩盂也。』」(頁十三「再成爲陶丘。」)

案：「陶丘之北，漸就壞墳。」注文。

3、便條：「《月令·章句》：『管者，形長一尺，圍寸，有孔無

底，其器今亡。』—《五百八十》。」

「夏侯元《辨樂論》(《御覽‧五百七十一》)：『伏羲有網罟之歌，神農有豐年之詠，黃帝有龍襄之頌。』」

「《古樂志》：『陽陵、白靈、朝日、魚麗、白水、白雲、江南、陽春、淮南、駕辯、綠水、阿阿、採菱、下狸、巴人。』—並見《襄陽耆舊輔》，及《梁元帝纂要》。」(頁十六)

案：此條宜歸《卷五‧釋樂第七》中。

(九)、《爾雅‧卷中‧卷第七‧釋山第十一》：

1、焦批：「李賢注《後漢》引有『曰』字。」(頁二「山小而高，岑。」)

(十)、《爾雅‧卷下‧卷第八‧釋草第十三》(以下第三冊)：

1、焦批：「《御‧九百八十九》：『蘄，音巨中切。』」(頁一「薜山蘄。」)

案：見《太平御覽‧藥部》「當歸」條所引《廣雅》。《釋文》云：「蘄音芹。」

2、焦批：「即今之淡竹葉，見《郡志》。」(頁二「菉王芻。」)

3、焦批：「《御‧九百九十七》引郭曰：『薂，愨刃切。』」(頁二「蔨薂，蔚牡薂。」)

案：見《御覽‧百卉部》。《釋文》云：「薂，去刃切。」

4、焦批：「《御覽‧九百九十五》：『孫炎曰：鼠尾，可染皂也；葝，巨盈切。』」(頁三「葝，鼠尾。」)

5、焦批：「《玉篇》：『莔，狼尾艸，孟字誤。』」(頁四「孟，狼尾。」)

案：阮元《校勘記》亦作孟，注疏本孟誤孟。

6、焦批：「即《古今注》之燕支花，俗曰紅花。」

「《御覽‧九百九十六》蘆，『音蒨』。」(頁四「茹蘆茅蒐。」)

案：蕳，《釋文》云：「力居切。」注曰：「今之舊也，可以染絳。」

7、焦批：「俗曰生菜者是也，今之苦蕒苣。」(頁四「荼，苦菜。」)

8、焦批：「益母，葉如艾蒿；荏，紫蘇之類，曰葉似荏，非也。」(頁四「萑蓷。」注「…葉似荏，方莖白華…」)

9、焦批：「《御·九百九十八》：『蔄，五歷切。』」(頁五「蔄綬。」)

案：《釋文》作「蔄音逆」。

10、焦批：「《御覽·八百四十》：『孫炎曰：稷，粟也。』」(頁五「粢，稷。」)

案：見《御覽·百穀部》(八三七卷至八四二卷)。

11、焦批：「《御覽·八百四十一》引郭曰：『孫叔然以為大豆。按：《春秋》「齊侯獻戎捷」，《穀梁傳》曰「戎，菽也」，《管子》亦云「北戎山出多蔥及戎菽，布之天下。」今之胡豆是也。」(頁五「戎叔謂之荏菽。」)

12、焦批：「《玉篇》：『蕇，白薟也。』據韻書：菟荄即薟，《說文》薟同蘞，即今之白豨薟。」

「下菟奚，顆涷，景純釋以疑多，與此菟奚當是一物，蓋三名也。」

「《御覽·九百九十五》：『孫炎曰：一名列也。』」(頁五「蕇，菟荄；繁，菟奚；……苀藬冢首。」)

案：補郭注之未詳。又《御覽·百卉部》九九四卷至一〇〇〇卷。

13、焦批：「《御·九百九十五》莽，『音瀄』。」(頁六「莽，馬帚。」)

案：《釋文》云：「莽音并。」

14、焦批：「懷羊，見張平子《西京賦》注：『虇作虇。』《類篇》『芋之惡者，曰虇。』」(頁六「虇懷羊。」)

案：阮元《校勘記》云：「毛本蒝作蒝，按《玉篇》、《廣韻》
作蒝，蓋毛本所據改。《釋文、五經文字》皆作蒝。」

15、焦批：「《御覽・九百八十》引郭注『蒥突』下多『服字或
作蔔』五字。」(頁六「葵蘆蒀。」)

案：見《御覽・菜部》卷九七六至九八〇。補今本郭注缺文。

16、硃批：「《釋文》引《聲類》『滷灌，即茵芝也。』」(頁六
「滷灌，茵芝也。」)

17、焦批：「《御覽》作『江東人』。」(頁七「菩接余其葉苻。」)

案：見《御覽》卷九百八十「苻」條。郭注：「江東食之，亦
呼為菩。」

18、焦批：「此即茅也，白茅為蘧，《毛傳》『已漚為菅』。」(頁
七「白華野菅。」)

案：《小雅・白華》作「白華菅兮，白茅束兮。」

19、焦批：「《御覽・九百九十八》：『孫炎曰：菲，蕮類；芴，
音物。』」

「直襲《詩・疏》，無甚發明。」

「《御・九百九十八》：『郭曰：蕮，方服切；蕮，音
富。』」(頁八「菲芴，蕮蕮。」)

案：《釋文》曰：「蕮，音福；蕮，音富。」

20、焦批：「《說文》：『芧，榮薂也。』」(頁八「蒢芧榮，竹
萹蓄。」)

「《詩》『旨蓄』，當是此蓄，如旨藟、旨苕之類，
毛氏解作『積蓄』非也。」(硃筆括引)

21、焦批：「《廣雅》：『羊蹢躅為英光，決明為羊角。自是兩
注，誤也。』」(頁九「薢茩英茪。」)

22、焦批：「《初學記・廿八》：『孫炎曰：《詩》云「綿綿瓜瓞」。
瓝，小瓜子，其本子小；瓝，蒲薄切。』」(頁九
「瓞瓝其紹瓞。」)

案：邢疏所引為詳，可互參。瓝，《釋文》作「步角切」。

23、焦批：「芍，音妖，即俗所謂鳧齊者也。或訛爲勺藥之勺，大謬。」(頁九「芍鳧茈。」)

案：芍，《釋文》作「戶了切」。

24、焦批：「今曰蓼辣草。」(頁十「蔷虞蓼。」)

25、焦批：「《說文》：『蓨，苗也；苗，蓨也。』从苗聲，徒歷切。」

「《御‧捌百四十二》：『犍爲舍人曰：「別米，赤白苗也。」又曰：「是伯夷所食，首陽山艸也。」』」(頁十「蓧蓨。」)

26、焦批：「《說文》蕣，即此木槿，作蕣；與舜別。」

「《御‧九百九十八》郭曰：『藑，巨營切』。」(頁十一「蕚藑茅。」)

案：《釋文》：「藑，音瓊。」

27、焦批：「今之葪葵，或曰紫荆，非是；俗曰：錢貌蜀氣。」(頁十二「莪蚍衃。」)

28、焦批：「艾蒿，如艾之蒿，今野非多有之，非艾也，注非。」(頁十二「艾冰臺。」)

29、焦批：「薂，即下文薢薂。」(頁十二「薜庾草，薂……。」)

30、焦批：「《御‧九百九十一》：『茪音脫。』」(頁十二「離南活茪。」)

案：《御覽‧藥部》九八四卷至九九三卷。《釋文》：「茪，音奪。」

31、焦批：「《鄭風》『游龍』當是此。」

「《通雅》：『蒚蓯，葅根也，臺中墨白曰茭，鬱根相結而生，歲久於水謂之菰。蒚有苗董者，名菰蔣，結實即彫胡米。』」

「即蕍。」(頁十三「蘢天蘥，須蒚蓯。」)

32、焦批：「《史記‧司馬相如傳》『江離蘪蕪』，《索隱》曰：『樊光稿本一名蘪蕪，根名蘄芷。』」(頁十三「蘄茝蘪蕪。」)

33、焦批：「《御・九百九十八》：『孫炎曰：江淮間食之，其花著人衣，故曰竊衣。』」

「又虆，九例切；蘛，日除切。」(除上字缺)

「《御・九百九十八》：『孫炎曰：一名白棘。』」(頁十四「虆蘛竊衣。」)

34、焦批：「《御覽・九百九十》作『薄生』，藩，『音煩』。」(頁十四「蔣茫藩)

35、焦批：「蔦，遶字典作蔦，音瀉；蔦，音舃，自是車前也。」

「(薗鹿)今之野綠豆，見王磐《野菜譜》。」

「《御・九百九十四》菇，『音紐』。」(頁十四至十五「藩蔦，薗鹿薈其實菇。」)

36、焦批：「《御・九百九十七》郭曰：『媞，大分切。』」(頁十五「其實媞。」)

案：今本無，《釋文》曰：「媞，音堤。」

37、焦批：「《御・九百九十九》引郭『江東』，作『江南』。」(頁十五「荷，芙渠。」)

案：今本郭注曰：「別名芙蓉，江東呼荷。」

38、焦批：「又『薏，音億』。『中心苦』下，有『者也』二字。」(頁十五「的中薏。」)

39、焦批：「今之水紅花，初生，余村人採之而食。」(頁十六「紅蘢古。」)

40、焦批：「《御・八百四十一》引『孫炎曰：虉，麻子，音汾。』」(頁十六「虉枲實。」)

41、焦批：「《御・九百八十九》引『郭曰：今門多也，一名滿多。』」(頁十七「虋蘪虋多。」)

42、焦批：「《御覽・九百九十》引『孫炎曰：一名貫渠。』」(頁十七「蕱荷止。」)

43、焦批：「萍，浮萍也；蘋，四葉菜也。辨見《本艸》。」

「《御覽・一千》作『苹萍』。」

「《初學記・廿七》引作『藻』。」(郭注「水中浮莽，
江東謂之藻。」)(頁十八「萍莽，其大者蘋。」)

44、焦批:「《御覽・九百九十五》:『孫炎曰:車前艸,一名
牛蘈。』」

「又郭:『蘔,大迴切。』」(頁十八「蘔牛蘈。」)

案:《釋文》:「蘔,吐回切;蘈,音頹。」

45、焦批:「《御・一千》:『薄,徒南切。』」(頁二十「薄,
石衣。」)

案:《釋文》曰:「薄,音潭。」

46、焦批:「《御・九百九十八》:『孫炎曰:青州曰茪。』」

「又『茪,若圭切;蕨,去悅切。』」(頁二十一「茪
蕨蒩。」)

案:《釋文》曰:「茪,音奎;蕨,音缺。」

47、焦批:「《御・九百九十五》:『藦,音繫。』」「芓。」(頁
二十一「藦狗毒,……芓麻母。」)

案:《釋文》:「藦,音計。」又注疏本「芓」,訛「芓」。《釋
文》:「芓,孫音嗣,本又作字。」

48、焦批:「《御・九百九十八》:『蒢,音終。』」(頁二十二
「蒢葵蘩露。」)

49、焦批:「《御・九百九十》:『未遲除,三音。』」(頁二十
二「蒢莖蘮。」)

50、焦批:「《釋文》引《字林》云:『蒟蔞,王瓜也。』」(頁
二十三「鉤蕠姑。」)

51、便條:「《御覽・九百十七》:『《春秋說・題辭》曰:雁之
言雁,雁起聖以招期知晚蚤,故雁南北以陽動
也。』」(頁二十三)

52、焦批:「蔛蔽,即上文藦縷,此三者覆詳上文也。《玉篇》
曰:『蔛,子荂也。』」(頁二十四「蔛蔽。」)

53、焦批:「陵苕,今凌霄花。」(頁二十四「苕,陵苕。」)

54、焦批:「《御覽‧一千》:『藁,必遙切。』又『孫炎曰:苕、華,异名不同。』」(頁二十四「黃華藁。」)

55、焦批:「今之豌豆,東坡、放翁所云『巢菜』即此。」(頁二十五「薇垂水。」)

56、焦批:「澱,染藍之名,今作靛字,非。」(頁二十五「葴馬藍。」)

57、焦批:「《御覽》芐,作『芋』。」(頁二十六「芐,地黃。」)

58、焦批:「即今之倉耳子。」(頁二十六「卷耳,苓耳。」)

59、焦批:「〈夏小正〉曰:『繁由胡者,繁母也;繁,萬勃也,皆豆宅也。』景純不詳,豈未見此耶?」(頁二十六「繁由胡。」)

案:阮元《校勘記》有考校可參。

60、焦批:「《御‧九百八十九》:蕀蒬,音棘冤。」(頁二十七「蔞繞蕀蒬。」)

61、焦批:「荻,非蘆荻。《釋文》作『萩,音秋。』」(頁二十八「蕭荻。」)

案:阮本正作「蕭萩」,《校勘記》考校甚詳。

62、焦批:「《御‧九百九十二》:『薅音覃。』」(頁二十八「薅海藻。」)

63、焦批:「此襲孫炎注。」(據郭注言)

「《說文》藬與芐,明屬兩物,牽之為一,非。沈括《筆談》曰:『《本艸》注引《爾雅》藬大苦之註為甘艸者,非已!郭璞之註乃黃藥也,其味極苦,故謂之大苦,非甘草也。』」(頁二十八「藬大苦。」)

64、焦批:「王會無苻荂,所謂其實如李者桴荂耳;王肅之謬,始于《說文》,蓋以皆宜子而臆合之耳,今謂之豬耳菜。」

「《御覽‧九百九十八》引郭注『蝦蟆衣』,下有『《周書》所載同名耳,非此苻荂』十一字。」(邢

疏所引互明)(頁二十九「茿萐馬舄，馮舄車前。」)

65、焦批：「芫，見《西京賦》。《集韻》曰：『音岡，艸名，葉似蒲，叢生。』」(頁二十九「芫東蠡。」)

66、焦批：「《儀禮》『茵著用荼』，即此。」(頁三十「蔈荂荼」)

67、焦批：「《說文》：萑之未秀者。」(蒹薕)

　　　　「萑之初生者。」(葭蘆)

　　　　「《御・一千》：菼，他敢切。」(頁三十「蒹薕……葭蘆。」)

68、焦批：「《藝文類聚》作『卷施』，即《楚詞》『蔰』也」(頁三十一「卷葹草，拔心不死。」)

案：《釋文》：「葹，或作蔰。」同。

69、焦批：「《山海經》注引曰『榮而不實，謂之菁。』」(頁三十二「榮而不實者，謂之英。」)

案：阮元《校勘記》云：「按《西山經》云『黑華而不實，名曰菁蓉』，郭傳曰『榮而不實，謂之英』。菁音骨，今本《山海經》奪英字耳，非有異文也。」

(十一)、《爾雅・卷下・卷第九・釋木第十四》：

1、焦批：「栲，一作槔。」(頁一「栲山樗。」)

案：《說文》：「栲，山木臼也。从木，尻聲。」《玉篇》以槔為栲之重文。

2、焦批：「即今之區柏。」(頁一「柏椈。」)

3、焦批：「柟，即楠木，非今之梅花。」(頁二「梅柟。」)

4、焦批：「今作沙木，或曰杉木，並非。」(頁二「被煔。」)

5、焦批：「今之多青樹，一曰萬年枝。」(頁二「杻檍。」)

6、焦批：「味香可煮酒。」(頁二「楙木瓜。」)

7、焦批：「《御・九百六十八》引注：『棷有髓，熊折而乳之。』又曰『今棷，材中車。』」(頁二「棷即來。」)

案：《說文》：「棷即來也。」無棶字，《玉篇》：「棶，棷也。」

8、焦批:「終南有條,宜是此。」(頁三「柚條。」)

9、焦批:「此宜是梅花之梅。」(頁三「時英梅。」)

10、焦批:「今之野栗樹,實可食,名橡。晉‧摯虞入山拾橡寔而食是也。其包如栗,包有刺,合楓葉文蛤成元色。」(頁三「栩栒。」)

11、焦批:「《御覽‧九百五十六》引郭云『音歐迖,《詩》云「山有樞」,今之刺榆。』」(頁三「蘊莖。」)

案:《御覽‧木部》九五二卷～九六一卷。阮元《校勘記》可參。

12、焦批:「杬即山查果。」

「《御‧九百六十》引作『江東』。」

「《毛詩明辨錄》以爲即椒聊之聊。」(頁四「杬檕梅,科者聊。」)

案:阮元考「科」作「枓」,郭注「今河東多有之」,阮元以為當作「今江東多有之」。

13、焦批:「《御覽‧九百五十六》『小楊』,作『小柳』。」(頁四「檉河柳。」)

案:今本郭注作「今河旁赤莖小楊」。

14、焦批:「又引郭曰:《詩》云『楊柳依依』,《傳》曰『董澤之蒲』。」(頁五「楊蒲柳。」)

15、焦批:「今之甜菜。」(頁五「杞枸檵。」)

16、焦批:「《初學記》廿八:(今櫻桃)也。」(頁七「楔荊桃。」)

案:今本郭注無「也」字。

17、焦批:「《初學記》廿八作『壺棗』。」(天頭)

「《初學記》『瓠』,又作『匏』。」(地腳)(頁七「棗壺棗。」)

18、焦批:「《初學記》有『大』字。」(頁七「洗大棗。」)

19、焦批:「《御覽‧九百六十五》『蹶洩』,作『甓洩』,引注

『䕩，音歲』；《初學記》廿八引注『蹙，居衛反』。」
（頁八「蹙洩苦棗。」）

案：《御覽・果部》九六四卷～九七五卷，《初學記》卷二十八
〈果木部〉，今本郭注未見。

20、焦批：「《御・九百七十四》：『棪，音琰；樕，音速。』」
（頁九「棪樕其。」）

21、焦批：「《御覽・九百五十四》引郭璞曰『守宮槐晝日攝
合，而夜布。在明陵縣南有一樹似槐，蚤聚合相
著，夜則舒布；攝合，晝夜開也。』」《初學記》
廿八：孫炎曰『聶合，炕張也』。」（頁九「守宮
槐，葉晝聶宵炕。」）

案：《御覽・木部》九五二卷～九六一卷。今本郭注未見。

22、焦批：「《御・九百五十八》：『檟，音賈；皵，音鵲。』」
（頁九「槐小葉曰檟，……小而皵榎。」）

23、便條：「《初學記》廿八：郭注曰『守宮槐，晝日聶合，
而夜舒布也。江東有樹，樹與此相反，俗名爲合
昏，既晝夜各一，其理等耳。』」（頁九）

24、焦批：「薔薇，一名牛棘，當在＜釋艸＞，此爲木，其另
一物邪？」（頁十「終牛棘。」）

25、焦批：「《御覽・九百五十八》引郭『椋，音薤。《三蒼說》
棫即柞也，其柞理純白無黑心爲白椋，直理易破，
故可爲犢車軸，又可爲矛戟鐓。』」（頁十「棫白
椋。」）

案：邢疏所引與此文字多異。此頁九行下，鈐有一連雲邊款，
正方陽文楷書印，文作「怡興加重」，不知何義。

26、焦批：「《御覽・九百五十五》：楰，音根，又音狹。」（頁
十一「楰桑。」）

27、焦批：「楰白，句；枌，另讀。」（頁十一「楰白枌。」）

28、焦批：「荼，宜作茶。坨，上聲，與茶音塗異。」（頁十
一「檟苦荼。」）

29、焦批:「《御・九百五十八》引『堂密』,作『堂室』。」(頁十二「樅,松葉柏身。」)

案:郭注「……尸子所謂:松柏之鼠,不知堂密之有美樅。」

30、焦批:「《御・九百六十六》:孫炎曰『桃李之實,類皆有核,膽汁取其美者。』」(頁十三「桃曰膽之。」)

31、焦批:「《初學記》廿八:孫炎曰『桃李類皆核寁之,去柢也。寁,音帝;又膽擇取其美者。』」(頁十四「棗李曰寁之。」)

32、焦批:「《釋文》『灌』,作『檟』。」(頁十四「木族生爲灌。」)

(十二)、《爾雅・卷下・卷第九・釋蟲第十五》

1、焦批:「《御・九百四十九》引郭『蚰,音行。』」(頁十五「蜴蚰入耳。」)

案:《御覽・蟲豸部》九四四卷~九五一卷。阮元《校勘記》有考可參。

2、焦批:「《初學記》卅:孫炎曰『蜋,五色具;蜩,宮中小青蟬也。蝒馬蜩,蟬最大者也。』又郭曰『蜩蜋,俗呼爲胡蟬。』」(頁十五「蜩蜋蜩。」)

案:《初學記》卷三十＜鳥部・鱗介部・蟲部＞。

3、焦批:「《初學記》卅:郭曰『一曰馬蟬,蟬中最大者。又蜆似蟬而小, 青而赤。』」

「《御覽・九百四十四》引作『黑色』,『蝒音綿』。」

「九百四十九:蜓蚞蟪蟧,郭曰『挺木奚鹿,四音』。」

「《初學記》又引李巡曰『自蜩螗以下,皆分別五方之語,而名不同也。』」(頁十五「蝒馬蜩,蜆寒蜩,蜓蚞蟪蟧。」)

4、焦批:「《御・九百五十一》:《尒疋》曰『蚚符黃蚹』,孫炎曰『翼在甲裏』。」(頁十七「蚨蟥蚹。」)

5、焦批:「《御・九百四十九》引郭『蚈,音干』。」(頁十七「蛄蟹強蚈。」)

6、焦批：「《九百四十六》引『堂蠰二音』。又『蜱音埤，蟌音搏，蟦音焦。』」（頁十七「不過蟷蠰，其子蜱蛸。」郭注「蟷蠰，…一名蟌蟦，蟷蠰卵也。」）

7、焦批：「《九百五十》引，音『復陶』。」（頁十七「蠔蝮蜪。」）

8、焦批：「《御‧九百四十九》引郭曰『音驚，亦曰景』。」
　　　　「《御‧九百四十八》引郭曰『蠾蚭也，俗呼馬蠲』。」
　　　　（頁十八「蟄蟓，蜋馬蝼。」）

9、焦批：「蠶，《正韻》音善，今曰曲蠶是也。」（頁十九「蠸輿蚑蚕。」郭注「即蛡蠶也，…」）

10、焦批：「《御覽‧九百四十六》引『貃，戶各反』；『蚌，音謀』。」（頁十九「莫貃蟷蜋蚌。」）

11、焦批：「《御‧九百四十九》引郭『此甕器底蟲也，舊說伊威，鼠負別名未詳也』。」（頁二十「蟠鼠負。」）

12、焦批：「《御‧九百四十六》引『音丙』。」（頁二十「蟫白魚。」）

案：郭注曰：「衣書中蟲，一名蛞魚。」

13、便條：「《御覽‧九百四十六》：『孫炎注曰「小蟲黑身赤頭，一名莎雞。」郭璞注曰「一名樗雞也」。』」
　　　　「『《廣志》曰：莎雞似蠶蛾，而五色亦曰樏雞。』」
　　　　（頁二十）

案：釋「輟天雞。」；《校勘記》詳考可參。

14、焦批：「此即今之紡紗婆也，見《古今注》等書。既曰赤頭小蟲，又曰如蝗，邢疏之陋，往往如此。」（頁二十「輟天雞。」）

15、焦批：「《困學紀聞》曰：即柳子所為作〈蝜蝂傳〉者也。」
　　　　「柳文曰：蝜蝂者，善負小蟲也。行遇物，輒（持）取，印其首負之。（背愈重），雖困劇不止（也）。」
　　　　（頁二十「傅負版。」）

16、便條：「《御‧九四八》：『孫炎曰「小黑蟲赤頭，三輔為之縊女。此蟲多，民多縊死。」郭曰『善自縊死，

故曰縊女。』」

「『《異苑》曰：縊女，蟲也，一名蜆。長寸許，頭赤身黑，恆吐絲自懸。』」（頁二十）

案：此條釋「蜆縊女」，《校勘記》有考可參。

17、焦批：「《御·九百五十》引作『荊楚間』。」（頁二十一「土蠶。」）

案：郭注云：「……今荊巴間呼為蟺，音憚。」

18、焦批：「《御覽·九百四十九》引郭曰『國音或，蟰音許兩切，今呼蛹蟲爲蟰。』《廣雅》曰：『土蛹，蟰也。』」（頁二十二「國貉蟲蟰。」）

案：《御覽》所引郭註，與今本文字稍異。

19、焦批：「《本艸經》曰：水蛭，一名至掌。味鹹治惡血瘀結，水閉破凝積，利水道。」（頁二十二「蛭蝚至掌。」）

案：鈔見《御覽》卷九百五十「水蛭」條。

20、焦批：「《御覽·九百四十五》引『蠮螉，音咽翁』。」（頁二十二「果蠃蒲盧。」郭注「…俗呼爲蠮螉。」）

21、焦批：「《御·九百四十九》：『蝎桑蠹，還自食。』」（頁二十三「蝎桑蠹。」）

22、焦批：「烏，《玉篇》作『蜼』。」

「《御·九百五十》引郭曰『蟲大如指，似蠶』，孫炎注曰『蚅，一名烏蠋也』。」（頁二十三「蚅烏蠋。」）

23、焦批：「《字書》曰：『蟻蛨，小蟲，(三)風春雨礒者也。』」（頁二十三「蛨，蟻蛨。」）

案：鈔見《御覽》卷九百四十五「蟻蛨」條。

24、焦批：「《御·九百四十九》引郭曰『今河北人，皆呼爲蝪也。』」（頁二十三「王蚨蝪。」）

案：今本郭注云：「今河北人呼蚨蝪。」

（十三）、《爾雅・卷下・卷第十・釋魚第十六》：

1、焦批：「《御覽・九百卅七》引郭曰『鮧，音提』。」

「（鱧）今之黑魚。《御覽》引郭曰『魚婁鯛也，字亦作鱺』。」

「此當是『鯛』字之訛。」（頁一～二「鮎、鱧。」）

案：今本「鮎」作「鯷」，郭注云：「別名鯷；江東通呼鮎為鮧。」又《御覽・鱗介部》九二九卷～九四三卷。

2、焦批：「今之虎頭鯊。《御覽・九百卅七》：郭曰『沙沱二音』。《御覽・九百卅七》：郭曰『茲音』。」（頁二「鯊鮀，鮵魚鰦。」）

3、焦批：「王隱《晉書》曰：『滕脩為廣州刺史，或語脩鰕長一丈，脩不信。其人後故至東海，取蝦鬚長四五尺，封以示脩，脩乃服。』《廣州記》同。」

「《嶺表錄異》曰：『余嘗登海，舟同忽見窗板懸巨蝦殼，尾頭鉗足具全，各長十八尺，首占其一分，刺尖如鋒刃，刺上有須如紅筋，各長二三尺，前雙腳有鉗，粗如人大指，長三尺；餘上有芒刺，如薔薇枝，赤而銛硬，手不可觸。』」[7]（頁二「鰝，大鰕。」）

4、焦批：「《御覽・九百四十》：郭曰『音繩』，又朵金反。」（頁三「鼆小魚。」）

5、焦批：「《御覽・九百卅六》引『京門』作『荊門』，又郭注『鮥，音洛；鮛，音叔。』」（頁三「鮥鮛鮪。」）

6、焦批：「即今之鰣魚。」（頁三「鮥當鮛。」）

7、焦批：「《御覽・九百卅七》引郭曰『列蔑二音』。」（頁四「鱴鱴刀。」）

8、焦批：「今之馬郎魚。」（頁四「鮂鱒。」）

---

[7]　《嶺表錄異》唐劉恂撰，三卷。專述嶺南物產、風土，記載粵東地理、風俗之書，以此為最古。原本久佚，今本自《永樂大典》輯出，仍分三卷。

9、焦批：「今之鯾魚。鯾，俗鯿字。」（頁四「魴魾。」郭注「江東呼魴魚爲鯿，…」）

10、焦批：「《通雅》：『海魚似鯾，而小肥曰鰲。』」（頁四「鰲鯠。」）

11、焦批：「《御．九百四十三》引郭曰『滑澤二音』。」

「『《領表錄异》曰：彭蝟，吳呼爲越，蓋語訛也。足上无毛堪食，吳越間多以异鹽鐵，藏貨于市。』」（頁六「蝟蠌小者蟧。」）

12、便條：「《御覽．九百四十二》引《尒疋》云『蜃小者曰蜆』，郭璞注曰『新燕蛤也，江東呼爲蜆也。』另有『蜃小者珧』句。按今《尒疋》無記之，以俟考。」（頁六）

13、焦批：「《御覽．九百四十一》引郭『贆，方遙切；蜬，音含；魧，戶郎切；鯖，音青；貾，音池；頯，逵軌二音；蜠，音囷；橢，他果切。』」（頁七「貝居陸，贆；在水者，蜬。大者魧，小者鯖。……餘貾黃白文…。蚆，博而頯；蜠，大而險；蟦，小而橢。」）

案：「鯖」今本作「鰿」，《釋文》云「鰿，音積」「贆，音標」，「魧，音杭」，「頯，匡軌切」。「蜠」，今本作「蜠」，《釋文》「蜠，求隕切」，疏作「蜠」，為正。

14、焦批：「《御覽．九百卅九》引此『似鮎』作『似鰠』。循按：《山海經》『鳥鼠同穴山，渭水出鰠魚。』郭璞《山海經圖讚》有〈鰠魚贊〉。」（頁十「鯢大者謂之鰕。」）

案：今本郭注亦作「今鯢魚似鮎」；以下三條，阮記皆未見。

15、焦批：「《御覽．九百卅五》引『印』作『甲』。」（頁十「魚枕謂之丁。」）

案：郭注「丁字可作印」，《御覽》引作「甲」。

16、焦批：「又引此作『丙丁之屬，形因名之』。」（頁十「魚腸謂之乙，魚尾謂之丙。」）

案：郭注作「丙丁之屬，因形名之。」

17、焦批：「陵，《御覽·九百卌一》引作『靈』。」（頁十「二曰靈龜。」）

案：郭注「涪陵郡出大龜」，《御覽》作「靈」。

（十四）、《爾雅·卷下·卷第十·釋鳥第十七》：

1、便條：「《御覽·九百廿一》：孫炎曰『鳺鴀，一名祝鳩；鶻鵃，一名鳴鳩。』犍爲舍人曰『鳺鴀，楚鳩；今梁謂之班鳩也。』」（頁十一）

案：見《太平御覽·羽族》九一四卷～九二八卷。

2、焦批：「今之八哥，春秋曰『鸜鵒』。」（頁十二「鳲鳩鴶鵴。」）

便條：「《御覽·九百廿一》引郭注曰『今之布谷，江東呼穫谷乎！戴勝或云鵖，謝氏曰布谷近也。』此節錯字尤多，宜攷。」

3、焦批：「《字典》『鷂』作『䳌』。」（頁十三「鷂鵵軌。」）

4、焦批：「《班固傳·注》引郭曰『音括，即鶬鴰也。今關西呼爲鴰鹿。』」

「《御覽·九百廿五》引郭音曰『音箭括，一音利也。』」（頁十三「鶬麋鴰。」）

案：今本郭注均未見。

5、焦批：「《御覽·九百廿五》引郭『鸔，音駮。』」（頁十三「鴇烏鸔。」）

案：今本郭注同。

6、焦批：「〈內則·疏〉引某氏云：『在野舒翼遠飛者爲鵝』，李巡曰『野曰雁，家曰鵝』，又云『野曰鳧，家曰鶩』。」（頁十三「舒鴈鵝。」）

案：邢疏亦引見而略簡，可互參。

7、焦批：「《後漢·班固傳》引郭曰『鵁似鳧，腳近尾，略不能地行，江東謂之魚鵁，音火交反。』」

「《廣雅》：𪃹鳥雀，怪鳥。」

「《玉篇》：鶛，鳩也。」

便條：「《御覽》引作『鵜鷑鳹鶛』。」（頁十三「鵃鴂鵖，與鵁鶛，鵜鳹𪂁鳥。」）

案：今本郭注未見。《釋文》曰：「鵃音額，鴂音交，鵖音精。」又「鵁音經，鶛音徒，鵜音啼，鳹音烏，𪂁音澤。」

8、便條：「《御覽‧九百十八》引作『翰天雞』，與《說文》合。」（頁十四「翰天雞。」）

9、便條：「《御覽》引作『鳶山鵲』；鳶，胡碓切，鳶字蓋誤。」（頁十四）

10、焦批：「《御覽》引郭云『鶼，音五眷切』。」（頁十四「鶼䳘老。」）

案：今本郭注未見。《釋文》曰：「鶼，丑絹切。」

11、便條：「《御覽》郭曰『鳩』。」（頁十五「�鶛剖葦。」）

12、焦批：「今之黃脰雀。」（頁十五「桃蟲鷦，其雌鴱。」）

13、便條：「《御覽‧九百廿》：楚烏也，又曰雅烏，小而多聲，腹下白。」

「又『燕白脰烏，觸似烏而小，赤觜六乳，出西方。』按：此當有訛誤。」（頁十六「鸒斯鵯鶋，燕白脰烏。」）

案：「小而多聲」，今本作「小而多群」，餘未見。

14、便條：「《御覽》：齊曰燕，梁曰乙。－《九百廿二》。」（頁十七「燕，燕鳦。」）

15、便條：「《御覽‧九百廿三》：茅鴟，孫炎曰『大目鵂鶹也』。」「（頁十七「狂茅鴟。」）

16、焦批：「下文『鶛鶉其雄鶛』。」（頁十八「鶛劉疾。」）

17、焦批：「《廣志》曰：馬鳥雜縣。」（頁十八「爰居雜縣。」）

18、便條：「《御覽‧九百廿五》：孫炎曰『尸鳩，或謂紡澤

虞，其別名也。常在澤中，見人報鳴不去，有象主守之官，因名之。』」（頁十九「鵹澤虞。」）

19、便條：「《御覽・九百廿七》：孫炎曰『烏鴀』。」（頁二十）

20、便條：「《御覽・九百廿八》：孫炎曰『突鴽，水鳥也。』」（頁二十「鴩鴽鳥。」）

21、焦批：「《倉頡解詁》曰：『鷸翠別名也。』」（頁二十一「翠鷸。」）

22、焦批：「《御・九百四十六》引『職墨二音』。」（頁二十一「蝙蝠服翼。」）

案：郭注曰：「齊人呼為蟙䘃，或謂之仙鼠。」

23、焦批：「《廣志》曰『蟁母，吐蟁，大如鳩。』《嶺南异物志》曰『五領溪山深處有大鳥鵅鸛常吐，蚊子輒從口中飛去，謂之吐蚊鳥。』」（頁二十一「鷏蟁母。」）

24、焦批：「今俗傳為飛虎者此也。」（頁二十二「鼯鼠夷由。」）

25、焦批：「《說文》『鳺鋪豉』，《通雅》以為『鵓鳩』，鼓或鼓之訛乎？」（頁二十二「鳺鋪鼓。」）

26、便條：「《御覽・九百廿三》引郭曰『斲木虫因名，今斲木，有兩三種，在山中，大者有赤色。』」（頁二十二「鴷斲木。」）

27、焦批：「《九百廿八》引作『鶖唐屠』。」(頁二十二「鶖鶶鷵。」)

28、便條：「《御覽・九百十七》：『東方曰鶅』，注：『音緇衣之緇』，又『西方曰鷷』，『音所旬反』。」(頁二十四「東方曰鶅，北方曰鵗，西方曰鷷。」)

案：今本未見，「西方曰鷷」作「西方曰鷷」，《釋文》曰：「鶅音緇，鵗音希，鷷音尊。」

29、焦批：「《御覽・九百廿一》引郭璞注曰：『醜，類也，

羽竦翅上下也。』」(頁二十五「鶪貝鳥醜,其飛
也翉。」)

案:今本郭注僅云:「竦翅上下。」

(十五)《爾雅・卷下・卷第十一・釋獸第十八》:

1、便條:「《初學記》廿九引作『豕豬也』,無子字。」(頁
二「豕子豬。」)

2、焦批:「《御・九百三》引郭曰:『貐,羊箠反』;又『檜,
即陵切。』」(頁二「貜貜。……所寢檜。」)

案:《御覽・獸部》八八九卷至九一三卷。《釋文》:「貜
音偉……檜音繪。」阮注「所寢檜」有考可參。

3、焦批:「《御覽・九百十二》引(郭曰)『竊,淺也;或曰
竊毛,鹿毛也』,『虥,土盞切』。」(硃批,(郭曰)墨書。)(頁
三至四「虎竊毛謂之虥貓。」)

便條:「《九百十三》:『馬蹄』,作『馬啄』。」

4、焦批:「《御覽》:『貀,余至切。』」(頁四「貍子貀」)

案:《釋文》曰:「貀,音曳。」

5、焦批:「《初學記・廿九》:郭曰『狻音酸,猊音倪,虥
音士奸反。』」(頁六「狻麑如虦。」)

案:今本郭注未見。

6、焦批:「《御覽・八百八十九》:《月令・章句》曰『凡麟
生於火,遊於土,故脩其母,致其子,五行之精也。視
明禮脩,則麟臻。』」(頁七「麢麢身牛尾一角。」)

案:《釋文》:「麢」又作「麟」,牝麒也。經典皆作「麟」,
惟《爾雅》作「麢」,應為正。阮元有校記。

7、便條:「《九百十三》:『贙,乎天切。有大力。』」(頁九
「贙有力。」)

案:《釋文》曰:「贙,音鉉。」

8、便條:「《御覽・九百十一》引郭注〈夏小正〉曰『鼦鼩
則穴』,又引鄭注『似鼦』作『似鼮』,『為鼤』作『為

鼬』。」

「又『關西呼爲鼰句鼠 』，作『關中呼爲鼰句鼠』，又『鼮』作『鼫』。」(頁十「鼰鼠……鼰鼠」)

9、焦批：「前鼰鼠如小驢者，音古役切，與此不同。」(頁十「豹文鼮鼠，鼰鼠。」)

　　便條：「又鼰鼠，郭注『音孤覓切，似鼠而大，蒼黑色，在樹上。』《初學記》廿九作『鼰鼠，音狐覓反』。」

　案：《釋文》曰：「鼰，南見切。」

(十六)、《爾雅‧卷下‧卷第十一‧釋畜第十九》：

1、焦批：「《御‧八百九十三》引『色青』下多『駒騟一名野馬』六字。」

　　「《史記‧匈奴傳‧索隱》引郭曰『駒騟馬青色，音淘塗。』」(頁十二「駒騟馬。」)

　案：《釋文》：「駒音陶，騟音徒。」今本郭注曰：「《山海經》云：北海有獸，狀如馬，名駒騟，色青。」

2、焦批：「(郭注『甗山形似甑瓦，上大下小。』)時有(騉蹄)之馬，(蹄)平(如研)。」 (頁十三「騉蹄趼，喜陟甗。」)

　　便條：「《九百十三》孫炎曰：『昆蹄之馬，蹄平如研，善升山甗者。』」 (硃筆)

　　「《御覽‧八百九十三》引郭注『甗山別似甑瓦，上大下小，時有昆蹄之馬，蹄平如研，善升甗。甗，山嶺也。研音吟燕切，甗音魚健(反)切。』」 (墨筆)

3、便條：「又昆徐枝蹄，研善升甗。徐，大胡反。」 (頁十三「騉騟枝蹄，研善陟甗。」)

4、焦批：「《秦本紀》『溫驪』，徐廣曰『溫，一作盜。』騟案：郭璞曰『爲馬細頸，驪黑色。』《索隱》曰：『溫，音盜；徐廣亦作盜。』」 (頁十三「小領盜驪。」)

　　便條：「又盜驪，千里馬也；領，項也。昆余之馬，枝蹄

　　　　　如牛而小。」(頁十三)

5、焦批:「《初學記》廿九此下引注曰『馬後兩服者,騲音注。』」

　　　　「《詩・疏》引郭璞曰『膝上皆白爲惟騥,後左足白者直名騥。』」(頁十四「膝上皆白惟騥。」)

　案:今本郭注皆未見。《釋文》:「騥,音注。」

6、便條:「又俗呼爲踏雪馬蹢蹢也。」(頁十四「四蹢皆白首。」)

　案:今本郭注曰:「俗呼為踏雪馬。」

7、焦批:「《初學記》廿九:『驔,音繪;騷,音奚;驕,音遹;驎,音燕;騴,音晏;駺,音郎;駹,莫汪反。』」(頁十四「四骹皆白驔……面顙皆白爲駹。」)

　案:《釋文》:「驔,音繪。騷,音奚。驕,音聿。驎,音宴。騴,音晏。駺,音郎。駹,音尨。」

8、焦批:「《初學記》:『闋廣,音決光。』」(頁十五「在背闋廣。」)

　案:《釋文》:「闋音缺,廣音光。」阮本「闋」作「闋」。

9、焦批:「《初學記》:『䭴音尅;毛逆刺者是。』」(頁十五「逆毛居䭴。」)

　案:今本郭注曰:「馬毛逆刺。」《釋文》:「䭴,音尅。」

10、焦批:「《初學記》:『騭,之逸反;騇,音舍。』)」(頁十五「牡曰騭,牝曰騇。」)

　案:郭注:「……騭音質。」《釋文》:「騇,音舍。」

11、焦批:「又駓,音丕。駩,音詮。瞯,音閑。」(頁十六「黃白雜毛駓。……黃白雜毛駓。……一目白瞯。」)

　案:《釋文》:「駓音皮,瞯音閑。」

12、焦批:「《御・九百二》:『粉,音分。』《初學記》:『粉,音墳;羭,音愉。』」(頁十九「羊牡粉。……夏羊,牡羭。」

案：《釋文》：「妢，音墳；羭，音俞。」

13、便條：「《御覽・九百十八》：《尒疋》『未成雞健。』，郭
　　璞曰『江東呼雞少者為健，古之偑雞。』」（頁十
　　九「未成雞健。」）

案：《釋文》：「健，音練」，作「健」非。

三、批校特色：

(一)、印記多：習見者有「恨不十年讀書、焦氏藏書、焦循私印、理
堂」四方；僅見者有「夢覺居、柴門深處、松石閒意」[8]等閒
章，內文中並有「怡興加重」方章。

(二)、便條多：《爾雅註疏》三冊中，首冊批校不及十條，中冊逾二
十條，末冊近二百條，總二百二十餘條。每冊均粘貼或夾放
行書便條，星散達三十餘片，可見治學之方法。

(三)、引書多：類書《藝文類聚、初學記、太平御覽》，史書《史記、
後漢書》，小學書《說文、釋名、廣雅、玉篇、經典釋文、
廣韻、集韻》，經書《毛詩、三禮、三傳》為主。他如《山海
經、本草經、古今注、楚辭、異苑、野菜譜、夢溪筆談、困學
紀聞、嶺表錄異、襄陽耆舊輔、梁元帝纂要、廣志、郡志、毛
詩明辨錄、上林賦、西京賦、柳宗元文……》等數十種(多間
引自《御覽》)，範圍廣泛，涉獵博贍。

(四)、輯佚多：遍引《太平御覽、初學記》中有關《爾雅》及郭璞注
佚文、異文；間引《史記、後漢書》中所見孫炎、徐廣諸注，
可與今本參校異同，訂訛勘誤。

---

[8] 台大中文系黃沛榮教授以為此三印鈐於卷八「恨不十年讀書」、「焦氏藏書」
二印之前，疑為原典藏者之藏書印，非焦循所有。據筆者所見焦循傳世諸書，
此三印僅見於此，且此套《十三經注疏》乃購自書叟，既經二手，故有此可能
非焦循原鈐印記。

(五)、補正多：所引類書及他書中，或注音，或釋義，或訓釋，或異
　　　說，或補字，或正字，可見闕遺，返其本真。阮元《校勘記》
　　　所不足者，賴此稿可以匡補增益。

(六)、自釋多：焦循於徵引資料外，多陳己說，或分析句讀，或辨正
　　　是非，或質疑見義，抒發一己觀點，實事求是。又將古物名，
　　　多釋以今名、俗名以相驗證；或就其生活周遭所見、所用者，
　　　坦陳以述，具客觀實徵之意義。

四、餘論—《爾雅》釋《易》：

　　焦循手批《爾雅註疏》雖不成系統，未具規模；但由此基礎，
轉化而爲詮釋《周易》之進路，可謂昭明彰著。《易學三書》中《易
通釋》一書，以文字訓詁之輾轉通釋，「齊同比例」而建構出易辭、
易理之「旁通、相錯、時行」鉤貫系統，遂成爲焦循轉化、創造之
學術特色與經學成就。

　　而有關《爾雅》釋《易》之卓見，焦循於其《易話》下卷，有
其獨到而精簡之說明，以資料不易覓見[9]，謹分段迻錄原文，提供研
究《爾雅》及《周易》之學者參考，並作爲本文之最後註腳。

　　(一)、治《爾雅》者，但知敘詩人之興詠，不知〈釋詁〉中有
　　關於《易》者尤多。自《易》義不明，而此類訓詁遂不可通。
　　蓋《周易》一書，經文、傳文自相訓釋，其端倪存於《爾雅》
　　者，尚可考見也。

　　(二)、攻，善也。注云：「《詩》曰：我車既攻。」按：此詩，
　　傳訓攻爲堅，堅猶賢也，賢猶善也。(〈內則·注〉)攻與工通，
　　〈楚茨〉「工祝致告」，傳云「善其事曰攻」，《周易·同人·九
　　四》「攻吉」，惟善故吉。

---

[9] 《易話》上、下卷，僅收錄於清嘉慶、道光間，江都焦氏雕菰樓原刊《焦氏
叢書》暨清光緒二年(1876)衡陽魏氏綸先重刊《焦氏遺書》內。《叢書》本，臺
灣大學研究圖書館善本書室典藏乙套；《遺書》本，中研院史語所傅斯年圖書館
普通線裝書室典藏乙套，學者借覽甚便。

（三）、倫，敕也。按：倫、勞一聲之轉固矣！乃聲轉之字多矣，何獨取乎倫之為勞？余謂：「轉注、假借，莫著於《易》，〈說卦傳〉『坎為弓輪』，姚信作『倫』，倫與輪同聲通借也。〈說卦傳〉又云：『勞於坎。』，是勞、倫皆坎。而『勞謙』之勞，即『曳其輪』之輪也。〈象傳〉云：『木上有水，井。君子以勞民勸相。』，『雷電噬嗑，先王以明罰敕法。』，井旁通噬嗑，勞民即是敕法，以倫敕為勞，為《易》言之也，知倫之訓勞，則知曳其輪，即勞謙矣。知敕之訓勞，則知敕法即勞民矣。推之『君子以經綸』，綸與倫、輪亦通借也。賁者，飾也；蠱則飭也，飾、飭與敕亦通用也。由《爾雅》而知《易》，由《易》而知《爾雅》，好學深思之君子，自不難以三隅反耳。」

（四）、治，古，故也。注云未詳，按：古、故與蠱通。〈序卦傳〉云「蠱者，事也。」，〈象傳〉云「蠱，元亨而天下治。」，治訓事，見《淮南、戰國策、呂氏春秋》等注甚夥。故訓事，治亦訓事，則治之為故，其轉注也。

（五）、鴻，昏，顯，代也。按：《說文》「代，更也。」《易》「鴻漸于干，鴻漸於磐，鴻漸于陸，鴻漸于木，鴻漸于陵。」，「其所由來者漸，辨之宜早辨。」，辨謂變通，變通即更代，故借用鴻字為代義也。辨之不早，至於為匪，匪則致寇至，變通而更代之，則和解而為婚，故云「匪寇昏媾」。匪則致寇，昏則相媾也；此昏為更代之義也。比成屯，更代於鼎，為「顯比」，故顯為代。此皆解《易》，郭氏所未知。

（六）、神，治也。按〈繫辭傳〉云：「通變之謂事，陰陽不測之謂神。」通變，故陰陽不測。

（七）、賡，揚，續也。按：賡通庚，「先庚三日，後庚三日」，謂變更也。〈繫辭傳〉云：「繼之者善也。」繼即續。〈大有・傳〉云：「君子以遏惡揚善。」揚善即續善也。夬變通於剝，為「揚于王庭」。

（八）、凶，咎也。按《易》凡言「有咎則凶、無咎則吉」。

（九）、齊，壯也。按：晉卦，孟喜作「齊」，讀子西反。齊即躋也，壯即裝也；物之裝而上，即躋而上也。大壯、蹇相錯為需、小過；需二之晉五，為大壯二之五之比例，故二壯於五，亦二進於五。此《易》義之存於《爾雅》者也。

（十）、滷，苦也。按《說卦傳》「兌為剛鹵」，所以釋「苦節」之苦也。《周禮・鹽人》「共其苦鹽」，注「杜子春讀苦為盬」，苦即盬鹽之盬，滷即鹽地之鹵。

（十一）、濟，成也。濟，益也。按：「既濟，定也。」，定即成也。益，損上益下，謂上之三成既濟。

（十二）、濟謂之霽。按：既濟「初吉終亂」，傳云「終止則亂」，濟有止義，既濟者，既止也；未濟者，未止也。

參考書目

一、丁度　　　集韻　　　　　　　學海出版社　1986
二、毛晉　　　十三經註疏明刻本　中研院傅斯年圖書館藏　1640前後
三、王應麟　　困學紀聞　　　　　世界書局　1987
四、司馬遷　　史記　　　　　　　鼎文書局　未著出版年
五、阮元　　　十三經注疏附校勘記　藝文印書館　1982
六、李昉　　　太平御覽　　　　　國泰文化事業有限公司　1980
七、李善　　　文選李善注　　　　藝文印書館　1983
八、范曄　　　後漢書　　　　　　鼎文書局　未著出版年
九、徐堅　　　初學記　　　　　　藝文印書館　1976
十、許慎　　　說文解字(段玉裁注)　黎明文化公司　1985
十一、陳彭年　宋本廣韻　　　　　黎明文化公司　1989
十二、張揖　　廣雅　　　　　　　世界書局　1986
十三、陸德明　經典釋文　　　　　世界書局　1986
十四、郭璞　　山海經注　　　　　世界書局　1986
十五、葉天士　本草經解　　　　　五洲出版社　1997
十六、楊家駱　新編諸子集成　　　世界書局　1983
十七、歐陽詢　藝文類聚　　　　　文光書局　1974

十八、劉恂　　嶺表錄異　　　　　新文豐出版公司　1985

十九、劉敬叔　異苑　　　　　　　新文豐出版公司　1985

二十、顧野王　玉篇　　　　　　　世界書局　1986

爾雅註疏序

翰林侍講學士朝議大夫守國賜祭酒上柱國賜紫金魚袋臣邢昺等奉勑校定

夫爾雅者先儒授教之術後進索隱之方誠傳註之濫

觴為經籍之樞要者也夫混元闢而三才肇位聖人

作而六藝斯興本乎發德於衷將以納民於善洎夫

醇醨既異步驟不同一物多名繫方俗之語片言殊

訓滯今古之情將使後生若為鑽仰繇是聖賢間出

詁訓遞陳周公倡之於前子夏和之於後蟲魚草木

爰自爾以昭彰禮樂詩書自茲而紛郁然又時經

爾雅註疏卷第一

晉郭璞註

宋邢昺疏

爾雅序　○[疏]

爾雅者釋文云所以訓釋五經

寶九經之通路百氏之指南多識

木之名博覽而不惑者也爾近也爾之言以下或言可近而

所增子夏所足叔孫通所益梁文所補張揖云昔在

周公纘述唐虞宗翼文武克定四海勘相成王踐阼

理政日晏不食坐而待旦德化宣流越裳來貢嘉禾

賈樂六年制禮以導天下著爾雅一篇以釋其義傳

乎後歷載五百典散落鮮觀其政其可存乎禮三朝記

哀公曰寡人欲學小辯以觀於政其不足以知孔子曰爾

雅以觀於古足以辯言矣為春秋為始何是以知周公所造

于作春秋不以初者章音華為始

爾雅疏

爾雅註疏卷第八

爾雅卷下

釋草第十三　[疏]

草說文作艸隸變作卅七老切所
迫又曰象野草蒼之形說文
別有草字自保切云草斗櫟
徐鍇曰今俗以此爲升木之草
色之皁櫟實可以染帛爲黑
爲草棧字然則此篇辨百卉之名見於經傳者
當爲草木之
草故曰釋草

萑山韭茖山蔥勤山䪥蕭山蒜
[韮]　今山中多有此菜皆

第二屆國際暨第四屆全國訓詁學學術研討會
臺北·臺灣師範大學國文學系 1998.12.5-6

同 義 詞 源 與 詞 義 變 遷
——以《左傳》同義並列複合詞爲例

盧鳴東
香港浸會大學中文系博士班

壹. 前言

　　八十年代初，張世祿發表〈「同義爲訓」與「同義並行複合詞」的產生〉一文[1]，首次應用訓詁的方法分析漢語詞匯的產生，並且檢討訓詁和構詞在以往一直被人忽略的密切關係。此文提出「同義爲訓」的使用造成了同義並列複合詞產生的說法。[2]他說：

　　　　「同義為訓」的方法，即以同義詞作為訓釋詞，指明訓釋和被訓釋詞之間是同義關係。這種訓詁方法的不斷運用，就是使得一些同義詞經常聯合起來應用，因而促使同義複合詞的產生。[3]

顧名思義，「同義爲訓」是同義詞相互訓釋的方法，訓釋詞和被訓釋詞之間是有同義的關係；歸納下來，這種關係可以分爲同訓、互

---

[1] 此文載於《張世祿語言學論文集》(上海：學林出版社，1984年)。原載<楊州師院學報>，1981年，第3期。

[2] 張世祿所言的「同義並行複合詞」即「同義並列複合詞」，而當中以後者的說法比較普遍。

[3] 《張世祿語言學論文集》，頁550。

訓和遞訓三種條例。至於同義並列複合詞是漢語複合詞的一種，它是由兩個同義詞組成；同義詞以並列式的句法結構充當複合詞的構詞語素，語素之間有詞義或語法意義的聯繫。張世祿相信「同義為訓」的方法令兩個同義詞經常聯合使用，於是認為它促使同義並列複合詞產生。

　　張文付梓以後，與其說法相近的論文如雨後春筍般大批湧現，是以其貢獻在開拓學術研究新園地之餘，亦接駁了傳統中國訓詁學與孕育自西方結構主義的漢語構詞法的輸管道。[4]說到「漢語構詞法」，我們自然會想到詞的結構形式，如並列式、偏正式、主謂式、動賓式和補充式等，這些術語在切割複合詞內部結構中畫分出來，分類的根據以構詞語素之間的詞義和語法意義為標準。然而，在分析已成詞的語素關係時，所發現的是一種平面而又切斷詞源的共時語言現象。[5]張文受人稱許的地方，是在一片西方結構主義熱潮中，

[4] 其中幾篇是較有代表性的，如宋子然在<從漢人訓詁看上古並列複合詞的構成及其特點>一文中，使用漢人的訓詁材料和訓詁條例，考察上古並列複合詞的構成方法和特點；此文載於《四川師院學報》，第2期(1985年)，頁91-96。李洪喬在<淺析由《說文》中的互訓所形成的雙音詞>一文中，指出《說文》有186組的詞是有互訓關係，其中已證明有61組詞是由同義互訓造成；此文載於《漢字漢語學術研討會論文集》(吉林：吉林教育出版社，1991年)，下冊，頁358-366。徐朝華在<從《爾雅·釋詁》看同義單音詞組成雙音詞的條件>一文中，從《釋詁》的訓詁材料探討同義單音詞組成雙音詞的條件；此文載於《語言研究論叢》(天津：天津人民出版社，1980年)，頁153-163。米萬鎖在<試論漢語的複音化問題------讀《春秋左傳集解》札記>一文中，以杜預《春秋左傳集解》中的訓詁資料，探討並列複合詞的構成和特點；此文載於《山西大學學報》，第3期(1985年)，頁39-41。

[5] 過去，有學者鑑於句法結構分析只能說明複合詞的結構形式，所以把它命名為「構詞法」，而分析詞的造成材料和方法則稱為「造詞法」。任學良說：「研究用什麼原料和方法創造新詞，這是造詞法問題......研究詞的內部結構形式，這是構詞法的問題。」。見《漢語造詞法》(北京：中國社會科學出版社，1981年)，頁3。

突破了句法分析法的困局，縱向追溯造詞的基本單位，從而以「同義爲訓」來解釋同義並列複合詞的詞義來源。雖然，某些論點頗受爭議：「同義爲訓」是漢代發明的訓詁方法，而早在先秦已出現了大量的同義並列複合詞；順著年代發生的先後次序來說，產生在先秦的同義並列複合詞是沒有可能由「同義爲訓」造成。但是，張文對後學所引起的啓迪作用是可以肯定的。

　　本文無意踏足前人舊跡，從「同義爲訓」的方法來解釋同義並列複合詞的構詞原理，而是通過訓詁和構詞的詞義聯繫，以《左傳》同義並列複合詞爲例，指出「同義爲訓」未能反映同義詞的詞源，以致在分析同義並列複合詞時會受到一定限制；以及從「標明義界」的訓釋中，考察同義詞之間的意義屬差，藉以推敲出同義並列複合詞的詞義來源和構詞過程中的詞義變化。研究重點列分爲三方面：一.單方面以「同義爲訓」來解釋同義並列複合詞的構成，會導致構詞語素的詞源消失。二.比較「同義爲訓」和「標明義界」在訓詁功能上的分歧，顯示「標明義界」有助說明同義並列複合詞的詞義來源，並凸顯出詞化在構詞法上所擔當的重要角色。三.應用「標明義界」分析同義詞的詞義特徵，可以勾勒出同義詞在詞化以後，詞義縱向演變的歷時語言現象。

貳. 消失在「同義爲訓」中的詞源

　　在漢人「同義爲訓」的訓詁條例中，我們可以看到同義並列複合詞的構詞語素同義互訓，《左傳》中便有數例。[6]如「殺戮」(昭公

------

[6] 本文凡引用《左傳》詞彙和句子，均據楊伯峻：《春秋左傳注》(北京；中華

25年)，《說文》：「殺，戮也。」，又「戮，殺也。」。⁸「奉承」(昭公7年)，《說文》：「奉，承也。」，又「承，奉也。」。¹⁰「勤勞」(襄公31年)，《爾雅》：「勤……，勞也。」又「勞……，勤也。」。¹¹「邦國」(襄公26年)，《說文》：「邦，國也。」¹²，又「國，邦也」。¹³「傳遽」(哀公21年)，《說文》：「傳，遽也。」¹⁴又「遽，傳也。」。¹⁵上述是根據甲詞訓乙詞，又以乙詞訓甲詞的互訓條例，訓釋詞和被訓釋詞都有互訓關係，是「殺戮」、「奉承」、「勤勞」、「邦國」和「傳遽」的構詞語素。

此外，《左傳》中又有數例可以由同訓條例來說明，如「負恃」(襄公14年)和「怙恃」(襄公18年)，《說文》：「怙，恃也。」¹⁶又「負，恃也。」。¹⁷「仇讎」(成公16年)、「仇敵」(昭公5年)和「匹敵」(成公2年)，《爾雅》：「仇、讎、敵……，匹也。」。¹⁸「弘大」(昭公8年)、「碩大」(桓公6年)，《爾雅》：「弘……碩……，大也。」。¹⁹「殄滅」(成公13年)，《爾雅》：「滅……殄，盡也。」

書局，1990年)。
⁷ (漢) 許慎：《說文解字》(北京：中華書局，1992年)，(同治十二年〔公元1873年〕陳昌治刻本)，頁66。以後凡引用《說文》原文，均據此版。
⁸ 《說文解字》，頁266。
⁹ 《說文解字》，頁59。
¹⁰ 《說文解字》，頁253。
¹¹ (清) 郝懿行：《爾雅義疏》(上海：上海古籍出版社，1989年)，(清疏四種合刊)，卷上一，頁42。以後凡引用《爾雅》原文，均據此版。
¹² 《說文解字》，頁131。
¹³ 《說文解字》，頁129。
¹⁴ 《說文解字》，頁165。
¹⁵ 《說文解字》，頁42。
¹⁶ 《說文解字》，頁218。
¹⁷ 《說文解字》，頁130。
¹⁸ 《爾雅》，頁16。
¹⁹ 《爾雅》，頁4。

。[20]「邊垂」(成公13年)、「邊疆」(成公13年)，《爾雅》：「疆、界、邊……，垂也。」。[21]同訓條例是以甲詞訓乙詞，又以甲詞訓丙詞的訓詁方法。上例以「怙」、「負」同訓為「恃」；「仇」、「讎」、「敵」同訓為「匹」；「弘」、「碩」同訓為「大」；「滅」、「殄」同訓為「盡」；「邊」、「疆」同訓為「垂」，它們分別是「怙恃」、「負恃」、「仇讎」、「仇敵」、「匹敵」、「弘大」、「碩大」、「邊垂」和「邊疆」的構詞語素。

從上述「同義為訓」的條例中，可以知道《左傳》同義並列複合詞是由兩個有同義關係的詞構成；不過，構詞語素的詞源卻未被說明。事實上，「同義為訓」中的同義詞只是訓詁狀態中兩個意義相同的義項，它們可能不是出自同一個詞源，或彼此分佈在不同的方言區中，沒有語音聯繫。同時，「同義為訓」中的義項只是同義詞其中的一個意義，它們不一定是同義詞的本義，之所以負起「同義為訓」的功能，可能是由於同義詞在詞義變化中，本義引伸出或假借了另一新義，這些後起義被訓詁纂集採用，繼而與其有同義關係的詞相互為訓。所以，我們以「同義為訓」中的同義詞分析構詞語素時，必須參考其他訓詁材料，運用音韻學的知識，考溯它們的詞源，不要輕易地把兩詞說成同義，以免失之籠統。

每部訓詁纂集都有其本身特色，而《方言》注重畫清詞義的方言來源，據此可以分析「同義為訓」中同義詞所屬的方言區。《左傳》中，有同訓關係的構詞語素是分屬兩地方言的，如「虔劉」(成公13年)，杜預注：「虔、劉，皆殺也。」[22]。「虔」、「劉」同義，

---

[20] 《爾雅》，頁33。
[21] 《爾雅》，頁62。
[22] (清)阮元校刻《十三經注疏》(北京：中華書局，1991年)，全兩冊(縮印本)，頁

同訓為「殺」。《方言》曰：「虔、劉，殺也。秦晉宋衛之間謂殺曰劉，晉之北鄙亦曰劉。」[23]又「青除淮楚之間曰虔。」[24]因此，「虔劉」是由分屬兩地方言的同義詞構成。類似的例子，如「屝屨」(僖公4年)。《方言》曰：「屝、屨、麤，履也。徐兗之郊謂之屝，自關而西謂之屨。」[25]。「屝」、「屨」也是分佈在不同的方言區。

　　除此以外，「同義為訓」中的同義詞可以是通語和方言的關係，如「碩大」(桓公6年)。《爾雅》：「碩……，大也。」[26]《方言》曰：「碩……，大也。宋之間曰巨曰碩。」[27]。據《方言》的體例而言，「大」是通語，「碩」是方言詞；因此，「碩大」的構詞語素是由通語和方言詞構成。又如「耋老」(僖公9年)。《方言》曰：「耋……，老也。宋衛 豫之內曰耋。」[28]。「耋」是方言詞、「老」是通語，是以「耋老」也是由區域廣狹不同的同義詞構成。

　　「同義為訓」中的同義詞雖是同義，但它們不一定有語音聯繫，也不屬同一個詞源。正如以上的「虔劉」、「屝屨」、「碩大」和「耋老」，它們古音聲韻相異，「虔」群母元部，「劉」來母幽部；[29]「屝」並母微部，「屨」見母侯部；「碩」禪母鐸部，「大」定母月部；「耋」明母宵部，「老」來母幽部。不過，在《說文》中，互訓詞也有同源的例子，《說文》：「讙，譁也。」又「譁，

1912。以後凡引用杜預注，均據此版。

[23] (清)錢繹：《方言箋疏》(上海：上海古籍出版社，1989年)，(清疏四種合刊)，卷一，頁795。以後凡引用《方言》原文，均據此版。

[24] 《方言箋疏》，卷三，頁830。

[25] 《方言箋疏》，卷四，頁847。

[26] 《爾雅》，頁4。

[27] 《方言箋疏》，卷一，頁779。

[28] 《方言箋疏》，卷一，頁796。

[29] 本文對古音的考定，據《漢字古音手冊》(北京：北京大學出版社，1986年。)

謹也。」。[30]「謹」、「譁」古音曉母雙聲，魚元通轉，皆有喧嘩的
意思，故兩詞同源。又如「搰，掘也。」又「掘，搰也。」[31]，「搰
」、「掘」古音群匣旁紐，物部疊韻，均表示挖掘，亦同出一源。
由於同源與否是由聲義俱同或相近來決定，而「同義為訓」只能示
明同義詞同義罷了，至於它們是否同源，則必須配合語音方面來說
明。

　　有一些情況，如果我們不辨清同義詞的詞源，便會對畫分義項
的多寡帶來不便。如「恐懼」(成公13年)的構詞語素有同義互訓的關
係。《說文》：「恐，懼也。」又「懼，恐也。」。[33]雖然，「恐」
、「懼」不是同源，但「恐」與「兇」聲義俱同，古音溪曉旁紐，
東部疊韻，皆表示驚恐，故兩詞同源。而《左傳》中有「兇懼」(僖
公28年)一詞，以「恐」、「兇」的同源關係而言，不管「懼」與「
恐」或「兇」組合，詞義結果都是一樣；「恐懼」和「兇懼」的意
義相同，它們是同一個詞。又如「振動」(襄公4年)和「震動」(昭公
18年)，兩詞同訓為「動」。《爾雅》：「震，動也。」。[34]《廣雅》
：「振，動也。」。[35]「震動」和「振動」分別由兩組同義互訓詞組
成。不過，「震」、「振」皆有抖動的意思，加上它們聲符相同，
古音章母雙聲，文部疊韻；按此看來，「震」、「振」是來自同一
個詞源，是以「震動」和「振動」的意義相同，不必視作兩詞看待
。

---

[30]《說文解字》，頁56。
[31]《說文解字》，頁256。
[32]《說文解字》，頁223。
[33]《說文解字》，頁218。
[34]《爾雅》，頁74。
[35](清)王念孫：《廣雅疏証》(上海：上海古籍出版社，1989年)，(清疏四種合
刊)，卷一下，頁375。以後凡引用《廣雅》原文，均據此版。

　　詞義有共時的平面特徵，也有歷時的縱向變化。在「同義爲訓」中，同義詞可能是經過詞義變化才成爲同義，它們純粹是訓詁義相同，並不表示在任何語言環境中都是同義。《左傳》中，「勞罷」(昭公19年)是由同義詞的本義和假借義構成。《廣雅》：「罷，勞也。」[36]。見於《廣雅》中，「勞」、「罷」雖然同義互訓，皆有辛勤、勞苦的意思；但是，參照其他訓詁材料，它們的本義根本不同。《爾雅》：「勞，勤也。」。[37]由此看來，《廣雅》收錄的明顯是「勞」的本義。至於「罷」則是假借義，《說文》：「罷，遣有辠也。」。[38]「罷」的本義是指遣放罪人，它所以在《廣雅》中與「勞」互訓，是因爲假借了「疲」的本義，《說文》：「疲，勞也。」；「罷」、「疲」古音並母雙聲、歌部疊韻，故「罷」可假借爲「疲」。段注：「罷之音亦讀如疲，而與疲義殊。」[39]又「經傳多假罷爲之。」[40]。可見，在《廣雅》中，「罷」、「勞」同義爲訓只是就假借義和本義的關係而言，一旦離開這個條例，它們不一定是同義。

　　又如「泰侈」(襄公30年)是由同義詞的引伸義和本義構成。《玉篇》：「泰，侈也。」。[41]「泰」訓爲「侈」，兩詞同義，表示奢侈。《說文》：「侈，……一曰奢也。」[42]，奢侈是「侈」的本義，是明《玉篇》以「侈」的本義收入互訓條例中。然而，「泰」的本義

[36] 《廣雅疏証》，頁361。
[37] 《爾雅》，頁42。
[38] 《說文解字》，頁158。
[39] (清) 段玉裁：《說文解字注》(上海：上海古籍出版社，1981年)，(經韵樓藏版)，(全15卷)，頁350。以後凡引用段注，均據此版。
[40] 《說文解字注》，頁352。
[41] (梁) 顧野王：《宋本玉篇》(北京：北京中國書店，1983年〔張氏澤存堂本〕)，頁353。以後凡引用《玉篇》，均據此版。
[42] 《說文解字注》，頁166。

是滑溜，後來才引伸出奢侈的意思。《說文》：「泰，滑也。」[43]，
段注：「滑則寬裕自如。故引伸爲縱泰……又引伸爲侈泰。」[44]。可
見，《玉篇》以「泰」的引伸義與「侈」的本義同義爲訓，它們雖
是同義，但詞義來源卻不一樣；「泰」是引伸義，「侈」是本義。

　　在先秦時期，漢語已累積了一批數量龐大的同義詞，這些同義
詞既可以是詞的本義、假借義、引伸義，或是來自不同方言區的同
義詞。兩漢以後，訓詁家都把這些同義詞選擇性地收入訓詁纂集中
，並使用「同義爲訓」的方法來訓釋它們的詞義；由於其目的只是
爲了說明詞義內容，沒有顧及同義詞的詞源問題，是以持之亦未能
分析出構詞語素的詞源，這顯然是「同義爲訓」在解釋同義並列複
合詞時所存在的一些局限。

參.「同義爲訓」和「標明義界」在訓詁功能上的分歧

　　「同義爲訓」是以一個詞解釋另一個詞的訓詁方法，訓詁家所
謂的「異言相代」就是指這種情況。在「同義爲訓」的條例中，代
言的兩個詞必然是同義，否則，它的功能便無法達成。不過，若我
們逐一比較同義詞的語義成分，我們便可知道同義詞的意義只是某
方面相同，彼此之間仍是存有差異的，這方面從「標明義界」的訓
詁條例中可以得到證明。《說文》：「疾，病也。」[45]。「疾」、「
病」同義爲訓，在意義上未見差異。但是，從「病」的義界來看，
「疾」、「病」所表示的病程嚴重性是不同。《說文》：「病，疾
加也。」[46]，在這個條例中，「疾」是「病」的主訓詞，表示兩詞在

---

[43] 《說文解字注》，頁237。

[44] 《說文解字注》，頁565。

[45] 《說文解字》，頁54。

[46] 《說文解字》，頁54。

詞義相同的地方，而「加」表示屬差意義，說明「病」重而「疾」輕的區別。段注曰：「析言之則病為疾加，渾言之則疾亦病也。」[47]明顯地，在「同義為訓」的條例中，「疾」、「病」之間的屬差意義被省去，而「標明義界」則保留兩者的微別差異。究其原因，在於兩者的訓詁功能不同；「同義為訓」力求同義詞會通之處，而「標明義界」以兩字以上的訓釋條例串講同義詞的義蘊，以此示明「屬中有別」的詞義特徵。

「同義為訓」由於未能反映同義詞的詞義差異，從而抹煞了同義詞在構成同義並列複合詞時所發生的詞義變化。如上文的「疾，病也。」，此例雖顯示了詞義會通的一面，但據之未能闡明「疾」、「病」」的詞義差別，更甚者是以為「疾病」一詞是由兩個同義詞簡單相加而構成，忽略了詞化在構詞法上所起的功能。「詞化」(Lexicalisation)是指兩個詞義融合成一個詞義的詞義變化，據《語言與語言學詞典》指出：

> 詞化指用詞項(Lexical item)表達語法範疇或語義範疇，如英語 make(使) + dead(死)合在一起構成 kill(殺死)一義。[48]

據此推斷，除非同義詞是絕對同義，否則，它們都要以詞化來消融僅存的微別詞義，藉此產生統一的詞義。因此，我們必須畫清同義詞之間的差異，推述它們在詞化下所發生的詞義變化，如此才可以如實地體會出同義並列複合詞的詞義來源。如「疾」、「病」一例，在「標明義界」的訓詁條例中，便顯示了「病」重「疾」輕的屬差意義。這種屬差意義在詞化作用下被消融，在現代漢語中，「疾

[47] 《說文解字注》，頁348。

[48] R.R.K.哈特曼、F.C.斯托克著：《語言與語言學詞典》(上海：上海辭書出版社，1981年)，頁196。

病」已沒有附帶病程高低的分別意義了。

肆. 從「標明義界」看詞義變遷的方式

在詞化作用底下，同義詞之間的屬差意義會逐步融合和離析出來，直至連用的兩個同義詞融化為單一的詞義，整個詞化過程才宣佈完成；期間，詞義的變化是多方面的，它通過同義詞的中心意義和屬差意義的融合或離析，以達至反映客觀事物的功能。根據「標明義界」的訓詁條例來分析，詞義變化的方式主要有「詞義擴大」、「詞義縮小」和「詞義轉移」三方面。

「詞義擴大」有兩種情況。第一種情況是同義詞的中心意義相同，並且都帶有屬差意義，以此對中心意義進行修飾和限定。詞化使同義詞的中心意義融合，並把屬差意義離析出來；由此構成的複合詞，在詞義上比構成它的同義詞更廣闊，其涵概面亦因限制意義被離析而變得更大。據此，詞義變化的方式可列式為「同義詞a(中心意義－屬差意義)+同義詞b(中心意義－屬差意義)＝複合詞(詞義擴大)」。今據《左傳》舉例如下：

1.雖有饑饉，必有豐年。(昭公1年)

《說文》：「穀不熟為饑」又「蔬不熟為饉。」[49]
《爾雅》：「穀不熟為饑，蔬不熟為饉。」[50]

從《說文》和《爾雅》的義界分析中，「饑」和「饉」都指沒

---

[49] 《說文解字》，頁108。
[50] 《說文解字》，頁187。

有豐收,含有饑荒的意思,然而,它們所指的對象各有不同。「饑」專指五穀沒有收成,「饉」專指蔬果沒有收成。在詞化以後,這種屬差意義被離析出來;在《左傳》中,「饑饉」一詞泛指饑荒。

2.哀有哭泣,樂有歌舞。(昭公25年)

> 《說文》:「哭,哀聲也。」[51]
> 《說文》:「泣,無聲出涕者曰泣。」[52]
>   段注:「哭下曰,哀聲也。其出涕不待言。其無聲出涕者為泣。此哭泣之別也。」[53]

在現代漢語中,「哭泣」可以指是嚎啕大哭或飲泣。原來,這兩種情態表現分別由「哭」、「泣」兩詞表示。從「哭」、「泣」的義界來看,兩詞的中心意義都表示流淚,然而,聲淚俱下為之「哭」,無聲有淚為之「泣」。這種感情色彩上的差異在詞化後被離析出來,「哭泣」泛指流淚,再沒有「有聲」或「無聲」的分別。

「詞義擴大」的第二種情況與第一種情況基本相同。同義詞的中心意義相同,但是,當中只有一個同義詞帶有屬差意義,另外一個則沒有。這是「大共名冠小共名」的詞義關係。詞化使同義詞離析僅有的一個屬差意義,留下中心意義與另一同義詞融合起來;由此構成的複合詞,在詞義上比構成它的同義詞更廣闊、涵概面也更大,同樣是詞義擴大的結果。據此,詞義變化的方式可列式為「同義詞a(中心意義-屬差意義)+同義詞b(中心意義)=詞義(詞義擴大)」

---

[51] 《說文解字》,頁35。
[52] 《說文解字》,頁237。
[53] 《說文解字注》,頁565。

。例如：

3.天或者以陳氏爲斧斤。(哀公15年)

> 《說文》：「斧，所以斫也。」[54]又「斤，斫木斧也。」[55]
> 段注：「凡用斫物者皆曰斧。斫木之斧，則謂之斤。」[56]
> 段注：「斧之為用廣矣。斤則不見於他用也。」[57]

　　「斧」、「斤」的中心意義都是指斧子，不過，「斧」是大共名，「斤」是小共名。凡用來砍物的工具都稱「斧」，它沒有受到屬差意義限制；而「斤」指砍木斧，它是專門用來砍木，而砍物的對象是有限制的。詞化使到斫木的意義離析，是以「斤」保留中心意義與「斧」融合在一起，繼而構成「斧斤」一詞，泛指斧頭。

4.凡而器用財賄，無寘於許。(隱公11年)

> 《說文》：「財，人所寶也。」又「賄，財也。」[58]
> 　段注引《周禮》曰：「金玉曰貨，布帛曰賄。析言之也，許渾言之，貨賄皆釋曰財。」[59]

　　在《說文》中，「財」泛指一切貴重的物品，而「財」、「賄」爲訓，是故「財」、「賄」同義。然而，段注以爲「財」、「賄

---

[54] 《說文解字》，頁199。
[55] 《說文解字》，頁299。
[56] 《說文解字》，頁716。
[57] 《說文解字》，頁716。
[58] 《說文解字》，頁130。
[59] 《說文解字注》，頁279。

」兩詞渾言則同，析言則別，其引《周禮》以義界標明「財」是指財物，而「賄」雖指財物，但卻專指布帛的一類。因此，「財」是大共名，而「賄」是小共名。在詞化的過程中，「賄」離析了布帛的屬差意義，並保留中心意義與「財」融合為「財賄」一詞，泛指財物。

5.詩曰：「……　敬天之渝，不敢馳驅。」(昭公32年)

　　《說文》：「驅，驅馬也。」又「馳，大驅也。」[60]
　　　段注：「馳亦驅也，較大而疾耳。」[61]

　　在《說文》中，「馳」、「驅」的義界分別在鞭馬時用勁氣力的不同，一般鞭馬前進稱為「驅」，而用較大的氣力鞭馬奔馳，則稱為「馳」。相對「驅」來說，「馳」包含了用勁較大的限制意義，而「驅」則沒有，所以，「驅」是大共名，「馳」是小共名。通過詞化的作用，「馳」的屬差意義被離析出來，「馳驅」就泛指鞭馬前進了。

　　「詞義縮小」是指同義詞有相同的中心意義，其中一個同義詞還包含了屬差意義，而另外的則沒有。這種「大共名冠小共名」的詞義關係，在詞化的作用下，小共名的屬差意義不但沒有離析出來，反而與大共名的中心意義融合在一起；由此構成的複合詞，其中心意義雖然保持不變，但卻加入了小共名的屬差意義，導致大共名的外延意義縮窄起來。據此，詞義變化的方式可列式為「同義詞a(中心意義+屬差意義)＋同義詞b(中心意義)＝詞義(詞義縮小)」。舉例如

---

[60] 《說文解字》，頁201。
[61] 《說文解字注》，頁467。

下：

6.初，莒有婦人，莒子殺其夫，已爲嫠婦。(昭公19年)

　　杜預注：「嫠，寡婦也。」[62]
　　　《小爾雅》：「寡婦曰嫠。」[63]
　　　《爾雅》：「子之妻為婦。」[64]

　　從「嫠」、「婦」的義界來看，它們的中心意義均指已婚婦人，但「嫠」是用來專指寡婦，而「婦」是泛指已婚婦人；如此看來，「嫠」比「婦」多出了表示孤寡的區別意義，故「嫠」是小共名，「婦」是大共名。詞化沒有把表示孤寡的屬差意義離析出來，反而與中心意義融合在一起；於是，小共名的屬差意義限制了大共名的中心意義，「嫠婦」只用來專指寡婦。相對「婦」來說，「嫠婦」的外延意義則明顯縮小了。

7.以鎮撫其社稷，故能薦彝器於王。(昭公15年)

　　　《說文》：「彝，宗廟常器也。」[65]
　　　《說文》：「器，皿也。」[66]
　　　段注：「器乃凡器統稱。」[67]

---

[62] 《十三經注疏》，頁2106。
[63] 楊家駱：《小爾雅訓纂等六種》(臺北：鼎文書局，1972年)，頁18。
[64] 《爾雅》，頁156。
[65] 《說文解字》，頁277。
[66] 《說文解字》，頁49。
[67] 《說文解字》，頁86。

比較個別青銅器來說，「彝」是大共名。楊伯峻注：「以青銅器銘文觀之，彝字用爲大共名，凡禮器至食用器皆曰彝。」[68]。「彝」的意思固然包括宗廟內常用的禮器，不過，大共名與小共名的概念是相對的；對於「器」來說，「彝」便是小共名了。根據段注所言，「器」是一切器具的統稱，這樣看來，青銅器、陶器、瓷器、木器等器具皆可稱「器」，其涵概範圍自然比「彝」廣闊得多。詞化把「彝」的屬差意義帶入「器」的中心意義裏，是以「彝器」指由青銅造成的一切器具。相對「器」來說，「彝器」保留了它的中心意義之餘，詞義經過限制後無疑是縮小了。

8. 皆衷其袑服，以戲于朝。(宣公9年)

　　《說文》：「袑，日日所常衣。」[69]
　　《玉篇‧衣部》：「袑，近身衣也，日日所著衣。」[70]
　　《廣韻‧屋韻》：「服，……亦衣服。」[71]

　　「服」是大共名，泛指衣服；「袑」是小共名，專指貼身內衣。「袑」的屬差意義修飾了「服」的中心意義，當它們詞化爲「袑服」之後，「服」的外延意義隨之受到限制而縮小。杜預注：「袑服，近身服。」[72]

　　「詞義轉移」是同義詞有相同的中心意義，亦包含了屬差意義；

---

[68] 《春秋左傳注》，頁1371。
[69] 《說文解字》，頁172。
[70] 《玉篇》，頁503。
[71] (宋)陳彭年等重修：《校本宋本廣韻》(臺北：藝文印書館，1986年)，(澤存堂本)，頁453。
[72] 《十三經注疏》，頁1874。

詞化使同義詞的屬差意義離析出來，而中心意義則融合在一起，並通過詞義的引伸造出另一中心意義。據此，詞義變化的方式可列式爲「同義詞a(中心意義-屬差意義)＋同義詞b(中心意義-屬差意義)→複合詞(詞義轉移)」。舉例如下：

9a.古人有言曰：「其父析薪，其子弗克負荷。」(昭公7年)
9b.免於罪戾，弛於負擔。(莊公22年)

  《說文》：「何，儋也。」[73]段注：「何俗作荷。」[74]
  《說文》：「儋，何也。」[75]段注：「儋俗作擔。」[76]
  《釋名》：「負，背也，置項背也。」[77]
   段注引韋昭《齊語》曰：「背曰負。肩曰儋。……何，揭也。」[78]

  「荷」、「擔」、「負」的中心意義相同，皆有攜帶物件的意思。在《說文》中，「荷」、「擔」同義互訓，詞義看似相同，但是，從《釋名》和段注所標明的義界來看，「荷」、「擔」、「負」三者之間都存在屬差意義；以背載物稱「負」，肩膊載物稱「擔」，兩手舉物則稱「荷」，可見它們載物方法各有不同。詞化不但使「負」、「荷」、「擔」離析表示載物方法的限制意義，並引伸

---

[73] 《說文解字》，頁163。
[74] 《說文解字注》，頁371。
[75] 《說文解字》，頁163。
[76] 《說文解字注》，頁371。
[77] 王先謙：《釋名疏證補》(上海：上海古籍出版社，1989年)，(清疏四種合刊)，卷上一，頁42。以後凡引用《釋名》原文，均據此版，並在正文列明頁數，不另作註。
[78] 《說文解字注》，頁371。

出超越其中心意義範圍的新義。在例9a中，「負荷」由攜帶的動作引伸出繼承的意義；在例9b中，「負擔」更由攜帶的動作引伸出攜帶的物件，楊伯峻注：「弛於負擔猶今言放下包袱。」[79]，其詞性亦因此由動詞轉變爲名詞。

10.收介特。(昭公14年)

　　《方言》：「介，特也。物無耦曰特，獸無耦曰介。」[80]

　　在《方言》中，「介」、「特」同義互訓，皆表示無伴侶，包含孤獨的意思。然而，「特」多用於人事方面，《禮記·內則》：「君已食，徹矣，使之特餕。」。鄭玄注：「使獨餕也。」[81]。至於「介」則多用於野獸方面，《莊子·庚桑楚》：「夫函車之獸，介而離山，則不免於罔罟之患。」[82]。這種詞義的差別在詞化中消融，並由形容人物的孤獨狀態引伸出另一意義。杜預注：「介特，單身民也。」孔疏：「介亦特之義也。介特謂單身特立無兄弟妻子者。」[83]可見，「介特」表示單獨一個人，其詞性亦由形容詞轉變爲名詞。

11.古者明王伐不敬，取其鯢鯨而封之，以爲大戮。(宣公12年)

　　左思《吳都賦》：「長鯨吞航，修鯢吐浪。」

---

[79] 《春秋左傳注》，頁220。

[80] 《方言》，873。

[81] 《十三經注疏》，頁1470。

[82] 陳鼓應：《莊子今注今譯》(香港：中華書局，1990年)，頁592。

[83] 《十三經注疏》，頁2076。

劉逵注引楊孚《異物志》：「雄曰鯨，雌曰鯢。」[84]

　　「鯢」和「鯨」的中心意義都是指鯨魚，它們的意義屬差在於性別上的不同；「鯢」是指雌鯨，「鯨」是指雄鯨。詞化使「鯢」、「鯨」的屬差意義消融，「鯢鯨」泛指大魚，並以鯨吞小魚為喻，引伸出吞併其他小國的不義之徒。杜預注：「鯨鯢，大魚名，以喻不義之人吞食小國。」[85]

伍. 餘論

　　我們發現，同義詞之間的確存在著不少屬差意義，要考察這些意義是不容易的。因為同義詞的分別已不太明顯，加上「同義為訓」為它們抹上一層保護色，把僅餘的微別差異也掩藏起來。幸好，在「標明義界」的訓詁條例中，同義詞的屬差意義被揭示出來，作為研究同義並列複合詞的詞義來源，持之可勾勒出同義詞的詞義變化，同時亦能凸顯詞化在漢語構詞法中的功能。由此使我們領略到訓詁和構詞雖然屬於不同的學術領域，但是，作為一種跨學科的研究，訓詁條例對構詞法起著一定程度的說明作用。

　　在語文教學中，我們經常會遇到一些艱澀、新僻的詞語，需要借助《說文》、《爾雅》等訓詁纂集中的條例來確定它們的詞義，特別在閱讀古典文獻時，檢查詞義的功夫更是不可省去。同義詞是訓詁的重要材料，不少古語詞義亦載於「同義為訓」的訓詁條例中，這些材料值得我們參考使用。不過，訓詁方法有其獨特功能，各存旨要，「同義為訓」講求詞義某方面的完全相同，至於同義詞的詞

---

[84] 高步瀛：《文選李注義疏》(臺北：臺灣書店，1968年)，卷5，頁15。
[85] 《十三經注疏》，頁1883。

源，包括方言區、語音、本義和借義等諸種關係卻沒有顧及，甚至忽略了同義詞之間的意義屬差。因此，我們在應用「同義為訓」的條例解釋詞義時，必須同時追溯它的詞源，考察它們「同中有異」的詞義特徵，這樣也許能夠加強我們對詞義的理解，並且更能掌握文意的表達。

第二屆國際暨第四屆全國訓詁學學術研討會
臺北‧臺灣師範大學國文學系 1998.12.5-6

說「辿」

何樹環

甲骨卜辭有〔字〕字，或作〔字〕、〔字〕、〔字〕諸形（以下稱一類），又有〔字〕字，其形體或作〔字〕、〔字〕、〔字〕（以下稱二類），歷來考釋頗爲分歧，其大要列如下表：

羅振玉	一‧二類隸爲「𢓨」，訓「行」[1]。王襄[2]、董作賓[3]、松丸道雄[4]並同。
商承祚	一‧二類隸爲「𢓠」，爲步武之專字，訓「迹」[5]
郭沫若	一‧二類隸爲「遝」，訓「遠」[6]
楊樹達	一類隸爲「迻」，讀爲過[7]，許進雄[8]從之，李孝定並倂入二類[9]。
孫海波	一類從商承祚，二類隸作「辿」，爲屯邅之本字，乃「難行不進」之貌[10]。
裘錫圭	一類隸作迻，讀爲「𢾫」，有「鎮撫敕戒」之義。懷疑二類爲一類之異體。[11]徐中舒從之。[12]

[1] 羅振玉增訂《殷墟書契考釋》中六十七葉，藝文印書館1992年1版4刷。

[2] 王襄《簠室殷契徵文考釋‧游田》第五葉，天津博物院1925年。

[3] 董作賓《殷曆譜》下編卷八，十三葉。

[4] 松丸道雄〈再論殷墟卜辭中的田獵地問題〉中國殷商文化討論會論文，1987年

[5] 商承祚《福氏所藏甲骨文字考釋》四葉，1933年，金陵大學中國文化研究所。

[6] 郭沫若《卜辭通纂》五九六片考釋，日本文求堂。

[7] 楊樹達《積微居甲文說‧釋迻》大通書局1974年再版。

[8] 許進雄《甲骨上鑽鑿形態的研究》藝文印書館1979年3月。

[9] 李孝定《甲骨文字集釋》中央研究院歷史語言研究所1965年。

[10] 孫海波《甲骨文編》修訂本，頁69～70，中華書局。1992年1版4刷。

[11] 裘錫圭〈釋𢾫〉，發表於《古文字研究》第三輯，後收入於《古文字論集》頁17～34

| 陳煒湛 | 一類從楊樹達說，二類從孫海波《甲骨文編》之說[13] |

對於前輩學者的看法，我們認為一類的字當從裘錫圭先生之說（以下簡稱裘文），而二類的字，由字形和在卜辭中的用語來看，誠如孫氏、陳氏（以下簡稱陳文）之說，應該與一類有所區別。

首先就卜辭中所見的用語來看，裘文已指出一類的字，其辭例習用「往來亡巛（災）」，陳文復指出：「從具體辭例看，言迍于某地者多卜『往來亡巛（災）』，而言迲于某地者，只卜『亡巛（災）』，分別至為明顯。」這都是十分正確的。雖然一類的字多見於五期，二類則主要屬於三期，其間慣用語或有繁簡無別的情形，如：

（1）壬申卜貞，王步于召，往來無災　　合36695　【圖一】

即與「步」習用之「無災」有繁簡的不同。但一者，二類字的辭例用「亡災」與一類字用「往來亡災」並未見相混的例子；再者，二類字的辭例多為貞卜當日或當天貞卜翌日是否「迲」于某地，這在一類字的卜辭中也是沒有的，如：

（2）壬寅卜暊貞，翌日癸卯王其食　　合28001　【圖二】

（3）☑今日壬，王其迲于☑　　合28756　【圖三】

（4）丁丑卜，翌日戊王其迲于⊛，亡災　　合28905　（摭1.403
　　　　　　　　　　　　　　　　　　　　　　　、寧 1.412）【圖四】

（5）甲申卜，翌日乙王其迲，亡災　　合28757（佚523）【圖五】

辭例上的明顯差別，是把二類的字與一類的字區別開來的重要依據。

其次，由字形來看，一類的字，裘文指出：

，中華書局１９９２年。

[12] 徐中舒《甲骨文字典》頁２０５～～２０６，四川辭書出版社１９９３年１版３刷。

[13] 陳煒湛《甲骨文田獵刻辭研究·迍迲辨》頁２５～２８，廣西教育出版社１９９５年。

　　「偏旁也應是『柲』的初文，在這個偏旁的各種寫法裏，𠂤 和 𠂤 顯然是『柲』的象形初文，𠂤、𠂤、𠂤 當是 𠂤 字加指示符號的繁體。在象柲形的筆畫上加點或圈以指明『柲』的字義，跟『肱』的初文 ㄋ（厷）在象手臂的筆畫上加圈以指明『肱』的字義，是同類的現象，所以這個字應該釋作『迣』。這個字偶而也從『戈』作𢓊，但是極爲少見，當是筆誤，不能作爲釋字的根據。」[14]

其說甚是。我們細看二類字的字形，其與一類的字存在兩點明顯的差異：第一，二類的字，其偏旁無下端的橫畫。雖然從戈、從 𠂤（柲）的字亦偶有此現象[15]，但仍以下端有橫畫者爲常，無橫畫者少，以常理度之，下端無橫畫者或爲缺刻筆畫所致；從 𠂤（柲）形者甚至也有明顯缺刻上端橫畫的情形，如：

　　（6）□□卜貞，王𢓊☑往來亡災　　續 3.32.12（簋游 55）【圖六】

其中的𢓊字，下端有橫筆，辭例爲「往來亡災」，應歸屬在第一類，其中間塡實與作虛廓者無別，而上端應爲漏刻一橫畫。

而依辭例應當歸屬於二類字體，然其下端卻有橫畫者僅一見，即：

　　（7）翌日乙王其𢓊于喪亡災　　　　外 73（南師 1.168）【圖七】

其下端之橫畫，當與一類字體偶作戈形者相同，當爲筆誤所致，不得據此以爲釋字的根據。

　　第二，在筆畫的寫法上，一二類也存在明顯的差別。在一類的字體中，有柲形加圈點者，這種形體容易與二類相混。但是在柲形上加有具指示符號作用者，其字形乃是書寫一 𠂤（柲）形之後加圈點，成 𠂤（如前 2.22.1）、𠂤 形（如前 5.26.6，粹 1031），其作 𠂤、𠂤 形者，由具體

---

[14] 裘錫圭《古文字論集·釋柲》頁 21，中華書局 1992 年。

辭例來看，皆卜「往來無災」、而作 🔖 形者，其豎畫皆貫穿所加之圈點，而二類字的字形除少數豎畫作一筆連貫（🔖）而與 🔖 相近外，豎畫多作 ⺊、⺊ 形（豎筆不貫穿）。另外一類字體又有中間圈點填實作 🔖 形體的，與二類字體中作 ⺊ 形者相近，這種圈點填實的二類字體，上端橫畫突出於豎筆（一類填實者皆不突出），且又無下端橫筆，仍然可以與一類的字形區別開來。故，不論是就辭例或是文字形體來看，二類的字都應該與一類的字區別開來。

關於二類字的字形，孫海波《甲骨文編》云：

「從 🔖 從屯，說文所無。」

陳文復補充云：

「🔖、🔖、🔖 等形所從之 ⺊、🔖 為屯，經于省吾考證，已得大多數學者確認，所小異者，屯字一斜筆多在下部，作 🔖、🔖，在上作 ⺊、🔖 者較少見（詳見《甲骨文編》卷一『屯』、『春』二字）而 🔖 字所從則多作 ⺊，如此而已。是此字確從屯，不從戈，不得與 🔖 相混，甚明。」[16]

按《甲骨文編》卷一春字，所收作橫畫在上之 🔖 形者，出自《乙》5919，此片僅一字，其所從之 🌿 亦與一般從 🌿 之形有異，我們懷疑此片可能是倒置，實當作 🌿。而屯字所收橫畫在上者，有《甲》3588，《佚》791，《掇》1.385，其辭云：

（8）貞：乙卯卜，酒品 ⺊ 自且乙至毓，在嶽門見　　甲 3588【圖八】

（9）癸亥卜台 🔖 　　　　　　　　　　　　　　　　佚 791【圖九】

（10）王其侑于滴 ⺊ 有石燎，有雨　　　　　合 28180（掇 1.385、

---

[15] 《甲骨文編》頁４９０ 🔖，偶作 🔖，頁４９３ 🔖，偶作 🔖。

寧 1.115)【圖十】

屈萬里《殷虛文字甲編考釋》云：

「『貞乙卯卜』當是『乙卯卜貞』之倒語。🔵，三期貞人名，應
在貞字上，而誤刻在此。品，祭儀之一種，已見675及796。毓，
蓋毓且乙之省文。🔵從羅振玉釋。🔵門，義未詳。本版疑習書者仿
刻他辭，故字句有錯亂處。」[17]

除了習刻的可能外，此處的🔵字也有可能是祭名，如：

（１１）甲戌卜王🔵父乙　　　　　　合 2290（續 1.28.6）【圖十一】

故徐中舒《甲骨文字典》列《甲》3588於卷一🔵字條，云「疑爲祭名」
[18]，可能是對的。又，據《丙編》拼合的一塊一期卜甲，其中的🔵、🔵
（下皆無橫畫）與🔵似乎是一個字，其辭云：

（１２）貞：且（祖）乙若，王不🔵

　　　　貞：且（祖）乙若，王不🔵

　　　　貞：且（祖）乙〔弗〕若，王不🔵

　　　　　　　　　　　　　　合 13604 正（丙 427）【圖十二】

其中的🔵、🔵、🔵，也很有可能是祭名。而（９）之「🔵🔵」也有可能
是「🔵🔵（師）」之意，其中「🔵」字很可能是作動詞用。（１０）的🔵字，
《殷墟甲骨刻辭類纂》摹作🔵（在），島邦男《殷墟卜辭綜類》摹作🔵（在）
而存疑，則此字即便是🔵（屯），其義也與一般所見的用法不同。總之，
陳文依據《甲骨文編》認爲🔵乃是屯（🔵）之倒書者，其實在用法上與

[16] 陳煒湛《甲骨文田獵刻辭研究·迍、迍辨》頁２７，廣西教育出版社１９９５年。

[17] 屈萬里《殷虛文字甲編考釋》頁４５６，3588條，１９９２年3月影印一版，中央研
究院歷史語言研究所。

[18] 徐中舒《甲骨文字典》頁４７：「字形與🔵（屯）字相近，似爲屯字之倒形，意義亦有別

已知的屯字皆有差距。[19]然 ᵗ 為屯字，在用法上與已知屯字相合者，確有其例，如：

（13）☑ 丁（置）六 ᵗ　　　　　　林.1.18.10【圖十三】

但是，因為屯字作 ᵗ 形，用法又能相合者僅此一例，且二類字亦無如陳文所說作 形者，所以陳文依《甲骨文編》言「屯字一斜筆多在下部，作 、 ，在上作 ᵗ、ᵗ 者較少見，而 字所從則多作 ，如此而已。」仍難以讓人確信二類字所從之 ᵗ、 、 ᵗ 亦為屯字。

我們認為，陳文所說者固然有所疏失，但其結論認為二類的字確實從屯，則是可取的。細看屯字在甲骨文中的寫法共有以下幾種：

A： （如甲 2815）

B： （如乙 4119）

C： （如鐵 44.4）

而二類字所從之偏旁寫法有以下幾種：

a： （如甲 907、合 28915）

b： （如存 1.2001、粹 1019）

c： （如佚 104、遺 680、合 28751）

其間A⇔a，B⇔b，C⇔c存在明顯的對應，即互為倒書的關係。

另外，五期卜辭中用作動詞的 （詳下文），在二類字體中也可以找到對應的寫法，如《合》29027 作 。也就是說，屯字的幾種寫法，在二類字的偏旁寫法中都可以找到相對應的倒書形體，如此，則二類字的偏

，疑為祭名。」四川辭書出版社。1993年9月一版三刷。

[19]《甲骨文字典》頁45～46，屯字之用法有一‧骨版一對為一屯；二‧多屯為具備五彩之衣衣；三‧讀為春；四‧人名；五‧地名。又甲骨文中之「屯日」可讀為鎮日，是整天、全天的意思。說見朱德熙先生＜說屯（純）、鎮、 ＞原載《中國語文》1988年3期，後

旁,至少可以確定是與屯字有相當密切的關係。而前面所舉(8)、(11)兩條應為祭名的 ᚼ、ᚽ,同樣的用法也有寫作 ᚻ、ᚿ 的,如:

(14)ᚿ卯于婦(?)☐

　　　勿 ᚾ 于☐　　　　　　　　　　合709反(乙7164)【圖十四】

則二類字所從之 ᚼ、ᚽ 亦應是屯字。又,五期卜辭中有 ᛌ 字,其豎筆中穿,當由 ᚾ 填實而來,僅見於五期,顯係西周金文屯(純)字作 ᛍ(參四版《金文編》頁31)之來源,ᛌ 字的辭例,如:

(15)甲戌王卜,貞:今㞷巫九ᚿ,ᛌ盂方,率伐西戉,典西田(旬?)
　　　),丗盂方,妥余一人,余其☐多田(旬?)田(?)正☐
　　　盂方☐亡尤,自上下于ᚿ☐
　　　　　　　　合36181+合36523(明續3161+陳92)【圖十五】

(16)ᛌ盂方八ᚿ☐丗盂方白炎☐田田(?)正☐
　　　　　　　　　　　　　　　　合36512(粹1190)【圖十六】

(17)乙巳王貞,啟乎祝曰:盂方㠯人其出伐,ᛌ㠯高,其令東迨(會)
　　　)于高,弗悔,不嘼哉,王㡀曰,吉(?)
　　　　　　　　合36518(林2.25.6、通581、遺193)【圖十七】

ᛌ,陳夢家、島邦男皆釋為屯,作地名用[20]。然鍾柏生先生《殷商卜辭地理論叢》指出,此當為動詞[21],甚是。(15)應該是指先ᛌ(屯)在盂方,然後,伐西戉。(17)是指盂方所徵集之人先行ᛌ「屯」在㠯高,

收於《朱德熙古文字論集》,中華書局1995年2月。

[20] 分見陳夢家《殷墟卜辭綜述》頁309~310,中華書局1992年7月北京二刷
　　島邦男《殷墟卜辭研究》頁410~411,溫天河、李壽林譯,鼎文書局1975年
　　12月初版。

令東的部隊在「高」與之會合。其中的 ↓ 字僅見於五期，亦與一般屯字的用法不同。

　　總之，屯字用作動詞時，其字體往往與用作其他用途的「屯」（對、春、純、地名、人名、讀爲鎮）的形體略異，其作 ↑、↑、↓，應該就是與一般常用的「屯」字加以區別。那麼，二類的字體，很可能就是一個從 辶 屯聲的字，而爲三期卜辭所特用者（加「辶」，表示行動之義）。而西周金文中有加止形的 𡳿 字，其用法同於「純」，如 𡳿（此鼎，《集成》2821，2822 作 𡳿，2823 作 𡳿）、𡳿（弭伯簋《集成》4257），其下半之止形，除了有可能是 ↓ 字下端橫筆之訛誤外，也可能是承二類字體而來（從止從 辶 往往無別）。

　　至於二類字的意義，由於卜辭中多言 辻（以下隸作迍）于某地（某爲田獵地名），故過去多將迍視爲與田獵有關的字，陳文根據迍字之辭例指出，這些卜辭皆無言及所捕獲的獵物名稱，故應該不是具體的田獵方法[22]，其說甚是。但是，爲何商王所迍之地皆爲田獵地呢？[23]有一片許進雄先生所綴合的卜骨，刻有下列的卜辭：

（18）甲子卜，翌日乙王其迍于☐

　　　　于衰，亡災

　　　　于孟，亡災

　　　　于宮，亡災

　　　　☐犬☐告☐王其比，亡災，擒

---

[21] 鍾柏生《殷商卜辭地理論叢》頁80～81，1989年9月初版，藝文印書館。

[22] 陳煒湛《甲骨文田獵刻辭研究》，頁28，廣西教育出版社，1995年。

[23] 卜辭中所迍之地有向、衰、𢍺、𢆶、𡳿、棪、孟、宮、安、𡊮，皆爲田獵地，見陳煒湛《甲骨文田獵刻辭究·甲骨文各期田獵地名表》。

合27920＋28758　（明續2081＋明續2088）【圖十八】

裘錫圭先生曾根據楊樹達之說指出卜辭中的「在某犬」、「在某犬某」，為商王派駐在各地管理田獵事務者，相當于周代「迹人」的「犬官」[24]，故許進雄先生考釋上條卜辭時即云：「粹編935有：『戊辰卜，在淒，犬中告麋，王其射，亡災，擒。』的卜問，知犬於此是官名，不是獵物[25]。」甚是。這片卜骨是說「甲子那天貞卜，翌日乙是要迡在□，還是喪？還是盂？還是宮？是不會有災禍的吧！」後來某地的犬官來報告有可狩獵之物，商王就貞卜，此去是否能夠順利有所擒獲。而有時商王迡于某個田獵地就是為了進行田獵，如：

（19）王其迡于喪□狩

　　　　甲申卜翌日乙王其迡于喪　　　合29027（佚523）【圖十九】

（20）今日王其迡于喪，亡災，禽（擒）　　　合29035【圖廿】

既然商王所迡之地皆為田獵地，而其所以迡于某地也與田獵有某種直接的關係，但是迡又不是田獵時捕獲獵物的具體行動，那麼迡很可能是商王在田獵前的某種行為。我們由《周禮·夏官·大司馬》中所記載的田獵程序來看，田獵時是先陳列兵馬，擺好陣式，而徒眾與車馬的陣式有時還因實際狀況有所不同：

「遂以狩田，以旌為左右和之門，群吏各帥其車徒，以敘和出，左右陳車徒，有司平之，旗居卒間以分地，前後有屯百步，有司巡其前後，險，野人為主，易，野車為主。」

---

[24] 裘錫圭《古代文史研究新探·甲骨卜辭中所見的〝田〞、〝牧〞、〝衛〞等職官的研究》頁346，1992年6月1版1刷，江蘇古籍出版社。

[25] 許進雄《The Menzies Collection Of Shang Dynasty Oracle Bones》V·Ⅱ頁162，B2081條考釋，加拿大皇

擺好陣式，然後才進行具體的狩獵行動：

「既陳，乃設驅逆之車，有司表貉于陳前，中軍以鼙令鼓，鼓人皆三鼓，群司馬振鐸，車徒皆作，遂鼓行，徒銜枚而進，大獸公之，小獸私之，獲者取左耳。」

前面說過卜辭中的逜應該是指田獵時具體狩獵之前的行為，那麼逜與文獻中陳列兵馬的行動應該是很相近的，若是把逜讀作陳，在聲韻上也是合理的，逜從屯聲，屯，上古音為定紐文部字，陳為定紐真部字，二者之聲紐相同，韻部十分接近，故逜可讀作陳。而《楚辭·離騷》：「屯余車其千乘兮」王逸注：「屯，陳也」此聲訓之例，亦可明屯、陳二字音義有相近之處。

另外，商末西周的銅器銘文中有🔸與🔸字，我們認為也應該隸作逜。🔸字見於＜作冊豐鼎＞，其銘曰：

＜**作冊豐鼎**＞：癸亥，王🔸卭（于）乍（作）冊殷新宗，王賞作冊豐貝，大子易（錫）東大貝，用乍（作）父乙寶🔸

《集成2711》（商末周初）【圖廿一】

銘文中的大子為大宗之子。新宗的「宗」，裘文指出乃是指宗族，而不是指宗廟[26]，甚是。我們把銘文的🔸字讀作陳，陳有陳述、陳說的意思，如《禮記·表記》：「事君欲諫不欲陳。」鄭玄注：「陳謂言其過於外也。」而大宗宗長對「致邑立宗」的小宗有所訓戒的例子，尚可見於＜矧尊＞之「王壽（誥）宗小子卭（于）京室。」以及《尚書·康誥》，＜康誥＞乃武王對康叔封於康之誥辭[27]，就宗法的觀點來看，康叔之於武王

家安大略博物館出版，１９７７年

[26] 裘錫圭《古文字論集·釋祕》頁２７，中華書局１９９２年

[27] 此從屈萬里先生之說，見屈萬里《尚書集釋》，頁１４５，聯經出版社１９８６年。

的關係，正是「致邑立宗」的小宗，此一關係與＜作冊豐鼎＞所述的情
形亦頗爲相近。按此，銘文的大意應該是說「在癸亥那天，王對於由作
冊般分族出來的作冊豐說了一些話（應是訓誡一類的話），並且王和作
冊豐的大宗宗長對作冊豐都有所賞賜，於是作冊豐就作了祭祀父乙用的
祭器。」但是，銘文中的𧗇字，形體有作𧗇、𧗇、𧗇者[28]，皆已磨滅變
形，其上是否果作 ，殊爲可疑，又若果作 ，也可能是與前舉（7）
辭作 者相同，蓋偶誤之故。

𧗇字見於西周初期之＜小臣逨鼎＞，其銘曰

＜小臣逨鼎＞：正月，王才（在）成周，王𧗇于楳簏（麓），令小臣
　　　　　　　逨先省楳庛（位），王至于𧗇庛（位），無遣（愆），
　　　　　　　小臣逨易（錫）貝，易（錫）馬兩，逨拜稽首，對揚
　　　　　　　王休，用乍（作）季媛寶尊彝[29]。

《集成2775》（西周初期）【圖廿二】

庛（位）是類於行宮的處所，銘文是說王在成周，想要到楳地的行宮，
王將要𧗇在楳地的山麓，令小臣逨先去省察行宮，後來王到了所𧗇的楳
地行宮，一切都很好，所以對小臣逨有所賞賜。其中的𧗇字，《積古齋
鐘鼎彝器款識》摹作「𧗇」（從彳從辵往往無別），此字偏旁上作折筆，
與《佚》468作𧗇同。把𧗇釋爲迍，讀爲陳，指陳列兵馬之義，則文從
而字順。又，銘文中的𧗇字也可能讀若屯，屯有屯駐的意思，於銘文似
亦可通。

[28] 見薛尚功《歷代鐘鼎彝器款識法帖》88・3癸亥父己鬲鼎，阮元《積古齋鐘鼎彝器款》
　　4・17，癸亥父己鬲鼎一、二。

[29] 《殷周金文集成》2775摹本，銘文至「逨拜稽首」而絕，以下據阮元《積古齋鐘鼎彝
　　器款識》4・21季媛鼎，薛尚功《歷代鐘鼎彝器款識法帖》91・1季婦鼎補。

　　我們把二類的字釋作迍，讀作陳，於甲骨、金文皆可通暢，但必須說明的是，雖然迍讀作陳，在使用的意義上與後來的陳字頗有相近之處，但是從文字演變的實際情況來看，迍、陳二字在形體上的差異似乎也找不出關聯性，所以，我們也很難說迍字是陳字的初文。迍字可能只不過是借用屯聲來表示與後來陳字意思相近的字，而後來訓做「難行不進貌」的「迍」字，與甲骨、金文中的「迍」字，應該只是皆從屯聲所致形體的偶合，這與楚國文字中腏（廚）字的情形是很相近的，《說文・四下・肉部》即有訓為「項也，從肉豆聲」的腏字，二者之形體皆作腏。至於卜辭中的 ꜩ 字有用作類似祭祀之名者，是不是有可能是《說文》訓作「以真受福也，從示真聲。」的禛字呢？〔屯，定紐文部；真，章紐真部。章，古屬舌上音與舌頭音（端系）關係密切〕，但禛字僅保留在字書之中，實難以深究了。

圖一
《合》36695

圖二
《合》28001

圖三
《合》28756

圖四
《合》28905

圖五
《合》28757

圖九　《佚存》791

圖六　《續》3.32.12

圖七

《外》73

圖八　《甲》3588

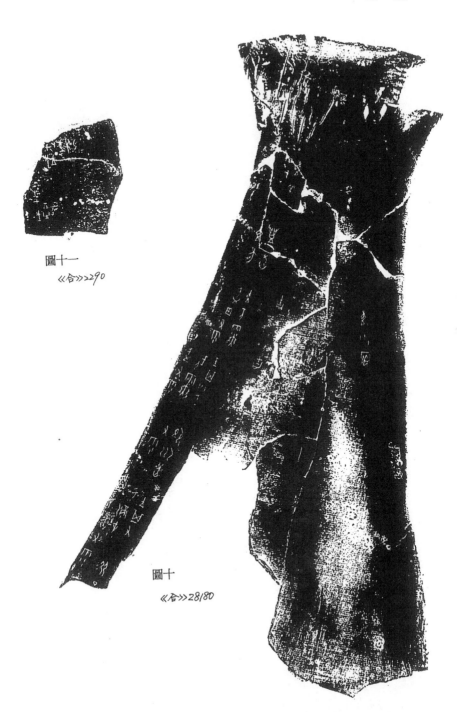

圖十一
《合》2290

圖十
《合》28180

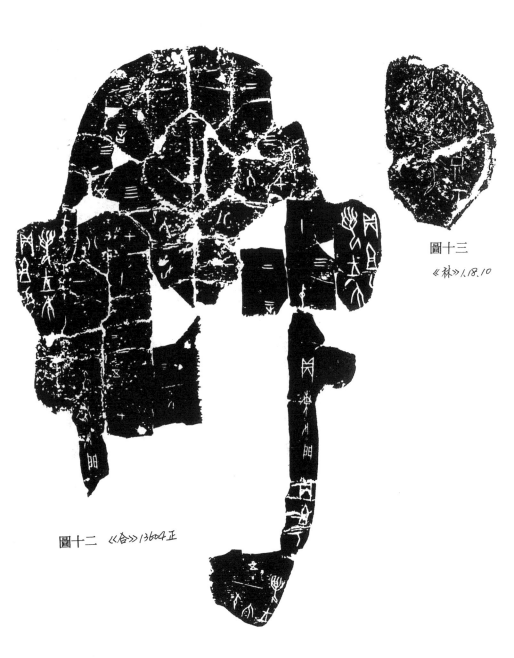

圖十三

《林》1.18.10

圖十二 《合》13604正

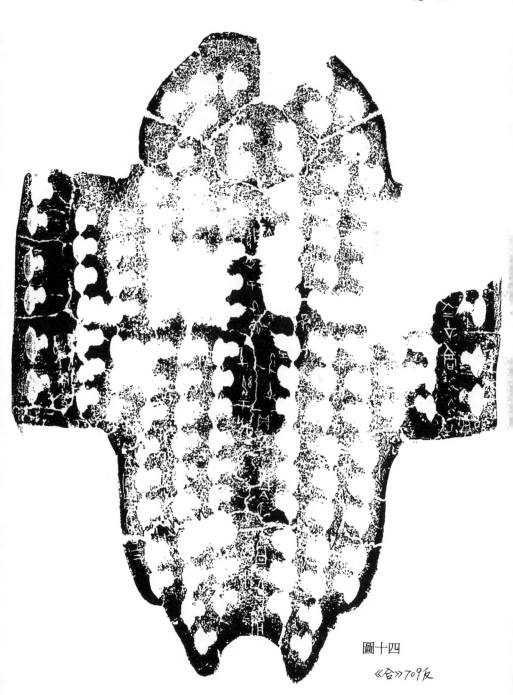

圖十四

《合》709反

圖十五

《合》36181+《合》36523

圖十七

《合》36518

圖十六

《合》36512

圖十八

《明續》2081+《明續》2088

36512

圖十九

《合》29027

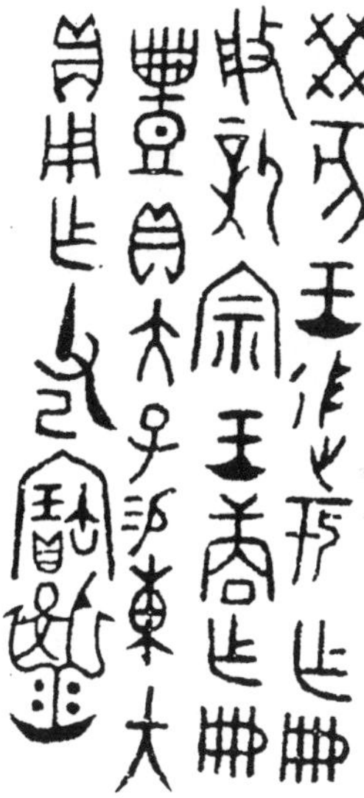

圖二十

《合》29035

圖二十一　《集成》2711

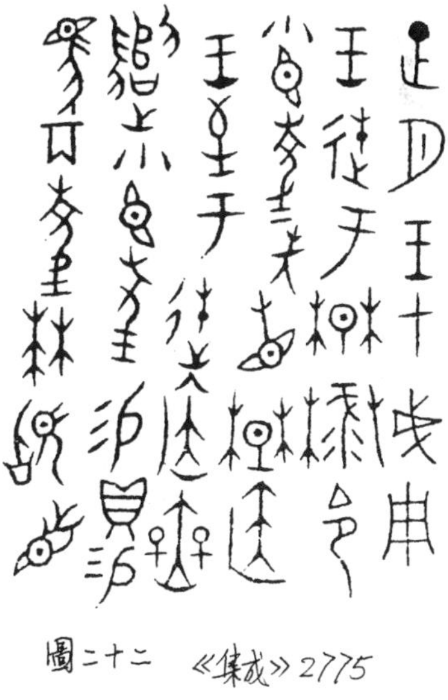

圖二十二　《集成》2775

第二屆國際暨第四屆全國訓詁學學術研討會
臺北・臺灣師範大學國文學系 1998.12.5-6

從《果贏轉語記》談漢語語源研究的
幾個重要課題

中正大學中文所博士班
王松木

　　語言不會自行改變而是人類在語言使用的過程中改變了語言。時間與空間是觀察語言變異的兩個基點，從時間縱軸著眼，語言的細微變化起初不易感知，但隨著時間累積則差異會日益明顯，最後終由言語的變異轉化成語言結構的殊別；就空間橫軸來看，則可察覺語言隨時間推移而變化的動態歷程，常會橫向地投映在不同的地域之中。因此，原本同出一源的詞語，由於在時、空向量上的定點不同，則可能會展現出不同的形態與內涵。

　　語言變異是逐漸積累的，一般人對於日常言語的些微變化總是"習焉不察"。傳統語文家或因訓解古籍，或因收集方言語彙，在長期整理語料的實踐過程中，初步地對放了異時、殊地的同源詞語，因而能夠自覺體會到語言轉化的情形。傳統語文學所慣常使用的術語--"轉語"[1]，其主要內涵即是用來指稱同源詞語在不同時空

---

[1] "轉語"是傳統訓詁學常用的術語之一，其所指內涵究竟為何？古人未曾有過明確的界定。劉世俊、張博（1993：87）考察"轉語"在歷來訓詁學論著中的使用情形，指出：「"轉語"之用發軔於《方言》，近兩千年來幾易其軌，致使它成為傳統語音學中用法最紛繁的術語。概括說來，"轉語"在歷史上的主要所指有以下數種：1.音轉方言詞。2.音轉通假。3.單音同族詞。4.聯綿同族詞。」

軸線上所呈現的變異現象。

　　語言演化常是沿著一定軌跡發展，普遍具有規律性。因此，儘管同源的詞語常因時空轉移而略有差異，但詞語間仍然保有“音近義通”的關係。乾嘉學者一方面能自覺地感悟到“聲近義通”的規律，而喊出：「詁訓之旨，本于聲音」（王念孫《廣雅疏證·序》）的口號；一方面又能運用已掌握到的古音學知識，作爲系聯同源詞的利器。唯有在此種學術背景之下，方能秉持著“因聲求義”的指導原則，對詞語進行平面繫源的工作，從而在語源研究上開創出前所未有的輝煌成就。程瑤田的《果臝轉語記》即是在樸學昌盛的沃土上所綻放出的一朵奇葩。

　　本文主旨在於：藉由觀察程瑤田系聯“果臝”詞族的實踐過程，剖析《果臝轉語記》中所透顯出的幾個語源學課題，評述《果臝轉語記》的功過得失，進而瞻望漢語語源學未來的發展趨向。爲了達成擬訂的目標，本文各節即針對以下幾個問題依序論述：1、關於詞語的命名理據（motivation）的認知。2、詞族孳乳與變易的過程。3、語源研究的方法。4、綜合評論《果臝轉語記》語源理論的創新與侷限，並指出漢語語源學發展的趨向。

壹、對於命名理據的認知

　　《荀子·正名》：「名無固宜，約定俗成謂之宜」。傳統語文學家經常援用荀子的這句名言，論證事物得名是由於社會大眾“約定俗成”的結果。人類是如何爲事物命名？語音和意義的結合果真是任意的嗎？抑或有某種理據可尋呢？這些都是探究語源時所無法閃避的問題。

　　上述問題應分屬兩個不同的層面：就語言的符號特質而言，語言形式與概念內涵的結合是否是任意性的？就人類的認知能力而言，人類如何選取事物特徵作爲命名的理據？以下則針對這兩個問題論述如下：

一、語音與意義的結合關係

　　程瑤田《果臝轉語記》以“果臝”一詞作爲系聯同源詞語的起

點，凡能與"果蠃[*klo]"²音近通轉的詞語，大多具有"圓形"的語義特徵。至於古人爲何擇取[*klo]來傳達"圓形"的特徵？是有理可據的呢？或是隨意選擇而無可論證呢？想要解答這個問題，必得先釐清語音與意義的聯繫關係。

[瑞士]索緒爾（Ferdinand de Saussure, 1857-1916）將任意性（arbitrary）視爲語言符號的基本特性，在 1916 年出版的《普通語言學教程》中曾明確地指出：「所指與能指的關係是任意的」。此一論斷似乎已成爲現今語言學界奉行不二的圭臬，影響極爲深遠。然而，隨著認知科學、文化人類學…等學科的開展與整合，現代語言研究呈現出全方位的發展趨勢，許多存在已久的謎團，今拜科際整合之賜已逐漸被解開。在現代學術潮流的猛烈衝擊之下，索緒爾的論斷似乎也已面臨了嚴重的挑戰。

長久以來，許多人類學家和語言學家注意到：某些單音組合往往會在人們的聽覺上產生奇妙的效果，容易令人引發出某些特別的"聯覺"（synethesia）³印象，例如：在人們直覺的感官印象中，語音高低強弱……等聽覺感受似乎與事物距離、體積、形狀、重量…等視覺、觸覺印象存在著某種或近或遠的相應關係⁴。單音組合之所以有不同的音響效果，主要在於特定的聲音象徵事物的某種特徵

---

² 追溯"果蠃"詞族的語根形式，原本應從親屬語言材料的對比、歸納入手；但因"果蠃"的命名理據在於模擬物體圓滾的聲響與樣態，故亦可從發音－生理與聽覺－心理的角度，以演繹的手法將語根的音韻結構假定爲[*klo]，即複聲母[kl-]加上圓唇後中元音[-o]。要特別聲明的是：本文所虛擬的語根形式[*klo]是年代更爲久遠的「原始漢語」，而非周秦時代的「上古音」。此一疏漏，在論文討論過程中承陳新雄教授不吝指正，謹此致謝。

³ R.R.K.哈特曼，F.C.斯托克《語言與語言學詞典》：「"聯覺"是指由某個語音或某組語音而聯想到某種意義，如由 fl- 聯想到 flare（火燄）、flicker（閃爍）、flame（火舌）、flash（閃光）……等。」

⁴ 論證聲音與意義的關聯性不能僅取決於單一的語音現象，必須進行跨語言的研究。朱文俊（1996：42）：「若想證明語言的一種普遍規律，哪怕是一種傾向，都必須進行大量的考察，並從中取得足夠的例證，而且要從多種語言中找出同一模式或共同特徵，否則難以另人信服。在這點上，斯瓦德什（Morris Swaddesh）提供的一例觀察倒是實實在在地說明問題，他注意到在不少語音中，元音[i]常表示"近距離"而元音[a]與[u]往往體現"遠距離"……。」

或屬性,學者於是將此種聲音與意義聯繫的現象稱之爲"聲音的象徵意念"(Sound Symbolism)。由此看來,語音和意義之間存在著某種內在聯繫,音義結合非全然是任意性的。

　　然而,"聲音的象徵意念"不是絕對性的普遍規律,因爲反面的例證(指語音和意義無法找內在聯繫)並不罕見。筆者認爲:語音與意義的結合關係,由"任意性"逐漸過渡到"可論證性"應視爲動態的連續體,不應以"一刀切"的方式截然二分。Hinton et al.(1994)將"聲音的象徵意念"依照語音與意義內在聯繫的強弱程度,劃分以下四個範疇:

1.身體聲音的象徵意念(Corporeal sound symbolism),如"哈啾"。

2.摹擬外界聲音的象徵意念(Imitative sound symbolism),如"吱吱"。

3.聯覺聲音的象徵意念(Synesthetic sound symbolism),如'a bi-i-ig fish'。

4.規約性聲音的象徵意念(Conventional sound symbplism),如'fl-'-迅速。

　　經由以上論述,便不難窺知古人何以選用[*klo]來象徵"圓形"意念的原因。蓋因"果蓏"[*klo]發音時伴隨著圓唇的生理特徵,且舌頭與上顎所構成的口部共鳴腔亦呈現出圓形的趨向,發音器官的肌肉運動就如同模仿外在事物的形廓一般,因而容易使人引發"圓形"聯覺。試觀現代漢語象徵"圓形"意念的詞語,如:"圓""圈""卷""環""團"……等,不也大多具備圓唇的發音特徵。

二、事物命名的理據

　　自然萬物浩如煙海,各自展現著獨特的樣貌與質性;事物流轉瞬息萬變,時時變換著不同的姿態與風貌。人類居處在雜然紛陳、變動不居的大千世界中,無時無刻不在接收到外界所傳送的各式信息;外界信息經歷了分析、綜合與概括的心理過程後,淘選出事物的共同屬性而凝結成抽象概念。隱而未發的概念一旦被賦予具體的表達形式,便成爲交際、思維的主要工具--語言。就外在功能而言,語言是音、義結合的符號系統,就內在本質來看,語言則是一套反映思維模式的價值系統。

　　荀子所謂"約定俗成",容易被人誤解成:事物命名是隨意

的、無理據的。其實，荀子本義應當是指：相同的概念或事物常因命名理據的不同而產生不同的名號，此種"同實異名"的分歧現象必在社會群眾的篩選下獲得規範。若根據人類語言生成的模式來看，事物的命名必當有其內在理據可言，只是許多詞語的內在理據早被歷史洪流所掩蓋，今日已無從追溯罷了。現代漢語存有許多語義羨餘（redundancy）與"俗語源學"（flok etymology）的現象，大部份是由於失落原有的構詞理據所造成的[5]。

　　詞語構成有其內在理據，但客觀事物具有多樣的特徵與標誌，命名之時卻僅能從中擇取某些顯著的特徵。那麼何種特徵會雀屏中選成為命名理據？對此，多數學者認為：命名理據的選擇具有任意性[6]。其實，命名理據的選取也並非全然無法論證，試想：事物雖然具有多樣的特徵與質性，但這些特徵與質性所內含的文化價值並不相同；語言既是一套反映文化價值的系統，最具有價值的特徵必然較容易被選取，而文化價值高低則取決於思維模式、歷史背景、生活環境…等因素，因此，解釋命名理據的來源時，若是能同時考慮上述與文化心理相關的因素，應當也可以求得幾近滿意的答案。近來大陸訓詁學者，如：周光慶（1989）、陳建初（1992）…等人，將語源結構視為認知結構，觀察到語源結構中蘊藏著豐富的文化內涵，體現漢民族的思維與情感，因而主張透過語源研究以闡釋文化心理，開拓漢語語源研究的文化視角。這種新的研究趨向頗值得重視與肯定。

　　《詩經‧豳風‧東山》：「果蠃之實，亦施于宇」，"果蠃"

---

[5] "語義羨餘"指詞語所含信息量太多，超過傳達語義所需求的量，如："黑墨"一詞，"墨"原本就是以"黑"為構詞的理據，不必贅加"黑"。"俗語源學"是指對於構詞理據不明的詞語，另造一個通俗易解的說法來替代，如：原是祭祀杜甫的"拾遺廟"，後來因失去本有的命名理據，而訛變成"十姨廟"。

[6] 張永言（1981）、董紹克（1984）、孫力平（1987）…等人皆主張選擇何種特徵作為命名理據在一定程度上是任意的。張永言闡述如此主張的理由：在不同的方言或語言中，或者同一語言的不同發展階段，表達同一個概念的詞可能具有不同的內部形式（命名理據）。例如：「蜘蛛這種昆蟲：漢語"蜘蛛"得名於它的形狀，而德語 Spinne（<spinnen 紡織）、英語 spider 和方言 spinner、日語 kumo（<kumu 編織）則得名於它的行動特點。」（頁9）

一詞早在周代以前就已經存在了。但"果臝"是爲何物？具有何種
特徵？爬梳古代文獻記載與圖錄（[圖一]摘錄自《毛詩名物圖說》頁193；[圖二]、
[圖三]摘錄自《植物名實圖考》頁538），則可鉤勒出"果臝"的形貌：

> 《爾雅》：「果臝之實，栝樓」。郭璞註：「今齊人呼之爲
> 天瓜」。李巡註：「栝樓，子名也。」邢昺疏：「本草云：
> 栝樓似瓜。葉形兩兩相值，蔓生，青黑色。六月華，七月實
> 如瓜瓣。是也」《圖經》：「所在有之，三四月生苗，引藤
> 蔓葉作叉有細毛。七月開花淺黃色，結實在花下，大如拳，
> 生青。九月熟，赤黃色，有正圓者、有銳而長者。根名白藥。」
> 愚按：「許慎曰："木上曰果；地上曰臝"。蓋此草蔓生附
> 木，故得兼名。其根作粉，色白如雪，俗名天花粉，方藥中
> 恆用之。」（[清]徐雪樵《毛詩名物圖說》卷六）

> （栝樓）今有苦、甜二種，葉亦小異。《炮炙論》以圓者爲
> 栝，長者爲樓，說近新鑿。其根即天粉花。《救荒本草》：
> 根研粉可爲餅，穰可爲粥，子可爲油。（[清]吳其濬《植物
> 名實圖考》卷二十二）

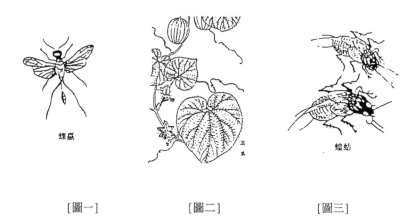

蜾蠃　　　　　　　　　　王瓜　　　　　　　　　螻蛄

　　[圖一]　　　　　　　[圖二]　　　　　　　[圖三]

　　由上可知，"果臝"是一種蔓草類植物，根部厚大，七月開淺
黃色花，果實大如拳，形狀或圓、或長，味道或苦、或甜，具有多
種經濟價值。從不同的角度觀察，"果臝"便展現出不同的特徵，
爲何古人以"圓形"作爲此種植物的命名理據？此或與漢民族的

思維模式有關。

就語言層面的觀察結果而言，學者大多同意：漢民族的思維方式具有很強的具象性和直觀性。謝信一（1978）認為：漢語是圖象式語言，具有高度的象似性（iconicity）[7]；陳月明（1995）觀察漢語量詞（classifier）系統與複合詞的結構，指出：「漢語詞彙中，事物的形體因素和事物的情景圖象表現得十分突出，在一定程度上反映了漢民族在認識和把握外部世界的活動，具有比較直觀、具象的思維特徵」。據此，不難推測：在漢民族具象、直觀思維的文化心理作用下，"果蠃"所展現的「圓形」特徵相對地要比他項特徵具有更高的認知價值，古人就自然而然地"因以為號焉"了。

貳、同源詞族的結構層次

考察《果蠃轉語記》所系聯的各詞語，不難發覺各個詞語所指稱的事物形態並非全然相同，甚至有的形體特徵差異頗大，為何這些詞語能夠被系聯在同一個語源之下？再者，《果蠃轉語記》所輯錄的"轉語"非一時一地之人所創製的，那是如何形成的呢？演化路徑是否相同？此外，由"果蠃"所衍生出的各個詞語，雖說是同出一源，但各詞語間親疏遠近的關係並不相同，詞語之間的相互關係當如何定位呢？凡此，均是漢語語源研究應當面對的重要課題。以下分析同源詞族的結構層次是：先就微觀角度思索同源詞語間語義特徵的聯結，次就宏觀角度分析同源詞語孳乳、變易的過程。

一、語義特徵的聯結

漢民族傾向於從直觀形體和具體情境來認知外在事物。因此，古人認識新事物並為之命名時，往往不自覺地將注意的焦點鎖定在人體所感知的視覺影像（如：形狀、面積、體積）上，將所得的影像加工成"類化意象"，成為創造新詞的理據，最後扣緊事物的相似點，藉由隱喻（metaphor）的手段轉化出新的語詞。

---

[7] "象似性"（iconicity）是相對於"任意性"（arbitrary）而言，指語言符號的能指與所指之間有一種自然的聯繫，兩者的合是可以論證的，是有理據可言的。

　　程瑤田以"果蠃"作為起點，系聯"聲近義通"的詞語。從《果蠃轉語記》中可觀察到"果蠃"詞族轉化（derivation）的情形：

> 然則"果蠃"之名無定矣，故又轉為"蜾蠃"、"蒲盧"，細腰土蜂也。《爾雅》作"果蠃"。又轉為鳥名之"果蠃"。又轉為溫器之"鍋蠃"。"栝樓"、"果蠃"之轉，聲疾讀之則"瓜"也。轉之為瓠瓜。《爾雅》云：「鉤，睽姑」。是又轉為"睽姑"，謂之"蛞蔞"也。又轉為蛙名之"螻蟈"。（頁1右）

　　引文所系聯的名物："蜾蠃"（參見[圖四]－摘錄自《中國名物大詞典》頁1647）、"果蠃"、"鍋蠃"、"睽姑"（一名"王瓜"，參見[圖五]－摘錄自《植物名實圖考》頁 539）、"蛞蔞"（參見[圖六]－摘錄自《本草綱目》）不但語音與"果蠃"相近，且均具有"圓形"特徵。

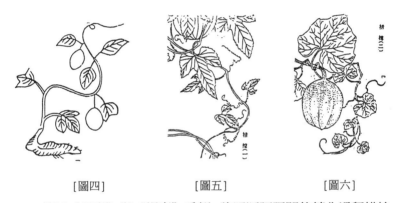

[圖四]　　　　　　[圖五]　　　　　　[圖六]

　　茲以"果蠃"與"蜾蠃"為例，將同源詞語間的轉化過程描繪如下：

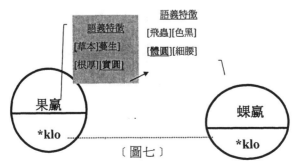

〔圖七〕

語言是由語音和語義相互結合而成的符號，上面的簡圖旨在從語音和語義兩方面詮釋"螺贏"一詞的衍生過程。"螺贏"與"果贏"在形體上皆具有"圓形"特徵，基於形體相似的特點，古人一方面透過隱喻方式將兩者相似語義特徵聯結起來；一方面賦予和源詞相同的語音或是將語音稍加改造（語音或有變易，故以虛線表示）以傳達新的概念。在同源詞語孳乳、轉化的過程中，文字只是擔負著記錄語言的角色，且文字創立的時代遠較語言晚，因此在系聯同源詞族時，唯有"聲近義通"才是同源詞語孳乳的外化標誌，字形異同與否並非決定性的關鍵因素[8]。如此，也就不難理解清儒力倡"不限形體"、"因聲求義"的訓詁原則，為何在漢語語源研究史上有著如此重大的意義了。

從[圖七]中還可看出更深層的問題：現實世界中，"果贏"有圓球形的、有長條形的、有紡錘形的⋯⋯等形狀[9]，人類如何將客觀事物所呈現的不同形象類化成統一的意象？"果贏"與"螺贏"的形體雖然都具有圓形的特徵，但兩者所具備的圓不無差別，人類如何在高度物理變異下，仍能產生恆常的辨識效果？這些問題必得從人類的認知歷程中去尋求答案。

在認知的過程中，人們總習慣將未知事物與腦中已存在的意象相對比。根據"原型比對理論"（prototype-matching theory）的說法，腦中所存有的意象是個"原型"，憑藉著"原型"向外物進行比對，方能辨識物體的形狀。由此可知：《果贏轉語記》中的轉語，大多數是透過外界事物與"果贏"的原型對比，得以產生語義特徵的聯結，致使詞語不斷地從源詞衍生出來，終而聚積成龐大的同源詞族。

---

[8] 雖然"聲近義通"才是系聯同源詞的關鍵，但漢語文字系統以形聲類型居絕對多數，字形不僅與語音發生關係，且多和語義有所關聯。基於某些形聲字具有兼表音義的特性，古人已能自覺地使用形聲字作為系聯同源詞的依據，著名的"右文說"即是在此種方法的具體實踐。漢字形體對於詞源探索有其不可忽視的作用，同時也存在無法避免的局限，陳建初（1991）對此有詳細論述，可參看。

[9] 關於"果贏"的各式不同形狀，請參見《中國植物志‧栝樓屬》所附的圖版。

二、同源詞的孳乳與變易

任一共時平面所含括的詞語，均沉澱著不同時期的歷史痕跡。《果臝轉語記》所系聯的轉語，絕非一時一地之人所創，此中必然夾雜著不同時空的語言沉跡，因此必得先對程瑤田系聯的結果加以篩選、分類，方能據此重新構擬出“果臝”詞族的發展脈絡。

古人多著重於同源詞的平面系聯工夫，未能根據語言發展的不同趨向，對同源詞語予以細部分類，故常有共時、歷時殽亂不分的弊病。章太炎（1869-1936）首先標舉“孳乳”與“變易”兩端，據以系聯同源詞，《文始・敘例》提及：「音義相讎，謂之變易；義自音衍，謂之孳乳」。沈兼士（1933：76）更明確地將同源詞分成“分化語”、“轉語”兩類，指出：「語言之變化約有二端：（1）由語根生出分化語；（2）因時間空間的變動發生之轉語。」張博（1991）則是採用發生學分類法將同源詞分成兩個基本類別--“義分同源詞”、“音轉同源詞”。

以下採用張博的分類方式，探求“義分同源詞”縱向孳乳的脈絡，察考“音轉同源詞”橫向變易的軌跡。

（一）義分同源詞的縱向孳乳

詞彙是個開放性的系統，隨著概念的興滅而不斷地變動。現代漢語詞彙是否具有系統性？學者曾就這個問題展開過熱烈的討論。若是從詞彙孳乳演化的歷史過程來看，漢語詞彙絕非一盤散沙，蓋因同出一源的詞語間常會保存著或遠或近的聯繫關係，形成一個交叉錯縱的網絡系統。如何才能重構同源詞族內部的網絡系統呢？則是下文所要探察的焦點。

漢語造詞[10]可從兩面進行考察和研究：一是著眼於詞的構成成分間的邏輯關係，此稱為“結構造詞法”；一是從命名的角度入手，探求造詞的內在理據，此可稱為“詞源造詞法”。上古漢語以單音節詞居優勢，當時造詞的主要方式無疑是以詞源構詞法為主，

---

[10] 造詞法與構詞法所關注的問題並不相同。葛本儀《漢語詞彙研究》：「所謂“造詞”，就是指創製新詞，它是解決一個詞從無到有的問題；所謂“構詞”，是指詞的內部結構問題，它的研究對象是已經存在的詞。」（轉引自潘文國等《漢語的構詞法研究》頁479）。

因此若欲觀察上古語詞孳乳的情形、掌握詞語衍生的脈絡，關鍵在於追溯事物命名的內在理據，了解同源詞語義特徵的相似性。

語義特徵的相似性是詞語孳乳、轉化的基礎，即如張博（1991：35）所言：「義分同源詞中源詞與孳生詞詞義相關。從詞義構成的角度來看，源詞與孳生詞具有共同的限定義素；從詞義反映的對象來看，源詞與孳生詞所反映的對象並不同類，只是內在特質或外部特徵上有某種相同或相似」。儘管程瑤田對於同源詞的系聯存有許多謬誤（詳見下文），但程氏能自覺地以"形體"特徵來系聯不同類別的詞語，這點卻是值得肯定的。《果臝轉語記》開宗明義說到：

> 雙聲疊韻之不可爲典要，而唯變所適也。聲隨形命，字依聲立；屢變其物而不易其名，屢易其文而弗離其聲；物不相類也而名不得不類，形不相似而天下之人皆得以是聲形之，亦遂靡或弗似也。姑以所云"果臝"者推而廣之。（頁1右）

此外，程氏在系聯同源詞的實踐過程中，每每論及：相同"形體"特徵可爲不同類別事物的命名理據：

> 蝓者，臝之旋；扶搖者，風之旋；摳揄者，物樹稼早成熟之旋。旋之在物候與其在氣及物形者，固可一其名也。（頁4左）

> 荷言芙蕖者，殆有似于扶蘇矣。扶蘇之名蓋排列諸盾以爲衛歟。（頁5左）

> 侏儒，短人。《釋名》云：「梀儒猶侏儒，言梁上短柱也」。方言自關而東趙魏之郊，蜘蛛或謂蝳蜍。蝳蜍者，侏儒語之轉也。……是故屬鏤余以爲劍之短者，屬鏤猶蝳蜍也。（頁6左）

> 山西人以米粉雜麵入水和之，散碎成塊蒸食之，謂之穀晶。吾徽諺語切魚肉成厚塊不蘸葉切者，謂之穀侖塊。余謂即囫圇也。車有轂有輪，合言之曰轂輪。……凡塊然者皆得謂之矣。（頁11左）

若依照不同的語義特徵歸類，則《果臝轉語記》中的同源詞大

致可區分成六大類,即是:"圓全"義、"曲拱"義、"短小"義、"圓體連綴"義、"旋轉"義、"塊狀"義,不同的語義特徵分別系聯著或大或小的詞群,詞群之間則保存著或近或遠的親屬關係([圖八]線條的遠近、粗細即代表詞群間的親疏關係),匯聚成"果贏"詞族(參見[圖八])。

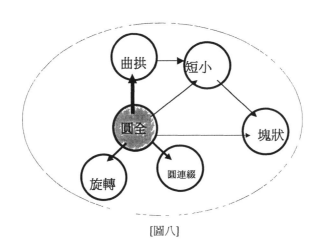

[圖八]

　　類屬劃分是人類認知客觀世界的基礎。"自其異者觀之,則萬物曾不能以一瞬",面對著雜然紛陳、無窮無盡的世間萬物,人類如何能有效地認知呢?唯有"自其同者觀之",將其切分成有限的概念範疇,方能將無限感性知識轉化爲有限範疇內的理性知識。人類在認知過程中不斷進行著劃分範疇的思維活動,此種內在的認知活動若反映在語言上便形成語言學的"範疇化"(categorization)。

　　[圖八]主要顯示出:"果贏"詞族是由不同的詞群所組成的語義範疇,各個詞群在範疇中的地位並不均等。"圓全"詞群居於整體語義範疇的核心,具有原型(prototype)特徵,但與其他詞群間只是具有模糊的相似性--即所謂"家族成員相似性"(family-resemblance)[11]。然而,語義特徵由原型向邊緣逐漸過渡的現象,

---

[11] 維根斯坦(Wittgenstein,1953)認爲概念範疇內沒有共同點,各個組成分子只是在不同方面彼此互相關聯而已,其以"比賽"(game)爲例,

如：圓全→ 曲拱→ 短小→ 塊狀，除了展現語言的模糊性之外，同時也可視爲同源詞語縱向孳乳的投射。因此，若將同源詞族視爲先民認知心理運作下所劃分的語義範疇，以"語義特徵"作爲觀察的焦點，考察邊緣詞群與核心詞群的隸屬層級，如此，當可掌握詞語縱向孳乳的主要脈絡。

（二）音轉同源詞的橫向變易

"義分同源詞"是縱向發展過程中，因語義特徵轉移而由源詞所孳乳出的新詞；"音轉同源詞"則是指同源詞語在不同平面空間下，因演化路徑不同所產生的形式變易。若說探求"義分同源詞"的孳乳歷程，主要著眼於"語義特徵"的轉移，則分析"音轉同源詞"的演化趨向，便應將焦點集中在語音與字形的變易上。

1、語音的變易

關於音轉同源詞的語音變，除了聲同韻近、韻同聲近、聲韻皆近等常見的類型外，還應當包含以下兩類：

（1）合音與析音：

> "栝樓"，"果蠃"之轉，聲疾讀之則"瓜"也。（頁 1 右）；
> 《爾雅》：「扶搖謂之猋」（頁 3 左）

（2）音素換位（metathesis）：

> 是又轉爲"螻蛄"，謂之"蛞螻"也。又轉爲蛙名之"螻蟈"。（頁 1 右）

"蛞螻"兩音節首的輔音位置互換（k-/ l-→ l-/ k-），因而轉化出"螻蛄"。

指出：「整個觀察的結果是：我們看到一個複雜的相似性網路，有時重疊，有時交織；有時整體相似，有時局部相似。像這種相似性特徵最好稱之爲"家族相似性"（family resemblance）--我的結論是，"比賽"構成一個族群」。（轉引自鄭昭明 1993：311）然而，維根斯坦認爲 game 範疇無共同特徵稍嫌草率，吳世雄、陳維振（1996：18）修正維根斯坦的學說，指出：「一個範疇的成員之間至少存在著某些共同屬性，使得該範疇可以與其它範疇相區別而存在」。

2、字形的變易

文字是記錄語言的工具，故隨著語音形式的改易，字形必也相對產生變易。黃季剛（1936：6）觀察同源詞的字形變化，歸納出三種變易類型：「變易之例，約分爲三：一曰字形小變；二曰字形大變，而猶知其爲同；三曰：字形既變，或同聲或聲轉，然皆兩字，驟視之不知其爲同」。檢視《果贏轉語記》亦可發現黃氏所論及的幾種類型，茲摘錄於下：

> 栝樓，果贏之轉，聲疾讀之爲瓜。轉之爲瓝瓟。（頁1右）

> 蒲蘆又轉之爲《詩·邶風》"匍匐救之"。《檀弓》曰：「扶服」，《左傳》曰：「蒲伏」。

> 又轉之爲萊菔，蕪菁根也，亦作來服。《爾雅》云：「葖，蘆萉」。俗呼蕾葖。東魯呼菈蘧。（頁8右）

索緒爾主張語言研究當嚴格地區分共時與歷時，但語言實際演變常是"泛時"的，共時與歷時並不存在可以截然劃分的界線。若就漢語語源的研究而言，依照發展途徑的不同可將同源詞分爲"義分同源詞"、"音轉同源詞"，但兩者之間並非涇渭分明、不相交涉，常在語義孳乳過程中連帶造成語音變易；語音變易同時也帶動語義的演化。因此，探究同源詞必須要顧及到孳乳與變易交互作用的情形，掌握語言演化的系統性，靈活運用不同的方法[12]，條分縷析，才能使語源的重構臻於完善。

參、語源研究的原則與方法

一、系聯同源詞的原則

"聲近義通"是同源詞語的外在標誌，傳統字源學即是在探求"聲近義通"的問題上所開展出來的。[東漢]劉熙《釋名》試圖借

---

[12] 對於義分同源詞和音轉源詞畛域難分的情形，張博（1991）認爲可以運用以下方法判加以辨識：1.相關比較--聯繫相關詞語進行比較；2.同類互證--著重語義引申和語音演化的規律性，找出平行例證作爲佐證；3.參考類別特徵。

用聲訓的方式探求命名理據，但內系源多憑據個別詞語的感性認知，缺乏明確的客觀標準，故常自陷於主觀臆測、隨意蔓衍與缺乏系統的窘境。

[宋]王子韶等人自覺到聲符有兼表詞義的現象，認為「凡字，其類在左，其義在右」，([宋]沈括《夢溪筆談》十四)，因而主張根據漢字聲符來系聯詞義，提出著名的"右文說"。憑藉聲符考求詞義雖能匡救"聲訓"過分主觀的流弊[13]，但方法本身卻有著不可避免的侷限性：一方面並非所有聲符均能兼表詞義(如：文字假借、原有義項失落……等因素干擾而導致聲符不表義的情形)；另一方面聲符只是記錄語音的符號，與語義並無直接、必然的對應關係。由於"右文說"受到字形的侷限，故僅能零散、片段地系聯詞義，無法求得詞語孳乳的整體樣貌。

乾嘉學者在古音學昌明的學術基礎上，體悟到語音與意義的對應關係，因而能初步地擺脫字形的障蔽而觸及到語言的核心。"因聲求義"是清代樸學高度發展所得的結晶，乾嘉學者據此得以超邁前人，現代漢語語言學的建立也因而得以綻露曙光。

直至今日，"聲近義通"仍是系聯同源詞的首要原則。但若以科學的眼光審視，則不禁要深入思考以下幾個問題：是否具備"聲近義通"就可視為同源詞？何謂"聲近"？是否可能出現同源而聲不相近的現象？又何謂"義通"？判定"義通"與否的客觀標準何在？凡此，皆是系聯同源詞所必須考慮的問題。

（一）系聯同源詞的語音標準

戴震《轉語二十章·序》主張參伍"同位"(聲母發音部位相同)、"位同"(聲母發音方法相同)以通詞義[14]；章太炎《文始》則偏重韻部

---

[13] 清儒與現代學者對"右文說"的評論，多著眼於"拘限字形"所衍生的弊端，鮮能正視"右文說"在傳統字源學開展過程中應有的價值。白兆麟(1987)重新思考"右文說"在傳統字源學中的地位，認為"右文說"是對早期聲訓的反動，指出：「"右文說"處於早期聲訓和音近義通說之間，顯示出它的過渡性質，即由早期聲訓的感性階段，經由"右文說"的半理性階段，而到達音近義通說的基本理性階段」。

[14] 戴震《轉語二十章·序》：「凡同位為正轉，位同為變轉。……凡同位則同聲，同聲則可以通乎其義；位同則聲變而同，則其義亦可以比之而通」。

通轉關係,以《成均圖》說明同源孳乳的語音關係;王力《同源字典》採取較嚴格的語音標準,認為同源能字必須聲母、韻母都相同或相近;同源詞來源不一,無法以單一音系規範所有的同源詞;鍾敬華(1989)即認為詞語是否同源,不能以語音相同或相近為標準,應考證詞語是否合乎語音演變規律作為判斷的依據[15]。

如上所述,各家所認定的標準不同,應如何斷定孰優孰劣,目前難以提出適切的判定標準。當視現實語料的性質而定,無法遽下定論。《果贏轉語記》所系聯的詞語多為同源聯綿詞,王國維《〈爾雅〉草木蟲魚鳥獸釋例》已粗略察覺到同源聯綿詞多為"雙聲"通轉[16]。馮蒸(1987)、郭小武(1993)更進一步指出:系聯同源聯綿詞的關鍵在於聲母搭配類型。根據 Bao(1995)所構擬的音節衍生模式,將"果贏"的語音轉化過程表述為:

根詞音節:*kl.o

音節重複:*kl.o+ *kl.o

韻母產生變異:*kl.(R)+ *kl.(R')

複輔音聲母失落:k.(R)+ l.(R')[17]

因此,筆者認為:k.(R)+ l.(R')的搭配類型,或可作為系聯"果贏"語族的語音標準。

(二)同源詞的語義制約條件

"聲近義通"是系聯同源詞的主要原則,但這個系聯原則本身

---

[15] 鍾敬華(1989:68):「……這種種原因造成的同源詞,在語音上的關係非常錯綜複雜,它們決不可能只是單一音系內部的關係,也包含著複雜的方言差異和歷史差異。而方言差異和歷史差異是不能比較語音遠近的。這裏不存在什麼語音遠近的問題,而只存在是否符合語音演變規律的問題」。

[16] 王國維《〈爾雅〉草木蟲魚鳥獸釋例》:「近儒皆言古韻明而後詁訓明。然則古人假借轉注多取雙聲……與其謂古韻明而後詁訓明,毋寧謂古雙聲明而後詁訓明歟」。

[17] 處在音節核心位置的語音成分通常具有最大的響度。"果贏"是由*kl.(R)+ *kl.(R')所組成的「大音節結構」,在「音節響度原則」的制約下,後一音節的複聲母〔kl-〕因受到前一音節元音的影響而濁化為〔gl-〕,最後在音節結構類型的轉變過程中演化成單輔音〔l-〕。

也同樣有著不可避免的侷限性。蓋因上古漢語以單音節詞居絕對優勢，若與印歐語言相比，則漢語音節形式顯然較爲簡短，以極爲有限的音節形式來區別衆多紛雜的語義，將會致使單一音節同時承載著多種意義，如此則義近音同的機率必然相對提高，故若只憑據"聲近"標準推溯漢語同源詞，則偶然相合的情形必定不少。

　　此外，"義通"同樣也是個高度模糊的標準。如何才可算是"義通"？很難有明確的界限，王力（1980：8）試圖從前人訓詁資料中尋求客觀的標準，指出：「判斷同源詞，主要是根據古代的訓詁。有互訓，有同訓，有通訓，有聲訓。」但仔細思索王氏的意見則不難察覺其中所隱含的弊病。源詞與孳生詞之間大多有相同的形象特徵作聯繫；但前人訓解古籍則多屬"隨文釋義"，訓釋詞與被訓釋詞間的語義聯結經常是臨時性（唯有在特定的語境中方能產生語義聯結），往往缺乏共有的語義特徵。因此，根據前人的訓詁資料爲語義標準而匯聚成的詞族，必然產生語義遞轉互通的情形，語義範疇呈現鏈條式的蔓延，如[圖九]所示：

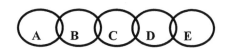

[圖九]

　　A 與 E 雖可遞轉而通，但其間並無共同的語義特徵聯繫。由是可知，若純以前人詁訓資料爲準，抑或單憑主觀臆測而任意聯結，其所系聯出的同源詞族終因隨意蔓延而流於龐雜散亂。

　　[清]陳澧（1810-1882）《切韻考》主要以"基本條例"系聯切語，但爲了避免將不同的切語系聯在一起，則又依據《切韻》"同音之字不分兩切語"的體例而制定"分析條例"。"聲近義通"的原則具有模糊性，循此原則所系聯出的詞族，並非全部同出一源，必然含有某些偶然相合的現象，應如何排除偶合的詞語？必得另外尋求制約的條件。如前文所述，同源語族表面上是許多同源詞群所組成的語義範疇，實質上則爲人類認知運作的具體投影，故可設想：同源詞的孳乳過程必然會受到認知活動的制約。若能著眼於人

類心理認知的運作歷程，分別審視語義範疇的結構與外延，當可從語義特徵上尋繹出系聯同源詞的制約條件。

人類的記憶系統的運作非雜亂無序，在概念橫向的結構中，各個組成份子有不同的典型性。根據蔓延激發模型（spreading activation model）的解釋，知識網絡儲存著語義關係，典型特徵為蔓延激發的概念，由此向外蔓延到其他節點上；激發蔓延的程度隨距離增大而變小（如[圖八]所示）。以程瑤田所系聯的"果贏"詞族為例，"圓全"為語義範疇的原型，在認知過程中為蔓延激發的概念，其與"曲拱"節點的距離近，故激發的程度較大；與"塊狀"的距離較遠，則激發的程度較小，至如"長條"[18]特徵的語詞無法被激發，故不宜列入語義範疇中。因此，運用認知心理學的原型理論作為制約條件，將同源詞族視為由原型概念逐漸向外輻射、推擴的語義範疇，範疇內的成員透過語義特徵的聯結與原型概念保持著或近或遠的關係，呈現向中心聚集的模式。

如上所述，系聯同源詞除了秉持"聲近義通"的基本原則之外，尚須通過"制約條件"的檢測。以"果贏"詞族的系聯為例：

1、基本原則--聲近義通

（1）聲近--符合 k.（R）+l.（R‘）的搭配類型

（2）義通-- 詞義可相互遞轉，語義範疇為鏈條式（如[圖九]所示）無限向外延伸。

---

[18] 王國維《〈爾雅〉草木蟲魚鳥獸釋例》：「案"蕭葦"與"蟳蛛"皆有長意。郭注："蕭葦"云其葉似蒲而細，是"蕭葦"者長葉之草……虹形如帶，故以"蟳蛛"名之。"蟳蛛"、"蕭葦"亦語之轉也」。程瑤田將"蕭葦"、"蟳蛛"歸入"果贏"詞族（《果贏轉語記》頁11右）。任繼昉（1992：65）補充說明：「"葵，蕭葦"之得名，蓋因其圓柱形花穗…。"蟳蛛"之得名，與其說是因其形長如帶，倒不如說是因其帶形隆屈。」"蕭葦"與"蟳蛛"的聲母搭配類型（t-/t-）與本文所假定的搭配類型（k-/l-）不符，故筆者暫且依照王國維所言，權將兩者的命名理據歸為「長條」義，參照激發蔓延的認知原理，從而主張此二者不應劃入"果贏"詞族。

2、制約條例‐‐原型理論

詞義與原型特徵有或近或遠的聯繫,故語義範疇呈現向心式的聚攏(如[圖八]所示)。對於某些與原型特徵無關的詞語,則應視爲音義偶合現象,將其排除在範疇之外。

二、追溯語源的方法

追溯語源主要有兩種方法:歷史推源法與平面系源法。"推源"屬於歷史比較語源學的研究範疇,主要任務在於確立根詞,進而推求詞語孳乳的歷史次序;"系源"則是在根詞未明的情況,藉由"聲近義通"的原則來系聯同源詞語。

嚴格說來,歷史推源是近代受到西方歷史比較法衝激下所激盪出的;儘管前人對於語源的探究已觸及到源詞與派生詞的聯繫關係,但仍多屬平面系源的工夫,尚未能夠明確地建立詞語發展的歷時脈絡。誠如陸宗達、王寧(1988:376)所言:「這就反映出傳統字源學的一個重要特點,它把字源看作一種歷史現象,但研究的方法卻是平面的,不是歷史的」。《果臝轉語記》同樣無法突破歷史的侷限,程瑤田以"果臝"爲基點,將不同時空背景下所生成的同源詞語,并置於共時的平面中予以系聯,猶未能進一步釐清詞語孳乳的源流、脈絡。觀其內文可知:

> 銘曰:轉語胡始?姑妄言之,迺釋果臝,遂以先之。何先何後,厥終厥始,如攜如取,信筆而書。來今往古,四方上下,大夫學士,老嫗稚子,典冊高文,鄙諺里語,胡不伙焉,茲爲規矩。(頁 14 左)

傳統字源學在方法上缺乏現代語言學指導,目的上主要在於通讀古書、訓解名物,受到這些無可免除的歷史侷限所制約,致使語源探究僅止於平面的局部系源與部份不完全的推源[19]。

現代語源學的目的已不在侷限於經典古籍詞義訓解,而是將焦點轉移至語根的擬構與詞語發展規律的探求上。在方法上,

改造根植於印歐語族的歷史比較法,結合了漢語豐富的書面文獻與口語資料,通過親屬語言的對比,尋繹出語音對應的規律,從而構擬出原始的語言形式,推求未知的語根。任繼昉(1992)在前人研究的基礎上,提出所謂"立體式方法",將語源研究細分成四個階段,可作為語源研究的參考:

(一)平面系聯--將同一歷史平面、意義層次的詞語系聯成小詞群。

(二)沿流串聯--將小詞群梳理成層次分明、井然有序的大詞群。

(三)擬構溯源--參照親屬語言,結合古代典籍與考古發現,重構原始語根。

(四)立體組合--採取宏觀的角度,整理出詞族的演化譜系。

肆、《果贏轉語記》的創新與侷限

前文剖析"果贏"詞族的結構層次及其孳乳變易的過程。本節則總合上文的研究成果,綜論《果贏轉語記》的創新與侷限,以窺見傳統語源的功過得失,瞻望未來發展方向。

一、《果贏轉語記》的時代創新

"轉語"一詞初見於[西漢]揚雄(53 B.C.-18 A.D.)《方言》。自《方言》以降直至清朝,跨越一千六百多年的悠久歷史,其間雖有[東晉]郭璞、[元]戴侗、[明]陳第、方以智……等人,曾對於"轉語"的現象偶有論及,但多屬隨文釋解的性質,零星、片段而漫無系統。程瑤田從古代典籍、方言俚諺中廣泛收羅"轉語",並且通過"聲近義通"的原則將轉語匯聚成"果贏"詞族,撰成《果贏轉語記》一書,雖然其中所透顯的語源理論仍未臻於完滿,但程氏勇於創新的革命精神,對於日後語源研究的開展有著難以抹滅的功蹟。

《果贏轉語記》為現存最早的語源專著,王念孫對於此書曾給予相當高的評價:

> 蓋雙聲疊韻出於天籟,不學而能,由經典以及謠俗,如出一軌;而先生獨能觀其會通,窮其變化,使學者讀之而知絕代異語,別國方言,無非一聲之轉,則觸類旁通,天下之能事

畢矣。故《果臝轉語》實爲訓詁家未嘗有之書，亦不可無之書也。（《果臝轉語記‧跋》，頁 15 右）

依照詞語的形態變化可將語言劃分成不同類型，漢語屬於單音節孤立語，詞語的形態變化不發達。傳統語文學因受到漢語一字一音節特質的影響，字、詞不分的傾向格外明顯，此種傾向投影在語源研究上，便形成以"字"爲主要考察對象的"傳統字源學"。程瑤田《果臝轉語記》所輯錄的詞語多爲雙音節的聯綿詞，在研究對象上已突破"字形"的侷限，初步開啓了"傳統字源學"轉入"現代語源學"範疇的新契機。

二、《果臝轉語記》的歷史侷限

《果臝轉語記》雖有其創新的一面，但或因個人因素或歷史侷限，亦不免有所疏陋。將其中主要缺失分別列舉主於下：

（一）系聯標準過於寬鬆

就系源的語音條件而言，程瑤田鑑於語音隨時空變遷而轉移，故系聯同源詞時索性不對語音設限，主張"雙聲疊韻不可爲典要，唯變所適"。門人洪印綬闡述程氏主張，指出：

> 先生是編之言聲韻也，謂聲不能無古今之流變，韻不能無束西南北之懸殊，大致不可典要惟變所適而已。故曰雙聲不可以聲拘，疊韻不得以韻限。（《通藝錄‧解字小記‧目次》頁 1 右）

戴震《聲類表》旨在解說"轉語"的音變規律，程瑤田《果臝轉語記》過度偏重語音音值的變易性而忽略語音演化的規律性，從而未能適切汲取戴震的音轉理論，致使自陷於殽亂、混雜的窘境而不知。朱星（1983：168）分析《果臝轉語記》的含混情形，指出：「雖以果臝一詞開場，但全文混列不少組，果臝一組可擬爲 KL 組，蒲臝一組可擬爲 BL 組，扶蘇一組可擬爲 BS 組，椶櫚一組可擬爲 DL 組，科斗一組可擬爲 KT 組，流蘇一組可擬爲 LS 組，摩娑一組可擬爲 MS 組」。

再就系源的語義條件而言，程瑤田系聯詞語多憑感性的認知，常將相去較遠的詞義妄自牽合，暴露出穿鑿附會、主觀臆測的弊

病。某些與"果臝"語義根本無關的外來語音譯詞,亦列入詞族之中,格外顯得齟齬不安,茲舉例如下:

又轉爲東夷傳之高句驪。匈奴又有車犁單于也。又轉爲俱盧。突厥致隋文帝書曰:「伊利俱盧設莫河始波羅可汗」。(頁1)

舊唐書高宗上元二年龜茲王獻銀頗羅,轉之爲鞸鑼[20],北方呼

波

波也。(頁2)

蒲盧又轉之爲瓟盧……爲河漏[21]北方蕎麥湯餅也。(頁9)

匈奴謂天爲撑犁,謂子爲孤塗。故其國稱單於撑犁孤塗也。又有左右骨都侯,又有左右谷蠡王,谷蠡音蓋與鹿盧同。(頁11)

(二)對於聯綿詞缺乏正確的認知

就構詞類型而言,古代漢語多爲單音節詞;現代漢語以雙音節複合詞居優勢。"聯綿詞"則是屬於"雙音節的單純詞",相較之下,此種結構類型更形特殊,前人雖自不同的側面觀察此種構詞類型,產生許多相關的術語,諸如:聯綿字、駢語、謰語、連語……等,但多因拘泥於字形而將"聯綿詞"與複合詞混同,未能從語言的角度來揭露"聯綿詞"的本質。

"聯綿詞"主要形式特徵是:詞語由兩二個詞素組成,但各別詞素卻無法單獨表義;語素間往往存有雙聲或疊韻的語音關聯。受到歷史侷限所致,程瑤田對於聯綿詞的性質缺乏正確的認知,儘管《果臝轉語記》收錄詞語多爲同源聯綿詞,但其中卻也混雜著許多複合詞,且不乏有將聯綿詞拆解的謬誤。例如:"轂輪"爲複合詞,本指車輛的兩項構件,程氏卻將其與聯綿詞"轂轆"(拳)混同,如下所示:

---

[20] 王至堂等(1995:87):「鞸鑼(唐譯)原是波斯文 Pilaw 的音譯,也稱"抓飯",猶漢區的"八寶飯"」。

[21] 根據王至堂等(1995)的考證結果,漢語"河漏"當源自於蒙古語"蒿樂"一詞。

車有轂有輪，合言之曰轂輪。輪又轉爲轆。今皆謂之車轂輪
自有轂轆之名。凡塊然者皆得謂之矣。西北人呼拳曰轂轆。
（頁 11 右）

此外，"果蠃"是由根詞*klo 所孳乳轉化成的聯綿詞，字形純
爲標音的符號，不可將其分別訓釋。下面引文中，程瑤田則從字形
上說解字義，以"果"爲木實，以"蠃"爲草實，其謬誤之處不言
可知。

以字言之⊕在木上曰果，別果於木則謂草實曰蠃。其說該
備，故《玉篇》亦云：蠃，草實也。合二字以爲言則成雙聲
疊韻。里諺所稱，雖婦人孺子見物之果蠃然者，皆知以果蠃
呼之，雖微草木之實，苟類是，即無不可與之以是名也。(《通
藝錄・解字小記・果蠃通義說》)

平心而論，《果蠃轉語記》的缺失與謬誤大多是因歷史侷限所
致，實不宜拿今日的語言學理論苛責古人。

語源學是個綜合性的學科，往往必須結合語言學、文化學、心
理學、社會學、生物學……等學科的相關知識，方能對於事物命名
理據提出全面而合理的解釋。由此可預知，科際整合無疑是日後漢
語語源學深入開展所無法避免的趨勢。

陸、參考書目

[淸]程瑤田《通藝錄》十九種，（原本收入於《安徽叢書》第二集。台北藝文
　　印書館原刻景印，收入《叢書集成三編》）。
[淸]吳其濬《植物名實圖考》，台北：世界，1992（三版）
[淸]徐雪樵等《〈詩經〉動植物圖鑑叢書》（上），台北：大化，1975（再版）
[淸]陳大章《詩傳名物集覽》（原本收入湖北叢書），北京：中華書局
[民國]王國維〈《爾雅》草木蟲魚鳥獸釋例〉，《王國維先生全集・初編（十
　　一）》，台北：台灣大通。
[民國]章炳麟《文始》，台北：臺灣中華，1980（台二版）
《中國植物志》，北京：科學，1986

王　力 1980 《同源字典》，台北；文史哲，1991

王至堂、王冠英 1995 〈"河漏"探源〉，《中國科技史料》4：84-91

于嘉靖 1986 〈戴東原《轉語二十章》考〉，《山西大學學報》3：59-66

白兆麟 1988 〈"右文說"是對早其聲訓的反動--關於"右文說"的再思考〉，
　　　　　　《安徽大學學報》3：110-115

石毓智 1995 〈《女人，火，危險事物--範疇揭示了思維的什麼奧秘》評介〉，
　　　　　　《國外語言學》2：17-22

朱文俊 1996 〈聲音的象徵意念〉，《世界漢語教學》1：41-50

朱　星 1983 〈論轉語與詞源學〉，《朱星古漢語論文選集》161-177，台北：
　　　　　　洪葉，1996

任繼昉 1992 《漢語語源學》，重慶：重慶出版社

沈兼士 1933 〈右文說在訓詁學上之沿革及其推闡〉，《沈兼士學術論文集》：
　　　　　　73-185，北京：中華，1986

李福印 1996 〈認知模式：隱喻的根源〉，《修辭學習》2：38-39

吳世雄、陳維振 1996 〈論語義範疇的家族相似性〉，《外語教學與研究》4：
　　　　　　14-19

周光慶 1984 〈從同根字看語言文字之系統與根源〉，《華中師院學報》5：
　　　　　　110-117

　　　　1989 〈古漢語詞源結構中的文化心理〉，《華中師大學報》4：19-26

房建昌 1983a〈藏語 gru 語源考〉，《青海民族學院學報》1：95,97

　　　　1983b〈程瑤田與《果裸轉語記》〉，《江淮論壇》5：63-66,101

孫力平 1987 〈應當如何理解語言符號的任意性〉，《江西大學學報》1：39-
　　　　　　42

孫雍長 1995 〈同源詞之間的意義關係〉，《南昌大學學報》3：60-63

徐光烈 1997 〈同源詞研究中的幾個理念問題〉，《黃侃學術研究》：348-354，
　　　　　　武昌：武漢大學

徐通鏘 1997 《語言論--語義型語言的結構原理和研究方法》，長春：東北師
　　　　　　大

黃季剛 1936 《黃侃論學雜著》，台北：漢京，1984

黃榮志 1997 〈漢語音節的原始模仿性〉，《華南師大學報》2：79-86

殷孟倫 1940 〈《果贏轉語記》疏證敘說〉，《子雲鄉人類稿》：262-271。濟
　　　　　　南：齊魯書社，1985。

殷寄明 1998 《漢語語源義初探》，上海：學林

郭小武　1993　〈試論疊韻連綿字的統諧規律〉，《中國語文》3：209-216

張永言　1981　〈關於詞的"內部形式"〉，《語言研究》1：9-14,82

張　博　1991　〈簡論漢語同族詞的類別及其特徵〉，《寧夏大學學報》3：33-
　　　　　　　　39

　　　　1995　〈詞的相應分化與義分同族詞系列〉，《古漢語研究》4：23-30

陸宗達、王寧　1984　〈傳統字源學初探〉，《訓詁與訓詁學》：352-365，太原：
　　　　　　　　山西教育，1994

　　　　　1988　〈論字源學與同源字〉，《訓詁與訓詁學》：365-388，太
　　　　　　　　原：山西教育，1994

陳月明　1995　〈漢語詞彙的思維特徵管窺--兼及語言與思維之關係〉，《寧波
　　　　　　　　大學學報》：1-9

陳　之、李玉繡　1996　〈記憶與認知〉，《心理學新論》：141-169，高尚仁編，
　　　　　　　　台北：智揚

陳建初　1990　〈近十年來古漢語語源研究述評〉，《湖南失範大學學報》4：
　　　　　　　　95-99

　　　　1991　〈漢字形體在漢語語源研究中的地位〉，《湖南師範大學學報》
　　　　　　　　5：120-123

　　　　1992　〈漢語語源學的文化視角〉，《湖南師範大學學報》4：115-119

馮　蒸　1987　〈古漢語同源聯綿詞試探〉，《寧夏大學學報》1：26-33

董紹克　1984　〈"聲近義通"的適用範圍及其與"約定俗成"的關係〉，《山
　　　　　　　　東師大學報》3：81-88

潘文國等　1993　《漢語的構詞法研究》，台北：學生

楊　君　1996　〈論隱喻的認知作用〉，《修辭學習》2：1-2,45

黎千駒　1992　〈淺談系聯同源字的標準--讀《同源字典》後記〉，《古漢語研
　　　　　　　　究》1：49-55

鄭昭明　1993　《認知心理學》，台北：桂冠

劉又辛　1985　〈漢語詞族研究的沿革、方法和意義〉，《文字訓詁論集》：145-186。
　　　　　　　　北京：中華，1993。

劉　禾　1988　〈談古代漢語幾種詞源造詞法〉，《東北師大學報》4：100-105,73

劉世俊、張博　1993　〈說"轉語"〉，《寧夏社會科學》5：82-89

鍾敬華　1989　〈同源字判定的語音標準問題〉，《復旦學報》1：64-68,72

蘇新春　1993　〈同源詞的同源線是形象義〉，《古漢語研究》1：22-25

Bao, zhiming（包智明） 1995 "Syllable structure and partical reduplication in classical Chinese." *Journal of East Asian Linguistics.* VoL 4, pp.175-196.

Hinton, L., J. Nichols and J. J. Ohala. 1994 "Introduction：sound-symbolic processes." In Hinton, L., J. Nichols and J. J. Ohala（ed.）*Sound symbolism.* pp. 1-12, Combridge university press.

Hsieh, Hsin-I.（謝信一） 1978 "Chinese as a pictorial language." *Journal of the Chinese Language* Teachers Association.Vol, 13.2. pp. 167-172.

第二屆國際暨第四屆全國訓詁學學術研討會
臺北・臺灣師範大學國文學系 1998.12.5-6

《訓世評話》所見的若干方言詞彙

國立台灣師範大學國文研究所
研 究 生：元鍾敏

一、引言

　　朝鮮初期，朝鮮人學習漢語時使用的主要漢語教材有《四聲通考》、《直解小學》、《老乞大》、《朴通事》、《訓世評話》（以下簡稱《評話》）等。其中《評話》上下兩卷是朝鮮初期一位文官李邊（1391-1473）編撰的漢語教科書，關於本書的著者和性質，姜信沆先生曾有詳細的評價（註[1]）。

　　現存的《評話》是 1518 年（朝鮮中宗 13 年，明德宗 13 年）刊行的江陵木版本，日本名古屋市蓬左文庫收藏。《評話》的內容是以古代故事傳說爲主，共有 65 則故事，其意在勸善。其 65 則故事中有 60 則中國故事和 5 則韓國故事，每則故事先用文言敘述，然後再翻譯成當時白話，如：

> 虞舜父頑、母嚚、象傲，常欲殺舜，克諧以孝，不格姦。後爲太子，不殺象，封之有庫。（1）（註[2]）

> 古時，虞舜他的父親瞽叟，心裏無有德行。後孃也口裏無些兒好言語。後孃生的象呵越暴虐，一心兒只要殺舜麼。舜呵十分孝順，感動他回心，不到姦惡。後頭做了皇帝，不殺象，顛倒封他有庫地面。這簡是天下的大孝。

　　《評話》成書時期相當於明朝前期，反映了明代前期漢語的特點。這本是《老乞大》、《朴通事》之後又一部珍貴的白話文獻，我們可以借此看出明代前期白話的一些實際情況。關於本書的白話部分，日本太田辰夫先生認爲反映了一種‘漢兒語言’，即北方民族統治下通

---

[1] 姜信沆，〈《訓世評話》〉研究，《第三屆中國域外漢籍國際學術會論文集》，1990。
　姜信沆，〈關於《訓世評話》〉，《大東文化研究》第 24 輯（漢城），1990。
[2] 括號裏的數目表示《評話》原本的第幾則，下同。

用的特殊漢語（註[3]）。

　　《評話》中我們可以看到一些明初官話語法的特點，十分值得研究，也看到見於現代各地方言的方言詞彙，如走、入、時節、物件、早起、官人、日頭、頭家、領、自家、箸子、鋪家等。通過《評話》中所見到的一些詞彙的其語源和演變，可以了解一些方言詞彙的來龍去脈。筆者不揣冒昧，試對《評話》中所見的若干方言詞彙作一釋。

二、《訓世評話》所見的方言詞彙

1.走/行

《說文解字》云：

　　"走，趨也。"
　　"行，人之步趨也。"

又《釋名》云：

　　"徐行曰步，疾行曰趨，疾趨曰走"

　　在《評話》裏，'走'和'行'毫無區別地使用，而且'走'涵有'跑步'、'走路'二義，其用例如：

（一）走 1

① 別的鹿子是都走了，只一箇剗子安然坐的。（7）
② 他的弟兄李馬兒，連忙走到家裡，報說那嫂子劉氏。劉氏聽得惶忙走到軍中要救出丈夫。（14）
③ 那兔兒帶箭走過一箇桑樹園子裏。（19）
④ 州裏有一箇富家，走了一箇小女奴，不知去處。（21）
⑤ 富家急急的走到推官家求謝，若水閉門不納。（21）

　　在以上的例子裏，'走1'有'跑步'、'跑掉'的意思。

（二）走 2

① 買賣的客人，四下裏走無有定處，也無有好心。（29）

3　劉堅，〈《訓世評話》中所見明代前期漢語的一些特點〉，《語言文字學》，1992年9期。

② 憐見他轉走無歸處，每日根者走。（30）
③ 這秀才把這占書寶貝一般帶者走。（31）
④ 臨了走到東城門外，眾墳墓祭祀處，央及酒飯喫了喫，不飽，又望別處討喫去。（63）
⑤ 其間，那丈夫又醉飽搖擺，東倒西倒走進來。（63）

　　以上例子的‘走2’有‘走路’的意思。動詞‘跑’已見於唐・馬戴《邊將》詩，如：

　紅韃跑駿馬，金鏃掣秋鷹。

明・李翊《俗呼小錄》三十二之十三上云：

　趨曰之跑。

《評話》中還有動詞‘跑’的用例，但只有一個例子，如：

寶同去叫，那兄弟慌忙跑的來。（39）

　　　　（三）行

《評話》裏動詞‘行’有‘走路、步行’的意思，如：

① 行到舊相會處，那婦人對永說。（5）
② 有一日，樂羊子出外行路時，路上拾得一塊黃金。（15）
③ 行到高要縣，日頭落了，就這縣鵲奔亭樓傍歇宿。（37）
④ 又與他銀子做行路的盤纏，早晚一路到那都下，埋葬回來。
　　　　　　　　　　　　　　　　　　　　　　（38）
⑤ 早晚提水與濟行路人解渴，又做饋他鞋子不指望價（60）

　　由此可知，明代初期官話裏動詞‘走’處於詞義轉移的過度情況，則它有‘走路’、‘跑步’二義，動詞‘走’和‘行’毫無區別地使用。動詞‘跑’也來得很早，但是至少在《評話》時代，它尚無在北方口語取得優勢的地位，而‘走1’被‘跑’所取代的是《評話》以後的。

香坂順一《白話語匯研究》（註⁴）云：

> 現代語中北方話跟南方話常用動詞顯然不同的有‘走／行’、
> ‘吃／食’、‘進／入’、‘回／歸’等。不過說是南方話也並不
> 是所有南方話都跟北方話的‘走、吃、進、回’相對而分別使用
> ‘行、食、入、歸’，只是以南方幾個地區的語言為對象可以看
> 到這種對應。另一方面，有趣的是這些相對應的詞在舊白話特別
> 是元明時代的白話裏幾乎毫無區別地使用。根據資料來看，當時
> 這兩組詞等質地平行地使用。

就現代方言來說，閩南語的‘走 tsau2’和‘行 kiã5’都是遵守
古義的，連橫《台灣語典》（註⁵）云：

> 走，急行也。《釋名》：“徐行曰步，疾行曰趨，疾趨曰走”。
> 例；走傱，走迣。

再說，閩南話的‘走 tsau2’是指‘跑步’，‘行 kiã5’才是‘走
路’；則‘步行’叫‘行路 kiã2 lo5’不叫‘走路 tsau2 lo5’，而‘走
路’就是指犯法或負債逃亡（註⁶）。有趣的是在韓國話裏‘走’也遵
守古義，如‘走者 tsu tsa’。‘走’和‘行’也可以結合使用，但其
用法幾乎限於交通文化詞彙方面，如‘走行’、‘走行區間’、‘走
行距離’、‘走行試驗’、‘走行速度’等。

2.喫／飲

（一）喫

近代漢語裏，動詞‘喫’不管是‘吃’或‘喝’，毫無區別使用，
如：

> （羅友）答曰：友聞白羊肉美，一生未曾得喫，故冒求前耳，
> 無事可咨。《世說新語·任誕》

> 臨歧意頗切，對酒不能喫。

---

⁴ 香坂順一，《白話語匯研究》，中華書局（北京），1997年。
⁵ 連橫，《台灣語典》，國立編譯館，民國75年。
⁶ 亦玄，《新編閩南語溯源續集》，時報文化出版，1995年。

《杜工部草堂詩箋》十二〈送（李）校書二十六韻〉

《評話》裏的動詞 '喫' 也沒有區別地使用，其用例有 5 次，如：

① 他母親愛喫江水和鯉魚。（ 3 ）
② 請這水賣過到飯店買飯與他喫，到麵店買麵與他喫，又到酒店買酒與他喫。（ 10 ）
③ 每日到店裏打雙六，下象棋，打毬兒，踢建子，喫酒耍笑快話。（ 39 ）
④ 我渴了，瓢水來喫。（ 39 ）
⑤ 那秀才喫酒醉了，便上馬去了。（ 47 ）

現代北方話裏，動詞 '吃' 被縮小其詞義了，已無 '喝' 的意思而只有 '吃' 的意思。表示 '吃' 的動詞，在現代北方話跟南方話裏顯然區別使用。北京、濟南、西安、太原等北方官話地區說 '吃'，南昌話說 '喫'；梅縣、廣州、廈門、潮州、福州、建甌等南方方言地區說 '食'。

（二）飲

《評話》中 '飲' 的例子只有一次，如：

'有志氣的人不飲盜泉之水，有清廉的人不受喝唉之食'。（ 15 ）

現代方言中，除了將近代漢語的意味還保留的方言，如蘇州、長沙、雙峰、南昌話以外，每個方言有其地區的方言詞彙。廣東話說 '飲'；北京、濟南、西安、太原等地區說 '喝'；成都、、梅縣客語說 '食'；廈門、潮州、台灣等閩南語地區說 '啉'；福州、建甌說 '啜'。

3.入／進

（一）入

'入來'、'入去' 二詞是早被古人使用的口語，如唐・蔣防《霍小玉傳》云：

西北縣一鸚鵡籠，見生入來，即語曰："有人入來，急下簾者！"

《評話》中'入'和'進'也毫無區別使用，其中'入'的用例有5次，如：

① 請王先入去房裏去，我換衣服便來。（17）
② 晏嬰入去奏知這話，上位沒奈何出來接者入去。（19）
③ 後頭引這那三箇人入來，擺者黃瓜和飯館待的。（24）
④ 這般說就走入窟籠裏，一向不肯出來。（32）
⑤ 老和尚說："咳，好妖怪，你入來說一說"。（45）

（二）進

《評話》中'進'的用例有4次，如：

① 那神女便叫宋寬進前來，說道。（42）
② 前面缸裏的油乾了時，兩邊缸裏的油流進去。（46）
③ 到四更鼓，夢裏有一箇大母羊進前來。（50）
④ 東倒西倒走進來。（63）

由此可知，明代前期官話并用'入'、'進'二詞。但是這種情況到了清·《紅樓夢》時代有大變化，則動詞'入'爲'進'所替代了。《紅樓夢》裏動詞'進來'有489次的用例，'進去'有220次，'入去'只有2次，而'入來'的用例未見。（註7）現代漢語方言中，只有閩南話保留著古義，還在說'入來（lip8 lai5）'。

4.自家

就'自家'來說，《辭源》例有兩種意思：

（一）自己人，對外人而言，有親密之意。

宋陸九淵《象山集》十三〈與羅春伯書〉："宇宙無際，天地開闢，本只一家。…來書乃謂自家屋裏人，不亦陋乎！…古人但問是非邪正，不問自家他家。"

---

7 這些統計數目是根據個人電腦統計的。

（二）自己，自己一家。

　　宋陳元覯《事林廣記》九〈處己警語〉：“自家掃取門前雪，莫管他人瓦上雪。”；元王實甫《西廂記》二本楔子：“自家姓杜，名確，本貫西洛人也。”

‘～家’的形式，除了‘婦女家’、‘孩子家’、‘主人家’等之外，作爲人稱代詞的詞綴，從唐代開始就可以見到，宋、元時代用得更盛。表示‘自己’的‘自家’有唐五代的用例，宋以後有不少演變成大致和第一人稱相當的意思。（註8）《評話》裏‘自家’也用得很普遍，用例有9次，其中幾個例子如：

① 白日呵自家背土營墳，十七年纔了了。（6）
② 這娘子自家養活婆婆無些兒怠慢。（15）
③ 等一會看，卻是自家放的白龜，這毛寶纔過江上岸。（28）
④ 老官人自家叫名說元潘之。（31）
⑤ 太尉就叫伴教剝了自家衣裳。（34）

　　‘自家’這一詞，在《紅樓夢》時代還在使用，而只有11次的用例；‘自己’有607次的用例，極有優勢。由此可知，到了清代中期，‘自家’一詞幾乎爲‘自己’所取代了。
　　現代方言中，‘自家’這一詞還使用於官話地區的濟南、太原、武漢、成都、合肥，吳語地區的蘇州，湘語地區的長沙、雙峰，閩語地區的福州，客語地區的梅縣、台灣苗栗話。

　　5.時節

‘時節’用如‘時候’的這用法來得很早，如：

歲月不居，時節如流。
　　　　　《文選》漢·孔文舉（融）〈論盛孝章書〉

正是江南好風景，落花時節又逢君。
　　　　　《杜工部草堂詩箋》三七〈江南逢李龜年〉

　　《老乞大》、《朴通事》裏，在表示時間的詞語末，大抵用‘時節’，這是現代口語的‘～的時候’，例如：

8太田辰夫著，蔣紹愚、徐昌華譯，《中國語歷史文法》，北京大學出版社，1987。

① 活時節,著甚麼來由不受用。(《老乞大》)
② 他京裏臨起身時節。(《朴通事諺解》上)
③ 偷將去的時節。(《朴通事諺解》上)

見於《評話》的 '時節'也表示'～的時候'的意思,用例有 16 次,如:

① 那時節,人都說孝感所致。(6)
② 古時,錢若水做通州推官時節,州裏有一箇富家。(21)
③ 有一箇野雀兒餓的昏了,飛到那田頭穀梃裏頭做的時節,有一箇田鼠頻頻的來往。(32)
④ 古時,蘇東坡道的官人,除做徐州太守時節。(33)
⑤ 漢時節,何敢做交阯刺史·(37)

見於《老乞大》、《朴通事》的 '時',大部分表示假設關係;但《評話》的 '時'跟 '時節'一樣表示時間,如:

① 等一會喫飯時,待制衙門的四箇牢子來說。(39)
② 漢朝時有一介宋行道的外郎。(39)
③ 步行去時,撞見一箇胡蘆先生。(31)

我們認爲《老乞大》、《朴通事》以後,到了《評話》時代有一些語法變化了。《紅樓夢》裏 '時節'只有 20 次的例子,但 '時候'有 134 次的用例。據這種情況我們可說,清代以後 '時節'爲 '時候'幾乎所代替了。

現代漢語方言中,閩南話地區的廈門、溫州話裏 '時節'還用如 '時候'。韓國話裏也把 '時節'用如 '時候',例如 '學窗時節'、'學生時節'、'女高時節' 等。有趣的是, '時候' 是非常文雅的表現之一,只用於書信文體。

6.箸子

'筷子'古稱 '箸'。先秦時代已經有 '箸' 一詞了,《韓非子·喻老》云:

昔者,紂爲象箸,而箕子怖。

‘箸’一詞是在漢、魏、六朝文中經常出現的，如：

"紂為象箸，而箕子唏。"（《史記·十二諸侯年表》）
"獨置大胾，無切肉，又不置箸，亞夫不平。"
（《漢書》四十〈周亞夫傳〉）
"臨餐不知匕箸者也。"（李雯〈答陳大樽書〉）
"元理以食箸十轉。"（葛洪《西京雜記》）

把‘箸’改稱‘筷子’是後來的事，明·陸容《菽園雜記》卷一云：

民間俗諱，各處有之，而吳中為甚。如舟行諱住，諱翻，以‘箸’為‘快兒’，‘幡布’為‘抹布’。

在《評話》裏，把文言文中的‘箸’解釋為‘箸子’，如：

（文）紂始為象箸，箕子嘆曰："彼為象箸，必為玉杯。"（12）
（白）紂王初頭用象牙做箸子，箕子嘆息說道："這般把象牙做箸子呵，好歹把玉來做盞兒。"（12）

從明代到清·《紅樓夢》時代，北方口語把‘箸’一詞還在用得普遍。《紅樓夢》裏‘箸’有24次的用例，但‘箸子’只有2次，‘筷子’也只有4次。從此可知，至少在《紅樓夢》時代，‘筷子’還沒有在北方口語取得優勢的地位。

現代漢語方言中，吳語還在使用‘箸子’（註[9]），如：

寸仁一方下箸子，腳底上像是有油似的，一滑就溜出去了。
（周而復《上海的早晨》第二部）

在北京土語也用‘箸子’，但用為使筷子揀菜的量詞（註[10]），如：

趕到酒菜的香味把他的饞涎招出來，他才猛孤丁的夾一大箸子菜，方在口裏，旁若無人的大嚼大咽。
（老舍《四世同堂》四三）

---

[9] 段開璉，《中國民間方言詞典》，南海出版公司，1994。

[10] 《北京土語詞典》，北京出版社，1990。

現代漢語方言中，溫州、廈門、潮州、福州、建甌、台灣等閩方言地區，'箸'還在用於日常口語上。梅縣客家話，'箸'和'筷'都用，但是形態上有些特點，如'筷只 k'uai tsak'、'箸只 ts'u tsak'。韓國話也使用'箸'，如'匙箸 si tsə'、'箸(tsə)kalak（筷子）'。

7. 物件

指物品的'東西'一詞，其語源很早，南朝時代已經叫物品為'東西'。唐·杜嗣先《兔園冊》云：

> 古有玉東西，乃酒器名。《齊書·豫章王嶷傳》：「上謂嶷曰："百年何可得？止得東西一百，於事亦濟。"」產物四方，而約言'東西'。

'東西'本來涵有二義，一是指'物品'，另一是指'錢財'。明·方以智《通雅·稱謂》云：

> 稱男子曰南北，猶稱物曰東西。（指物品）
> 世稱好男子窮者："好南北，無東西。"（指錢財）

《評話》裏的'東西'也涵有'錢財'、'物品'的二義，如：

指錢財（2 次）

① 那參錄在前求那富家的東西不得，誣說富家父子共殺女奴颩在水裏。（21）
② 那婦人家少了官錢四十萬，被官吏每日折倒，手裏無東西，不得納官。（22）

指物品（6 次）

③ 有一日，老熊氣不忿，到兔兒家裏說："這兩日我家裏有祥瑞的東西？"兔兒說："甚麼東西？"（33）
④ 這車上裝的甚麼東西？（37）
⑤ 只忘了買甚麼東西，只想天月的語言。（44）
⑥ 無有米呵，打出米來，諸諸般般的東西都打出來受用。（46）
⑦ 但見古器呵，便是破壞東西也不問價錢多少，都蒐積有來。

'物件'這一詞見於金・董解元《西廂記諸宮調》卷七，如：

寄來的物件，斑管、瑤琴、簪是玉，篋包兒裏一套衣服，怎不教人通苦？

《評話》中我們看到'東西'、'物件'二詞並用的情況，如：

① 假如把玉做盞兒呵，好歹求遠方珍怪的物件使用。（12）
② 小女將上項絹子欲往傍縣，又賣收買別的物件使用。（37）
③ 陽雍把那物件都送了。（60）

'物件'還在使用於《紅樓夢》，其用例只有10次；但'東西'的用例有391次，極有優勢。我們借此可知，在清代中期以後的北方口語，'東西'幾乎代替'物件'被使用起來了。這種情況也見於當時口語文獻，如：

這般稀罕的'物'（《朴通事諺解》中卷，1677年）
→ 這般希罕的'東西'（《朴通事新釋諺解》中卷，1765年）

現代漢語各方言都有指物品的方言詞，官話、贛語、客語說'東西'；蘇州、溫州話說'物事'；廣東話說'嘢 jɛ'；福州話說'乇 nɔʔ'；廈門、潮州、台灣等現代閩南話稱'物品'都叫'物件 mih kiã'。韓國話也把'物品'叫說'物件 mul kən'。

8.早起

'早起'一詞，很早就用，如（註[11]）：

早起庄南廟撞著。（東北大學本《劉知遠諸宮調》）
所以悲哭了一早起了。（《初刻拍案驚奇》）
卻說龔端等開了一個早起。（《水滸》103回）

《評話》裏只有'早起'的用例（10次），沒有'早上'的例子，如：

---

[11] 《白話語彙研究》，142-143。

① 早起飛去晚夕回來，這般往來好幾年多。（26）
② 聽得街坊一箇人啼哭悲哀，早起過去時，問。（29）
③ 野雀借得糧去，喫的飽了，早起晚夕噪鳴快活。（32）
④ 早起晚夕，我小心侍奉，你莫愁放心去。（47）
⑤ 到第二日早起，尋他爺孃來，一箇箇都還他送了。（48）

《評話》中除了‘早起’以外，還有‘晨早’、‘晨早起’，如：

⑥ 有一日晨早，見一小妮子堂前拿者苕箒啼哭。（30）
⑦ 晨早起天上見玉皇大帝去了。（33）

　　‘早上’一詞到了清·《紅樓夢》時代還用得極少。太田辰夫先生說，《紅樓夢》裏‘早上’的用例只有 2 次，其他全部都用‘早起’。（註[12]）根據個人統計，《紅樓夢》裏‘早起’的用例有 66 次，可說極有優勢。
　　‘早上’這一詞也來得很早，已經見於《朱子語類》卷一零六，如：

　　　早上所喻，已栲治如法。

　　據這個情況，我們可證，‘早上’也來得很早，但是至少在《紅樓夢》時代，它還沒有在北方口語取得優勢的地位。現代漢語中，廈門、台灣等閩南話地區稱‘早上’為‘早起 tsa2 ḱi2’。韓國話也有‘早起 tso ki’一詞，如‘早起足球會、早起祈禱會’等。

　　　10.官人

　　‘官人’這一詞，從春秋時代到唐代，只是指稱‘有官位的人士’。到宋代以後，‘官人’也可稱社會上一般有聲譽體面的人士了。
　　《漢語大詞典》‘官人’條下云：

　　　據清·趙翼《陔餘叢考》卷三七載，唐以前唯有官者方稱官人，至宋已為時俗通稱，明代以後遍及士庶，奴仆稱主及尊長呼幼，皆可稱某官人。

清‧翟灝《通俗編‧稱謂》‘官人’條云：

唐時惟有官者，方得稱官人，宋乃不然。若（宋）周密《武林
舊事》所載：『金四官人以棋著，李大官人以書會著，陳三官人
以演史著，喬七官人以說藥著，鄧四官人以唱賺著，戴官人以捕
蛇著。』（宋）吳自牧《夢梁錄》又有：『徐官人撲頭鋪，崔官
人扇面鋪，張官人文籍鋪，傅官人刷牙鋪。』

清‧顧炎武《日知錄‧雜論》云：

南人稱士人為官人。

《評話》裏‘官人’多承用宋代以來的意義，用例有 13 次，如：

（一）指稱官吏

① 宋時，堂太尉道的官人，有一日，衙門裏坐時，他的兒子祖
　　孃根前無禮。（34）
② 古時，蘇東坡道的官人，除做徐州太守時節，有一箇侁伃，生
　　的十分可喜。（33）
③ 古時，有一箇徐神翁道的官人，常常怕娘子。(36)
④ 到官人前面，娘子告說：“這殺人勾當不是人”。（39）
⑤ 官人便差人去坦將來看，果然便是死的白狗。（39）

（二）指稱有地位的人

⑥“官人，可憐見，救一救，我原是主人家官人的小娘子”。（50）
⑦“纔子柳文卿、胡子轉告狀，夜裏官人殺了人口，請老官人去”。
　　　　　　　　　　　　　　　　　　　　　　　　　　　（39）
（三）奴才叫主人

⑧ 根他的一箇伴當，告說：“官人，你臨行時娘子分咐買頭面，
　　官人既應許了，卻怎麼不買？”(44)
⑨ 那老漢子說：“官人，官人怎麼來的遲？老娘長想官人，成病
　　死了，羅奶奶也死了”。（47）

閩南方言‘官人 kuā1 laŋ2’直到民國二三十年間還在使用，但

是這個詞現在已聽不見，只見於閩南戲曲。（註[13]）

11.日頭

'日頭'一詞很早就用，涵有'太陽'、'天'二義。指太陽的用例已見於唐宋代文獻，如：

> 暗去也沒雨，明來也沒雲。日頭赫赤赤，地上絲氳氳。
> 　　　　　　　（唐‧張鷟《朝野僉載》卷四）

> 歇處何妨更歇些，宿頭未到日頭斜。
> 　　　　　　　（宋‧楊萬里《誠齋集》）

指稱'天、日子'的例子，如：

> 過了七十個日頭，有苗歸服。
> 　　　　《新編五代史平話‧梁史上》
> 老夫上任三個日頭，今日升廳。
> 　　　　（元‧孟漢卿《魔合羅》）

見於《評話》裏的'日頭'也涵有二義，如;

　　　（一）指稱'太陽'

① 行到高要縣，日頭落了，就這縣鵓奔亭樓傍歇宿。（37）
② 年前四月初十日，到此亭外，日頭也歿了，行人也斷了，黑暗難行，就這裏歇宿。（37）

　　　（二）指稱'天、日子'

③ 文王做世子時，侍奉父親王季，每日頭雞叫時起來。（2）
④ 明日頭，雞叫時起來，要尋見母親和娘子去。（47）

《紅樓夢》裏'日頭'還有些優勢，'日頭'有15次，'太陽'有8次。現代漢言中，官話地區的成都、揚州都只叫'太陽'，河北地區則'日頭'和'老爺兒'全省通用。（註[14]）西安、武漢、蘇州、

---

[13] 《閩南語考釋》，74。

[14] 李個健，《河北方言詞彙》，商務印書館（北京），1995。

溫州、長沙、雙峰、南昌地區並用'太陽'、'日頭'二詞。粵語並用'熱頭'、'日頭'二詞，閩語地區說'日頭'，絕不說'太陽'，由此可知，南方方言還遵守古義。

12.頭家

某些牌戲或賭博中每一局的主持人叫說'頭家'。清·翟灝《通俗編·貨財》'頭家'條云：

（明·董斯張）《吹景集》二三："博戲者，立一人司勝負，曰'頭家'。

據《牧豬閑話》中記載，唐代已經有這種稱呼，可見'頭家'這一詞的由來很早。（註15）《評話》中所見的'頭家'指稱'富家'，如：

一縣裏住的，有一箇姓趙的秀才，也是一箇大來'頭家'，有好些錢財。（47）

現代北方口語裏，這一詞已經聽不見，但在閩南話地區還在普遍使用'頭家 tʻau5 ke1'。閩南語'頭家'涵有四種意思：

（一）指稱設賭抽頭者

清·光緒元年，台灣官府為了權人戒賭撰頒的《禁賭俚歌百句》中有'頭家'，如：

輸贏用籌碼，悉聽頭家計，豈知一結算，盈千並盈萬。

（二）指稱富人

劉家謀《海音詩》中，云：

水債不收公餉亟，頭家近日亦愁負。

劉氏自註云：

<hr>

15 亦玄，《新編台語溯源》，時報文化，民國81。

商戶曰郊；南郊、北郊、糖郊，曰三郊。……近日生計日蹙，三郊亦非昔比……俗稱富人為‘頭家’。

（三）指稱各類行業的業主

《淡水聽志》載雍正初年福建海防同知吳廷華《社寮雜詩》註云：

承番餉者謂之社商，又曰頭家。督番射鹿，計腿易以尺布。

清·康熙 54 年，台灣北路參將阮蔡文的《後壟港》詩中云：

得魚勝得獍，遭遭送去頭家屋。

這個意思後來延伸到店東叫‘頭家’，田主也叫‘頭家’。連橫先生《台灣語典》云：

店東曰頭家，田主亦曰頭家。

（四）指稱丈夫

台灣地區另稱‘丈夫’為‘頭家’，這是很特別的用法。除了台灣地區以外，在閩南一帶絕對沒有這種用法。（註[16]）‘頭家’這一詞，在明、清時代是一個普通名詞，而到了現代漢語變成只用於閩方言的方言詞彙了。

13.領

‘領’這一詞，在先秦漢語不限於稱量衣，還可以計數衾、甲（註[17]）。見於六朝筆記、小說中的‘領’，其用法很寬泛，可以計數衣、衾、襖、袍、席、簟、鎧（註[18]）等，如：

太古薄葬，棺厚三寸，衣衾三領，葬田不妨田，故不据也。

《荀子·正論》

---

[16]《閩南語考釋》，83。

[17]《二十二子》，上海古籍出版社，1991。

[18] 楊如雪，《六朝筆記小說中使用量詞之研究》，台灣師大碩士學位論文，民國 77。

衣三領，足以朽肉，棺三寸足以朽骸。《墨子・節用中》

張儀說秦王云云，不用衣領甲，不苦一民，皆秦之有也。
《戰國策・秦策》

謹贈足下錦裝二領，八節角桃杖一枝。
《曹操・與太尉楊文先書》

帝賜盧志衣一襲，鶴綾袍一領。《晉書・盧志傳》

密壞為襖得三千餘領。《金樓子・卷六》

太子妃有絳綾袍一領。《東宮舊事》

王恭從會稽還，王大看之，見其坐六尺簟，因語恭："卿東來，故應有此物，可以一領及我。"《世說・德行》

（寶）意取坐席一領空卷之，咒上數遍，經于三夕，唾壺還在
席中，莫測其然。《高僧傳卷三・求那跋陀羅》

袁本初鎧萬領，吾大鎧二十領。《曹操・軍策令》

《評話》中也有把 '領' 作為稱量衣服的例子，如：

① 有一日，街上有一人，將一領破褶兒來。（51）
② 只不是傘子，一領衣裳也不見了。（61）
③ 王忙聽此，與他一領衣裳。（65）

量詞 '領' 在明代官話還在普遍使用，但是到了清・《紅樓夢》
時代，量詞 '領' 幾乎為 '件' 所取代了。見於《紅樓夢》的 '領'
只有3次而已。

現代方言中，閩南話仍沿用 '領 lia2' 計量被、褥、蓆、帳、衣、
褲、裙，其用法跟六朝時代的用法大同小異。量詞 '領' 的其起源很
早，但是已經變成了方言詞匯，只存于閩南話。

14.鋪家

《漢語大詞典》把 '鋪家' 解釋為 '店家、商店'，如：

兩面應該折御退讓人行道的鋪家，大概為了很多原因，有的照規定尺退進去了。（李劼人《天魔舞》第十章）

'鋪家'這一詞，《通俗編》等語源方面書裏未見，不知其出處和演變。《評話》裏只有 1 次用例，把'商'解釋為'鋪家'，借此可知'鋪家'本來指稱'商人'，如：

（文）蘇州有一商，將赴京妻曰。
（白）蘇州住的一簡鋪家，待要買賣，赴京去時，他的娘子和
　　　丈夫說。（ 44 ）

據朝鮮司譯院刊行的中朝辭典《譯語類解》（ 1690 ）（註[19]）來說，'鋪家'也有'中介人'的意思，'利家'條下云：

利家，흥졍바치（中介人）。一云鋪家。

'鋪家'這一詞，其語源不太清楚，但在明清時代指稱'商人'或'中介人'。到了現代漢語，它指稱'商店、店家'，其詞義已經轉移了，有待研究。

三、結語

《評話》的著者李邊是朝鮮初期傑出的一位文臣漢語譯學者。這部書的最大特點，是朝鮮人把中國文言文故事翻譯成當時的漢語口語的。《評話》雖然只有 65 則白話故事，自有反映'明初官話'這一特定時期的語言的價值，為了研究元末明初官話語法的演變，或者探討某一些詞彙的歷史考察，十分值得參考。

上面舉例的若干詞彙的演變過程，大略分為四種場合：（一）詞義擴大，如官人、頭家；（二）詞義縮小，如吃、東西；（三）詞義轉移，如走、鋪家；（四）詞彙代替，如入、自家、時節、箸、早起、日頭、領。

語言是不斷變化的，其中變化速度最快的是詞彙方面。我們經過試釋《評話》中所見的若干方言詞，可以了解某一些詞彙的語源及其演變過程，希望能為近代漢語研究及某些方言詞彙的歷史考察提供一點資料。

---

[19] 《譯語類解》，亞世亞文化社影印，漢城，1974 。

參　考　書　目

《二十二子》　1991　上海古籍出版社。

太田辰夫　1987　《中國語歷史文法》　北京大學出版社。

北京大學中國語文學系　1995　《漢語方言詞彙》（第二版）　語文
　　　　出版社。

朴在淵　1998　《訓世評話》　漢城　太學社。

朴淑慶　1988　《《老乞大》、《朴通事》詞彙演變研究》　政大碩
　　　　士論文。

李　邊　1518　《訓世評話》　日本名古屋市蓬左文庫本。

李個健　1995　《河北方言詞彙》　北京商務印書館。

吳竟存　1996　《《紅樓夢》的語言》　北京語源學院出版社。

呂叔湘　1990　《漢語語法論文集》　商務印書館。

金敬俊等　1690　《譯語類解》　韓國亞世亞文化社影印（1974）。

林東錫　1982　《朝鮮譯學考》　台灣師大博士學位論文。

香坂順一　1997　《白話語彙研究》　北京　中華書局。

段開璉　1994　《中國民間方言詞典》　海口　南海出版社。

姜信沆　1990　〈關於《訓世評話》〉　《第三屆中國域外漢籍國際
　　　　學術會議論文集》。

　　　　1990　〈關於《訓世評話》〉　漢城　《大東文化研究》第
　　　　24輯。

連　橫　1986　《台灣語典》　國立編譯館。

徐壽良　1994　《《老乞大》《朴通事》中幾個特殊的語法現象》　台
　　　　大碩士論文。

陳剛編　1990　《北京方言詞典》　商務印書館。

康寔鎮　1985　《《老乞大》、《朴通事》研究》　台灣學生書局。

廈門大學中國語文學研究所漢語方言研究室　1982　《普通話閩南方
　　　　言詞典》　福建人民出版社。

楊如雪　1988　《六朝筆記小說中使用量詞之研究》　台灣師大碩士
　　　　學位論文。

翟　灝（清）　1751　《通俗編》　台北　大華書局。

劉　堅　1992　〈《訓世評話》中所見明代前期漢語的一些特點〉《中
　　　　國語文》　1992年4期。

韓品夫　1996　《實用方言詞典》　天津人民出版社。

羅竹風主編　1993　《漢語大詞典》　漢語大詞典出版社。

第二屆國際暨第四屆全國訓詁學學術研討會
臺北・臺灣師範大學國文學系　1998.12.5-6

荀子重言連語及相關問題初探

中研院詞庫研究助理
周玟慧

　　本文所討論的重言連語爲兩種特殊的詞彙形式，連語在形式上或爲雙聲、或爲疊韻，然而雙聲疊韻字卻不全爲連語，必須是純粹表音的字所構成的詞方爲連語[1]，此類詞彙由於音韻協婉，往往多有聲情之美。重言又稱疊字，則爲另一種特殊的構詞法，由重疊兩個同形的字而成，同樣也有增加音韻之美的效果。一般將重言連語統歸爲聯綿詞，如王力先生在《中國語法理論》中便將聯綿詞分爲疊字、雙聲、疊韻三類，云：

> 聯綿字大致可分三類：（一）疊字，即「關關」「呦呦」「淒淒」「霏霏」之類；（二）雙聲聯綿，即「丁當」、「淋漓」之類；疊韻聯綿，即「倉皇」「龍鍾」之類[2]。

其中疊字即重言，雙聲聯綿與疊韻聯綿爲連語，然而重言與連語在構詞與句法表現上多所異同，有必要分別加以討論，是以本文不用聯綿詞一語，而稱爲重言連語。

　　有關重言連語，王筠《說文釋例》曾有一番解釋：

> 《毛詩》形容之詞不過重言連語，重言有二，首篇之「關關」有聲無義者也。二篇之「喈喈」，聲義兼取者也。連語有二，「窈窕

---

[1] 如天人疊韻，芬芳雙聲，然而天人爲偏正複詞，芬芳爲並列複詞皆非連語。

[2] 見王力《中國語法理論》頁183

」疊韻，兼取義者也。「參差」雙聲，但取聲者也。要之形容之詞之所重者以聲為主。無論其字之有義無義，其義皆在聲中。

王氏所謂「窈窕」兼取義者，蓋依《方言》稱「美心曰窈」「美狀曰窕」而論，然則據《說文》謂「窈，深遠也。」「窕，深肆極也。」《方言》之解乃依「窈窕」一詞語義強加分斷，實則「窈窕」仍只取聲而非取義於字，本文中所謂之連語僅限於取法乎聲者。茲就《荀子》一書中，除引詩部份外之連語重言分別討論如下：

壹、連語

連語出現環境不受限制，在《荀子》中有作名詞、動詞、形容詞之例，而連語以聲為主、義在聲中的特點，使得連語在訓解時必須是一不可分的訓釋單位，若將之拆解，分別就個別字義訓詁則無法得到正解，以楊倞注為主可以發現連語的訓解問題，茲分類略舉如下：

作名詞用時，大部分為普通有生名詞如侯部疊韻³之「侏儒」：「俳優、侏儒、婦女之請謁以悖之。」（王霸）「今俳優、侏儒、狎徒詈侮而不鬥者，是豈鉅知見侮之為不辱哉？」（正論）；幽部疊韻之「浮蝣」：「不飲不食者，浮蝣也」（大略）。皆以兩字為一詞，楊倞注：「侏儒，短人可戲弄者。」；「浮蝣，渠略，朝生夕死蟲也。」⁴亦將之視為一訓解單位，是為連語正解。

另外有一些是時間詞，如侯部疊韻之「須臾」：「吾嘗終日而思矣，不如須臾之所學也。」（勸學）；與心母雙聲之「斯須」：「先慮之，早謀之，斯須之言而足聽。」（非相）。

作動詞用者則有微部疊韻之「徘徊」、澄母雙聲之「躑躅」、「踟躕」：「今夫大鳥獸則失亡其群匹，越月踰時，則必反鉛；過故鄉，則必徘徊焉，鳴號焉，躑躅焉，踟躕焉，然後能去之也。」楊注亦兩兩為訓：「徘徊，回旋飛翔之貌。」；「躑躅，以足擊地也。」；「踟躕，不能去之貌。」不失連語之面貌，至於「逡巡」則為文部疊韻

---
³ 本文採用董同龢先生之古韻系統。
⁴ 此注乃引《大戴禮記·夏小正》之「浮游者，渠略也，朝生而莫死。」

：「武侯逡巡再拜曰：『天使夫子振寡人之過也。』」

　　此外較特殊之用法，則有兩連語疊用者，如「棲遲薛越」[5]：「務本事，積財物，而勿忘棲遲薛越也。」「貨財粟米者，彼將日日棲遲薛越之中野，我今將畜積并聚之於倉廩。」（王制篇）「隴種東籠」[6]：「故仁人之兵……觸之者角摧，案角鹿埵隴種東籠而退耳。」（議兵）「藍苴路作」[7]：「藍苴路作，似知而非。」（大略篇）此類連語之確切意義難以考得，楊倞未注解「棲遲薛越」一語；而於「隴種東籠」、「藍苴路作」等語，皆先言「未詳其義」，而後復嘗試加以解釋，然若解「隴種，遺失貌，如隴之種物然。」與「或曰苴，讀爲姐，慢也。趙蕤注《長短經·知人篇》曰：『姐者，類智非至智。』或讀爲狙，伺也。」皆未見此等連語乃以聲爲主，無法分別拆解，一旦分別考究各字之實義，則不免有強作解人之失。

　　連語亦有形容詞之用法，如元部疊韻之「簡連」：「吾語汝學者之嵬容：其冠絻，其纓禁緩，其容簡連」（非十二子）；魚陽對轉疊韻之「旁魄」：「雜能旁魄而無用。」（性惡）；祭部疊韻之「銛達」、宵部疊韻之「趙繚」：「頭銛達而尾趙繚者。」（賦篇）

　　由於連語是以聲爲主，因此書寫形式亦不限於一端，比較上古漢語文獻可見同一語義之連語常可以音近或音同之字代換之，其中又以更換形聲字的義符最多見，如「徘徊」之作「俳佪」：「焉乃逝以俳佪。」（《楚辭·遠遊》）；「浮蝣」之作「蜉蝣」：「蜉蝣之羽，衣裳楚楚」（《詩·蜉蝣》；或「浮游」：「龜三千歲，浮游不過三日。」（《淮南子·詮言訓》）、「浮游有殷。」（《大戴禮記·夏小正》）·或去其義符，如「侏儒」之爲「朱儒」：「我君小子，朱儒是使。朱儒朱儒，使我敗於邾。」（《襄公四年左傳》）、「朱儒問徑天高於脩人」（《淮南子·說山訓》）至於「徘徊」另一形式「裴回」：「於是楚王乃弭節裴回，翱翔容與」（《史記·司馬相如傳》），則是前字換義符而後字去義符，聲符不變正顯示其以聲爲主之特色，連語中之組成字不表義，是以義符爲何並不重要。而「旁魄」亦可作「旁薄」：「純樸未散

---

[5] 棲遲爲脂部疊韻，薛越爲祭部疊韻

[6] 隴種東籠爲東部疊韻

[7] 藍從監得聲，與苴雙聲，路作爲魚部疊韻。

，旁薄爲一。」（淮南子・俶真訓）），則因魄、薄同爲魚部，韻母相同音近可轉用之故。由連語多樣化的書寫形式，更能表現其以聲爲主的特色。

貳、重言

重言又稱疊字，分爲重疊兩個同形字的ＡＡ式，及可再加「然」、「焉」、「乎」、「如」、「兮」等後綴的ＡＡ然式，有形容詞、名詞、副詞的用法，與連語最大的不同在於並無動詞用法。

一・ＡＡ式

ＡＡ式以形容詞最多，如「冥冥」、「昭昭」、「惛惛」、「赫赫」：「是故無冥冥之志者，無昭昭之明；無惛惛之事者，無赫赫之功。」（勸學）；「薄薄」：「故薄薄之地，不得履之」。（榮辱）；「快快」、「察察」：「快快而亡者、怒也，察察而殘者、忮也。」（榮辱）；「杆杆」：「是杆杆亦富人已，豈不貧而富矣哉！」（儒效）「渾渾」、「汸汸」、「暴暴」：「則財貨渾渾如泉源，汸汸如河海，暴暴如丘山，不時焚燒，無所臧之。」（富國）；「俍俍」：「人主無賢，如瞽無相，何俍俍！」（成相）；「裾裾」：「由，是裾裾何也？」（子道）；「冥冥」：「禮義不行，教化不成，仁者絀約，天下冥冥」（堯問）。

其次眾者則爲名詞形式，有普通有生名詞如「狌狌」：「今夫狌狌形笑亦二足而無毛也」（非相）。楊注云：「狌狌，獸似人而能言，出交阯。」抽象名詞如「冥冥」：「見寢石以爲伏虎也，見植林以爲後人也；冥冥蔽其明也。」（解蔽）；「匈匈」：「君子不爲小人之匈匈也輟行。」（天論）；「漠漠」、「呴呴」：「掩耳而聽者，聽漠漠而以爲呴呴：埶亂其官也。」（解蔽）；「纖纖」：「禍之所由生也，生自纖纖也。」（大略）；

比較楊倞之注即可看出兩類之別，作形容詞用者楊注多用「某某貌」注之，如：「薄薄，謂旁薄廣大之貌。」「渾渾，水流貌」「汸，讀爲滂[8]，水多貌」「暴暴，卒起之貌」「俍俍，無所往貌」「裾裾，衣服盛

---

[8] 吳越春秋有「血流滂滂」一語

貌。」而名詞類則否：「漠漠，無聲也」「詾詾，喧聲也。」「匈匈，喧譁之聲。」

　　另有一類為名物化所成名詞，位於結構助詞「之」之後如「譙譙」、「捄捄」：「其誰能以己之譙譙，受人之捄捄者哉！」（不苟）；「易易」：「吾觀於鄉，而知王道之易易也。」（樂論）；「雕雕」、「章章」：「故雖有珉之雕雕，不若玉之章章。」（法行）觀察此類詞之楊注則無一定特色：「譙譙，明察之貌」、「捄捄，惛也。」「匈匈，喧譁之聲」「雕雕，謂雕飾文采也」「章章，素質明著也」

　　作為副詞修飾動詞則有呻呻、鄉鄉兩詞：「亦呻呻而噍，鄉鄉而飽已矣。」（榮辱）楊倞注呻呻為「噍貌」；鄉鄉為「趨飲食貌」。王先謙即由句式結構的一致性提出反對意見：「楊讀鄉為向，故訓為趨飲食貌。但呻呻是噍貌；則鄉鄉當是飽貌。若解為趨飲食貌，文義不一律，且趨飲食反在噍嚼之後，未免倒置。楊說非也。「鄉」當為「薌」之渻，「薌」亦「香」字也。重言之則曰鄉鄉⋯⋯正飽甘美食意。」若據楊說，則同一結構中，前為副詞後為形容詞形式，未免不類，故以王說為善。

　　ＡＡ式與連語同樣有疊用形式，如「恢恢廣廣」、「翠翠廣廣」、「涫涫紛紛」：「恢恢廣廣，孰知其極？翠翠廣廣，孰知其德？涫涫紛紛，孰知其形？」（解蔽）；「湝湝淑淑」、「皇皇穆穆」：「皇天隆物⋯⋯湝湝淑淑，皇皇穆穆，周流四海，曾不崇日。」（賦篇）；「穆穆皇皇」、「濟濟鎗鎗」：「言語之美，穆穆皇皇。朝廷之美，濟濟鎗鎗。」（大略）；「繆繆肫肫」：「是故其事大辨乎天地，明察乎日月，總要萬物於風雨，繆繆肫肫」（哀公）此種情形，是兩個重言的疊用，而非一個雙音節複詞上下字的疊用，亦即王力先生所謂之疊詞而非疊字[9]。此類為重言疊用可由三方面看出：首先觀察上古文獻中並無「恢廣」、「翠廣」、「涫紛」、「惛淑」、「皇穆」、「穆皇」、「濟鎗」、「繆肫」等複音詞，不可能為複音詞的上下字疊用。其次前後次序可以倒置如有「皇皇穆穆」之疊用，也有「穆穆皇皇」之疊用，可見此應為「穆穆」與「皇皇」兩重言的疊用。最後由異文資

[9] 王力《中國語法理論》指出如「老老實實」將複音詞每一字分開相重者為疊字法，而重疊一複音詞則為疊詞如「歇息歇息」。

料中「繆繆肫肫」《大戴禮記‧哀公問》作「穆穆純純」，可見此並非為「繆肫」之重疊，而是「穆穆」與「純純」之疊用，而「繆繆」與「穆穆」音近，「肫肫」與「純純」音近，是以可寫作「繆繆肫肫」。

　　至於重言的意義，除了狀聲的重言外，重言意義多與組成字字義相關，此點亦與連語不同。如「冥」與「冥冥」，《說文》謂「冥，窈也」《段注》云：「引申為凡闇昧之偁」，《荀子》書中出現三處「冥冥」，雖有詞類之別，然而無論是「冥冥之志」、「冥冥蔽其明」、或「天下冥冥」，都與「冥」之「闇昧」義相關。又如「昭」與「昭昭」，《說文》：「昭，日明也」《段注》云：「引申為凡明之偁」，「昭昭」亦與「昭」之「明」義相關。再如「赫」與「赫赫」《說文》：「赫，大赤貌。」《段注》中亦指出「赫赫」之有顯盛義乃「赫」之引申義[10]。大凡此類疊字與單字字義相關，而在程度上又更進一層，如楊注「察察」謂之「至明察也」，即指出了疊字有加強單字語意的作用。

　　重言亦可以音同或音近之字代換，換字後之重言看似與組成單字之字義無關，然卻可找出相關之單字字義，如楊注「汸汸」：「汸，讀為滂，水多貌」，「汸」為「方」之或體字[11]，然而「汸汸」乃「滂滂」的另一書寫形式，《說文》「滂，沛也」，「汸汸」所以有「水多貌」之義乃由「滂」字義而來。

　　若觀察比較《荀子》異文及與《荀子》相類似之文章，可以發現這些不同書寫形式有音近而異、義近而異與換義而異三種，如〈勸學篇〉：「是故無冥冥之志者，無昭昭之明；無惛惛之事者，無赫赫之功。」《大戴禮記‧勸學篇》「冥冥」作「憤憤」、「惛惛」作「緜緜」，此即換義而異之例。「冥冥」有闇義已詳上述，而「惛」字《說文》解云：「惛，不憭也。」，此「惛惛」並無不聰慧之義，「惛」、

---

[10] 段注：「〈邶風〉：『赫如渥赭』《傳》曰：『赫，赤貌。』此『赫』之本義也。若〈生民〉《傳》曰：『赫，顯也。』〈出車〉《傳》：『赫赫，盛貌。』……〈節南山〉《傳》『赫赫，顯盛也。』……皆引申之義也。」

[11] 說文謂方或從水即「汸」字。

「昏」音同，「惛惛」當爲「昏昏」，說文：「昏，日冥也。」段注云：「引申爲凡闇之偁」，是「冥冥」、「惛惛」皆由「闇」義引申而來，與「昭昭」「赫赫」之「明」義相對，《荀子・勸學篇》楊注：「『冥冥』、『惛惛』皆專默精誠之謂也。」，此段文字中「冥冥」「惛惛」蓋指沈潛之功；而《大戴禮記》改作「憒憒」「愲愲」則爲精進不懈之勤，與「冥冥」、「惛惛」義別，是乃換義而異之異文。

　　〈不苟篇〉：「故新浴者振其衣，新沐者彈其冠，人之情也。其誰能以己之瀿瀿，受人之掝掝者哉！」而《楚辭・漁父》有「安能以身之察察，受物之汶汶者乎」一語，史記引此亦作「察察」、「汶汶」，《荀子》楊注則言：「《楚詞》曰：『安能以身之察察，受物之惛惛者乎？』」至於《韓詩外傳》則有言：「莫能以己之嚼嚼，容人之混汙然」。其中「瀿瀿」與「嚼嚼」乃古音相同，「汶汶」「惛惛」則同屬古韻文部，若據洪興祖補註：「汶音門，汶濛沾辱也，一音昏，荀子注引此作惛惛，惛惛，不明也，惛，門昏二音。」，則「汶」、「惛」音同，皆爲同音異形之異文。而楊注「瀿瀿，明察之貌」，王逸注「察察」「已清潔也」、五臣注「察察，潔白也」；楊注：「掝掝，惛也。」相較於「惛惛」「汶汶」與「混汙」則爲義近而異之異文。

　　再如〈子道篇〉：「由，是裾裾何也？」《說苑・雜言》、《藝文類聚》卷八作「襜襜」。《韓詩外傳》卷三作「疏疏」。《孔子家語・三恕篇》作「倨倨」。郝懿行曾對此多種異文加以分辨：「『裾裾』《說苑。雜言》作『襜襜』，『裾』與『襜』，皆衣服之名，因其盛服，即以其名呼之。《韓詩外傳》三作『疏疏』，《家語》又作『倨倨』，則其義別。」其中「裾裾」「襜襜」爲義近而異之異文，狀子路衣服鮮盛之貌，而「倨倨」「疏疏」則狀子路顏色充盈猛厲之貌，是換義而異之異文。

二・ＡＡ然式

　　此種形式中的「然」亦可用「乎」、「焉」、「如」、「兮」等字。王引之《經傳釋詞》即指出此類虛詞爲「狀事之詞」：「然，狀事之詞也，若論語『斐然』、『喟然』、『儼然』之屬是也，常語也。」；「乎，狀事之詞也，若《易・乾言》『確乎不可拔』之屬是也。」；「焉，狀事之詞也，與然同義，若《詩・小弁》曰『怒焉如擣』〈泰

誓）曰『其心休休焉』之類，亦常語。」「如，猶然，若《論語·鄉黨篇》：『恂恂如也』『踧踖如』『勃如』『躩如』之屬是也」。

　　其出現位置僅有兩種，一爲句末，一爲動詞組之前，顯示其與ＡＡ式重言之別在於僅有形容詞與副詞的用法，且能出現動詞組之前爲其最大特點。位於句末之例如下：「人無法，則倀倀然；有法而無志其義，則渠渠然；依乎法，而又深其類，然後溫溫然。」（修身）；「其容良；儼然，壯然，祺然，蕼然，恢恢然，廣廣然，昭昭然，蕩蕩然－是父兄之容也」（非十二子）；「其容愨；儉然，恀然，輔然，端然，訾然，洞然，綴綴然，瞀瞀然－－是子弟之容也。」（非十二子）；「學者之嵬容：其冠絻，其纓禁緩，其容簡連；塡塡然，狄狄然，莫莫然，瞡瞡然，瞿瞿然，盡盡然，盱盱然。」（非十二子）；「酒食聲色之中，則瞞瞞然，瞑瞑然；禮節之中，則疾疾然，訾訾然；勞苦事業之中，則儢儢然，離離然，偷儒而罔」（非十二子）；「得委積足以揜其口，則揚揚如也」（儒效）；「眾積意譁譁乎！」（樂論）；

　　位於動詞組前之例則有下列諸句：「蕩蕩乎其有以殊於世也。」（不苟）；「悴悴然惟利飲食之見，是狗彘之勇也。」（榮辱）；「嚾嚾然不知其所非也」（非十二子）；「貴賤長少秩秩焉莫不從桓公而貴敬之，是天下之大節也。」（仲尼）；「井井兮其有理也，嚴嚴兮其能敬己也，分分兮其有終始也，猒猒兮其能長久也，樂樂兮其執道不殆也，炤炤兮其用知之明也，脩脩兮其用統類之行也，綏綏兮其有文章也，熙熙兮其樂人之臧也，隱隱兮其恐人之不當也：如是，則可謂聖人矣。」（儒效）；「君臣上下之間者，彼將厲厲焉日日相離疾也，我將頓頓焉日日相親愛也，以是待其敵。安以其國爲是者」（王制）；「墨子之言昭昭然爲天下憂不足」（富國）；「秦四世有勝，諰諰然常恐天下之一合而軋己也，此所謂末世之兵」（議兵）；「雕雕焉縣貴爵重賞於其前，縣明刑大辱於其後，」（議兵）；「然而縣之以王者之功名，則倜倜然其不及遠矣！」（彊國）；「君子之言，涉然而精，俛然而類，差差然而齊。」（正名）；「故愚者之言，芴然而粗，嘖然而不類，諮諮然而沸」（正名）；「卬卬兮天下之咸蹇也。」（賦篇）；「昭昭乎其知之明也，郁郁乎其遇時之不祥也。」（賦篇）；「其洸洸乎不淈盡，似道。」（宥坐）。

　　由楊注可見此類ＡＡ然式重言與ＡＡ式之意義來源相同，多與單字字義相關，如「昭昭，明顯之貌。」「炤炤，明見之貌」「秩秩，順序

之貌」「脩脩，整齊之貌」「嘽嘽，喧囂之貌」「嚴嚴，有威重之貌」「熙熙，和樂之貌」。然則楊注中值得注意的一點是楊倞並未分別ＡＡ式與ＡＡ然式之別，因而訓解之時使用「ＡＡ，某某之貌」而非「ＡＡ然，某某之貌」作注。王先謙謂「猒猒兮，猶安安然」乃將「猒猒兮」視爲一訓解單位，而在〈王霸篇〉「唌唌常欲人之有，是傷國。」註解中更引王念孫《讀書雜志》：「唌唌然，今本脫然字，據上文補。」而贊成之：「『唌唌』下應有『然』字，王說是。……唌唌爲欲食貌。」實則ＡＡ式並無直接出現在動詞組前而修飾動詞之例，而ＡＡ然式之後接動詞組則爲常見形式，故王念孫、王先謙兩先生所言甚是。

由上述討論可見，聯綿詞又可分析爲雙聲疊韻的連語及疊字的重言兩類，其中重言又有ＡＡ及ＡＡ然兩式。連語出現環境不受限制，可以有動詞、名詞、形容詞等用法；而重言則多用作形容詞與副詞，而無動詞之用法。在意義分析上，連語之義與其構成單字字義無關，純然取法乎聲；而重言除狀聲之詞外，其意義多由單字字義引申而來，疊字則在加強其程度。

參考書目

段玉裁,說文解字注,黎明文化事業公司,1988.10

王筠,說文釋例,成都御風樓重刊本,1883

王念孫,讀書雜記,廣文書局,1976

王引之,經傳釋詞,北京中華書局,1985

王先謙,荀子集解,中華書局,1988.9

梁啓雄,荀子約注,世界書局,１９６２

李滌生,荀子集釋,學生書局,１９９１.10

王力,中國語法理論,上海商務印書館,１９４６

呂叔湘,中國文法要略,上海商務印書館,１９５１

董同龢,上古音韻表稿,上海商務印書館,１９４８

《康熙字典》「按語」釋例

中央大學中文所研究生　李淑萍

壹·前言

　　《康熙字典》是我國第一部集歷代字書之大成的官修字典[1]，也是歷代編纂的字書中首先以「字典」為名的，康熙皇帝期許該書能達「善兼美具，可奉為典常而不易」之境，因此，命名為「字典」。清聖祖（玄燁）於康熙四十九年（公元一七一〇年）命張玉書、陳廷敬等三十人編撰，前後經過六年，至康熙五十五年（公元一七一六年）成書。《康熙字典》自刊行以來二百餘年，流通普及，影響頗大，後世編纂字典者，多奉之為圭臬。

　　《康熙字典》編纂體例並非始創，乃仿自梅膺祚《字彙》、張自烈《正字通》；但在康熙四十九年三月初九日〈上諭〉言「《字彙》失之簡略，《正字通》涉於泛濫」，故它在前兩書的基礎上，集其大成，又作了一些改進，「增《字彙》之闕疑，刪《正字通》之繁冗」，來完成這部字典。「按語」的設置也是依循前二書之例。「按語」基本上是字書編纂者為補充說明而設，《字彙》、

---

[1] 本文採用之《康熙字典》版本為同文書局石印本，為行文方便起見，頁碼採文化圖書公司影印版，內容偶有修訂，乃依清儒王引之《字典考證》校改之。

《正字通》二書隱約已有「按語」的形式[2]，《康熙字典》則在〈凡例〉中明確表示「偶有參酌、必用按字標明」，凡書中有所考辨，即附於注末，並加「○按」字來標明[3]，正式把「按語」形式列為全書之編纂原則之一。本文的目的，即是要透過全書之按語，逐條分析歸納，並證之典籍，糾其疵繆，以期對《康熙字典》按語之運用有一明確的概念。

貳・「按語」的內容形態

　　《康熙字典》全書中使用的按語，共有兩千五百餘條，其涵蓋的範圍非常廣泛，舉凡辨訛訂誤、存參備考、補充說明、引申音義、辨析形義、分辨詞性等等，無不以「按語」的形式出現。書中並不限定一字一按，而依實際需要加上按語，不僅有一字二按（如口部齒字）、一字三按（如口部喤字），甚至有一字四按者（如爻部爽字），此皆《康熙字典》運用按語的特色。以下將就《康熙字典》中「按語」所涉及的範圍，作一分析歸類，並逐項舉例論述之。

---

[2] 《字彙》、《正字通》二書之凡例雖未明言按語之形式，但書中有以按字或「○」作為標記者，或注音釋義，或析論形體，或補充說明，顯然是字書編纂者對該字的進一步闡述，具有按語的作用。

[3] 《康熙字典》按語之前多加一「○」以為標記，惟少數未加「○」，如手部擂字（頁三八一）、足部屟字（頁一一四九）等。

一、辨正前說之誤

　　《康熙字典》為字書之屬，析形釋義自然是它的基本工作，字書編纂者在析形釋義的同時，也駁斥了諸書的譌誤，並予以改訂。正如〈上諭〉及〈凡例〉所言，《康熙字典》是以《字彙》、《正字通》二書為基礎而加以增刪修訂，故它辨訛訂誤的對象，自然以《字彙》、《正字通》為主，此外對於《說文》、《玉篇》、《類篇》、《字彙補》、《廣韻》、《集韻》、《韻會》、《正韻》諸多字書、韻書，甚至經史傳疏等，亦多所辨正。以下就其辨正的對象，逐一分項舉例如下：

（一）關於《字彙》、《正字通》所載

　　《康熙字典》針對《字彙》、《正字通》所提出的改正，在所有按語中數量是最多的，歸納其諟正補充《字彙》、《正字通》內容者，又可分成以下幾種情形來說明：

1.歸部方面

例・「壼」（見子集上，一部，十五畫，第六頁。）

　　內容：《正字通》俗壼字。

　　按語：按《正字通》收士部，今改入。

　　謹案：《正字通》士部十畫中收「壼」字[4]，惟該字形不從士構形

---

[4]　《正字通》士部十畫「壼」字下本云「俗壼字」，《康熙字典》引文有誤。

，《康熙字典》按語斥其非，惟改入一部，則是便於檢閱，自較《正字通》爲佳。

例•「倝」（見子集中，人部，八畫，第三六頁。）

按語：按說文倝獨爲部，《集韻》从阜从入，今《字彙》附入人部，非。

謹案：《說文》：「倝，日始出，光倝倝也。从旦㫃聲。」[5]該字是由「旦」與「㫃」構成，前文像太陽初出地面之形，後文像旗帶飛揚之貌，二文合成「倝」以示日在旗中，表太陽始出之義[6]，而與「人」義毫無干涉，今《字彙》附入人部，乃屈就「倝」之形體，便於查考所致，《康熙字典》按語斥其非，乃就文字學理而論。《康熙字典》仍沿其歸部。

例•「弜」（見寅集下，弓部，六畫，第二八六頁。）

內容：《廣韻》巽作弜。

按語：按《說文》巽从㔾，㔾、二卪也。《廣韻》因篆文从二弓，遂書作弜，《字彙》又誤入弓部，非。

謹案：《說文》巽篆文作，《廣韻》因篆文形似譌从二弓，隸定作弜，《字彙》又據其形體歸入弓部，乃屈就「弜」之

[5] 詳《圈點段注說文解字》，頁三一一，書銘出版事業有限公司。
[6] 詳蔡信發教授《說文部首類釋》，頁四六八，萬卷樓圖書有限公司總經銷。

形體，便於查考所致，《康熙字典》按語斥其非，乃就文

字學理而論。《康熙字典》仍沿其歸部。

例‧「穎」（見午集下，禾部，十一畫，第七八七頁。）

內容：《玉篇》禾末也。《詩‧大雅》實穎實栗，〈傳〉穎、垂

穎也，〈疏〉穎是禾穗之挺，言其穗重而穎垂也[7]。

按語：按穎當依《說文》隸禾部，《字彙》、《正字通》誤入頁

部，今改正。

謹案：《說文》、《玉篇》並訓禾末也，隸禾部，依類別義而言

，當歸入禾部為妥。

2.筆畫方面

文字由篆變隸，形體筆畫也變得更加明確，由於《字彙》、

《正字通》部首次第與部中列字完全依照隸楷字體之筆畫多寡來排

列，因此字之筆畫數正確與否，對《字彙》以下的字書是有相當的

重要性。綜觀《康熙字典》按語所涉，改正《字彙》、《正字通》

筆畫錯誤者，就佔了不少分量。其中有因所從字形不同而造成筆畫

數的差異，也有部分是單純的筆畫計算錯誤。茲舉例如下：

例‧「咏」（見丑集上，口部，五畫，第一一三頁。）

按語：按《玉篇》、《廣韻》諸書本作咏，《字彙》作咏，從二

---

[7] 本文所引「內容」部分例證只節引與按語相關之內容。後倣此，不另說明。

水，附六畫，非，今改正。

例·「哖」（見丑集上，口部，六畫，第一一七頁。）

　　按語：按《字彙》作哖，附五畫，非，今改正。

例·「䌛」（見酉集上，言部，十畫，第一一〇四頁。）

　　按語：按《說文》本載系部，當入十一畫。《字彙》、《正字通
　　　　　》俱譌从糸，附十畫內，非是。

以上諸例皆因所從字形不同而造成筆畫數的差異，《康熙字典》釋
其形體而改正之。

例·「喹」（見丑集上，口部，九畫，第一二九頁。）

　　按語：按《字彙》附十畫，非，今改正。

例·「圠」（見丑集中，土部，五畫，第一五五頁。）

　　內容：與封同。《六書正譌》聚土爲封，从又，又、手也。

　　按語：按圠本五畫，字類[8]《正字通》誤入六畫，今改正。

例·「㤉」（見卯集中，戈部，四畫，第三四〇頁。）

　　按語：按字本作㤉，或作㤉，《字彙》入三畫，誤，今改正。

以上諸例皆是單純的筆畫計算錯誤，《康熙字典》逐改正之。

3.重出增刪方面

　　〈凡例〉云「增《字彙》之闕疑，刪《正字通》之繁冗」，是

---

[8]　《字彙》圠字亦引《正譌》之說，歸入六畫，故字類疑當作《字彙》。

對《字彙》、《正字通》二書中之闕疑繁冗而加以增刪修訂。凡有闕疑者，則於按語中予以增補；繁冗重出者，則予以刪併。《康熙字典》增補之依據，或依所改字書前後文之不一致而補，或依前人字書所載而補。又細察其按語對於重出字之處理方式有二，一是在所刪字的上一字以按語加上說明，該刪之字不再出現；另一類則在該字下以按語做一簡要引證，并注明「又見某部，重出，應刪。」雖按云重出，卻仍兩部並存。茲舉例如下：

例・「崕」（見寅集中，山部，十畫增，第二四五頁。）

　內容：《正字通》崕字註：崕字之譌，崕與堆同。

　按語：按有譌字而正字不載，今補入，詳載十一畫註。

例・「潀」（見巳集上，水部，十一畫，第五七六頁。）

　按語：按《正字通》十二畫潀字註云，潀字之譌，而十一畫內缺潀

　　　字，今補入。

例・「翃」（見未集中，羽部，四畫增，第八八三頁。）

　內容：又《集韻》呼弘切，音薨，翥或作翃，通作薨。

　按語：按韻書俱作翃，《集韻》翃或書作翂，《正字通》止收翂

　　　，則反失正字矣，今補入。

以上諸例乃《正字通》失收之字，《康熙字典》按語或依《正字通》前後文之不一致而補，或依前人字書所載而補。

例・「匐」（見子集下，勹部，七畫，第七九頁。）

　按語：按此字下《正字通》尙有訇字，已入言部，重出，今刪。

例・「卮」（見寅集中，已部，四畫，第二五五頁。）

　按語：按《正字通》此字下尙有弨字，已入卩部，此復重出，今刪。

例・「鄑」（見酉集下，邑部，九畫，第一二○二頁。）

　按語：按《字彙》鄑字下又有郪字，郪已見本畫，此重出，今刪。

以上諸例乃是逕行刪除重出字，僅在所刪字的上一字以按語加上說明，該刪之字不再出現。

例・「彔」（見寅集下，彑部，二十畫，第二九○頁。）

　內容：《字彙》弼角切，音雹，槊杖名。

　按語：按《類篇》唐衛杖名，欒槊从矛不从彔，《字彙》已載矛部，又作彔，重出，誤。

例・「寖」（見寅集上，宀部，十畫，第二一七頁。）

　按語：按《正字通》水部十畫浸重出，詳十三畫濅字註。

　謹案：《正字通》水部有「浸」，《康熙字典》於水部十畫亦載錄之，並按云「諸韻書濅或作寖，無書作浸者。寖已載宀部，此即寖字譌文。」查「浸」字形音義不變，僅偏旁位置改易耳。《康熙字典》雖云重出，仍兩部並存之。

以上二例，《康熙字典》按語雖明言其誤，或直言重出，但仍兩部

丛存之。

例‧「羖」（見卯集下，攴部，七畫，第三九九頁。）

　　內容：《正字通》古文養字。

　　按語：按即羖字重出。

　　謹案：《康熙字典》同部六畫「羖、《集韻》養古作羖。」羖與

　　　　　羖二字丛从羊从攴，羊字篆文作𦍌，隸定作羊或芉，故从

　　　　　羊、从芉，其字一也，《康熙字典》兩字丛存。

4.字形方面

　　　　《康熙字典》按語在釋形上，針對《字彙》、《正字通》中的

錯誤或誤混，提出說明補正者，茲舉例如下：

例‧「乀」（見子集上，丿部，一畫，第九頁。

　　按語：按《字彙》丿右戾誤左，乀左戾誤右，丛非。

例‧「𡰥」（見卯集下，无部，八畫，第四一三頁。）

　　按語：按《說文》在兂部，今併入。《字彙》凡从兂字皆依變隸

　　　　　作旡，獨此字从兂，今改正。

例‧「灟」（見巳集上，水部，十八畫，第五九〇頁。）

　　按語：按《說文》从水矞聲，矞上从𠫓，《正字通》誤从无，非，

　　　　　今改正。

例‧「耴」（見未集中，耳部，一畫增，第八九三頁。）

按語：按《說文》有耵無耴，耵篆書象耳下垂形。《玉篇》、《廣
　　　韻》、《集韻》耵、耴兩收；耵訓耳垂，耴訓魚鳥狀，耵、
　　　耴自是二字。《字彙》、《正字通》存耵遺耴，又誤以耵訓
　　　耳垂，夶非，今改正。

以上諸例，《字彙》、《正字通》夶因字形近似而譌混，《康熙字
典》按語逐一改正之。

5.音讀方面

　　《康熙字典》按語對《字彙》、《正字通》音讀切語所提出之
辨正，茲舉例如下：

例‧「坊」（見丑集中，土部，四畫，第一五三頁。）

　　內容：又符訪切，房去聲。《春秋序》聖人包周身之坊，或作防。

　　按語：按坊、防字義雖同，音切應別。《正字通》合方、房二音
　　　　　爲一，并闕去聲者，非。

　　謹案：查《正字通》土部四畫「坊，與防通，有方、房二音。」
　　　　　并駁《說文》防、坊之音切、義訓分爲二，是爲泥。《康
　　　　　熙字典》編者以爲兩字字義雖同，音切應別，又《正字
　　　　　通》闕去聲者，故一併言其非。

例‧「坐」（見丑集中，土部，四畫，第一五三頁。）

　　按語：按坐有上、去二音，字、韻諸書訓註皆同，惟《轉注古音

》坐註，引《史記‧高帝紀》遂坐上坐。〈正義〉云：前

坐字在果反，後坐字在臥反。《字彙》行坐之坐，上聲，

非；《正字通》謂坐字在上聲者叶音也，亦非。

謹案：查《字彙》土部四畫「坐、徂果切，音座，坐與行對⋯⋯

　　；又去聲，徂臥切，坐罪坐獄，誣告反坐。」以行坐之坐

　　讀爲上聲，坐罪之坐爲去聲。按語謂歷來字、韻諸書，不

　　論上、去二音，其訓註無別；惟張守節《史記正義》分釋

　　之，《字彙》仍之，上、去二音各有義訓。《正字通》則

　　以去聲爲常，上聲者叶音也。《康熙字典》並斥其非[9]。

例‧「嶹」（見寅集中，山部，九畫，第二四四頁。）

　內容：《集韻》寫與切，須上聲，山名。

　按語：按《字彙》作私呂切，非。

　謹案：寫與、私呂二切，並屬心母、語上聲，僅切語用字不同，今

　　　《中文大辭典》二切語並存。

6.義訓方面

　　《康熙字典》按語對《字彙》、《正字通》義訓方面所提出之

辨正，茲舉例如下：

---

[9] 王力先生云：「此條大錯。『坐』字作行之對講時，當讀上聲，徂果切。⋯⋯在特殊情況下才讀去聲。《廣韻》去聲過韻『坐』下云：『被罪』。」詳見王氏《康熙字典音讀訂誤》，頁六三。依此則《字彙》之說並無不當；惟此一部分僅就《康熙字典》駁正《字彙》、《正字通》音讀之現象而言，姑且不論其駁斥之對否。

例‧「丰」（見子集上，丨部，三畫，第七頁。）

內容：《說文》艸蔡也，象艸生散亂。凡丰之屬皆从丰。

按語：按《說文》丰與夆別。夆、相遮要害也，讀若害。《字彙
》誤以丰爲夆，移《說文》夆訓入丰註，非。

謹案：《字彙》丨部丰字謂「下蓋切，音害，相遮要害也。」是
誤以丰爲夆，其在夊部「夆」下補云：「从丰，丰音
界。」知《字彙》丰字謂「下蓋切、音害」，非也，故
《康熙字典》據《說文》而駁之，是。

例‧「悁」（見卯集上，心部，六畫，第三一二頁。）

內容：《說文》變也，《玉篇》異也，《廣韻》悔也。

按語：按《說文》悁字从心，與詭字从言，音同義別，《字彙》
同詭，誤。

謹案：《說文》心部悁訓「變也」，言部詭訓「責也」，二字音
同義別。《字彙》云「同詭」，《正字通》云「詭、悁
通」。同者，謂音義並同，爲一字之異體，與《說文》本
義相牴觸，未若《正字通》云「詭、悁通」爲妥，《康熙
字典》駁之，是也。

7.引用資料方面

例‧「嘌」（見丑集上，口部，十一畫，第一三三頁。）

內容：又《正字通》「《廣韻》讀如瓢，程大昌《演繁露》曰：

今世歌曲皆古鄭衛汎濫者，曰嘌唱。嘌音瓢。」

按語：按《廣韻》無瓢音，《正字通》誤。

謹案：《廣韻·下平卷二·四宵》「嘌、疾吹之皃。」而無瓢音

，知《正字通》引用資料有誤。

例·「巒」（見寅集中，山部，十九畫，第二五〇頁。）

內容：《正字通》又鹽韻，音廉。引蘇軾〈謝歐陽晦夫遺琴枕詩〉

我懷汝陰六一老，眉宇秀發如春巒。

按語：按蘇軾俱入寒韻，引用譌。

謹案：《正字通》山部十九畫云「又鹽韻，音廉。蘇軾贈歐陽晦

夫詩，攜兒過嶺今七十，眉宇秀發如春巒。」查《蘇東坡

全集·歐陽晦夫遺接䍦琴枕詩》「攜兒過嶺今七年，晚塗

更著黎衣冠……我懷汝陰六一老，眉宇秀發如春

巒。……」[10]蘇軾詩俱入寒韻，《正字通》云「鹽韻」，

《康熙字典》駁之，是也。

（二）關於《說文》所載者

　　《康熙字典》辨正《字彙》、《正字通》的依據主要以《說

文》、《玉篇》爲主，並參考其他字書、韻書、典籍史傳等；不

---

[10] 詳《蘇東坡全集·後集·卷七》，頁五三一，河洛圖書出版社。

過，它雖以《說文》等書爲依據，並不將之奉爲聖典，固守不二，凡引書中有譌舛不實者，逐加按語一一說明之。如：

例‧「佖」（見子集中，人部，五畫，第二六頁。）

內容：《廣韻》、《集韻》、《韻會》、《正韻》达有威儀也。《詩‧小雅》威儀佖佖，《說文》作佖佖。

按語：按《詩‧賓筵》威儀佖佖，註訓媟慢，承上既醉而言，謂醉無儀也。《說文》引《詩》訓威儀，與《詩》義反，此《說文》之誤，諸韻書仍之，达非。

謹案：威儀佖佖引自《詩‧小雅‧賓之初筵》。《說文》作威儀佖佖，訓威儀也，用字與〈毛傳〉別，義訓與〈毛傳〉訓「媟慢」相反，近人馬宗霍云「蓋本三家」[11]，今諸韻書仍《說文》之說。《康熙字典》一本〈毛傳〉，而謂《說文》、諸韻書「达非」。

例‧「駉」（見亥集上，馬部，五畫，第一三六三頁。）

內容：《玉篇》與駫同，馬肥壯盛貌。《詩‧魯頌》駉駉牡馬，在坰之野。〈傳〉良馬腹幹肥張。又《說文》牧馬苑也。

按語：按《詩》在坰之野，〈毛傳〉林外謂之坰，坰非駉，駉非牧苑，《說文》引用誤。

---

[11] 詳馬宗霍《說文解字引經考‧引詩考‧卷二》，頁四四九，臺灣學生書局印行。

謹案：「駉駉牡馬，在坰之野」引自《詩・魯頌・駉》。《說文》：「駉、牧馬苑也。从馬同，《詩》曰：在同之野。」今詩作坰。〈毛傳〉云「林外謂之坰」與《說文》「冂」字云「林外謂之冂」合，然許慎冂部下不引《詩》，而在駉下引《詩》，訓牧馬苑也，文義與〈毛傳〉別，蓋據三家也[12]。《康熙字典》本〈毛傳〉而謂《說文》引用誤。

上述諸例爲《康熙字典》辨訂《說文》所載。

（三）關於其他字書、韻書所載者

例・「爹」（見巳集中，父部，六畫，第六一八頁。）

按語：按《集韻》云《說文》爹、羌人呼父也。《說文》本無父部，又不載多部，《集韻》引《說文》誤。

謹案：《集韻》爹字兩載，一在平聲九麻韻中，一在上聲三十三哿韻中。後者引《說文》爹、羌人呼父也，查爹字不見於《說文》，爲《集韻》妄加，《康熙字典》斥其誤，是也。

例・「芔」（見申集上，艸部，三畫，第九四七頁。）

內容：《郭忠恕・佩觿》三十之卉爲百芔，非。卉、音先合反，芔、音許貴反，二字音義迴別，不應假借。

按語：按《唐韻》、《集韻》等書芔俱通卉，蓋芔之爲卉，文由

　　　　隸變，非近代沿寫之訛。《正字通》云《爾雅》諸經凡屮皆

　　　　作卉，非自今始，茲說甚正，郭氏泥古不可據也。

　　謹案：《康熙字典》以《正字通》所云《爾雅》諸經凡屮皆作卉

　　　　　，非自今始，而駁《郭忠恕・佩觿》之說。

例・「犾」（見午集上，甘部，四畫增，第六八二頁。）

　　內容：《字彙補》古文吳字，見《玉篇》。

　　按語：按《玉篇》吳字古文作𣥐，《字彙補》譌作犾。

　　謹案：查《大廣益會玉篇》矢部第三百三十二，吳字古文作「𣥐」

　　　　　，按語注明正確之古文形體，並斥《字彙補》譌作犾，

　　　　　《康熙字典》駁之，是。

上述諸例為《康熙字典》辨訂其他字書、韻書所載者。

（四）關於典籍史傳所載者

例・「哉」（見丑集上，口部，六畫，第一一七頁。）

　　內容：《詩・大雅》陳錫哉周。〈傳〉哉、載也。〈疏〉文王能布陳

　　　　　大利，以賜子孫，於是又載行周道，致有天下。哉與載古字通。

　　按語：《左傳・宣十五年、昭十年》引《詩》，哉俱作載；又〈鄭

　　　　　箋〉云：哉、始也。與〈毛傳〉異。

　　謹案：查《左傳・宣十五年》引《詩》曰「陳錫哉周」，《左傳・

　　　　　昭十年》引《詩》曰「陳錫載周」，後者下云：「載如

字，《詩》作哉，毛云：哉、載也。鄭云：始也。」編者加按說明〈鄭箋〉與〈毛傳〉之別。

例・「悌」（見卯集上，心部，七畫，第三一四頁。）

內容：又《爾雅・釋言》豈弟，發也。〈郭璞註〉發、發行也。引《詩》齊子豈弟。〈疏〉引〈鄭箋〉云：此豈弟猶言發夕也；豈讀爲闓。弟《古文尚書》以弟爲圛，圛、明也。然則郭云：發、發行也，是用〈鄭箋〉爲說。〈孔穎達曰〉此豈弟猶發夕，言與餘豈弟不同也，讀愷爲闓，《說文》闓、開也。〈洪範〉論卜兆有五曰圛；註云：圛者色澤光明。上云發夕，謂初夜即行，此云闓明，謂侵明而行，與上文相通也。

按語：按豈弟，又有發行之義。〈毛傳〉於〈齊風・載驅詩〉之豈弟，與他處豈弟，訓義混同，〈鄭箋〉不從，必有考也。《集韻》又有特入切，當訓發也；今《集韻》仍〈毛傳〉而不用〈箋〉，則多此一切爲贅矣！

謹案：《詩》中「豈弟」一詞凡七見[13]，〈齊風・載驅詩〉之豈弟，〈鄭箋〉云：猶言發夕也。〈疏〉言與餘豈弟不同也，

___

[13]《詩經》中引「豈弟」一詞凡七見，依序分別爲〈齊風・載驅詩〉、〈小雅・蓼蕭詩〉、〈小雅・湛露詩〉、〈小雅・青蠅詩〉、〈大雅・旱麓詩〉、〈大雅・泂酌詩〉、〈大雅・卷阿詩〉。

〈毛傳〉混同之。《康熙字典》謂〈鄭箋〉之說必有考，

應從之。繼之，又駁《集韻》循〈毛傳〉之非也。

二、藉以補充說明

綜觀《康熙字典》按語在補充說明的作用中，約可分成以下五類，今逐項舉例說明之。

（一）說明歸部之由

例・「仌」（見子集中，人部，二畫，第二〇頁。）

按語：按《說文》仌自爲部，今依《正字通》列人部。

例・「朿」（見辰集中，木部，二畫，第四三八頁。）

按語：按《說文》朿自爲部，棗、棘字从之，今誤入。

例・「林」（見辰集中，木部，四畫，第四四四頁。）

按語：按《說文》林自爲部，梦、楚等字从之，今併入。

例・「耑」（見未集中，而部，三畫，第八九〇頁。）

按語：按《說文》耑自爲部，今从《正字通》併入。

《康熙字典》藉由按語來補充說明其歸部之情形，若從按語條例作全面性之整合、分析，則我國字典部首由《說文》繁多的五百四十部，歸併爲今日通行之二百一十四部首，其中省併增刪的軌跡，就不難發現了。

（二）標明俗譌字

例・「價」（子集中，人部，十五畫，第四八頁。）

　按語：按《集韻》有儥無價，價註與儥同，疑即儥字之譌。

例・「儎」（子集中，人部，十六畫，第四九頁。）

　按語：按儎字《玉篇》、《廣韻》、《集韻》諸書皆不載，疑即
　　　　翫字之譌。

例・「狥」（見巳集下，犬部，六畫，第六三八頁。）

　內容：《字彙》俗徇字。

　按語：按狥字諸書不載，當為徇字譌。

例・「繰」（見未集中，糸部，十二畫，第八六七頁。）

　內容：《字彙補》與繰音義同。

　按語：按《類篇》繰或从梟作繰，俗从梟字，或變作參，亦作糸
　　　　，此復誤作糸，非是。

《康熙字典》藉由按語來補充說明字之俗譌，既可明白文字之正俗
關係，又能見俗譌字產生之原，區分俗、譌之辨，其加強說明之作
用，不可謂不顯矣。

（三）說明古今用字

例・「亨」（見子集上，亠部，五畫，第一六頁。）

　內容：《史記・韓信傳》狡兔死，獵狗亨；高鳥盡，良弓藏；敵
　　　　國破，謀臣亡。

按語：按古惟亨字兼三義，後加一畫作享獻之享[14]；加四點作烹飪

　　　之烹，今皆通用。

例・「偭」（見子集中，人部，九畫，第三九頁。）

　內容：又與面通，《說文》鄉也，引《禮・少儀》尊壺者偭其鼻。

　按語：按《禮・少儀》今本作面。

例・「煢」（見巳集中，火部，九畫，第六〇五頁。）

　內容：《孟子》「《詩》云：哿矣富人，哀此煢獨。」

　按語：按《詩・小雅》今本作惸。

　　由於時代變遷，文字之運用日廣，有古今文字通用者，有古用

此字、今用彼字者，藉由《康熙字典》按語之注明古今用字，可使

後學者了解古今文字運用之大概。

（四）說明諸書異體

例・「囤」（見子集上，丨部，十一畫增，第八頁。）

　內容：《說文》古文龜字，註詳部首。

　按語：按《玉篇》書作𪚲，《集韻》書作𪚫，今分見。

例・「嚭」（見丑集上，口部，十九畫，第一四三頁。）

　按語：按各韻書或作噽、嚭，皆重文。

例・「嚵」（見丑集上，口部，十九畫增，第一四三頁。）

按語：按《說文》、《廣韻》本作嚵，《玉篇》書作嚵，《類篇
　　　》書作嚵，筆畫微異，皆爲重文。

　《康熙字典》按語注明諸字書、韻書、經傳之重文、異體字，
可供後學者兩相參照，洞悉古今文字形體之別。

（五）補充前人說法

例・「犏」（見巳集下，牛部，九畫，第六三一頁。）

　內容：《正字通》匹焉切，音偏。師古曰：犛牛即犏牛。《水東
　　　　日記》曰：犛牛與封牛合，則生犏牛，狀類犛牛，偏氣使
　　　　然，故謂之犏，據此說，犏又犛之遺種，非即犛牛也。

　按語：按字書無犏字，《正字通》新增，顏師古〈上林賦〉註曰
　　　　：旄牛即今所謂偏牛，本作偏。惟吳任臣《山海經》註
　　　　云：李東璧曰：旄牛一名犏牛，即《爾雅》之犤牛，犏從
　　　　牛旁與《正字通》合。

例・「帢」（見寅集中，巾部，八畫，第二六一頁。）

　內容：《玉篇》帽也，絹幘也，同帢。《晉書・輿服志》漢儀，立
　　　　秋日，獵服緗幘，哀帝改用素白帢。

　按語：按魏武帝裁縑帛以爲帢；本施軍飾，非爲國容也。徐爰曰：
　　　　帢本未有岐，苟文若巾之行，觸樹枝成岐，謂之爲善，因而
　　　　弗改，今通以爲慶弔服。又咸和九年，制聽尚書八座丞郎，

門下三省侍官，乘輿白帢低幃，出入掖門；又二宮直官，著烏紗帢；然則往往士人燕居，皆著帢矣。

《康熙字典》在原有的訓註下，又引用其他相關資料，予以補充說明，用以補證字書（《正字通》），或作更詳盡的說明。

三、諸說並列、存參備考

《康熙字典》為一集合歷代重要字書大成之巨著，其內容自然包羅廣闊，諸說並存。今查該書並存之因，約有以下數端，茲逐項舉例以證之。

（一）各有所據而存

例・「吅」（見丑集上，口部，三畫，第一〇三頁。）

內容：《字彙》匹錦切，音品，吅也。又《正字通》吅字省文，從口川，詳巛部吅字註。

按語：按《字彙》本《篇海》，《正字通》本《同文舉要》，今兩存之。

例・「熋」（見巳集中，火部，十畫，第六〇七頁。）

內容：《集韻》、《類篇》吞來切，音能，熱也。《正字通》同熊，俗書分兩音兩義，誤。

按語：按熊、熋似為一字而異文，然熋於字為能火，《集韻》、《類篇》訓作熱，當亦有據，今兩存之。

（二）未知孰是而存

例・「瀢」（巳集上，水部，十七畫，第五九〇頁。）

　按語：按《字彙補》書作篕，入竹部，訓爐字之譌，今並存以俟考。

例・「瓠」（見午集上，瓜部，八畫，第六七五頁。）

　　內容：《前漢地理志》瓠縣。〈註〉師古曰：瓠即執字。又《前漢
　　　　　王子侯表》瓠節侯息。〈註〉師古曰：瓠即瓠字也。又《史
　　　　　記・建元以來侯者年表》瓠讇侯扜者。〈註〉徐廣曰：瓠、音
　　　　　胡。《索隱》曰：縣名。按〈表〉在河東志亦同，即狐字。

　　按語：按三說不同，未知孰是，存以備考。

（三）沿俗之用而存

例・「歟」（見辰集下，欠部，十四畫，第五〇一頁。）

　　內容：《正字通》歟無羽、豫二音，《字彙》又音羽，又音豫，
　　　　　義同，不知羽爲與之本音，即賜與之與；豫爲與之轉音，
　　　　　即《魯論》吾其與聞之與。與字轉平借作歟，義通歟，溷
　　　　　借上去二聲同與，則難通也。

　　按語：按此言誠是因諸韻書相沿日久，故兩存之。

例・「芁」（見申集上，艸部，二畫，第九四五頁。）

　　內容：《唐韻》《集韻》並居由切，音鳩，秦芁、藥名。

　　按語：按芁字亦作艽，亦作朹，本作艽。《本草》又作秦糺，李

時珍曰：根作羅紋交紏者佳，則芀字頗合意義，但沿俗從

芁。芀、芁不妨垃存。

四、以字音動靜說明詞性

利用按語來說明詞性，可說是《康熙字典》的一大特色。書中
以字音之動靜分釋四聲之別，茲舉例如下：

例・「上」（見子集上，一部，二畫，第四頁。）

　按語：按字有動靜音，諸韻皆以上聲是掌切，爲升上之上，屬動。

　　　　去聲時亮切，爲本在物上之上，屬靜。今詳《說文》上聲

　　　　上字高也，是指物而言，則本在物上之上，亦作上聲矣，

　　　　依諸韻分動靜音爲是，後倣此。

例・「傳」（見子集中，人部，十一畫，第四二頁。）

　按語：按諸字書，傳本有直攣、知戀、直戀三切，《廣韻》分析

　　　　極細，《正韻》因之；然歷考經史註疏驛傳之傳，平、去

　　　　二音可以互讀；至傳道、傳聞、傳授之傳，乃一定之平

　　　　聲，紀載之傳一定之去聲，此音之分動靜不可易者也。

　　　　《正字通》專闢動靜字音之說，每於此等處爲渾同之說以

　　　　亂之，此斷斷不可從者。

例・「膏」（見未集下，肉部，十畫，第九二〇頁。）

　按語：按劉鑑經史動靜字音，凡脂膏之膏，則讀平聲；用以潤物

曰膏，則讀去聲。

五、按語中見凡例

　　《康熙字典》在書前設有「凡例」，說明其內容、要旨和編輯體例，而在其按語中也有凡例存在，這是研究《康熙字典》編纂體例時所不容忽略的一部分。茲舉例如下：

例・「恆」（見卯集上，心部，六畫，第三一一頁。）

　　按語：按此字體製不一，《說文》、《集韻》、《六書統》、《說文長箋》、《精薀》、《正譌》等書從月從舟，辨駁更改，或省或并，恐屬臆斷，因去古已遠，大篆、小篆已多不合，而況隸楷乎？凡講字形處槩不贅引。

例・「悬」（見卯集上，心部，八畫，第三一九頁。）

　　按語：按《篇海》因悬字而譌，六書無此字。凡字不見經史者，多傳寫之誤。

例・「潁」（見巳集上，水部，十一畫，第五七六頁。）

　　按語：按《正字通》入頁部，今依《說文》，凡頖、穎、穎、潁俱改入火、禾、木、水等部。

六、形義辨微

　　我國文字的演變，由篆籀文至隸楷字，文字形體產生了許多混同、類化的現象，因而造成隸楷體中有許多形義譌混不別的情形；

另有文字義訓相近而微有別。《康熙字典》按語有一部分就針對這類問題予以辨析。茲舉例如下：

例・「嘼」（見丑集上，口部，十二畫，第一三五頁。）

　　內容：《玉篇》古文畜字，註詳田部五畫。《說文》牺也，象耳
　　　　　頭足厹地之形。《玉篇》六畜養之曰牲，用之曰嘼。《揚
　　　　　子方言》嘼之初生謂之鼻；又陳、楚之閒，凡人嘼乳而雙
　　　　　產，謂之釐孿。

　　按語：按《周禮・天官・獸醫註疏》在山曰嘼，在家曰畜，則嘼、
　　　　　畜二字又微有別。

例・「恘」（見卯集上，心部，五畫，第三一〇頁。）

　　按語：按此字與恘字相似，恘字从心从戌，有休必、騧劣二切，
　　　　　此字从心从戉，止有許月一切，《集韻》分別甚明，近時
　　　　　字書混載，舉此棄彼，《正字通》遂謂一字兼有二義，並
　　　　　無兩字，亦屬臆斷也。

例・「禾」（見午集下，禾部，一畫，第七七六頁。）

　　按語：按禾、禾二字真書易混，《說文》禾自為部，稽旁从禾又
　　　　　自為部，今分見本部。各畫之中禾頭左出而厼，禾頭右出
　　　　　而平，宜分別觀之。

七、以方音方言或等韻門法釋音

例・「怎」（見卯集上，心部，五畫，第三〇七頁。）

按語：按此字《廣韻》、《集韻》皆未收，惟韓孝彥《五音集韻
》收之。今時揚州人讀爭上聲，吳人讀尊上聲，金陵人讀
津上聲，河南人讀如椹，各從鄉音而分也。

例・「怖」（見卯集上，心部，五畫，第三〇八頁。）

內容：《廣韻》、《集韻》、《韻會》𠀤普故切，與悑同。《玉
篇》惶也。……又《正韻》博故切，音布，義同。

按語：按普字滂母，博字幫母，此南、北音之稍異也。

例・「烓」（見巳集中，火部，七畫，第五九九頁。）

內容：《唐韻》許偉切，《集韻》、《韻會》詡鬼切，𠀤音烜。
《說文》火也，从火尾聲，《詩》曰：王室如烓。

按語：按《詩・周南》王室如燬，釋文云燬，字書作烓，一音火
尾反，或曰楚人名曰燥，齊人曰燬，吳人曰烓，此方俗訛
語也。又《廣韻》齊人云火。

上引諸例乃以方言方音說明其音讀切語。

例・「丕」（見子集上，一部，四畫，第五頁。）

內容：《廣韻》敷悲切，《集韻》、《韻會》攀悲切，《正韻》
鋪悲切，𠀤音胚，大也。

按語：按《廣韻》、《玉篇》諸書音切具本音和，爲重脣、輕脣

之音，多用交互，後學不考，逐成譌舛，如丕用敷悲切之
類，是以敷母輕脣之音，切滂母重脣之字，宜從《集韻》
諸書挈悲切爲是。

例・「僄」（見子集中，人部，十五畫，第四八頁。）

　　內容：《唐韻》甫嬌切，《集韻》、《韻會》悲嬌切，《正韻》悲
　　　　　遙切，达音標。

　　按語：按《廣韻》僄、甫嬌切，音標，用交互門法，以非母切幫
　　　　　母下字，今應用音和門卑遙切爲是。

上引二例即以等韻門法說明諸韻書之音讀。所謂音和門法，係指反
切上字與所切之字於韻圖同屬一母，反切下字與所切之字同韻同等
呼，此爲韻圖歸字通則。由於古今音聲變遷之故，今人讀古音遂有
「類隔」之說，蓋古音舌頭舌上，輕脣重脣，實無區別，後世音
變，遂覺不同。由於類隔切語不易切出所求字音，等韻學家乃立門
法以釋之。輕重交互法，即爲脣音類隔所立之門法[15]。

參・《康熙字典》「按語」反映出來的現象

　　《康熙字典》全書逾二千五百條的按語中，除了上述各種作用
外，由於成書倉促，加之非出一人之手，故存在不少的缺失，如引

---

[15] 詳林尹著、林炯陽注釋《中國聲韻學通論》，頁二三二至二三四。黎明文化事業公司。

文內容時有錯誤，考辨前後矛盾或內容嫌於簡略等等，然而我們從這些按語中，可以觀察出當時編纂字書的某些現象，以下分點敘述之。

一、倉促成書，引文內容時有錯誤

按語中引文時有錯誤，茲引二例說明之：

例・「听」（見丑集上，口部，四畫，第一〇六頁。）

內容：《正字通》吲字之譌。

按語：按吲、听二字音義並同，當爲重文。《正字通》既以听爲吲字之譌，又以吲爲俗字，疑誤。

謹案：今查《正字通》本作「吲字之譌」，非「吲字之譌」也，《康熙字典》不察，引文之字形有誤。

例・「挅」（見卯集中，手部，五畫，第三五五頁。）

內容：《正字通》挄本字，譌爲挄。

按語：按《說文》云從手市聲，普活切，挄非譌文，此依篆體重出。

謹案：《正字通》手部五畫只云「挄本字，《說文》攃也，篆作

舊本闕。」未云其譌體作挄，《康熙字典》按語未辨其明，而云「挄非譌文，此依篆體重出。」未知何據。

《康熙字典》全書的按語有兩千五百三十餘條，相較於全書四萬七

千零三十五字[16]，比例並不算高，然在這比例不算高的按語中，其引文內容便時有錯誤，由此可推知《康熙字典》全書訛舛錯雜，故道光七年王引之奉命作《字典考證》，查考出二千五百八十八條錯誤，後來日人渡部溫先生作《康熙字典考異正誤》、近人王力先生作《康熙字典音讀訂誤》，又各自訂正了四、五千條的錯誤，可見《康熙字典》當初成書之急迫，未及精審。

二、考辨之嚴謹度尙不及乾、嘉時期

由於《康熙字典》當初成書之急迫，故書中考辨或有前後矛盾者，如：

例·「變」（見酉集上，言部，十六畫，第一一一四頁。）

　　按語：按《說文》本从攴絲，載攴部。……《字彙》已載攴部，

　　　　　是言部重出，下改从夊，非。

查《字彙》攴部十八畫有「變」字，《康熙字典》攴部十九畫亦載「變」字，並按云「《玉篇》从夊作變，夊即攴字。《六書精薀》从夊不从攴，與《說文》異。變訓夏也，夏从夊，變亦當从夊，依《說文》爲是，俗譌从夊，相承已久，不可改正，詳言部變字註。」對照此二按語，即見其考辨之矛盾譌誤。查夊即攴字，篆文攴隸定多作夊，與从夊異。《康熙字典》按語混同了夊與夊，致使

考辨產生矛盾。此外，書中按語有相當多是僅以「按即某字之譌」的形式出現，如力部「勄」字、勹部「匐」字、十部「斡」字、厂部「厫」字……等，按語內容過於簡略，或僅用「存以俟考」一語帶過，缺少考辨過程，與清代乾、嘉時期嚴謹的考據學風是顯然有別的。

三、表現清初學者的思想觀念

　　《康熙字典》按語多半是對文字形、音、義或諸字、韻書等方面的補充考訂，但偶有編纂者藉由按語來發表思想觀念的，如：

例・「天」（見丑集下，大部，一畫，第一七六頁。）

　　內容：《朱子語類》離騷有九天之說，諸家妄解云有九天，據某觀
　　　　　之，只是九重。蓋天運行有許多重數，裏面重數較軟，在外
　　　　　則漸硬，想到第九重，成硬殼相似，那裏轉得愈緊矣。

　　按語：按天形如卵白，細察卵白，其中之絪縕融密處，確有七重。
　　　　　第八重白膜稍硬，最後九重便成硬殼，可見朱子體象造化
　　　　　之妙，今西洋曆說，天一層緻似一層，此七政退旋，所以
　　　　　有遲速也。

《康熙字典》編纂者根據《朱子語類》釋天之說，復以卵白擬之。以今日科學眼光看，朱子之言「蓋天運行有許多重數」與西洋曆說「天一層緻似一層」，即言大氣層之有稀有薄，似也；惟按云八、

九層似卵之白膜與硬殼，則屬妄說。編纂者藉由按語發表此一思想，也表現出當時學者對天文現象的錯誤觀念。

肆·結語

　　《康熙字典》按語的設置，在字書編纂過程中，對於字形、字音、字義的補充諟正，的確產生了輔助的功能。書中的按語雖呈現著某些缺失，究其因，則是該書內容繁多，成書匆促，加上編纂者眾多，因此不免有疏訛之處。然《康熙字典》「按語」形式之確立，對後出字典的編纂也產生了不少的影響，如一九一四年陸費逵等人編纂之《中華大字典》、一九九五年由中共四川辭書出版社、湖北辭書出版社合作出版的《漢語大字典》均保留了「按語」的形式，適時地為字典析形、釋音、訓義提供補充的資料。再者，「按語」內容中諸說並存，表現了其兼容並包之特點；藉由字音之動靜來分辨詞性，可突顯我國文字運用之多變性；按語中偶見凡例，可以補足書前凡例之不備，俾對全書編纂體例之了解；以方音方言釋音，亦可保存了各地方寶貴的文化遺產；談及立部歸字之處，更有助於後人了解我國字典部首由《說文》繁多的五百四十部，歸併為今日通行之二百一十四部首，其中省併增刪的軌跡了。當然，最重要的是，按語對字形、字義的細微辨析、筆畫數的更正，對於我國

文字演進過程中，是有不可否認的整理之功，也是值的我們肯定與

讚許的。

重要參考書目

丁度等人，《宋刻集韻》，北京中華書局，一九八九年五月第一版。

王力，《康熙字典音讀訂誤》，北京中華書局，一九八八年三月第一版。

丰逢奉，〈康熙字典編纂理論初探〉，《辭書研究》，上海辭書出版社，一九八八年第二期，頁七二～頁八○。

司馬光編，《類篇》，北京中華書局，一九八四年十二月初版。

許慎著，《說文解字》，書銘出版公司，民國七十五年九月四版。

張玉書等人，《康熙字典》，文化圖書公司影印同文書局石印本，八十三年二月出版。

張玉書等人，《康熙字典》王引之校改本，上海古籍出版社，一九九六年一月第一版。

張自烈，《正字通》，潭陽成萬材梓行。

梅膺柞、吳任臣，《字彙、字彙補》合刊本，上海辭書出版社，一九九一年六月第一版。

顧野王，《大廣益會玉篇》，北京中華書局，一九八七年七月第一版。

第二屆國際暨第四屆全國訓詁學學術研討會
臺北‧臺灣師範大學國文學系 1998.12.5-6

瞿部蒙䀠蒙隹而次説之商榷

韓國安東大學中文系
金鐘讚

一

　　清代以前，研究《說文》的學者多在校勘和訂補等方面下功夫，對全書的條例不甚了解。段玉裁首先突破了這種局限，開始注意到許書的條例，並且多有闡發。他在研究部首排列時也發現了隔部相蒙爲次、數部相蒙爲次。[1]他的這種見解顯然勝於小徐之據義系聯之看法。但段氏在瞿部下注明云：仍「蒙䀠蒙隹而次之」。我們認爲這瞿部應蒙隹而次之而跟䀠部沒有一定的關係。

　　在本文中我們先考察部首排列之一般情況，再考察部屬字與部首之意義上問題而進一步探討部首排列與意義關係。最後提出我們對瞿部排列之見解。

二

　　東漢許慎的《說文解字》是中國古代第一部字典，同時也是一部重要的文字學著作。該書以首創部首爲世人矚目。全書收篆字九三五三字，字數雖多，但「雜而不越，據形系聯」，分別歸入五四○個部首，使漢字有史以來第一次形成科學系統。漢字，尤其是其中的形聲字，是怎樣歸入部首的呢？

　　許慎編排五百四十個部首，始於「一」，終於「亥」，希望做到排列有序。但是如不從筆畫的多寡上考慮部首的編排，要真正做到排

1.《說文解字注》黎明文化事業股份有限公司，1985‧9，頁 773－788。

列有序則十分困難。所以《說文》的部首排列雖說有序，但不易掌握。迄今爲止，對五四〇部部次解釋比較客觀的當推清人段玉裁。段氏在注許慎自序「據形系聯」一句時說（《說文解字注》十五卷下）[2]：「系者，懸也；聯者，連也。謂五百四十部次第大略以形相次連。使人記憶易檢尋。如八篇起人部，則全篇三十六部皆由人而及之是也。雖或有以義相次者，但十之一而已。」可見段氏是以許慎自己提出的以形相次例爲主，又照顧到了以義相次的部次存在的事實的。對於這一點，陳師新雄先生在〈《說文解字》之條例〉[3]中講得很清楚。例如：

（一）·據形系聯
　　（1）　連部相蒙爲次：
　　　　　迮鶴壽云：
　　　　　　　「如『上』部蒙『一』，以古文上作『二』也。『示』部蒙古文『二』，『三』部蒙『示』，以『示』有三垂也。『王』部蒙『三』，以一貫三也。『玉』部蒙『王』，形相近也。『珏』部蒙『玉』，『珏』本可附玉部，而另立一部者，因瓃班等字從珏故也。」

　　（2）　隔部相蒙爲次：
　　　　　迮鶴壽云：
　　　　　　　「如『告』部中隔一部而蒙『牛』，『气』部中隔三部而蒙『三』，『丨』部中隔三、四而蒙『王』『玉』。甚至有隔十二部而相蒙，如『足』之蒙『止』是也。有隔三十四部而相蒙，如『言』之蒙『口』是也。」

　　（3）　數部相蒙爲次：
　　　　　迮鶴壽云：
　　　　　　　「如『可』『兮』『号』『亏』之皆蒙『丂』，『兩』『网』『襾』『巾』之皆蒙『冂』『兄』『兂』『皃』『兓』『先』『禿』『見』之皆蒙『儿』是也。」

[2].《說文解字注》黎明文化事業股份有限公司，1985·9，頁789。
[3].陳新雄，〈《說文解字》之條例〉，《文字聲韻論叢》，東大圖書股份有限公司，1994.1，頁389。

（4）　迮鶴壽云：

「『丵』部次於『辛』，其形下體類『辛』也。『冓』部次於『苒』，其形上體類『苒』也。『革』部次於『臼』之後，以古文革從『臼』也。

（二）·類義爲次：

（1）　以義相次而義相類：

迮鶴壽云：

「『牙』部次於『齒』，牙之形無所蒙，而其為物則『齒』類也，『爻』部次於『卜』之後，卦爻之事與『卜』相近也。『衣』部次于『身』，衣從二人，且所以彰身也。又云：「『木』部之後，既蒙之『東』部『林』部矣。而『才、艸木之初也。』『叒、博也。』『㞢』部、『帀』部、『出』部、『木』部、『生』部、『乇』部、『丞』、『𦾔』部、『華』部、『禾』部皆言艸木之事也。」

張度云：

齒之與牙、爪之與𠬪、韋之與弟、才之與叒、出之與木、東之與鹵、齊之與朿、克之與彔、韭之與瓜、面之與丏、冉之與而、易之與象、犬之與鼠、黑之與囪、雲之與魚、龍之與魚、龍之與飛、至之與西、琴之與曲、㞷、瓦、幵、勺、几、斤、斗、予、車之類，無形可象，誼系之正也。」

（2）　以義相次而義相關：

張度云：

「許君於數目、鳥獸字之為部首者，不盡類次，干支二十二部類次于末，所謂『畢終於亥、知化窮冥』也。干支既順敘，而以寅為歲首，遵漢曆也。」按數目與干支，形既不近，義亦不盡類，只以同為計數與敘時相關，故類次之也。

（三）·獨立特出：

形既不相似，義亦不相關，則冒特起之例焉。王鳴盛《說文分部次弟》云：

> 「從一字連貫而下，至連之無可連，則不欲強為穿鑿，聽其斷而不連，別以一部重起，全書中如此者屢矣。」

張度曰：

> 「形義俱無，是特冒起之例。」

迮鶴壽曰：

> 「亦有絕不相蒙者，非但幺之與茻，人之與黹兩部不相蒙。」

按除幺與茻、人與黹外，若「竹」與「角」、「甘」與「丞」皆無所關聯，其為獨立特出顯然，段氏所注不蒙上者尤眾。顧此仍有仁智之見，尚難定於一尊耳。

三

在前一節裏我們已大概考察過《說文》部首之排列情形，基本上可以說是「據形系聯」。比較有趣的是隔部相蒙為次，數部相蒙為次之類型。段玉裁的此一發現是很有意義的。但這裏有一件我們要探討的事情，段玉裁在他的《說文解字注》中說：

夏部九十八仍蒙支而次之。

目部九十九蒙夏從目而次之。

䀠部一百蒙目而次之。

眉部一百一蒙目而次之。

盾部一百二蒙目而次之。

自部一百三字形略與目字形相似故次之。

白部一百四白與自一字如屮與中一字。

鼻部一百五蒙自而次之。

皕部一百六蒙白部之百字而次之。

習部一百七蒙白而次之。

羽部一百八蒙習從羽而次之。

隹部一百九羽傳於隹故次之。

奮部一百十蒙隹而次之。

崔部一百十一蒙隹而次之。

丫部一百十二蒙崔從丫而次之。

凿部一百十三蒙丫而次之。

羊部一百十四蒙丫而次之。

羴部一百十五蒙羊而次之。

瞿部一百十六仍蒙朙蒙隹而次之。

這裏我們注意瞿部下的註解，如果從字形來看，瞿字是朙與隹之結合。我們也許可以從數部相蒙爲次來處理瞿字，但我們在沒接受段氏之觀點之前，要考慮一下部屬字的歸部原則。魏勵先生在〈評王筠《說文釋例》〉[4])中云：

「部屬字的歸部原則，王筠重點闡述了形聲、會意兩類字的歸部條例：『許君之列文也，形聲字必隸所從之形，以義為主也；會意字雖兩從，而意必有主從，則必入主意一部，此通例也。』（卷九）形聲字由意符和聲符兩部分組成，當入意符之部。如『祥』，從示羊聲，入示部；『伴』，從人半聲，入人部，會意字常常會合兩個意符來表達，而意有主從，當入田部；『取』，以手取耳，入又部不入耳部。」

形聲字應該都是一形一聲，無一例外，因此，形聲字的歸部是十分明確的，只要以義符爲根據來歸部就可以萬無一失。除了有些非形聲字，許慎誤定爲形聲從而造成歸部錯誤以外，絕大部分形聲字許慎的歸部是沒有問題的。而與形聲字相對立的非形聲字，在歸部上就不如形聲字這樣明確了。不但容易發生失誤，而且有些失誤是難以避免或根本無法避免的。

　　會意字的幾個組成部分都是義符，這是它不同於形聲字的地方，也是造成它歸部困難的根源。一個會意字有兩個義符，就有可能歸入兩個部；有三個義符，就有可能歸入三個部；有四個義符，就有可能

4. 魏勵，〈評王筠《說文釋例》〉，《中國語文》中國社會科學出版社，1983.11，頁468。

歸入四個部，如此等等，然而，《說文》一般都歸入一個部，它根據的是甚麼呢？依我們看，它所根據的當然只能是這個會意字的字義訓詁了。因爲如果根據字形的話，任何一個異形合體會意字都只好同時歸入兩個或兩個以上的不同部首了。現在拿羼字做檢討吧。羼字是由尸與羴而構成的。而許慎把它歸於羴部而不歸於尸部。我們知道羴部底下就有此字。如果羼字許慎認爲可以歸於尸部，則羴部怎麼處理呢？

重文會意字即會合兩個或兩個以上的相同形體構成的會意字。這類字的單體就是部首，因此這類字很自然地可以歸入該單體部首。例如:

赫:「大赤貌，從二赤。」赫歸赤部。

友:「同志爲友，從二又相交也。友歸又部。

聶:「附耳私小語也，從三耳。」聶歸耳部。

轟:「群車聲也，從三車。」轟入車部。

皛:「顯也，通白曰皛，從三白。」皛入白部。

譶:「疾言也，從三言，讀若沓」。譶入言部。

歰:「不滑也。從四止。」歰入止部。

然則，羴字該歸羊部才對吧。問題是許慎另立一個羴部，這是爲了甚麼？

前面我們考察過重文會意字的歸部情形，但不是所有重文會意字都那樣歸部。𢆶部、皕部、虤部、雔部、品部、羴部、㗊部，它們可以分別歸於幺、百、虎、隹、口、羊等部，但因爲它們都有從它們得形之例子，故許慎不能不立𢆶、皕、虤、雔等部來管轄那些所從之字。至於卉、森等字，它們都沒有所從之字，但許慎不把它們歸於屮、木部而歸於艸、林部。《說文》云:

卉：艸之總名也，從艸、屮。

森：木多貌，從林，從木。

在表面上看來聶、轟與卉、林是相同之類型，但其內部情形不同。聶、轟沒有𦖞、䡛之部首，而卉、森有艸、林之部首。因此，依據《說文》部屬之規律，聶、轟只能歸於耳、車部。但卉、森之情形就有所不同，它們有分別有艸、林部，則許慎還要考察其意義上之關係。我們認爲在許慎看來卉、森字當然跟屮、木字有意義上之關係，但它們跟艸、

林字關係更爲密切。故許慎把卉、森二字分別歸於艸、林二部。至於屫字，《說文》[5])云：

「羊相厠也。從羴在尸下。尸、屋也。」

我們因此推測在屫字中，意之所重不在尸字而在羴字，故許慎把屫字歸於羴部。

四

在第三節中我們考察過一些重文會意字的部屬情況。異文會意字的情形基本上也一樣。現在我們的瞿部該如何了解才合理呢？我們一考察就發瞿部有一個矍字。矍字既然由又與瞿結合而成，則它不是不可以歸於又部。但我認爲在許慎看來矍字在意義上與瞿字更爲密切，故不把矍字歸又部而爲矍字特立瞿部。如果沒有矍字，許慎恐怕不會立瞿部的。這時瞿字要歸到哪一部？如果瞿字是形聲字（從隹朋聲），則它一定歸於隹部，如果瞿字是會意字，則一定要考察其意義上之關係。《說文》[6])在瞿字下云：「雁隼之視也。從隹朋，朋亦聲……。」

在《說文》中有少數特殊情形，例如：

句(句部)，曲。從口丩聲。

倝 (倝部)，日始出，光倝倝也。從旦㫃聲。

蓐(蓐部)，陳艸復生也。從艸辱聲。

鹽(鹽部)，鹹也。從鹵監聲。

臥(臥部)，堅也。從又臣聲。

瓠(瓠部)，匏也。從瓜夸聲。

殺(殺部)，戮也。從殳杀聲。

宮(宮部)，室也。從宀躳省聲。

皮(皮部)，剝取獸革者謂之皮，從又爲省聲。

穴(穴部)，土室也。從宀八聲。

攴(攴部)，小擊也。從又卜聲。

5．《說文解字》天津市古籍書店，1993.3，頁 78。

6．《說文解字》天津市古籍書店，1993.3，頁 79。

重(重部)，厚也。從壬東聲。

韋(韋部)，相背也。從舛口聲。

身(身部)，躬也，象人之身，從人厂聲。

員(員部)，物數也，從貝口聲…。

嵬(嵬部)，高不平也，從山鬼聲。

粵(粵部)，艸木華也，從丞亐聲。

這種例子數目雖不多，但比較特殊。如果以許慎的體例來論的話，這些字既然都是形聲字，則應把它們歸於其形符才對，例如句(口部)、蒱 (艸部)、取 (又部)、殺(殳部)、皮 (又部)、支 (又部)、韋 (舛部)、粵 (丞部)、員(貝部)、朹 (旦部)、鹽(鹵部)、瓠(瓜部)、宮(宀部)、穴(宀部)、重(壬部)、身(人部)、嵬(山部)。對於這種現象，個人認為這是這些形聲字都具有若干從屬之字。基本上來講，這種推論是沒錯，但「句」部之情況不能以這種觀點去解釋。因為「句」部之「鉤、笱、拘」等字，如果分別歸於「金、竹、手」部的話，「句」字並無從屬之字，則「句」字可以歸於「口」部而不需另立「句」部。但許慎並不這樣做，而偏立一個「句」部，並把鉤、笱、拘等字歸於此「句」部。這就是因為在許慎看來，鉤、笱、拘等字之意義重點在「句」這聲符的形體本身，故許慎特立一個「句」部的。至於「雊」字，許慎說：「雊，雄雌鳴也。雷始動雊鳴而雊其頸，從隹從句，句亦聲」。[7])，它與「鉤、笱、拘」三字完全是同一形式(案此四字都是亦聲字。)如果許慎依據「句亦聲」來歸部的話，「雊」字也是亦聲字，則許慎何以不把「雊」字歸於「句」部呢？許慎不把「雊」字歸於「句」部而歸於「隹」部，這是因為「雊」畢竟是鳥類，意義之所重在於「隹」，故許慎便歸於「隹」部(案堅、牽二字都聲韻相同，但許慎把堅字歸於取部而把牽字歸於牛部。個人認為這應該是許慎的一種體例。)由此可見，許慎的亦聲字鉤、笱、拘等的歸部並不是據聲系聯而是據「亦聲」前面的會意體例(即「從某某」或「從某從某」)歸部的[8])，故段玉裁在他的《說文解字注》[9])中說

　　鉤鑲吳鉤鉤鉤皆金為之，故從金，按句之屬三字，皆會意兼

---

[7].《說文解字》，天津市古籍書店，1993.3，頁76

[8].《說文解字》，天津市古籍書店，1993.3，頁50

[9].《說文解字》，黎明文化事業股份有限公司，1985.9，頁88

　　形聲，不入手竹金部者，會意合二字為一字，必以所重為主，三
　　字皆重句，故入句部。

因此，在《說文》中才出現所謂「非亦聲部首字」(案指以具有形符
功能之形體爲部首之字)，與「亦聲部首字」(案指以具有聲符功能之
形體爲部首之字)。現在我們以這種觀點去考察一下瞿字。

　　瞿字雖跟眀字有意義上之關係，但跟隹字更有關係，故如果要把
它歸部則其部首應是隹部。

五

　　金小春先生在〈《說文》部首以音相次例〉[10]中認爲「丏」與「東」
一定是據聲系聯之例子，主要理由是「東」部可擺在「木」部下面而
偏擺在「丏」部下面。

　　丏，嘾也。艸木之華未發函然…。

　　東，木垂華實。從木從丏…。

這三個部首其意義太近，故小徐把它們當做據義系聯。如果小徐主張
許慎特意把東部擺在丏部與卤部之間是考慮到意義上之關係，則金小
春先生如何反駁小徐呢？如果我們主張丏部與東部之排列是許慎顧
到形音義關係，但他的主要體例還是據形系聯，但這裏我們要檢討的
是丏部與東部之排列。如果它們只是據形系聯，則許慎爲甚麼不把東
部與木部排列在一起，而偏讓東部跟丏部擺在一起呢？爲了解決此一
問題，我們考察一下下面的例子，例如：

　　(一)水，準也…。

　　　　林，二水也…。

　　　　瀕，水厓，人所賓附…。

　　(二)月，太陰之精…。

　　　　有，不宜有也。日有食之類。從月從又，又，不無也…。

---

[10].金小春，〈《說文》部首以音相次例〉，《語言文字學》，中人民大學書報資
料中心，1965.9，頁166。

明，照也。從月從囧…。

(三)尗，分枲莖皮也。從屮，儿象枲皮也…。

　　林，葩之總名也。林之為言微也…。

　　麻，枲也。從林從广。

(四)糸，細絲也…。

　　素，白緻繒也。從糸從𡐦…。

　　絲，蠶所吐也…。

(五)正，是也。從止一以止。又方直不曲也…。

　　是，直也。從日正…。

(六)㡀，敗衣也…。

　　黹，箴縷所衣從㡀從丵省…。

(七)隹，鳥之短尾總名也…。

　　奞，鳥張毛羽自奮也。從大從隹…。

(八)歺，列骨之殘也。從半冎…。

　　死，澌也。精氣窮也。從歺從人…。

段玉裁等人考察《說文》部首之排列，就發現在以形或以義相次的部首中，多有音同或音近的關係，如八、采、半三部相次，三部皆有分別之義，形亦相近(八象「分別相背之形」，采象獸指爪分別也，半從「八牛」)，然檢三部之音，八、半皆隸並紐，聲母相同相近，而采、半部又同在元韻。這種情形我們從形、音、義的角度去解釋，都有道理。這大概是因為漢字形音義三者往往是緊密地聯系在一起的。問題是《說文》是許慎寫的。他在《說文・序》中明言「據形系聯」，則我們如果在部首排列中能找出據形系聯之線索，則儘管它們多音近、義近，還是把它們當作據形系聯為妥當。現在我們要考察的問題是許慎採取據形系聯的時候是不是也顧到意義上的關係？根據許慎《說文》，瀕、有、麻、素、是等部雖然與頁、又、广、𡐦、日等部有意義上的關係，但與水、月、林、糸、正等部更有意義上的關係。

　　語言學中「放之四海而皆準」的定律是很少存在的。一種理論，只有在一個固定的適應範圍內，才是正確的。這裏容易產生的錯誤，一種是對現象的實質未加分析，隨意越出應有的範圍，從而造成失誤或形成荒謬。我們以這種觀點去看ㄋ、束二部之情形，則看出許慎之把束部擺在ㄋ部下面之用意。即許慎基本上以據形系聯為主，但有時

不完全排除意義上之關係。現以依據這種觀點去考察一下瞿部之排
列。例如:

　　「夏、目、眲、眉、盾、自、𦣞、𦥒 、㿬、習、羽、隹、奞、
　　雈、丫、首、羊、羴、瞿、雔、雥、鳥…。」
在瞿部前面有眲、隹二部,故段玉裁認為這瞿部的排列跟眲、隹二部
有關,但我們看來眲部與瞿部之排列不是必然而是偶然,不能以此為
判斷的準則。實際上從形義之角度考察,就能斷定瞿部之排列主要跟
隹部有密切關係。

　　　　　　　　　　　　六

宋永培先生在〈論陸宗達、王寧的《說文》意義之學〉[11])中云:
　　闡述《說文》存在著形的系統、音的系統、義的系統,並且以
　義為出發點與落腳點,實行《說文》形、音、義的綜合系統,通
　過歸納義的系統來貫通形的系統與音的系統,使得兩千年的《說
　文》研究出現全新的局面,開始接上了已中斷兩千多年的先秦時
　代中華學術「以義為本」的傳統,推動《說文》研究從此跨入能
　夠重視《說文》真實面目,進而成為中華傳統學術的基礎科學與
　領先科學的新階段。

瞿部之情形如果從據形系聯的觀點去衡量,則可以說它可能跟眲、隹
二部系聯。但《說文》的部首排列不完全跟形體有關而跟意義有非常
密切的關係。例如:
　　　(一)水、林、瀕 (二)月、有、明 (三)朮、林、麻 (四)
　　糸、素、絲 (五)正、是 (六)𣎵、帶 (七)隹、奞 (八)
　　歺、死
如果我們不考慮意義上之關係而把瀕、有、麻、素、是等字讓它們分
別跟頁、又、广、㡀、日等部系聯,則顯然泯滅《說文》部首排列之
真面目。瞿部實際上跟隹字更有密切的意義關係,則我們認為它應該

――――――――――――
[11] 宋永培,〈論陸宗達、王寧的《說文》意義之學〉,《語言文字學》,中國人
民大學書報出版社, 1996.12,頁 119。

跟隹部有據形系聯之關係。

第二屆國際暨第四屆全國訓詁學學術研討會
臺北・臺灣師範大學國文學系 1998.12.5-6

語文教學如何充分發揮訓詁學的應用性優勢

廣州師範學院
孫雍長

　　訓詁學是中國傳統學術中一門最基礎的學科。作爲一門學術，訓詁學自其產生伊始，便已具有極強的實際應用性。兩千多年以來，爲中國文化的闡釋、傳播，爲中國語文的教學、研究，訓詁學作出了並將繼續作出積極的、無可取代的貢獻。而當今的語文教學，尤其是古代漢語和古典文學教學，其中一項最基礎的工作仍然是字詞意義的解釋、文句的疏通和串講。這種工作本身顯然即是訓詁，即是訓詁學理論和方法的實踐與運用。所以，訓詁學的功用在今天的語文教學中仍然有著強大而獨到的優勢。此種優勢，完全是因了語文教學本身的內容需要及訓詁學本身的性質、旨趣所決定了的。然則如何使訓詁學的應用性優勢在語文教學中得到盡可能充分的發揮呢？筆者的粗淺體會是，可從如下幾個方面加以注意和作出努力。

一、於尋常處見精神，積極引導學生讀書得閒，培養並提高學生對訓
　　詁學的興趣。

　　求甚解、求的解是訓詁學的一條重要原則精神。平時我們讀古書，若遇到明顯不懂甚至很不好懂的字詞文句，自然會自覺地、慎重地去求得解決，會有所深思，有所研究。但這種地方疑難問題的解決，對學生而言，一般不會讓他們產生始料未及的興味。但是，如果我們能於尋常不經意之處，在學生們容易忽略、一般不會想到有何疑難的地方，引導他們發現問題，思考問題，解決問題，把他們運用訓詁學手段掃除古書閱讀中隱藏之障礙的主動積極性盡可能地調動起來，這便

很容易引發出他們的熱情，提高他們關注訓詁學、重視訓詁學價值的自覺性和濃厚興味。

　　例如，李白《宣州謝朓樓餞別校書叔雲》詩：“棄我去者，昨日之日不可留；亂我心者，今日之日多煩憂。長風萬里送秋雁，對此可以酣高樓。蓬萊文章建安骨，中間小謝又清發，俱懷逸興思飛，欲上青天覽明月。抽刀斷水水更流，舉杯消愁愁復愁，人生在世不稱意，明朝散髮弄扁舟。”在一般人看來，此詩除了幾處典故外，語言文字方面似乎並無障礙，沒有甚麼不好懂的地方。我們啟發學生，同學們也提不出甚麼問題來。在這種情況下，我們明確指出：“中間小謝又清發”，何謂“清發”？“俱懷逸興壯思飛”，“壯”字又如何講？

　　關於前一問題，同學們或據林庚、馮沅君主編《中國歷代詩歌選》、朱東潤主編《中國歷代文學作品選》等選本之注解解釋爲“清秀”、“清新秀發”；或據程千帆、沈祖棻《古詩今選》之注解解釋爲“清越”，或據季鎮淮、馮鍾芸等所編《歷代詩歌選》之注解將“發”解釋爲“開出”，說“清發”是“以其清新風格別開生面”，等等。針對同學們的各種解釋，筆者一一爲之分析：查檢漢、唐故訓，“發”字並無“秀”義；不僅漢唐，即宋元後世，也未見訓“發”爲“秀”者。所以，解“清發”爲“清秀”或“清新秀發”，於古無徵，難以憑信。若訓“發”爲“發越”，雖於古有徵，但是“發越”之義爲“發揚”、“散越”，用來評論小謝詩風，似乎不甚協貼；再者，“清發”二字爲平列連文，“清”謂清新，爲形容靜字，若以“發”爲“發越”之義，則爲動字，求連文之規律，不當如此屬文。所以，訓“清發”爲“清越”，難以符合太白詩句的原意和前人構詞遣語的習慣，斷非的解。至於“以其清新風格別開生面”之類的解釋，顯然存在著“增字解經”的毛病，其誤更不待辯。那麼，“清發”究竟應如何解釋呢？筆者指出，“清發”即“清明”謂清新明朗，“發”當訓“明”，此古義也。《詩·商頌·長發》首章“濬哲維商，長發其祥”，“長發”猶言“大明”；次章“玄王桓撥，受小國是達，受大國是達”，“桓撥”即“桓發”，也是“大明”的意思（《毛傳》：“桓，大。”陸氏《釋文》：“撥，本末反，《韓詩》作‘發’。發，明也”）。明謂之發，故使之明亦謂之“發”。《論語·爲政》：“退而省其私，亦足以發。”又《述而》“不悱不發”，皆是也。《廣雅·釋訓》訓

"發"為"開"，"開"與"明"義相足成，所以郝懿行《爾雅義疏》說："開則明。""發"有明義，"明"與"清"義近，均為形容之詞，故清新明爽可謂之"清明"，亦可謂之"清發"。《三國志·魏書·管輅傳》裴松之注引《管輅別傳》："冀州裴使君才理清明。"又："裴冀州、何、鄧二尚書及鄉里劉太常、潁川兄弟，以輅稟受天才，常歸服之。輅自言：'與此五君共語，使人精神清發，昏不暇寐。'"一言"清明"，一言"清發"，義正相同。此以"清發"屬"精神"言，顯然不得以"清秀"相訓（《漢語大詞典》引《管輅別傳》"精神清發"條，釋"清發"為"清新煥發"，則"清"屬靜字，"發"屬動字，義不相類，亦非）。是為"清發"即"清明"之明證。分析至此，筆者又進一步以"清發"即"清新明爽"之義來印證謝朓之詩風：惠連之詩，如"綠草蔓如絲，雜樹紅英發"、"天際識歸舟，雲中辨江樹"、"餘霞散成綺，澄江靜如練"等，皆爽人心目，最為清明。所以李白相論：兩漢作者文彩斐然，建安諸家風骨峻古，漢唐間之小謝則清新明爽，又自具一格。初為尋常不經意之處，經此挖掘辨察，便有不少心得，所以學生大感興趣。

　　關於"壯思"之"壯"字，學生幾乎都是用"雄壯"、"飽滿有力"之類的意思來解釋。筆者指出，"雄心壯志"可說成"壯心"，也可說成"壯志"，無以說成"壯思"者。"思"謂文思、才思，而"壯"以狀"思"，謂"飽滿有力之思"，則頗使人費省。再說，如兩漢作者，建安諸子，及小謝等輩，並非俱是"雄心壯志"者。所以我們認為，"壯思"之"壯"斷不能解釋為"飽滿有力"、"雄壯"之類的意義。那麼，此"壯"字又當何解？筆者指出，"壯思"之"壯"當訓疾速之"疾"，此亦古義也。《莊子·徐無鬼》："百工有器械之巧則壯。"陸氏《釋文》引李頤曰："壯，猶疾也。"《爾雅·釋言》："疾，壯也。"《廣雅·釋詁》："壯，健也。"壯健之"壯"之所以又有疾速之"疾"義，王念孫曾解釋說："凡'健'與'疾'義相近，故疾謂之'捷'，亦謂之'魋'，亦謂之'壯'，亦謂之'偈'；健謂之'偈'，亦謂之'壯'，亦謂之'魋'，亦謂之'捷'。健謂之'嫚'，猶疾謂之'咸'也。健謂之'武'，猶疾謂之'舞'也。"（《廣雅疏證》卷二上）"壯"有疾速之"疾"義，故敏捷之才思謂之"壯思"。兩漢大家、建安諸子及謝朓等人，皆具超逸卓爾之情趣，敏捷之才思奮發飛揚，直有欲上青天覽明月之脫俗情懷，這便是"俱

懷逸興壯思飛，欲上青天覽明月"的詩義。分析至此，筆者又進一步用訓詁必須符合語言社會性的原則來相論證。講語言的社會性，首先必須看到語言的社會性與時代性的關係。語言有發展，也有繼承。訓詁不能偏離語言的時代性而任意以今義說解古詞古語，也不能偏離語言的時代性而任意以古義說解後世的語言。若爲古詞古義保留於後世語言中，便不應是絕無僅有的孤立現象。所以，訓詁於此，一個重要的工作便是提供其語言社會時代性的更多一些的實例旁證材料。我們解太白詩"壯思"之"壯"爲"疾"，固然是"揆之本文而協"，而且也有故訓可徵，但還不能遽成定論。因爲，《莊子》之例及李頤注祗能說明先秦語言中"壯"有疾義，並不能證明到了唐人語言"壯"仍有用爲"疾"義者；而王念孫的"義通"說祗是一種泛時性的語義通變規律的描述，祗是說明"壯"有疾義的理據性，但仍然不能說明"壯"之訓"疾"可適用於唐人語言。要想使李白詩"壯思"即是"疾思"（敏捷的才思）的解釋能夠確立，能夠被人信服，還必須提供相同相近時代的語例旁證材料。我們注意到，以"壯"狀"思"，形容才思、文思之敏捷，在杜詩中亦有其例。例如，杜甫《遣懷》："兩公壯藻思，得我色敷腴。""藻思"即文思，故以"壯"字形容之，此"壯"字顯然也不能解釋爲"雄壯"、"飽滿有力"之類的意思。又《壯遊》："七齡思即壯，開口詠鳳凰。"言七歲小小年紀，才思便已非常敏捷，隨口便能詠成鳳凰之詩。"開口詠鳳凰"正爲"思即壯"的具體寫照，"壯"當訓"疾"，尤爲力證。至此，對太白詩"壯思"即疾思，謂敏捷之才思的解釋庶可成立。筆者體會到，像這樣引導學生於尋常不經意之處推敲琢磨，求得甚解，於獲益中便頗能感受到訓詁之爲學不無興味。

二、探本溯源，讓學生不僅能知其然，還能知其所以然。

在語文教學中，對字詞疑難問題的解決，如果祗是停留在將其正確意義解釋出來的地步上，往往難以使學生獲得深刻的印象，更難收到舉一反三的效果。如果我們在解決疑難問題的過程中，並不僅僅祗是將結論告訴學生，而是還將爲甚麼會有此結論的原委也分析出來，讓學生不僅能知其然，還能知其所以然，效果便會大不相同。而要讓學生知其所以然，在析疑辨惑過程中，必要時便應溯源探本，向學生講清此字詞何以當訓此義與何以有此義的道理，這就需要用訓詁學理

論，運用訓詁原理，來分析問題，解決問題。

例如，《漢樂府·陌上桑》："秦氏有好女，自名爲羅敷。"此"自"字，解者多以爲自我之"自"。例如，余冠英《樂府詩選》注云："自名，自首其名。"鄧魁英，韓兆琦《漢魏南北朝詩選注》云："自名，自道姓名。"或以爲自然之"自"，如季鎭淮等《歷代南北朝詩選注》："自，自然，當然。羅敷，古代美女的通名。這句是說：秦家有個好姑娘，自然要取名叫羅敷啊。筆者在教學中向學生指出，夷考古人情事與詩篇內容，這兩種解釋都存在著難以說淸之處：第一，古人名與字必皆受之於尊親，並非自命其名；第二，詩文開篇即是："日出東南隅，照我秦氏樓。秦氏有好女，自名爲羅敷。"這完全是一種淸新淡雅的白描手法。其時使君並未出場，尙未出現人物對話的情景，羅敷爲甚麼要"自道姓名"？若將"自名"解釋爲"自道其名"，詩文便成了這麼幾句：太陽從東南角出來，照在我們秦家樓閣上。秦家有個漂亮女兒，自道其名說："我叫羅敷。"試問，這哪裏還是甚麼詩？豈不成了後世舞臺上人物出場時的"自報家門"了？第三，"秦氏有好女，自名爲羅敷"這兩句在《陌上桑》一詩中兩次出現，第二次是："使君從南來，五馬立踟躕。使君遣吏往，問是誰家姝。'秦氏有好女，自名爲羅敷。''羅敷年幾何？''二十尙不足，十五頗有餘。'"很淸楚，這裏的"秦氏有好女，自名爲羅敷"兩句是使君所遣之吏回覆使君的話，若以"自名"爲"自道其名"或"當然要取名"，那麼詩文便是：使君南來路過這裏，被這位採桑女子的美貌深深地迷住了，便派了一位下屬前去打聽是誰家漂亮女子。下屬回報說："秦家有位漂亮女子，她自己說名叫羅敷。"（或，下屬回報說："秦家有位漂亮女子，當然要取名叫'羅敷'啊。"）試問，詩篇會如此行文嗎？下屬會如此向使君稟報嗎？所以，通過如上分析，我們得出的結論是：把"自名爲羅敷"之"自"看作"自己"或"自然"之"自"，無論於古人情事還是詩篇文情這語氣，都是扞格難通的。那麼，此"自"字又當如何解釋呢？案，此"自"當訓"其"，言其名爲羅敷也。

認爲"自名爲羅敷"即"其名爲羅敷"，"自"當訓"其"，若僅至此，還不能使學生信服，也不能使學生收到舉一反三的效果。筆者在向學生點明"自"當訓"其"之後，又舉出古詩《焦仲卿妻》（《孔雀東南飛》）的例句："東西植松柏，左右種梧桐，枝枝相覆

蓋，葉葉相交通。中有雙飛鳥，自名爲鴛鴦，仰頭相向鳴，夜夜達五更。"這裏的'自名爲鴛鴦'，亦即"其名爲鴛鴦"，"自"也是"其"義。清聞人倓《古詩箋》不明此"自"字之義，也以自我之義相釋，云"鳥多自呼其名"，純屬望文生訓，不近情理。"自"當訓"其"這種用法，在漢魏時代及其以後的作品中不乏其見。除以上二例外，再如北魏楊衒之《洛陽伽藍記》卷四："琛常會宗室，陳諸寶器：金瓶銀瓮百餘口，甌擎盤合稱是；自餘酒器，有水晶鉢、瑪瑙杯、琉璃碗、赤玉厄數十枚。""自餘酒器"，即"其餘酒器"，"自"亦"其"也。又如《隋書·柳彧傳》："自餘細務，責成所思，則聖體盡無疆之壽，臣下蒙覆育之賜也。""自餘細務"即"其餘細務"，"自"亦"其"也。等等。然則"自"又何以有了"其"義？呂叔湘《語文雜記》曾談到："《三國志》裏的"自"字的用法有超出一般文言用法之外的。首先是作領格代詞用，例如：'遼被甲執戟，……大呼自名，衝壘入，至權麾下。'這在秦是用'厥'或'其'，後世也有用'己'的，用'自'很少見。""自"不作主格而作領格用，便接近於"其"字的用法了。不過呂先生這裏所說的，還祇是"自"字在使用中的語法地位問題，尚未發展到詞義的問題。所謂"大呼自名"，是說大呼自己的名字，"自"字仍爲"自己"的意思。而我們在上面所談到的"自"字，不僅在語法上如同"其"，是作"領格"而非"主格"用；而且在詞義上也已發展到如同一般的"其"，是作他稱代詞而不是自稱代詞用了。由此我們又進一步想到："其"爲他稱代詞，但在某些特定的語言環境中，"其"也可用如自稱代詞。例如，《孟子·滕文公上》："（世子）謂然友曰：'吾他日未嘗學問，好馳馬試劍。今也父兄百官不我足也，恐其不能盡於大事。子爲我問孟子。'"《資治通鑒·漢紀·獻帝建安十三年》："瑜曰：'有軍任，不可得委署；倘能屈威，誠到其所望。'"凡此"其"字，都是說話人指言自我，相當於自稱。因爲他稱之"其"可用作自稱，所以，自稱之"自"也可轉而用作他稱。這便是"自名爲羅敷"、"自名爲鴛鴦"等"自"字當訓"其"的原委由來。這便是筆者曾提出、論述過的"詞義滲透現象"。由此可以看出，通過訓詁解決疑難問題時，盡量挖掘得深一些，使學生不僅知其然，更能知其所以然，便不難收到舉一隅而三反的效果。

三、溝通訓詁學與相鄰學科的聯繫，多角度、多方位地開拓學生的視野與思路。

　　訓詁學實際是一門語文應用性學科，它與漢語言文字學、音韻學、語法修辭學等相鄰相關學科有著密切的、不可分割的內在聯繫。對於疑難字句意義問題的探求，在許多情況下，如果我們祇是單純地考慮所謂字義詞義問題，把著眼點完全局限在就訓詁而論訓詁的範圍內，有時便難以得正解，甚或無從解決問題。所以，在語文教學中，我們應盡可能地將訓詁學知識與文字學、音韻學、語法修辭學等相關學科的知識密切聯繫起來，才能更有效地發揮訓詁學解決疑難問題的應用性優勢。

　　例如，杜牧《山行》詩"停車坐愛楓林晚，霜葉紅於二月花"，此"坐"字非行坐之"坐"，乃表原由之介詞，當訓因由之"因"，此一用法已為人所習知。但是，坐臥之"坐"何以有了因由之"因"義呢？要充分說明這個問題，便必須將訓詁學與文字學聯繫起來。筆者在教學中從介紹"因"字之字形入手，再運用詞義滲透說理論進行分析，給予學生一種解釋。甲骨文有𠙴、𠙴諸形之字，又有因、囙諸形之字，前者隸定為"西"，後者隸定為"因"，然溯求構字之初，則實為一字："𠙴象竹蓆形，甲骨文𡩃（宿）正象人寢於竹蓆之上。小篆宿作𡩂，𠙴西位置相當，且𠙴與《說文》西之古文形近，故𠙴即西字。又《說文》謂西'讀若三年導服之導'，據《士喪禮》鄭注，導禫古音同，故𠙴當即《說文·竹部》訓為竹蓆之'簟'之初文。《說文》誤說西之形義，其竹蓆之初義遂隱（參見唐蘭《古文字學導論》）"（徐中舒主編《甲骨文字典》，四川辭書出版社 1988 年 11 月第 1 版第 213 頁）"因"字從口從大，口象方席，大為大之訛，象茵蓆編織紋，故因為茵之初文，與𠙴（西）初本一字，後以形訛，遂分為二字。（同前第 696 頁）然則"因"之造字本義為茵席，茵席為坐臥之具，故"因"之為物與"坐"之為事義相關。而"因"早已虛化為介詞，全中古其義滲透於動詞"坐"，所以"坐"便也有了因由之"因"義。此為在語文教學中將訓詁知識聯繫於文字學知識之一例。

　　"風馬牛不相及"是非常習用的一句成語，原文見於《左傳·僖公四年》："君處北海，寡人處南海，唯是風馬牛不相及也。"自訓詁言，"風馬牛不相及"一語到底是甚麼意思？長期以來，對它的解釋莫衷一是，均未得其要領。或訓"風"為走失，說是比喻齊與楚絕

遠，雖馬失放逸走失亦不能相及；甚至有"牛走順風，馬走逆風"之類的說法；或解"風"爲"牝牡相誘"之事，說是指齊、楚二國遙隔，即令馬牛牝牡相誘亦不能相及。"馬牛走失"的解釋是缺乏說服力的，因爲作爲一種比喻，必須無論在事實上還是在理論上都具有無可辯駁的說服力，才能收到應有的修辭效果。楚國與齊國相隔雖遠，但從理論上來說，馬牛走失並非絕不可能"相及"。至於"牛走順風，馬走逆風"，則純是臆說。'牝牡相誘"的解釋是比較接近原意的了，但卻未達一間，沒能把文句的語法關係說清楚。今案，這裏有兩個詞義問題，還有一個古文表達手法問題。"風"指牝牡相誘是對的，用今天的話來說就是指"發情"。還有一個"及"字問題。這裏的"及"不是泛指"速及"、"相涉"之義，而是特指牝牡雌雄兩性相及，即交配之事。《國語‧晉語四》："男女相及，以生民也。"韋注："相及，嫁娶也。"義亦在此。古文表達手法就是"共用"問題。所謂"共用"，是指某一個或幾個詞語在句子的語法關係上兼管著兩個相毗連的詞或詞組，也就是呂叔湘先生所提到過的"把'甲丙'和'乙丙'合起來稱爲'甲乙丙'"的"合流式短語"（見呂叔湘《語文雜記》，上海教育出版社，1984年4月第1版第120頁）。"風馬牛不相及"中的"風馬牛"三字，便是個"合流式短語"："風"是"馬"、"牛"的共用成分，"風馬牛"即是風馬、風牛，"風馬牛不相及"即是風馬、風牛不相及，用今天的話翻譯過來就是：發情的馬無論如何也不可能與發情的牛相交配。這是因爲"殊路異類，必不相慕"的緣故。弄清了古人行文中的修辭表達手法，語句的意義也就容易理解了。古文中的"共用"手法，一般不難識辨，但"風馬牛不相及"這樣的例句要清楚則不是很容易的事情。再如太史公《報任安書》："僕誠以著此書，藏之名山，傳之其人，通邑大都，則僕償前辱之責，雖萬被戮，豈有悔哉！"其中"傳之其人，通邑大都"八個字，也是個"合流式短語"："傳之"二字是"其人"與"通邑大都"的共用之文，是說傳之其人，傳之通邑大都。又如辛棄疾《水龍吟‧登建康賞心亭》詞："倩何人，喚取紅巾翠袖，搵英雄淚？"其中也有個"共用"的問題："搵英雄淚"四字乃是"倩何人"與"喚取紅巾翠袖"二語的共用之文，詞句實爲一問一答，是說倩何人搵英雄淚？喚取紅巾翠袖搵英雄淚。不懂得古人行文表達的這種"共用"手法，不把訓詁問題與修辭學問題聯繫起來，在語文教學中如果遇到上述之類的疑難問

題,便不能完滿地加以解決。其實,在語文教學中需要將訓詁學與相鄰相關學科的聯繫溝通起來的地方是很多的,而所謂相鄰相關學科,也不僅僅是指語言文字學這一大學科之內的子學科,舉凡史學、文學、哲學,乃至醫學、天文學、農林之學等學科的知識,都每每會與訓詁學發生這樣、那樣的聯繫。歷代有成就的訓詁家在解決文獻語言中的疑難問題時,便很注重開拓視野,多方溝聯,其心得經驗是值得我們好好學習的。

　　在語文教學中如何充分發揮訓詁學的應用性優勢,這是一個值得總結經驗,有必要加以深入研究的問題。我們的總的體會是一點:鴛鴦繡取從君看,更把金針度與人。這就是說,應該把訓學的原理、經驗、方法等有關知識有機地、自然而然地融合到語文教學中,讓學生隨時受到訓詁精神的熏陶,不斷提高對訓詁學價值的體認,從而讓學生得以自覺地、有效地應用訓詁學為語文教學服務。

第二屆國際暨第四屆全國訓詁學學術研討會
臺北・臺灣師範大學國文學系　1998.12.5-6

文字的視覺意象與訓詁的另類思考
—以甲骨文字人首部件「ᗡ」為例

成功大學副教授
沈　寶　春

壹、前言

　　羅振玉曾經在《增訂殷虛書契考釋》解說「日」字時，稍微談到卜辭字形刻劃書寫的特性說：「日體正圓，卜辭中諸形，或為多角形，或正方者，非日象如此，由刀筆能為方不能為圓」的線條刻劃現象。[1]他所論略的，是因工具應用的殊異，而在所指客體載記上產生筆劃線條扭曲變形的能指不對應性，以致於在辨識上，可要特別留意這種所指客體無法如實呈現能指的落差。當然，在羅氏言辭的沃浸習染下，一般刻板的印象，就認為甲骨文字因為材料工具應用的局限，不管其期別風格是雄偉、謹飭、頹靡、勁峭、嚴整，[2]其線條筆劃當是飽蓄著方折剛角，而缺乏一種曲轉流盪的筆態了。

　　另外，在表述語言時，漢語有別於其它拼音體系的獨特視覺意象符號，提供了訓詁的另類思考。文字是訓詁的基石，而訓詁則是文字多元的發展應用。文字不只是生理的認知活動，也標幟著一個民族文化差異性的參與滲透，使得文字的視覺意象符號彰顯出文化特有的心理。比如說，東漢許慎在詮釋「玉」字表述的意義範疇時，說了「玉，石之美有五德者：潤澤以溫，仁之方也；䚡理自外，可以知中，義之方也；其聲舒揚，尃以遠聞，智之方也；不撓而折，勇之方也；銳廉

---

[1] 見羅振玉：《增訂殷虛書契考釋》（臺北：藝文印書館，1981 年 3 月），卷中，頁 5 上。

[2] 見董作賓：〈甲骨文斷代研究例〉，歷史語言研究所集刊外編第一種《慶祝蔡元培先生六十五歲文集 》(臺北：1933年）。又《董作賓全集》(臺北：藝文印書館，1977年11月），甲編，第二冊，頁461-463。

而不恡，絜之方也。」³個中就飽含著民族特有的感情色彩與文化意識的心理特質，是其它民族鮮少具現的，是以在詮釋文字字形或在訓詁的過程中，就不免要考量到此種幽微隱括的視覺符號所透露的訊息特徵，否則，恐不免會有所窒礙不明了。

　　設若透過甲骨文字所提供的視覺意象符號的微格觀察，是否可恢拓出暈散在背景裡的宏幅文化意識與民族心理呢？而這對訓詁又有何裨益或阻礙？本文嘗試結合兩方面，先擷取甲骨文字中顯得夐獨不群，在人首上富有柔轉流蕩筆態的「ひ」部件來作微格的觀察析辨，並以宏幅的文化意識與民族心理來交叉檢驗，以突顯訓詁在多維思考下的另類可能。

貳、文字視覺意象的微格觀察與宏幅意蘊

　　在西洋的文化思維中，表現在文學上是很少於頭髮的意蘊裡拓展質量的，以致格外顯得單調而貧瘠。如在古英詩中，有把年長婦女稱為「那束起頭髮的」(OE bunden-heord)，根據學者的解釋，因盎格魯撒克森時代的少女相對的是把鬢髮散開的。所以頭髮蘊含有分辨女人年紀大小的訊息作用。當然，頭髮又與「性」頗有關係，在佛教中，削髮是禁慾之意，而西洋天主教的修女都有把頭髮收起或遮蓋起的傾

---

³ 參見[美]魯道夫‧阿恩海姆著、滕守堯等譯：《藝術與視知覺》（北京：中國社會科學出版社，頁624 ；〔法〕游順釗原著、徐志民等譯：《視覺語言學論集》（北京：語文出版社，1994年8月一版），〈視覺語言學〉頁1 中把「表意文字」與「手語」相對於「口語」視為一種「視覺語言」，而在〈中國古文字的結構程序〉頁55中認為「象形 字的形體是有意圖的(motivated) ，而且象形字是以形象和語義為造字基礎的。」而此處引許慎《說文解字》(上海：上海古籍出版社，1995年1月)，頁10，一篇上玉部中「玉」字的說解，係對成复旺在《中國古代的人學與美學》(北京：中國人民大學出版社，1997年1月2版)，頁3中曾舉一例說：「中國古代是非常欣賞『玉』的。何以會如此？《荀子》有一段說明：『夫玉者，君子比德焉。溫潤而澤，仁也；栗而理，知也；堅剛而不屈，義也；廉而不劌，行也；折而不橈，勇也；瑕適並見，情也；扣之，其聲清揚而遠聞，其止輟然，辭也；故雖有 之雕雕，不若玉之章章。《詩》曰：『言念君子，溫其如玉。』此之謂也。」（《荀子‧法行》)古今中外之玉，其物理性能大約並無不同；但古今中外之人，是否都會對玉產生仁、智、義之類的心理反應？顯然不是。」引發來的，以表徵詮釋字義界說也受民族心理的影響。

向，修士似乎也把頭頂剃光，只餘週邊。而以神話為題材的西洋繪畫與雕塑中，代表愛神的維娜絲(Venus，又叫 Aphrodite)，也總是飄著一頭垂腰的美髮，尤其是她在水中出生的情景為然，絕對不會把她的頭髮收藏起來或剃光。但代表智慧的Athena 與那貞節的女獵者 Diana 就沒有這般撩人的美髮了。另外，我們在《聖經》中可看到，猶太民族英雄參孫(Samson)，天主曾吩咐他的父母不要讓他飲酒，也不要剃鬚髮；後來他的女人出賣他，把他的鬚髮剃盡，他就無力抗敵了，[1]所以，頭髮也充滿著「能力」的色彩。除此而外，頭髮在「淨化」的過程中，也扮演著決定性的關鍵意義，如《舊約·利未記》第14章第8.9.10節提及的癩病病者需「剃髮」和《舊約·民數記》第6章第18節中， 用「剃頭」表示離開世俗歸向耶和華，而將剃下的頭髮放在獻祭的火中燒，都拿「剃髮」來表示「潔淨」；或是一種決心，一種警惕的表示，如《新約·使徒行傳》第18章18節裡所謂的：「他因為許過願，就在堅革哩剪了頭髮。」當然，長髮飄逸，如前所述，除了代表年輕、性與愛、能力外；相反的，「剃髮」卻具有潔淨、決心的意味，這時，不剃的長髮可能就是一種懦弱不淨的表徵，如《舊約·但以理書》第 4章第33節提到尼布甲尼撒王失去王位王權、被趕如動物般的日子時，形容他「頭髮長長」、「指甲長長」，一副失魂落魄的樣子，長髮也成了失去權力的象徵。是頭髮在西洋文學中的表現，可能具有辨識年齡大小、情意淨濁、意志堅移、能力強弱、以及權力的有無、性愛等諸般屬於個人的意蘊。

　　在中國，頭髮的意蘊除了屬於個別外，它的象徵意義可能是更全面的。透過髮式，既可以用來區分階級、性別、年齡、職業、民族和婚姻的標誌(symbol)，最明顯的，在1911年民國以前，髮型與禮俗、審美、權力和文化意義、社會控制有關；民國以後，髮式則成為識別保守或革命、落伍或進步，而跟民族認同、性別區分、時尚、社會變遷有關，它不單表現時代風貌和民族風格，也是營造國族過程的最重要表徵，[5]足可說是「牽一髮以動全身」了。可是，這種豐富的象徵意蘊，是否「自古已然，於今為烈」？抑或是文化的斷裂突發表現？

[4] 關於西洋文學的部分，特別感謝成功大學外文系孫述宇教授與前香港中文大學，目前任教於南華管理學院的謝劍教授提供資料。

[5] 關於此部分的研究討論，可參看黎志剛：〈想像與營造國族：近代中國的髮型問題〉，載《思與言》(臺北：思與言雜誌社，1998年3月)，第36卷，第1期，頁99-118。

譚嗣同曾經在《仁學》卷44中指出：

> 處髮之道凡四：曰「全髮」，中國之古制也。髮受於天，必有所以用之，蓋保護腦氣筋者也。全而不修，此其所以長也；而其疾則有重腦之累。曰「全薙」，僧制是也。清潔無累，此其所以長也；而其病則無以護腦。曰「半剪」，西制是也。既是以護腦，而又輕其累，是得兩利。曰「半薙」，蒙古、韃靼之制是也。薙處適當大腦，既無以蔽護於前，而長髮垂辮，又適足以重累於後，是得兩害。孰得孰失，奚去奚從，明者自能辨之，無俟煩言而解矣。[6]

雖然，譚氏有他特殊的政治革新的考量，但他說中了一點：「全髮」是中國的「古制」。

其實，中國很早就把屬於個人或國族的識別訊息擺在頭髮上的，比如《詩經》的〈鄘風‧柏舟〉：「髧彼兩髦，實維我儀。」朱注：「髧，髮垂貌。兩髦者，翦髮夾囟，子事父母之飾，親死然後去之。此蓋指共伯也。」〈衛風‧氓〉：「總角之宴，言笑晏晏。」朱注：「總角，女子未許嫁則未笄，但結髮為飾也。」〈衛風‧伯兮〉：「自伯之東，首如飛蓬。」朱注：「蓬，草名，其華似柳絮，聚而飛，如亂髮也。」[7] 都把個人關注的焦點聚在頭髮上，甚且以頭髮代表個人，以故鬀髮之髡也有殘其同類的意味，《周禮‧秋官‧掌戮》：「髡者使守積」，注：「髡者必王之同族，不宮者，宮之為翦其類，髡頭而已。」「古人重髮」，於斯可見，誠若《孝經‧開宗明義章》所標舉的「身體髮膚，受之父母，不敢毀傷，孝之始也。」頭髮已然是個人本身情意榮辱的表徵了。至若用頭髮來對國族華夷的辨識區隔，耳熟能詳的，如《論語‧憲問》：「子曰：管仲相桓公，霸諸侯，一匡天下，民到於今受其賜。微管仲，吾其被髮左衽矣！」朱注：「被髮左衽，夷狄之俗。」也是把第一訊息特徵放在頭髮型式的差異上。所以，作為身體一部分的頭髮，在內涵意蘊上，不管是個人或整個國族的辨識，與西洋文化有所分野的，特別是在國族識別區隔上，有其焦點關

---

[6] 當然，譚氏的言論代表了改良中國的革命份子所思變易對象的配套主張，從中也可觀察出全身最具表徵現象的特質。參見蔡尚思、方行編：《譚嗣同全集》（北京：中華書局，1981年），頁362-363。

[7] 參見朱熹集註：《詩集傳》（臺北：臺灣中華書局，1991年3月），頁28、38、40。

注下所浮現不同的典型意義。

　　西洋文學裡既不愛在頭髮意蘊的恢拓上多下工夫，那中國呢？作為傳遞視覺符號訊息特徵的中國古文字—甲骨文字中，是否也如實的反映出此種民族文化心理殊異的現象呢？若以《殷墟甲骨刻辭類纂·字形總表》為主，而以《甲骨文編》為輔，細加檢索，可看到人首上的部件特別紛繁豐富，若再把鏡頭聚焦到人首上僅作「Ｕ」的部件來「微格」的觀察，如：「　」、「　」、「　」、「　」、「　」、「　」、「　」、「　」、「　」、「　」、「　」、「　」、「　」、「　」等十五字。當然，在這些形構中，《甲骨文編》（下簡稱《甲》）與《殷墟甲骨刻辭類纂·字形總表》（下簡稱《類》）、《甲骨文字詁林》（下簡稱《詁》）的整編與詮釋是有一些不同，典型例子如《甲》把　、　、　、　、　諸形看為「每」字的異體，　、　、　、　諸形為「敏」字的異體；但《類》及《詁》則分開來處理，「　」為編碼0422號的「女」字，「　」為0423號的「母、毋」字，「　」為0432號的「每、悔」字，「　」為0438號的「妻」字，是0439「妻（　）」字的省文，其中僅存「　」、「　」二形視為「敏」字。[8] 而且，在對待相類似的字形情況，其處理也有明顯的差異，比如說《類》、《詁》對「奚」字所收的字形是包含　、　、　、　、　、　、　、　、　，人、女並不作區隔，但如蔑、孃或兜、嫛或 　、　，則雖同一編號（2459或0630或3151），文字卻人、女有別；至若上舉「Ｕ」諸字，非但人、女隸

8　參見姚孝遂主編：《殷墟甲骨刻辭類纂》（北京：中華書局，1992年8月）〈字形總表〉編號0032、0033、0036、0039、0054、0081、0117、0333、0376、0438、0439、0440、0590、1281、3143等；及中國社會科學院：《甲骨文編》(北京：中華書局，1989年3月3版)，卷1:10，頁19、20；卷2:12，頁49；卷3:3，頁96；卷3:7，頁104；卷3:12，頁113；卷3:24，頁138；卷4:23，頁201；卷7:16，頁314；卷7:23，頁328；卷11:5，頁440；卷12：10，頁480；卷12:15，頁490；附錄上5，頁646；上12，頁660；上17，頁669；上38，頁712；上60，頁756；上61，頁758上62，頁759；上67，頁770；上80，頁759；上87，頁809；上104，頁843；上124，頁884；下26，頁949。「每」、「敏」見《甲》卷1:10，頁19、卷3:24，頁138。

寫有別，編號也各個不同了。

　　上舉十五字形，《詁》中蒐集眾說，並有一番分辨，如說：

　　　　⊗字不可識。或混入「兇」字，非是。據《合集》1780正：「⊗⊗白于父乙」，⊗為方國名。卜辭多見以⊗地之俘為祭牲。──（釋「⊗」字）

　　　　釋「妻」、釋「敏」皆非是。⊗與⊗不同字。⊗有可能是⊗之繁體。──（釋「⊗」「⊗」字）

　　　　釋「哭」、釋「美」均不可據。辭云：「貞衣⊗若亡尤」，「…⊗…」，「貞衣⊗若亡尤」，用義不詳。──（釋「⊗」「⊗」「⊗」字）

　　　　考、老古同字。象老者倚杖形。《說文》「老」以為「從人毛匕，　言須髮變白」，非是。又引葉玉森《研契枝譚·髮形》說：「契文象一老人戴髮傴僂扶杖形，乃老之初文，形誼明白如繢。」──（釋「老（⊗）」字）

　　　　當為⊗之異體。其辭為「婦呎延⊗」，「貞，婦好⊗大疾延亘⊗」，其用法均與⊗字同。──（釋「⊗」字）

　　　　甲骨文鬥字象兩人相對徒手博鬥形。爭鬥即有交接之義。《說文》又有訓「遇」之「鬥」，實為後起之孳乳字，初本無別。在卜辭為地名。又引葉玉森《說契》：「古鬥字象怒髮相行搏形。」──（釋「鬥」（⊗）字）

　　　　釋「餽」、釋「醜」均不可據。卜辭云…均用為人名。──（釋「⊗」字）

　　　　葉玉森《說契》：「按契文若字，並象一人跽而理髮使順形。《易》『有孚永若』，荀注：『若，順也。』卜辭之若，均含順意。」單周堯〈讀王筠《說文釋例·同部重文篇》札記〉：「惟何以甲骨中此字均呈披頭散髮形，實不可解；葉說頗能解釋此字于卜辭訓順之理，唯此字是否象理髮使順，觀字形似尚難確說，且跽而理髮使順，何以能孳乳為諾，亦不可解；…竊疑此字象俘虜散髮舉手之狀，故凡事巽順，無不應諾也。甲骨文有⊗字，象人舉手跽足與⊗同，惟頭上有⊗與童、妾等字同，殆即郭沫若所謂『古人于異族之俘虜或同族中之有罪而

不至于死者，每黥其額而奴使之』者也。又甲骨文有 ∦ 字，象人散髮形，與 ∦ 略同，其上有 ∦ 拘持之，蓋亦降服之意，與 ∦ 字作 ∦ 者意略同。——（釋「若」（∦）字）

　　妻作 ∦、∦，象以手抓取女子頭髮，將女子強抱為妻，是上古抱婚風俗在文字上的遺跡。——（釋「妻」（∦）字）。

以上不殫其煩地臚列《詁》中諸說，從中有的是完全忽視「頭髮披散」這個特徵的，有的雖然注意到了，窺見了其與異族或奴隸聯繫的端倪，但卻未達一間，玲瓏剔透地掌握其本源與究竟。唯在觸解此「頭髮披散」的特質意蘊時，先且參證一下「∦」字的有關說解。吳振武曾對「∦」字的形音義作過詮釋云：

　　關於「∦」字的字形分析，我們認為劉翔等著《商周古文字讀本》指其「以戈斷人首」的說法最為合理。在此之前，陳偉湛先生亦曾謂「此字所從之∦與∦、∦、∦等字之所從相倣，其非後世之中至為明顯，疑乃人之頭髮形，以喻人首。殺敵取首級，縛之於戈，得勝之徵也。按陳先生謂字象「殺敵取首級，縛之於戈」云云，恐怕是從「∦」字在卜辭中的用法上揣度出來的，未必合乎事實；但他從甲骨中所見的 ∦（叏—若）、∦（妻）、∦ 等字看出「∦」字所從的∦象人頭髮形，並謂其「以喻人首」，則是有道理的。大家都知道，古代「五刑」中的殺刑，也即大辟之刑，最主要的方法就是「割頭」。……「∦」字所從之∦，可理解為等于∦，也即等于「∦」、「∦」所從的∦。至於髮部加不加點，似無關緊要。……猜想加點的寫法，或是為了描繪毛髮散落狀；而 ∦、∦ 等字，很可能就是披頭散髮之「散」的象形初文。[10]

9　見于省吾主編：《甲骨文字詁林》（北京：中華書局，1996年5月），頁69、70、74、76、103-104、189、367-369、461-464。按：關於編號0438、0439、0440的「∦、∦、∦」字，《詁》皆釋為「妻」字，本於葉玉森釋「妻」，郭沫若、李孝定均從之，董作賓謂葉說甚是，見〈甲骨文斷代研究例〉，《慶祝蔡元培先生六十五歲論文集》（上），中央研究院《歷史語言研究所集刊》外編，1935年），詁林未錄。而0440號字頭下錄陳偉湛1983年之說，指出契文「妻」字象以手抓取女子頭髮，強搶女子為妻，是上古搶婚風俗在文字上的遺跡。又陳偉湛另有 〈釋甲骨文「妻」、「盞」二字〉，《語言文字研究專輯》（下），（上海：上海古籍出版社，1986年），頁184-186。

10　見吳振武：〈「∦」字的形音義—為紀念殷墟甲骨文發現一百周年而作〉，

而裘錫圭也探討過刑罰的淵源與演變說：

> 各種殘酷的肉刑，在世界各國的奴隸制時代都是普遍存在
> 的。它們本來大都是專用來對付異族的俘虜和奴隸的。但是隨著
> 各族內部分化的加深和國家的形成，也就逐漸被統治階級用來對
> 付本族人民以至個別統治階級內部的有罪者了。有的刑罰本來是
> 某些異族的風俗習慣。由於這些異族人常被俘虜為奴，他們的風
> 俗習慣就變成了一種恥辱的象徵，變成了使有罪者跟奴隸等同起
> 來的刑罰。《韓詩外傳》卷八記廉稽說越俗「劗墨文身翦髮」，
> 《周禮・秋官・司刑》鄭玄注謂「今東西夷或以劗墨為俗」，《後
> 漢書・東夷傳》也說「倭男子皆黥面文身」。可見黥刑和劗刑就
> 是由某些邊裔民族的風俗轉變而來的。從甲骨文所提供的史料來
> 看，當時用刑的主要對象，似乎仍是異族的俘虜和奴隸。[11]

誠如葉玉森、陳偉湛、吳振武所注意到的，作為甲骨文字部件的「Ψ」線條符號是代表「披頭散髮」的視覺意象，那麼，在那飛揚跋扈，紛披流散的線條中，實際上也標幟著民族區隔辨識上的意義和心理。我們知道，中國很早就在頭髮上下工夫，這從考古出土的陶器彩繪或玉石雕刻的人像頭部上可證實，早在仰韶文化早期半坡類型彩陶中的人面和人形紋中，其頭髮已不作披頭散狀可知[12]（見圖一），況且仰韶文化和龍山文化層中出現了陶笄、骨笄、骨簪來看，似乎在這時期已有束髮甚至戴冠的頭飾了。按笄即後來的簪，笄簪的作用有兩種：一是把頭髮束起來挽成髮髻後，用笄來貫穿髮髻中起髮髻不散的作用；二是將頭上所戴的冠用笄從冠旁孔中橫貫到髮髻中，由另一旁的孔中穿出來，有把冠固牢於髮髻上的作用。因此可以說在仰韶文化期間，

臺灣師範大學國文系、中研院歷史語言研究所：《甲骨文發現一百周年學術研討會論文集》，1998年5月，頁287-296。 中所引文,見劉翔等著：《商周古文字讀本》（北京：語文出版社，1989年9月），頁48，1注4；陳偉湛：〈甲骨文同義詞研究〉，《古文字學論集》（香港：香港中文大學中國文化研究所吳多泰中國語文研究中心，1983年)，頁139-140。

[11] 見裘錫圭：〈甲骨文中所見的商代五刑—並釋「刭」「剢」二字〉，《古文字論集》(北京:中華書局,1992年8月），頁213。

[12] 在張明川的《中國彩陶圖譜》(北京：文物出版社，1990年10月），〈仰韶文化・半坡類型・陝西涇渭流域〉編號1508與1510的彩繪中，可看到非披髮形的人物頭像；而在頁150-152 的〈仰韶文化彩陶上的人面紋和人形紋〉中談到原始社會明確的標誌性是擺在對比鮮明而十分醒目的臉上、身上的花紋，尚未在髮式上作區隔。

即在殷商之前，在首服中已有束髮甚至戴冠的頭飾了。到殷商以後，骨笄的普遍出現，並且在笄頭上鏤刻著精美的鳥首形和饕餮等裝飾紋樣，且有較長的骨笄，長度可能到20厘米左右。這種長的笄當是用作貫冠之用。其短的約在10厘米左右，當是貫髮髻的笄。足見當時頭飾已有了髮髻，而且已有了首服的冠了。[13] 即使如《詩・小雅・魚藻之什・都人士》所謂的「彼君子女，綢直如髮」、「彼君子女，卷髮如蠆」、「匪伊卷之，髮則有旟」的「婦人髮末曲上卷然」或「女非故卷此髮也，髮於禮自當有旟也。旟，枝旟，揚起也。」（見圖二）其長髮都是經過加工處理的。相反的，一未經處理加工而放任紛披的頭髮也就顯得格格不入，觸目驚心了。在載籍中，我們可以目睹到如斯的反應，《左傳・僖公二十二年》曾記載著周大夫辛有對「披髮」的憂慮與慨嘆說：

> 初平王之東遷也，辛有適伊川，見被髮而祭於野者，曰：『不及百年，此其戎乎？其禮先亡矣！秋，秦、晉遷陸渾之戎于伊川。

注：

> 被髮而祭，有象夷狄。……十一年傳稱伊洛之戎同伐京師，則伊洛先有戎矣，而以今始遷戎為辛有言驗者，蓋今之遷戎，始居被髮祭野之處故耳。

「披髮」如果在表徵民族識別區隔的特殊性不是那麼具有代表性的話，那麼，辛有的憂慮與慨嘆也就如同前所引孔夫子的歎服一樣顯得無謂了。

髮式既是判識族別的典型的視覺符號，依此觀點切入甲骨文字來看，或許前引諸家未達一閒的困惑較易迎刃而解。雖然在甲骨文字中，如《詁》據《合集》1780片正：「辛亥…殸貞侑白于父乙」文辭所推測的，「」爲方國之名，且多見以「」地之俘爲祭牲，如：

> 丙子卜，亘貞，王有匚于庚百　二告。 —（《合集》1115正）

---

[13] 見周錫保：《中國古代服飾史》（臺北：丹青圖書有限公司，1986 年)，頁 4 及頁 7-12 的圖版說明。

貞，王有亡于庚百𢁇，勿用。 ──（《合集》1115正）[14]

這也是對待異族的典型方式。雖然，「𢁇」在甲骨文字中並非唯一
的異族，但比起羌族或奚族來說，它的髮式可是最素樸、最放任醒目
的。以是，殷人對待其男性，除作爲祭牲外，或執以爲俘、爲奴隸如
「𢁇」，或驅之以競鬥如「𢁇」，或殄之以刑戮若裘錫圭所說恐爲刑
罰之起的「𢁇」，或去除其異族的視覺特徵以誇示其征服懲處如「𢁇」，
而其馴服屈順則要求歸化整髮理束如「若」（𢁇）字所示，至於女子，
則強執爲妻若「𢁇」所標示者矣！所以，漢字的表意示象功能，提供
了一幅幅歷歷如繪的異族征服圖境。以是當我們回顧淸初「削髮令」
中所謂的「留髮不留頭，留頭不留髮」的嚴令時，也才猛然醒覺歷史
長河中積澱的反制與報償，似乎也淵源有自，若合符節！而這，在西
洋文化中，可能是不容易理解的歷史意象情結吧！

　　或許我們把「𢁇」字當作是個異族方國名，那它的確指是何方
何地呢？考證其族別方國，並不是本文設定的目的，但《尚書》、《詩
經》中的一段記載，卻可提供些許線索。　在《尚書·周書·牧誓》
中曾說：

　　時甲子昧爽，王朝至于商郊牧野乃誓。王左杖黃鉞，右秉
　　白旄以麾，曰：『逖矣！西土之人。』王曰：『嗟！我友邦冢君，
　　御事司徒、司馬、司空，亞旅、師氏，千夫長、百夫長，及庸、
　　蜀、羌、𢁇、微、盧、彭、濮人，稱爾戈，比爾干，立爾矛，予
　　其誓。……弗迓克奔，以役西土，勖哉夫子。爾所弗勖，其于爾
　　躬有戮。』

注曰：

　　八國皆蠻夷戎狄屬文王者國名。羌在西蜀，𢁇、𢁇、微在
　　巴蜀，盧、彭在西北，庸、濮在江漢之南。

正義曰：

　　「九州之外，四夷大名則東夷、西戎、南蠻、北狄。其在
　　當方或南有戎而西有夷，此八國並非華夏，故大判言之，皆蠻夷
　　戎狄屬文王者國名也，此八國皆西南夷也。文王國在於西，故西
　　南夷先屬焉。…髳、微在巴蜀者，巴在蜀之東偏，漢之巴郡所治

---

[14] 見《詁》頁69；又《類》頁31。

江州縣也。」

又《詩·小雅·魚藻之什·角弓》：「如蠻如髦，我是用憂。」注：「髦，夷髦也。」箋云：「今小人之行如夷狄，而王不能變化之，我用是為大憂也。髦，西夷別名。」《說文解字》「鬏」下段《注》云：「髦即鬏字。而羌鬏字祇从矛。〈牧誓〉：『庸、蜀、羌、髳、微、盧、彭、濮。』〈小雅〉：『如蠻如髦。』《傳》曰：『蠻，南蠻也。髦，夷髦也。』《箋》云：『髦，西夷別名。』」按：《詩》髦即《書》髳。西夷別名的「髦」族，或許有「Ψ」族的依約身影。再加上《周禮·春官·樂師》：「凡舞，有帗舞，有羽舞，有皇舞，有旄舞，有干舞，有人舞。」其中所謂「干舞」，即手持盾牌的舞蹈，實際上是一種軍事訓練。西漢滇池地區的舞蹈圖像中有一盾牌舞，正是干舞的形象再現，也是對舞字形體的說明。（見圖三）[15] 如果我們仔細觀察的話，舞者的頭髮直上飛揚披散，彷如「Ψ」字形象的再現，這種跡象顯示，也許我們可以把「Ψ」字當「髦」字考慮在內吧！[16]

參、訓詁的另類思考

上文大張旗鼓，上下古今中外的表述，我們依約可以看到透過甲骨文字中細末微格不為人關注的視覺線條符號而開展出文化特有的心理與意識。這種對異族的征服與利用，是在西洋拼音文字或文學表現中絕無僅有的。而甲骨文字中所表彰出來的視覺形象，卻是古老中國華夷之辨下最具顯徵的原記符號，在蛛絲馬跡之中，透露出潛「德」幽光，文化底蘊來。至於本文的目的，也就不是專門投注在考證某形

---

[15] 見何九盈等：《中國漢字文化大觀》（北京：北京大學出版社，1995年 1月），頁241，〈漢字與軍事訓練〉。

[16] 按劉桓：《殷契新釋》（河北：河北教育出版社，1989年7月），頁292-295中有一篇〈釋Ψ〉的文章，其中以甲骨文 Ψ（前1.46.4）、Ж（粹1143）、（林2.9.9）、（甲167），乃專用於紀時的字。主張 Ψ 乃象草木（因風吹）搖動形。用搖動的草木來表示變換的時間。其實， 應該是屮的異構字云云。因與本文較無關涉，故不論略。

是某字某義，某形又是某字某義的窄狹的個別文字辨識上，而是企圖
跳脫此中小框框的樊籬，站在更深遠更寬廣的文化視野上，去思索爬
梳文化特有的心理與意識，且若不是撐開這般寬幅視野的覽照搜尋，
或許在訓詁時，也就容易錯過「潛德幽光」的隱約精微，又或許在詮
釋過程中，更容易拘墟窒礙，困頓難行，以至於不能全盤通透，一覽
無遺了。是以在訓詁日趨多元化的今天，此種方式，或許也可以細加
留意的另類思考吧！

1508 盆（三，文化二，1）
陝西省西安市半坡

1510 盆（三，文化二，1）
陝西省西安市半坡

圖一　陝西涇渭流域

圖三　盾牌舞

西漢滇池地區的舞蹈圖像中有一盾牌舞，正是
干舞的形像再現，也是對舞字形體的說明。

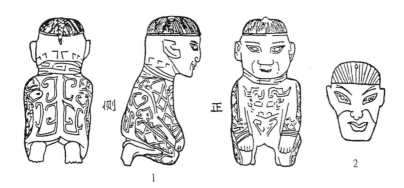

圖二　1.2.河南安陽殷墟出土的石人和玉飾

圖中形像與圖三、圖四、圖五相似，惟頭飾不戴冠而作束髮於
頂上式、頂後垂者應爲「總」，即爲總束髮而爲垂之爲飾。

第二屆國際暨第四屆全國訓詁學學術研討會
臺北·臺灣師範大學國文學系 1998.12.5-6

漢語方言同源詞構擬法初探

臺灣師範大學

姚榮松

一、漢語方言詞彙的同源異構現象

　　同源詞（cognate）或稱「詞源同源詞」（etymological cognate），這個概念產生於印歐語系語言的歷史比較研究中，它指親屬語言中由原始共同語的某一詞源形式（etymon）派生出來的在語音、形態和意義上相關的詞。這種相關是指同源詞的語音異同必須符合親屬語言之間的語音對應規律；構詞要素（即詞根、詞綴、詞尾）有規律地對應，詞的意義要相同或相近。例如：表示「三」的英語 three，德語 drei，拉丁語 tres，希臘語 trêis 就是這樣一組同源詞，它們的詞源形式是原始印歐語的*treys。[1]

　　張博(1991:68)指出表示「九」的廣州話 kau3 與廣西龍州壯語（台語中部方言）kau3、剝隘壯語（台語北部方言）ku3、泰語（台語西南方言）kau3 為同源詞，它們共同來源於原始漢台語*kjəgw。因此，同源詞的「源」指的是原始共同語中最早派生出親屬語言間其他詞的那個根詞，即詞源形式。同源詞則指由詞源形式派生出來而又不包括詞源形式在內的一組詞。

　　儘管從事漢藏語系比較的學者（如嚴學宭先生）嚴格地用「同源詞」來專指漢藏語系親屬語言間來源同一的詞，而另用「同族詞」來指漢語內部具有同一來源的聲近義通的詞。王力先生仍用「同源詞(字)」來指稱漢語中有同一來源的聲近義通的詞。這顯然是一種觀念的借用，從古漢語文獻中聯繫聲近義通的「同族詞」而號稱為「同源詞」，並沒有歷史比較方法上的意義，因此，「同源詞」一名並

---

[1] 張博(1991)〈同源詞、同族詞、詞族〉（複印報刊〈語言文字學〉1991.10，頁 68）。

不貼切,甚至會「使漢藏語歷史比較研究和漢語史研究兩個相關學科……造成一些不必要的混淆和誤會。」[2]

劉又辛、李茂康(1996)指出:「過去的詞族、詞源研究,多只局限於書面語言材料。」「但是古代語言演變的影子,常常可以在方言及親屬語言中反映出來。因此,利用方言和親屬語言的材料,常可擬測出古代語言的近似形態。過去這個方法只應用在擬測古音韻方面。在詞源、詞族研究方面,也應努力這樣做。」這真是一針見血的批評,簡單地說,我們今天所面對的古漢語書面語的文字檔案,其實並非單一的古漢語詞彙體系,而是由漢語古代方言和許多少數民族(在特定的時空裡也可能是多數民族,漢族反而是少數)融合、移借、吸收而成的詞彙庫,由於披上漢字的外衣,它們一律被視為古漢語的基本成分,而忽略了古漢語詞彙內部的多源體系,如何洞察這種多源現象,筆者以為可以跳開上古漢語字源材料所擬構的同族詞,而直接從現代方言的對應詞(指形、音、義三方面,其中字形最不規律)構擬同源詞,仍然應該參考已構擬的古音系統。這種方法體現在方言詞彙的比較上,可以舉兩個例子來說明:

(1)漢語代名詞我、你、他

就《漢語方言詞彙》(第二版)所收的二十個現代方言點,它們的讀法可分別歸納為數系:為說明方便,先列出二十個方言點的序號:
1.北京 2.濟南 3.西安 4.太原 5.武漢 6.成都 7.合肥 8.揚州(以上官話)9.蘇州 10.溫州(以上吳語) 11.長沙 12.雙峰(以上湘語) 13.南昌 14.梅縣(以上贛、客) 15.廣州 16.陽江(以上粵語) 17.廈門 18.潮州 19.福州 20.建甌(以上閩語)

我:(1)我字系:無聲母: uo(1), uɤˋ(2a),ʊˊ(7), oˇ(8), uaˊ(18), uɛˇ(20)

　　　　　　ŋ-聲母:ŋɤˋ(3),ŋoˇ(5),ŋoˋ(6),ŋəuˇ(9a),ŋoˇ(11), ŋʊˇ(12), ŋɔˊ(13), ŋaiˌ(14), ŋɔˊ(15), ŋɔˇ(16),ŋuaiˇ(19a),ŋuɛˇ(20),

　　　　　　g-聲母: guaˇ(17)

　　　　　　ɣ-聲母:ɣɤˋ(4)

---

[2] 張博(1991)頁 68。

　　　　　　ŋ 音節：ŋˊ(10)

　(2)涯字系：ŋaiˋ(14)

　(3)俺字系：ŋæˊ(2)

　(4)奴字系：nəuˇ(9b)[少數老年人用]，nuˊ(19b)[謙稱]

　(5)卬字系：ɐŋˇ(12b)

你：(1)你字系：ni(1)，niˊ(4)，niˇ(5)，niˇ(20)

　　　　　　n̠iˊ(2)，n̠iˊ(3)，n̠iˊ(6)，n̠iˊ(10)

　　　　　　neiˊ(15)，neiˇ(16)

　　　　　　nˇ(11)，nˇ(12)，nˊ(13)

　　　　　　ŋˌ(14)

　　　　　　liˊ(7)，liˇ(11)，liˊ(17)

　　　　　　liːˊ(8)

　　　　　　lɯˊ(18)

　(2)倷字系：nEˇ(9)

　(3)汝字系：nyˇ(19)

　(4)您字系：ninˊ(1)

　(5)你家系：n̠ˇ tɕiaˑˑ，n̠ˇ niaˑˑ，n̠iaˇ(5b)[尊稱]

他：(1)他字系：t'aˊ(1)，t'aˊ(2)，t'aˇ(3)，t'aˌ(4)，t'aˊ(5a)，

　　　　　　t'aˊ(6)，t'aˑ(7)，t'aˇ(8)，t'aˑ(11)，t'oˊ(12)

　(2)怹字系：t'anˊ(1b)[尊稱]

　(3)他家系：t'aˊ tɕiaˑ，t'aˊ n̠iaˑ (5b)[尊稱]

　(4)佢(渠)字系：geiˇ(10)，kiˌ(14)，k'øyˊ(15)，kyˇ(20)，tɕiɛˌ(13)

　(5)其字系：k'eiˊ(16)[其訓讀字，本字為佢]

　(6)伊字系：iˊ(17)，iˑ(18)，iˊ(19)

　(7)佬字系：liˑ[nEˇ]俚[佬]，nˊ nEˇ　唔佬(9)

　　現代漢語的人稱代詞並不能完全反映上古人稱代詞，爾雅釋詁
（卷一）：「卬吾台予朕身甫余言，我也」共有十個字代表第一人

稱的「我」，「我」字作爲通語，則如實反映在現代漢語第一人稱
代詞以「我」字系爲主體，雙峰話的「卬」字或許存古，濟南的「俺」
字應該也是「卬」之同源字，至於「奴」字恐非「我」族類，福州
話作爲「我」之謙稱，奴我對待，非出一源，不過蘇州我ŋəu 奴 nəu
疊韻，ŋ-→n-之轉，倒可能一源。最孤僻的是梅縣的「𠊎」ŋai˩字，
從聲母ŋ-看來是來自疑母，韻母 ai 也與福州話的「我」ŋuaiˋ相呼應，
僅有開合之異。「我」字中古音唸ŋa ，近代音以後才唸ŋɔ、ŋo 、
uo 。不過，王力晚年所擬的上古歌部韻母爲 ai ，因此，王氏的上
古音「我」即擬爲*ŋai ，若然，客家話的ŋai 正是上古「我」字的
遺留，真可視爲上古音的化石；福州話唸ŋuaiˋ是另一個佐證。廈門、
潮州的 ua 韻母及閩語全部合口韻母，也反映上古這個「我」字起
碼含一個低後圓唇的ɑ 元音，可以作爲其他方言後代變爲 o、ɔ、ʊ 、
əu 的條件。這樣的推論，說明梅縣的「我」字寫作「𠊎」，完全是
記音漢字，客家人不知道ŋai 是「我」字的古音，只好找一個音ŋai
的「𠊎」字替代，客家話因爲這個人稱代詞的特徵被稱或自稱「𠊎
話」。由此看來，漢字往往模糊了語言的真象，任何人看到客語的
「𠊎」字，都不容易把它和「我」字的異體字做聯想，因爲，畢竟
在表層的語音，反映了兩種不同層次的語音遺跡。筆者因此把這種
通過古音才能還原的兩個異形詞（語音及字形）稱爲同源異構現
象。這種現象普遍存在不同方言的一些同源(族)詞之間。以下再舉
另一個例子：

（2）閩語的「治」thai5(＜*djəg)與客語的「㓾」ts'iˋ（梅縣）

《詞匯》(p.386)分別「宰」、「殺」二條，閩語的廈門、潮州、
福州、建甌都作「㓣」，前三點都音 thai5(陽平)，只有建甌 音 thi˧(陰
去)訓「宰」，和「殺」suɛˊ有別，和多數方言區別「宰：殺」一樣。
梅縣也區別「宰：殺」，前者爲宰殺動物，後者指人。廈、潮、福
州都用「㓣」，這又是一個後起方言俗字（從台諧音 thai5）。《詞
匯》第二版大量增補各方言點本身的異讀，例如：北京「宰」的說
法有三：(1)宰 tsai；(2)殺 ʂaˀ；(3)㓣 tsˀˊ（特別注明：指剖魚）。
《詞匯》「宰」字條其他包括「㓣」及其同源異構字的方言尚有：

　　濟南：(1)宰 (2)殺 (3)「治」tʂʅˋ

　　武漢：(1)宰 (2)殺 (3)「持」tsˀ2ˇ

　　合肥：(1)殺 (2)㓣 tʂʅˀ

揚州：(1)殺　(2)宰　(3)劇 ts'ʔˤ

南昌：(1)殺　(2)「遲」ts'ʔˤ

值得注意的是不管寫作治、持、遲、劇，其音義都是「劇」，梅縣是唯一只用「劇」，不用宰、殺等字的方言，這反映了客家的存古，但從官話及客、贛都有「劇」看來，這是一個古代詞彙的遺留，《詞彙》在該頁加了小注①：「"劇""剖"：方言字，本字爲"治"，直之切。」已表明了劇、治同源異構的現象。關於閩語「剖」的本字作「治」，可參考羅杰瑞 1979。拙作(1998)曾據李如龍、張雙慶《客贛方言調查報告》統計「剖魚」一條，客方言有八處作「治魚」，贛方言也有五處，說明「治、劇」二字爲閩、客、贛的共源詞（贛語並不一致，也可能是借源詞。）同時也指出「殺」在古台語作 trai，古苗語作 daih 或古南島語的「死」同源，A. Haudricourt 認爲「殺、死」的原始苗語形式爲*daih，至少說明閩語的「剖」尚保存底層詞的痕跡。至於客語及其他官話方言的「劇」，已是中古音以後「治」(直之切)，合乎全濁聲母清化後送氣的規律。因此，「治」、「劇」二字可視爲分處於上古與中古不同音韻層次的一組同源異構詞。

二、利用方言「同源異構詞」構擬同族詞

同族詞是指在語源上有親屬關係而由同一本源的「詞核」所構成的親屬語詞。嚴學宭(1979:2)指出：「在古漢語中，曾依據詞核的內部曲折方式派生大量的單音節詞。」「研究同族詞實際上就是要真正的按歷史主義原則，從語源上看待詞與詞之間的關係。同族詞的形成有它的客觀條件的，那就要對它的基本結構，中心要素和變換模式進行分析，借以揭示漢語構詞構形的重要法則及其變換模式，並闡明漢語詞彙歷史發展、遞變的內在聯繫和規律。」

詞核是指同族詞裡各個親屬語詞所共同具有內在聯繫的共同基本成分。它的結構是輔音和元音相同或者元音和輔音韻尾相同。前者如逗*dug ～讀*duk；後者如先*sian ～前*dzjan。它們的聯繫也可能是反義的，如頂*teŋ ～底*teg，新*sjin ～陳*djin。如以 A、B、C 分別代表元音、聲母輔音和韻尾，「詞核」的結構公式便是：

（1）B A－　或（2）－A C

他認爲高本漢在《漢語詞類》中所提出的「詞核」爲 B－C，忽

略了它的中心要素的元音，令人難以接受。從現代方言的同源異構詞中，往往元音與韻尾都發生劇變，如果不要求其來自上古音的相同「詞核」（至少元音必須相同），恐怕無從說北京話的 uo （我）和閩南話的 gua （我）同源，通過「我」的中古音ŋa 的形式，找到閩南語鼻輔音聲母的去鼻作用ŋ→g，北京話的 uo ＜ŋa 來自中古鼻音聲母脫落及元音高化。這就算找到了比較的起點。因此，我們也絕不會把第三人稱的「他」字系、渠（其）字系和伊字系視爲同源，因爲我們不能構擬出共同的詞核，即使同屬喉（伊，影母）、牙（渠，群母）音的伊 iʔ（閩語）和渠 kiʔ（客語）也不能算同源，因「伊」的上古音*ʔjed 與「渠」的上古音*gjag ，也不具備共同詞核。

下面我們再舉另一個詞族爲例：

《詞匯》(頁 332)「退色」這個詞目，二十個方言點共有五個同源異構的同族詞，即：

1.脫字族：字作「脫色」計有成都、南昌、梅縣、陽江、廣州。「脫」字均爲 t’-聲母，除官話外，贛、客、粵語均爲入聲。

2.退字系：字作「退色」，見於武漢（t’eiˋ）、蘇州（t’Eˊ）、雙峰（t’ueˊ）、溫州（t’aiˋ）、廈門（t’eˋ）、潮州（t’oˋ）、福州（t’øyˋ）、建甌（t’oˊ）。

3.褪字系：字作「褪色」，見福州 t’ouŋˊ naiʔˊ (s-)。

4.奪字系：字作「奪色」，見蘇州 dɤʔˊ sɤʔˊ。

5.落字系：字作「落色」，見揚州 laʔˊ səʔˊ、潮州 loʔˋ sekˋ、北京 lauˋ ʂairˊ。

6.甩字系：甩色 lɐtˋ ʃɪkˊ廣州；□色 lutˋ sɐtˋ梅縣；□色 lukˋ sekˋ潮州。

此外，有些方言作「掉色(兒)」，如北京、濟南、西安、太原、武漢、合肥、揚州。「掉」字聲母一律作 t-（不送氣），又是去聲字，顯然不屬於同族詞。

以上 1-6 種形式，就聲母而言，脫的上古音爲*t’wat/dwât（兩讀），奪的上古音爲*dwat （又讀去聲 dwad ），《說文》前者訓消肉 ，後者訓手持隹失之，並有脫落義，本爲同源詞，褪字《古今韻會舉要》土困切，《字彙》訓爲卸衣。《正字通·衣部》訓爲「半新半

舊曰褪」，正合「顏色變淡或消失」的脫落義。至於「落」字上古
音或作*glak ，潮州作 luk ，梅縣作 lut ，廣州作 lɐt ，可視爲*glak
的弱化形式，看來如果「落」字要和「脫、奪、退、褪」等字同族，
其「詞核」可以假設爲「hʷlak」，同時建立一個分化的規律：

```
        ┌ *glak → lak → luk → lut
**hʷlak┤                ↘ lat
        └ *t'wat → t'ɔ → t'o
                   → t'ut
                   → t'yt
                   → t'ai / t'ei / t'øy
```

　　另一個有趣的構擬是利用趙元任(1928)所提到的「北風跟太陽的
故事」的語料調查，觀察吳語的連接詞「和」或「跟」在詞族上的
分布狀況。眾所皆知，連接詞的「和」在現代漢語方言中表現爲幾
十個等義詞，哪些是同族詞，哪些是異源詞，可以作一深究。

　　根據《漢語方言詞匯》(1995:615)「他和你都是學生」的「和」
(xɤ35)與「跟」(kən55)主要通行於官話區，非官話的長沙、雙峰、
南昌也用「跟」。二十個方言點有十一個點屬於此類，其中專用「跟」
的有武漢、合肥、長沙三點，其他各點都有其他說法。通考二十個
方言點的「和」字等義詞，可分爲十二個字系：

　　1.和：北京、濟南、太原三點。音 xɤ 或 xuɤ 。北京也作 xanˇ(台
灣也用)。

　　2.跟：武漢、合肥、長沙、南昌等十一點。

　　3.給：濟南(keiˇ)、成都二點。

　　4.交：揚州(kɔˇ，與跟並用)

　　5.伉：溫州(k'uɔˊ)

　　6.甲：廈門(kapˇ， kaʔˇ，本字作合，古沓切)

　　7.共：福州(kœyˊ)、潮州(kaŋ˩，與甲並用)二點。

　　8.邀：建甌(iauˊ)

　　9.搭：蘇州 taʔˊ， tɤʔˊ

　　10.同：南昌(t'uŋˊ)、雙峰(danˊ)、梅縣(t'uŋ˩)、陽江(t'ʊŋˊ)共四點

11.鄧：陽江(teŋˇ)

12.同[埋]：廣州(t'uŋ˩[mai˩])

13.連：西安(liæ̃ˊ)

　　以上十三種和舊版(1964)所收略有增減，廈門的 kap32 舊作「及」，潮州 kaʔ21 才作「甲」，廣州「同埋」亦作「夾埋」(kap33 mai21)，與「同」字並用。我們可以把以上十三個字系按聲母的類型粗分為兩系：

　　（1）舌根音系：包括和、跟、給、交、伉、甲(及)、共等七字。

　　（2）舌尖音系：包括搭、同、鄧、連、同埋、連等六個。

　　前一系以陽聲韻的 kən 、 kaŋ 、 xan 為主，陰聲為給、交、伉(k'uɔ)，入聲為甲(及)。後一系以同 tuŋ 為主（ teŋ 可視為變體），入聲的 taʔ只見於吳語，連(liæ̃)也只見於西安。

　　其中「同」、「共」、「及」都還是書面共同語的常用字。其餘除了口語的常用詞「跟」「和」以外，幾乎都是「方言特別字」，廈、潮的「甲」是個借字，其本字應作合（或敆、佮），廣韻古沓切，並訓「合集、合會、併佮聚」等。比較特別的是蘇州的「搭」和溫州的「伉」。拙作(1996)據錢乃榮(1992)《當代吳語研究》的二十個吳語方言點「北風跟太陽」的語料，歸納連詞「和」共有十種形式，也剛好分為兩系，和上列《詞匯》的兩系相當，不過吳語的變化則更多樣，簡列如下：

　　（1）舌根音類：包括跟（三點）、告、抗、海得、哈共七點。

　　（2）舌尖音類：包括脫、脫之、脫勒、搭、搭則、同袋、著共十三點。

　　看來，吳語的連詞「舌尖音類」較「舌根音類」佔優勢，這說明吳語基本上是南方方言的支系（與客、粵同以舌尖音類為大宗），和北方官話以「跟、和」為大宗的勢力是有區隔的。就整個南方方言而論，閩語除建甌外，均屬「舌根音系」，是另一南方支系。所以就漢語方言的大趨勢而論，舌根音系的「和」、「跟」、「及」（同甲）、「共」仍佔優勢，湘語和贛語正處兩系並用的混合地帶。客語、粵語則為舌尖音類的代表（同、同埋、鄧），吳語除溫州話外，大抵也屬於舌尖音類（搭字系）。我們可以擬測現代方言的「和」

字類義詞，大概有三系，它們的詞核至少有四系：

（1）kən 跟（或 kaŋ、xan），kuŋ 共（kaŋ）一系

（2）t'uŋ 同（或 tɐŋ）或 dan（雙峰）一系

（3）kap 合（或 kaʔ）一系

（4）taʔ 搭（或 tɤʔ）一系

　　由於條件的限制，目前尚無法對所有方言點進行全面而完整的調查統計，我們的構擬只能到達這一步。

三、結論

　　本文主要觀察了漢語方言的同源異構的詞彙現象，再從《漢語方言詞匯》中找到若干組詞形變化較大的等義詞，進行「詞核」的分析，試圖為多源的等義詞素，找尋同源字族，所提出的方法是在前人的基礎上，進行初步的試驗，既沒有從不同方言的古音構擬入手，也不曾對詞族的內部進行派生過程的構詞分析。不過，本文對現代方言詞彙進行平面比較的工作，是過去的詞源學者不曾嘗試的，而古音學者只從方言字音對應去擬測中、上古音，往往也忽略白話詞的語音層，因此只能針對韻書反切進行構擬，並不能從方言詞族的內部關係全面投射出上古的構詞或構形法，我們相信唯有利用本文這種全新的角度，漢語方言詞彙學才能對漢藏語歷史比較法提供新的方法論。

主要參考書目

北京大學中國語文學系（1995）　《漢語方言詞匯》（第二版）　北
　　京：語文出版社

李方桂（1980）　《上古音研究》　北京：商務印書館

李如龍、張雙慶（1992）　《客贛方言調查報告》　廈門：廈門大
　　學出版社

陳章太、李如龍（1991）　《閩語研究》　北京：語文出版社

徐通鏘（1997）　《語言論—語意型語言的結構原理和研究方法》
　　長春：東北師範大學出版社

錢乃榮（ 1992 ） 《當代吳語研究》 上海教育出版社

周法高（ 1973 ） 《漢字古今音彙》 香港中文大學

李珍華、周長楫（ 1993 ） 《漢字古今音表》 北京：中華書局

邢公畹（ 1983 ） 《語言論集》 北京：商務印書館

嚴學宭（ 1979 ） 〈論漢語同族詞內部曲折的變換模式〉 《中國語文》 1979.2 ， 85-92

吳玉璋（ 1992 ） 〈論比較詞源學〉 《外國語》（上海外語學院學報） 1992.2 （總 78 期）， 43-50

劉又辛、李茂康（ 1996 ） 〈漢語族詞研究的沿革、方法和意義〉 《古漢語研究》第一輯， 7-50 北京：中華書局

張光宇（ 1996 ） 《閩客方言史稿》 國立編譯館主編 臺北：南天書局

張 博（ 1996 ） 〈同源詞、同族詞、詞族〉 《語言文字學》 1991.10 ， 68-71 中國人民大學書報資料中心

施向東（ 1996 ） 〈漢語和藏語同源體系比較研究的音韻學意義〉， 《語言研究》 1996 年增刊， 151-159 武漢：華中理工大學

姚榮松（ 1996 ） 〈從方言字的系統比較看漢字的多源體系〉 《第七屆中國文字學全國學術研討會論文集》， 329-342 私立東吳大學中國文學系所主編 臺北：萬卷樓圖書公司

姚榮松（ 1998 ） 〈閩客共有詞彙中的同源問題〉 《中國學術年刊》第十九期， 659-671 國立臺灣師範大學國文研究所

Norman, Jerry L.(1979) "Chronological Strata in the Min Dialects"《方言》 1979.4, 268-274

Norman, Jerry L.(1988) *Chinese*, Cambridge University Press

第一屆中國訓詁學學術研討會論文

訓詁論叢第一輯目錄

訓詁論叢弁言 …………………………… 陳新雄……… 1
「小學」在大學……………………………… 王靜芝……… 1
訓詁方式中義界與推因之先後次第說 ………… 陳新雄………11
訓詁學與語義學 …………………………… 王　寧………19
音義綜論 …………………………………… 黃坤堯………33
論先秦詞彙「不亦、亦不」 ………………… 竺家寧………55
〈周南・卷耳〉『采采』意象試釋……………… 李添富………65
春秋三傳「東其畝」解 ……………………… 周　何………81
說文訓詁釋例 ……………………………… 許錟輝………89
以假借造字檢驗《說文》字義 ……………… 蔡信發…… 103
說文段注引伸假借辨 ……………………… 王初慶…… 109
《經典釋文》「如字」用法及音讀考 ………… 金周生…… 133
《類篇》假借義析論………………………… 孔仲溫…… 147
論「同聲必同部」 ………………………… 金鐘讚…… 175
訓詁與閱讀古書 …………………………… 王忠林…… 197
論修辭與訓詁的關係 ……………………… 蔡宗陽…… 211
馬王堆帛書周易經傳異文初探 ……………… 黃沛榮…… 231
台灣車鼓歌辭抄本異文校勘舉隅 …………… 臧汀生…… 255
辭典訓詁謬誤舉例四種 ……………………… 季旭昇…… 279
試論〈洛神賦〉的詮釋 ……………………… 廖棟樑…… 291
話本小說用語訓詁初探 ……………………… 丁肇琴…… 317
黃季剛先正訓詁學之奠基人 ………………… 黃建中…… 343
黃季剛先生日記、札記在訓詁學上的發凡與效用
　………………………………………… 王慶元…… 353

語言中縮語性質初探 …………………………… 曾榮汾…… 369

小克鼎銘文探究 …………………………………… 蔡崇名…… 385

哈佛燕京圖書館訓詁書目零拾 ………………… 陳光政…… 403

作者簡介………………………………………………… 413

第一屆中國訓詁學學術研討會議程表………………… 419

第二屆中國訓詁學學術研討會論文

訓詁論叢第二輯目錄

訓詁論叢第二輯弁言…………………………… 陳新雄……　1

訓詁學的名義、內容和研究——從教學的角度省

　思…………………………………………… 左松超……　1

訓詁學研究方法的繼承與創新…………………… 李亞明…… 15

試論無著道忠對中國訓詁學的貢獻……………… 梁曉虹…… 45

敦煌伯三六〇五號尚書寫本試論——兼論各版本

　之異同…………………………………… 黃亮文…… 67

《周禮》井田制初探 ……………………………… 黃靜吟…… 89

論倒言之訓……………………………………… 周　何……101

《文心雕龍》中『道』字的涵義 ………………… 蔡宗陽……107

釋『貞』…………………………………………… 朱歧祥……119

『干關』方足布考——干關、扜關挺關、糜關異

　名同地…………………………………… 黃錫全……133

讀《睡虎地秦墓竹簡》札記兩則………………… 蔡哲茂……143

談考古資料在《說文》研究中的重要性………… 劉　釗……151

『尺』、『尾』、『尿』、『屈』新解 …………………… 王瑞生……179

《轉注古音略》之訓詁釋例 …………………… 盧淑美……189

《論語音義》「絕句」分析………………………… 黃坤堯……209

《莊子音義》「絕句」分析………………………… 李正芬……221

從音義關係論『聿』字的上古聲母……………… 金鐘讚……259

比擬義析論………………………………………… 蔡信發……277

試論訓詁學與辭義學的發展……………………… 林慶勳……289

先秦詞彙『於是』分析…………………………… 竺家寧……309

《詩經·小雅·青蠅》試解 ……………………… 季旭昇……317

三傳考釋──以『無駭卒』爲例………………… 李啓原……331

《春秋》『紀侯大去其國』的深層意義…………… 陳梆治……347

從張惠言評注溫庭筠〈菩薩蠻〉詞探究溫詞的本

　義與張注的新義………………………………… 劉　瑩……357

試析「元曲四大家」雜劇語言之擬聲重疊詞…… 江碧珠……377

《祖堂集》所見唐五代口語助詞探究 …………… 宋寅聖……399

《周易》『孚』字解──從文化進展的觀點作一考

　察………………………………………………… 孫劍秋……425

古籍注疏與古漢語辭書編寫……………………… 楊蓉蓉……437

學術網路上的訓詁學教學相關資源及其運用…… 汪中文……457

丁茶山《雅言覺非》小考………………………… 金彥鍾……469

作者簡介…………………………………………………… 485

會議紀實…………………………………………………… 491

第二屆中國訓詁學學術研討會議程表……………………… 591

第一屆國際暨第三屆全國訓詁學學術研討會
訓詁論叢第三輯目錄

弁言 ....陳新雄

專題演講

在開拓中的訓詁學——從楚簡易經談到

　　新編《經典釋文》的建議 ....饒宗頤　　1

有關古書假借的幾點淺見 ....龍宇純　　7

台灣閩南話幾個常用虛詞的來源 ....梅祖麟　　21

大陸語言學發展之現狀與展望 ....許嘉璐　　43

研討會論文

訓詁學中的假借說 ....周　何　　59

反訓界說及其類型之商榷 ....姚榮松　　65

「進退維谷」解 ....劉玉國　　97

〈洪範〉「凡厥庶民無有淫朋」義疏 ....黃復山　　109

《詩經》動詞前附語——「言（薄言）、

　　爰、聿、遹、曰、于」析論 ....王松木　　135

說「飲」——論飲義「喝」的語源 ....平山久雄　　161

《爾雅》與古書異文 ....宗靜航　　181

西晉佛經中仁字的詞義與第二人稱研究 ......竺家寧　　191

《說文》「從某某，某亦聲」之商兌 ....蔡信發　　219

從《說文解字》推尋文字孳乳方法芻議 ......何　添　　231

再論《古今韻會舉要》所引的《說文解字》 ....花登正宏　　269

王念孫《廣雅釋詁疏證》訓詁術語一聲之轉索解 .....陳新雄　　283

章炳麟《小學答問·序》評朱駿聲語管窺 ....單周堯　　327

《文始》字「族」現象析論 ....陳梅香　　333

高本漢《詩經注釋》處理假借不當檢討 ………… 呂珍玉　351

《黃帝內經太素》楊注例釋 ……………… 許嘉璐　387

訓詁學研究及其取向叢談 ………………… 許威漢　405

訓詁學展望 ……………………………… 趙　誠　433

訓詁與經學——以〈伯夷列傳〉爲例 ………… 劉文強　457

清儒眼中的訓詁與經學 …………………… 李振興　483

由《詩經·國風·毛傳·鄭箋》論訓詁與修辭的關係 .. 王忠林　513

《論語》音義中的陸（德明）朱（熹）異同 ……… 黃坤堯　535

由音義關係論重文「它一蛇」之古音構擬 ………… 金鐘讚　557

王逸用韻語注《楚辭》現象初探 …………… 金周生　569

訓詁學與漢語雙音詞構詞研究 …………… 王　寧　605

言語及語言之互動過程及相關意義——以沈亞之

　　〈湘中怨解〉、〈異夢錄〉及〈秦夢記〉爲主之討論 … 許麗芳　617

元雜劇詞句解釋的問題舉例 ……………… 徐信義　631

訓詁學與語法學 …………………………… 蔣紹愚　655

論訓詁學中與古籍整理關係 ……………… 馮浩菲　665

訓詁學與辭書編纂 ………………………… 馮瑞生　673

論訓詁學的多邊關係——由唐人「父自稱」

　　或「子稱父」爲「哥哥」談起 ………… 沈寶春　691

從幾個實例談語料庫在訓詁學上的應用 ……… 劉承慧　715

古文字資料的釋讀與訓詁問題 …………… 曾憲通　735

古文字中之「康」與「濱」 ……………… 張光裕　749

說爽 ……………………………………… 季旭昇　755

商周銅器銘文之校讎 ……………………… 張振林　765

趙鈹銘文「伐器」解 ……………………… 吳振武　795

楚金文試釋 ……………………………… 黃靜吟　807

望山卜筮祭禱簡「瘽、海」二字考釋 …… 孔仲溫　819

尹灣漢簡〈神烏傅〉箋釋 ....虞萬里　　833

說儚 ....雲惟利　　853
試談「寄語」 ....瀨戶口律子　　873
閩南語文章解讀——以連雅堂譯《孟子》「齊人」為例 ...林慶勳　　877
〔餡〕、〔ã〕和〔ham〕——聲訓與方言詞源 ....甘漢銓　　889
從《古音複字》論古籍重詞之結構 ....盧淑美　　903

《國語辭典簡編本》的字詞頻統計實例析述 ....曾榮汾　　919